哲学创新的一面旗帜

——黄枬森先生追思录

北京大学马克思主义哲学研究中心组编

王东 徐春 主编

中央编译出版社
Central Compilation & Translation Press

图书在版编目（CIP）数据

哲学创新的一面旗帜：黄枬森先生追思录/王东，徐春主编. -- 北京：中央编译出版社，2014.1
ISBN 978-7-5117-2020-7

Ⅰ．①哲… Ⅱ．①王… ②徐… Ⅲ．①黄枬森（1921～2013）—纪念文集 Ⅳ．①K825.1-53

中国版本图书馆CIP 数据核字（2014）第009881号

哲学创新的一面旗帜：黄枬森先生追思录

| 出 版 人：刘明清
| 出版统筹：薛晓源
| 责任编辑：杜永明
| 美术编辑：霍霜霜　周海彪
| 责任印制：尹 珺
| 出版发行：中央编译出版社
| 地　　址：北京西城区车公庄大街乙5号鸿儒大厦B座（100044）
| 电　　话：（010）52612345（总编室）　　（010）52612341（编辑室）
| （010）66161011（团购部）　　（010）52612332（网络销售）
| （010）66130345（发行部）　　（010）66509618（读者服务部）
| 经　　销：全国新华书店
| 印　　刷：北京瑞哲印刷厂
| 开　　本：787 毫米×1092 毫米 1/16
| 字　　数：533千字
| 印　　张：31
| 版　　次：2014 年1月第1版第1 次印刷
| 定　　价：88.00 元
| 网　　址：www.cctphome.com　　邮箱：cctphome.com
| 新浪微博：@中央编译出版社　　微信：中央编译出版社（ID: cctphome）
| 淘宝网店：编译出版社书店（http://shop108367160.taobao.com/）

本社常年法律顾问：北京市吴栾赵阎律师事务所律师　闫军　梁勤
凡有印装质量问题，本社负责调换。电话：（010）66509618

当代中国哲学家、哲学史家、哲学教育家

黄枬森先生

晨起偶得

黄枬森　1995年6月24日

人生满百又何为，苦辣酸甜我自知。
书山跋涉分真假，哲海浮沉辨是非。
中圣西贤徒古奥，马恩列毛得精微。
终身探索全无悔，宇宙人生两有之。

目　录

上　篇
哲学创新的一面旗帜

哲学创新的一面旗帜/王东 ·································· 3
清明时节怀故人/陈先达 ·································· 9
唁老黄/庄福龄 ·· 12
兄弟情谊六十载/杨祖陶 ·································· 13
追思黄公楠森/崔自铎 ···································· 25
追思当代中国哲学家黄枬森/李慎明 ························ 26
黄枬森先生的学术品格/韦建桦 ···························· 27
君且去，长相忆/梁柱 ···································· 35
高举辩证唯物主义旗帜/陈志尚 ···························· 39
追记黄老师和我最后一次谈话/陈志尚 ······················ 61
黄枬森先生的学术与人品/魏英敏 ·························· 67
中国哲学界巨擘/余其铨 ·································· 71
黄枬森对马克思主义哲学的贡献/杨祖陶 ···················· 79
沿着黄老师"哲学的足迹"行进/赵家祥 ······················ 86
永生难忘的情怀/郭国勋 ·································· 91
从马列课教师到著名哲学家的黄先生/钟哲明 ················ 95
发掘与弘扬黄枬森先生诚挚和宽容的学术品格/谢龙 ·········· 98
黄枬森先生与《马克思主义哲学史》/陈占安 ··············· 105
与黄枬森先生交往的二三事/夏学銮 ······················· 114

黄枬森：马克思主义哲学家/田心铭 …………………………… 116
追寻黄楠森先生的哲学足迹/丰子义 …………………………… 124
深切怀念尊敬的黄枬森教授/陈学明 …………………………… 129
黄枬森先生的理论贡献/侯才 …………………………………… 136
文艺学学科也要走科学建设之路/董学文 ……………………… 141
重新认识辩证唯物主义/韩庆祥　张艳涛 ……………………… 151
中国人学学科的创立与黄枬森先生/范文 ……………………… 161
黄枬森先生晚年关注的马克思哲学观问题/徐春 ……………… 165
对黄枬森先生"哲学科学化"命题的追思/李凯林 …………… 175
马克思主义哲学史研究的先行者/杨金海 ……………………… 183
黄枬森的精神魅力与"黄枬森命题"/袁吉富　李凯林 ……… 199
黄枬森与辩证唯物主义/袁吉富 ………………………………… 206

中 篇
教师精神的当代楷模

师生情谊，相知深深/许全兴 …………………………………… 221
不懈探索真理永存学者风范/余少波 …………………………… 232
慈心千古/张永昌 ………………………………………………… 240
清明时节缅怀一代宗师——黄枬森/曹林、马云鹏 …………… 242
我与黄楠森老师的二三事/徐梦秋 ……………………………… 244
缅怀黄枬森先生：谦谦君子道德文章/牟博 …………………… 248
哲学大师的风骨、境界与情怀/郝立新 ………………………… 255
对一位思想家的敬意/鉴传今 …………………………………… 259
九十仍在征途今却远行/徐春 …………………………………… 262
悼恩师黄枬森先生/徐碧辉 ……………………………………… 268
黄枬森先生与《北京大学学报》/刘曙光 ……………………… 270
怀念黄枬森先生/杨学功 ………………………………………… 278
追思仁哲黄枬森教授：他温暖的善意鼓励了我/徐瑄 ………… 283

永远的丰碑/李少军 ······286

黄先生印象小忆/宇文利 ······293

三代师生的哲学情缘/成龙 ······297

纪念杰出的马克思主义哲学家黄枬森教授/林锋 ······302

用生命书写哲学/李百玲 ······306

寄往天国的卡片/王晓红 ······311

追忆黄枬森先生/赵玉兰 ······314

我与黄枬森先生交往中不可思议的两次因缘/岑孝清 ······318

我主要是在那里沉思/钟永新 ······323

下 篇
大爱无疆的家国情怀

一滴泪/刘苏 ······333

永恒的时刻/刘苏 ······335

父亲永远活在我们心中/黄丹 ······336

清明缅怀/黄丹 ······341

人生满百又何为/黄频频 ······345

父亲的信念为全家洒满阳光/黄萱 ······348

父亲的最大心愿/黄萱 ······352

我与哲学家阿公/霍霜霜 ······357

他还有一个遗愿/李公天 ······361

怀念二哥黄枬森/黄述桓 ······364

回忆和展望/王蜀龙 ······369

敬爱的枬森兄,我们永远怀念你!/王美琪 ······372

哲人离世书文在,仍吐清芬留人间/何成武 ······375

黄枬森——母校蜀光中学公能校训的终身践行者/王乃粒 ······379

永存的记忆/王抗生 ······382

永远的黄二哥/钟文农 ······385

枏森永远活在我们心里/何光耀　袁嘉锴 ………………………… 387

老会长黄枏森永远活在我们心中/自贡市蜀光中学北京校友会 ……… 390

黄枏森教授的"公能"情结/易明初 …………………………………… 394

补　篇

黄枏森先生逝世/

2013—02—01来源：CCTV综合频道《新闻联播》…………… 399

北京大学教授黄枏森先生在京逝世/2013—02—02来源：CETV …… 400

黄枏森："我只坚持我所追求的真理"/

2013—01—29来源：人民日报 ………………………………… 401

沉痛悼念黄枏森同志/2013—01—29来源：人民网 ………………… 404

黄枏森因病逝世/2013—01—26来源：光明日报 …………………… 407

"耘马哲，育人杰"/2013—01—26来源：光明日报 ………………… 408

黄枏森：哲学一半是文科，一半是理科/

2013—01—28来源：中国文化报 ……………………………… 411

"燕园学人"黄枏森：哲学之路即人生之路/

2013—02—01来源：光明网（作者：王蓓）………………… 412

关于哲学的十个问题/2013—01—30来源：中央编译局网 ………… 422

当代著名哲学家黄枏森先生逝世各界表示沉痛哀悼/

2013—02—03来源：中国广播网 ……………………………… 424

当代著名哲学家黄枏森病逝刘延东出席追悼会/

2013—02—01来源：千龙网 …………………………………… 426

当代著名哲学家黄枏森先生逝世/

2013—02—01来源：北京新闻广播 …………………………… 428

代结语：马克思主义哲学创新的一面旗帜/王东 ………………… 429

附录一：一个哲人的足迹—黄枏森小传/黄萱 …………………… 450

附录二：西南联大学生抗日从军亲历记/黄丹 …………………… 475

上 篇
哲学创新的一面旗帜

哲学创新的一面旗帜

——黄枏森先生的最大贡献、最大心愿与最后嘱托

王东

2013年1月24日,和我们一起朝夕相处而又德高望重的黄枏森先生,遽归道山,永远离我们而去了。

我在1982年有幸成为黄先生的第一个博士生,追随先生已经整整30年。尤其是自2010年以来这最后三年,更受先生嘱托,常侍先生左右,协助他创办北大马克思主义哲学研究中心,力争成为一个重点基地,实现哲学创新,支撑中华复兴。

这些天来,我一直处于深深的思念之中,先生的音容笑貌常常浮现在脑海之中,而他晚年的最后拼搏与最后嘱托,更是久久萦绕心头,难以忘怀……

一、黄枏森先生的历史定位

2012年底、2013年初,黄先生两次和我说起,他和李大钊、冯定开创的北大马克思主义哲学传统的传承关系,认为自己继承的正是李大钊、冯定开创的北大马克思主义哲学传统。他还说,李大钊对北大马克思主义哲学传统、在中国传播马克思主义的开创作用,多半还是为大家所公认的,而冯定的历史作用,则远没有得到应有的历史评价。黄先生还满怀深情地对我说起,1981、1982年,在改革开放新时期的历史起点上,冯定怎样把北大马克思主义哲学传统的思想接力棒交到他手中……

这就促使我对黄先生的理论贡献与历史定位,进行反复思考,反复琢磨,反复推敲。

黄枏森不仅是北京大学资深教授、哲学教育终身成就奖获得者，而且是当代中国著名哲学家、哲学史家、哲学教育家，在马克思主义哲学史、马克思主义哲学体系创新、人学、文化四大研究领域，他都作出了开拓性的重大理论创新；他继承发展了李大钊、冯定开创的马克思主义哲学中国化的优秀传统，成为改革开放新时期马克思主义哲学研究的领军人物、在学术思想界坚持与发展马克思主义哲学的一面旗帜、积极探索开拓中国特色社会主义哲学基础的学术带头人与杰出理论家；他还继承发扬我党优秀学风文风作风，愿以哲学创新为十八大后开创新局面、实现中国梦做铺路石子，并以高尚品德师德，赢得广大师生的衷心爱戴、党和国家领导人的高度评价。

黄枏森先生生前最大遗愿、最后嘱托，就是好好建设他亲手创立的北京大学马克思主义哲学研究中心，使之成为教育部人文社会科学重点研究基地，为中华民族伟大复兴，做哲学奠基、铺路石子。

二、黄枏森先生的五大理论创新、学术贡献

黄枏森是老北大人，也是北大精神的传承者。他 1942 年考入西南联大物理系，1943 年转入哲学系，自此 70 年如一日，献身于哲学研究、北大建设。由于种种复杂的历史原因，黄先生曾经不止一次深情地说："我真正的学术研究是从改革开放新时期开始的，是改革开放赋予我新的学术生命。"

围绕着以马克思主义哲学创新、理论创新，作为中国特色社会主义铺路石子、哲学基础这个主题，在改革开放新时期 30 年中，黄先生有五点重大的哲学创新和理论贡献：

第一，他带头编纂《<哲学笔记>注释》，独立创作《<哲学笔记>和辩证法》（1984），在马克思主义哲学经典著作研究中独树一帜，为新时期树立辩证唯物主义科学世界观，坚持理想信念不动摇，奠定了重要经典文本研究基础；

第二，他带头开创马克思主义哲学史这门新学科，先后推出《马克思主义哲学史稿》（1980）及其 3 卷本（1987）、8 卷本（1996）、1 卷浓缩本精品教材（1998），旨在拨乱反正、正本清源，探索中国特色社会主义理论来源和哲学基础；

第三，他带头倡导马克思主义哲学创新，提出马克思主义哲学体系创新论，1993年和肖前先生等一起主编了《马克思主义哲学原理》，后来又以"十年磨一剑"的精神，带领我们这个50来人的学术团队，在2011年推出《马克思主义哲学创新研究》四部全书，并亲自主编第一卷《马克思主义哲学体系的当代构建》；

第四，他带头创立人学，创建北大人学研究中心、中国人学研究会，先后推出《人学词典》（1991）、《人学的足迹》（1999）、《人学原理》（2000）、《人学理论与历史》三卷本（2005），为以人为本的科学发展观奠定重要的人学基础；

第五，他带头倡导中国特色社会主义文化创新，1995年出版了由他和陈先达、龚书铎共同主编的《有中国特色社会主义文化建设研究》，2005年主编了《邓小平理论与当代中国哲学》。

三、最后十年带头倡导马克思主义哲学创新

自2000年以来这十来年间，从黄先生的八十华诞到九十华诞，尤其是从2010年以来这最后三年，可以说黄先生的学术思想又有一个新的飞跃、新的升华，甚至可以说，这是他作为当代中国哲学家的最后拼搏、最后斗争。

世纪之交的20年间，他常和我说起，他对"世界向何处去，中国向何处去"的哲学思考。也正是2000年，他应邀为"百年来北大学者墨迹展览"题词，写出了他的如下"中国梦"，这既是为21世纪带来新希望的社会理想，也是21世纪哲学创新的主旨：

> 天下为公，世界大同，
> 干戈止息，四海弟兄。
> 安居敬业，其乐融融，
> 绿色大地，郁郁葱葱。
> 科技发达，人寿年丰，
> 精神高尚，礼让成风。

2001年，中国与世界站在新世纪、新千年的历史起点上，也恰逢黄先生八十华诞。我正在筹备组织这一活动，六七月间到黄先生家时，问起活动主题，是

否先重点讨论一下他的学术贡献、理论观点、师德师风,顺便也议一议马克思主义哲学创新问题?黄先生语气平和而又十分郑重地对我说道:"这么多人都凑到一起不容易,是不是重点讨论一个更有意义的基本理论问题,就是哲学创新问题,21世纪的哲学创新问题,当然首先是马克思主义哲学创新的问题。"于是,他的八十华诞纪念变成了首届"21世纪哲学创新论坛",会后由我主编了专题论文集《21世纪哲学创新》,2001年11月,由中央编译出版社出版。

这一年7月,根据黄枬森等六位哲学家提议,在深圳召开了全国性的大型学术研讨会,主题就是"中国共产党与马克思主义哲学创新",翌年4月又由中央编译出版社出版了由黄枬森主编的论文集《中国共产党与马克思主义哲学创新》。

也正是从这一年开始,黄先生开始了"马克思主义哲学体系创新"的重大课题研究。他很重视人才队伍的组织,发挥集体智慧的力量。正好这一年,北大哲学系马克思主义哲学的三个教研室合并为一,系领导让我出任教研室主任。我在向黄先生请教时,他嘱我不仅要在把自己的学术研究搞好,还应把整个队伍带起来,发挥集体力量,共同搞好北大马克思主义哲学学科建设。

四、黄枬森先生的最后斗争、最后遗愿

黄枬森是一个老党员,他1948年加入北平地下党。更可贵的是,在改革开放新时期,晚年的黄枬森保持了一个共产党人的真正本色,不治家私,不谋私利,不求名利。他没有为个人创收去费心,甚至没有为自家买房,没有为自己与家人谋后路。那么,他干了什么呢?晚年黄枬森,一个最大心愿,就是用最后的全部心血,创立北大马克思主义哲学研究中心,千方百计使之建设成为教育部人文社会科学重点研究基地,用马克思主义哲学创新,为实现中华复兴的"中国梦",做哲学奠基、铺路石子。为了实现这个最大心愿,他在九十高龄,又用尽心血,先后做了六件大事。

2010年11月29日,这一天正逢黄先生八九华诞,黄枬森先生把我叫到他家中,没有说到一件个人私事,而是嘱我在共同起草的一封书信中,提出了大

力加强北京大学马克思主义哲学学科建设的重要建议。

2011年4月,人民出版社出版了由黄枬森领衔的《马克思主义哲学创新研究》四部全书:第一部,黄枬森亲自主编的《马克思主义哲学体系的当代构建》;第二部,王东主编的《时代精神与马克思主义哲学创新》;第三部,曾国屏主编的《现代科学技术与马克思主义哲学创新》;第四部,赵敦华、孙熙国主编的《中西哲学的当代研究与马克思主义哲学创新》。

2011年11月,年已九十高龄的黄枬森先生自动请缨,带领王东、杨河、丰子义、郭建宁、孙熙国、聂锦芳、徐春等诸多同志,并协同陈志尚、赵光武等老先生,创立了北京大学马克思主义哲学研究中心。

2011年年底,黄枬森、王东承担了教育部哲学社会科学研究重大委托项目《马克思主义哲学基本理论与现实问题研究》,他带领我们,力图让哲学基础理论研究工作掀开新的一页……

2011、2012年,在其家人与中央编译局支持下,编辑出版了《黄枬森文集》6卷本的皇皇巨作,还有最后3卷,也已经初步编成。

在最近三五年内,已过耄耋之年,甚至超过90高龄的黄枬森,独立发表论文50多篇,直到住院前一天的2012年12月27日,他仍在伏案写作,论文题目为《我与哲学》。他工工整整写下4页手稿,由于感到过度疲劳,而不得不搁笔,其时一量血压,已降至高压70、低压40……

这就是黄枬森先生的最后拼搏,最后冲刺,最后斗争。

五、党和国家的高度重视

黄枬森先生的道德文章,不仅受到了北大师生的爱戴敬仰、国内外学术界的广泛好评,而且他的学术成就也得到了党中央和国家领导人的高度重视、高度评价。1981—1996年,他曾连任第一、二、三届国务院学位委员会学科评议组成员。2001年,他曾作为哲学界的代表,在北戴河受到江泽民总书记的接见。2004年,他又作为马克思主义哲学界的资深专家,受到中央特邀参加马克思主义理论工程建设大会,受到胡锦涛总书记接见。李长春、刘延东等中央领导，袁贵仁、李卫红等教育部领导，都曾高度评价黄枬森先生的道德文章。2011年3月，刘延东对黄枬森、王东建议加强北大马克思主义哲学学科建议的来信，作出重要批示，并在同年6月23日到北大时，亲切接见黄枬森先生，在谈话中高度评价他继承发展了李大钊、冯定开创的北大优秀传统，在改革开放新时期，在坚持与发展马克思主义哲学方面，起了重要的带头作用。

黄枬森先生逝世后，胡锦涛主席办公室打来电话，温家宝总理送来花圈。中共中央政治局委员、国务委员刘延东，中共中央政治局委员、中央组织部长赵乐际，全国政协副主席罗豪才等领导同志，参加了遗体告别仪式。中央电视台在新闻联播中作了报导，《人民日报》、《光明日报》等重要报刊媒体予以报导。

大力加强北大马克思主义哲学的学科建设，把北大马克思主义哲学研究中心建设好，使之成为教育部人文社会科学重点研究基地，以马克思主义哲学创新，为中华复兴作哲学铺垫——这是黄枬森先生晚年的学术理想与最大心愿，至今已成了他的未了之愿与最后嘱托。

作为后来人、北大人，我们一定要继承黄先生的遗志，发扬黄枬森精神，为实现他的哲学夙愿与最后嘱托，而努力拼搏，共同奋斗！

（王东，北京大学哲学系教授，中国马克思恩格斯研究会副会长，辩证唯物主义研究会副会长）

清明时节怀故人

陈先达

清明节，是中国传统节日中最具亲情、人情味的节日，慎终追远，继往开来，凝集中国文化的伦理观、生死观。在这个节日里，想起刚离世不久的黄枬森先生，百感交集。

黄先生比我年长十岁，是我的老师辈。我很早就知道黄先生的大名，但无交往。从20世纪80年代初开始，我与黄先生每年在社科基金会上碰面。后来黄先生不再参加评审会，我们也会在一些学术会议上见面。黄先生与我可以说亦师亦友。后来，他渐入高龄，我也年老，参加学术会议的"积极性"越来越小，但每年春节都会互致问候。黄先生在马克思主义哲学、哲学史方面的学术造诣极高，是我们的领军者。他晚年仍旧保持旺盛的创造力。人学科学的开创性工作，主编马克思主义哲学创新体系的鸿篇巨作，都表明了这一点。

从黄先生80岁到90岁三次重要寿期，我曾写过三首诗祝贺。虽然见面少了，以诗传情，也不失为知识分子的一种交往方式。

黄先生80岁，我70岁。我对他笑称，我们是七老八十。他过生日当天，我曾贺之以诗：

> 身如药树君真健，温和谦恭长者风。
> 字字珠玑叹妙笔，桃李满园道不穷。
> 未列门墙心私淑，每聆高论暗称同。
> 双手过顶三敬酒，我祝先生百岁红。

双手过顶，尊以师礼。一眨眼他85岁，我75岁，又以诗为贺：

> 欣逢八五庆生辰，犹记八十客盈门。
> 虽说五年弹指过，又见纸贵洛阳城。

> 大名岂独铅字铸，道德文章两相能。
> 百岁可期仍健笔，都道哲人似仙人。

末联"百岁可期仍健笔"，是羡慕他年过八十仍笔耕不缀；"都道哲人似仙人"是赞他为人谦和，即使发生争论，笔下没有霸气，仍然娓娓道来，心平气和，从不以势压人。黄先生有学者风、长者风、仁者风。

我八十岁时，黄先生曾寄诗为贱寿祝贺："语言铿锵意蕴真，先生风采早惊人。而今耄耋锋尤键，入本三分析理真。"这是对我的鼓励和厚爱。在他面前我不敢妄称高龄，确实也是老人。转日，黄先生九十大寿。"秀才人情一张纸"，我也贺以诗：

> 五十年前是我师，五十年后情更深。
> 莫谓荷戟独彷徨，同一战壕两老兵。

"莫谓荷戟独彷徨，同一战壕两老兵"是有感而发的。我知道有些学者对黄先生的某些观点持有异议。这并不奇怪，也很正常。学术讨论有助于学术的发展，但我对在同一刊物约集多人对德高望重的黄先生采取围攻式的批判有不同看法。我也发过两篇文章，对事关马克思主义哲学本质的问题表示看法。"莫谓荷戟独彷徨，同一战壕两老兵"指的是在维护辩证唯物主义、反对否定辩证唯物主义方面，黄先生并不是孤立的。虽然我与黄先生在辩证唯物主义与历史唯物主义关系问题上，在如何论证作为世界观的辩证唯物主义问题上，也有差异和各自不同的论证方法。但在辩证唯物主义和历史唯物主义是不是马克思主义哲学、是不是中国共产党人的世界观这个根本原则问题上，我们是一致的。"莫谓荷戟独彷徨，同一战壕两老兵"，指的就是这场"公案"。

我们哲学界有个流传很广、影响极深的看法，认为辩证唯物主义强调世界物质性、强调世界的存在不依存于主体是在重复西方哲学"主客二分"的哲学错误。其实，主客有分而不能不分。二分是应该承认的，主客绝对对立是应该反对的。承认主客二分、承认在实践基础上主客统一，是坚持辩证唯物主义的重要前提。如果我们的世界是主客不分的世界、既是客体又是主体混合为一的世界，人类的实践和认识就无法进行。

冯友兰先生是中国哲学史和哲学大家，他倡导"天人境界"为最高道德境界。但冯先生同样承认："世界本非为人而设，人偶生其中耳。人既生于此世界之中，一切欲皆须于其中求满足。"还说："世界既是非为人设，故其间之事物，当然不能尽如人意。"如果把中国传统哲学中对圣人、贤人、真人、至人的人格追求，作为本体论和认识论基础，则越界矣。

世界是客观世界，是不依存于自我的世界，这是人类实践史和科学史反复证明的真理。自然界并不会因为人化而变为非客观世界。人化世界仍然是客观世界。自然界是不会开玩笑的。它是客观的、有自己运动规律的物质世界。谁要是认为可以主客不分，可以把人的主体意志混同于客观自然，必然受到惩罚。自然对人的报复，说到底是自在自然对自然人化越轨的报复，是客体性对主体性妄自超越的警示。现实自然界中种种生态恶化的情况表明，任何时候人化自然背后都有自在自然在起作用。任何不顾自然本身承载力和规律的人化，都必然遭到惩罚。以人本主义世界观、人本主义自然观、人本主义历史观取代辩证唯物主义和历史唯物主义世界观是不可接受的。我虽然不一定完全赞同黄先生的每一个论点，但我赞同他坚持辩证唯物主义和历史唯物主义是中国共产党人世界观的根本立场。

"莫谓荷戟独彷徨，同一战壕两老兵。"黄先生已经作古，可以安息，不用再"荷戟"战斗。他留下的著作和治学精神永远是一笔宝贵的财富。马克思主义哲学界老一辈工作者日渐凋零。我相信，马克思主义哲学界的大批中青年学者，在创新中会继承和发扬黄先生的追求真理和荷戟精神。

（陈先达，中国人民大学哲学学院资深教授，当代中国哲学家）

唁老黄

庄福龄

欲哭无泪，欲候无门。同老黄最后话别终因我摔跤后不能立地而成终生遗憾！

黄枬森同志是我尊敬的学长，长时间朝夕相处并肩投入重大课题研究的亲密战友。

我们主要投入的项目是国家重点课题《马克思主义哲学史》8卷本，同为全书主编；十一届三中全会后成立较早的国家一级学会，中国马克思主义哲学史学会，同为该会会长。两副重担，往往是全国奔波和重点审稿相结合，终日埋头于稿件的讨论和篇章结构的布署，争论虽多，求同存异，团结共识，气氛是热烈的，书稿一改再改，集体编写的作用发挥得较好，此情此景，历历在目。全书和分卷主编的作用尤为突出。

在学术观点上，老黄有自己的一套看法，不轻易改变，但作为主编他又多方倾听意见善与人同，不固执己见，旗帜鲜明，总是寻找适当的表达方式，适当的话语，使多方面的同志便于接受，便于团结共事。

在学风上，老黄注重思想方法，注重理论联系实际，注重学术界的重点思想，有的放矢，对于有争论的观点和问题尤其慎重，力求全面、具体分析，力求贯彻毛泽东哲学思想。他善于从学术上团结大多数。

教材建设、学科建设和理论建设是彼此联系相互渗透的。上述两个阵地的作用还将在今后的理论建设中、理论思维的传承中发挥应有的历史作用，作为主要负责人之一的黄枬森同志，在马克思主义传播史中的地位及其大量的成果，是一定会与历史共存，永远为后人怀念的！

（庄福龄，中国人民大学教授，中国马克思主义哲学史学会名誉会长）

兄弟情谊六十载

——深切怀念黄枬森先生

杨祖陶

一

黄枬森先生是我的亲密的学长和知交。我和枬森相识是上世纪50年代的事了。1950年我从北京大学哲学系毕业，留校作助教。而由于我是作为实际上已名存实亡的贺麟先生主持的西洋哲学编译委员会的干事身份留校的，我就得以住进沙滩中老胡同编委会的宿舍，而与日后对我为人为学影响极大的黄枬森、汪子嵩、王太庆三学长朝夕相处。那是一个有三进平房的小院子。第一排有三个小间，我住在靠东的一间，与王太庆先生隔室相望。第二排是小院的正房，向南为一个长长的厅，厅的左侧临窗有一张很大的书桌，据太庆说这张书桌的来历非同小可，它是我国著名启蒙主义思想家、翻译家严复所用的书案。厅的中央摆着三件套的沙发和小圆茶几。右侧临窗是一张汪子嵩先生用的较小的书桌。厅的左侧北边小门进去是共用的卫生间，右侧北边小门进去是汪子嵩和夫人喻九生的居室，那时他们已有一个女儿汪愉。他们的居室后门对着小院的第三排，它是比前两排都较为简陋和矮小的灰色平房，枬森和他的夫人刘苏就住在那里。刘苏柔弱美丽，我还记得有一次枬森把她抱回来的样子。由于我们是四川老乡，我就常到他们家去玩，那时他们的两个女儿黄丹和频频还很小，刘苏看见我来了，总爱开玩笑地逗她的女儿："叫，快叫'杨大哥'。"

这时，枬森在哲学系内主持辩证唯物主义和历史唯物主义教学，主要是请艾思奇和胡绳讲课；我坐系办公室，业务上是参与贺麟先生主译的黑格尔《哲学史讲演录》第一卷的翻译工作，彼此在业务上没有往来与接触。不过，我一旦碰到有关马克思主义的问题总还是要向他请教。一天我在大图书馆里偶然发现一本马克思著《论犹太人问题》和《黑格尔法哲学批判导言》的德文版小册子，就借回想翻译出来，我征求枫森的意见。他考虑了一阵子说：你还是先译完贺先生交给你的《黑格尔哲学史讲演录》中的有关部分再说吧，我看《黑格尔法哲学批判导言》可以译，《论犹太人问题》就算了吧？！我感到他对我提的问题不是随便回答，而是经过了周密的考虑，就信服地接受了。从另外一件小事上我也深感枫森对我的特殊关怀。那时全国兴起了轰轰烈烈的土地改革运动，传言高校师生都要参加土改。一天早晨，在我完全不知情的情况下，枫森来敲我的窗户，要我赶快起来到怀仁堂去听一个高级领导人关于土改的报告。这使我提早了解到土改的意义和政策，使自己的思想有所准备，而能及时跟上形势。

二

1952年北大从城内沙滩红楼迁往西郊海淀燕园——前燕京大学校址。同年全国高等学校进行史无前例的院系调整，形成了一个非常奇特的现象，全国所有外地的大学哲学系都合并到北京大学哲学系，也就是说，北京大学哲学系成为全国唯一的、独一无二的哲学系。不久，学校建立了直属校方的"马列主义基础教研室"，由郑昕先生任教研室主任，赵宝煦先生任秘书，实际上是副主任。由于北大马列主义基础教研室是最早成立的，又有苏联专家，它的任务不是立即向本科学生讲课，而是受教育部委托先办一个由全国各高校选派来的政治理论课骨干教师和本校选拔的一批学员组成的研究生班。我被"借调"到这个新建的教研室从而有机会与枫森亲密共事。由于枫森已在新建的中国人民大学进修过马列主义基础（实即联共党史），就被安排来主持研究生班的教学，我是他的助教，做学员的辅导工作。枫森对待教学极其严肃认真，学生学习热情很高。他的课都是按照充分准备好的讲稿进行的。他讲课的速度不紧不慢，语调平实，叙事清晰，说理透彻，有分析有综合，娓娓道来，引人入胜，绝少重复和强调，听者稍一走神就会跟不上，只好课后赶快补笔记。我主要是配合他的进度，辅导学员学习列宁的一些原著，如《什么是"人民之友"以及他们如何攻击社会民主主义者？》《怎么办？》等。我在作这些原著的辅导报告之前，总要就自己准备好的稿子征求他的意见。他也极其耐心悉心地翻阅和提出意见与建议，这使我增加了底气和信心。

后来"马列主义基础"确定为本科生必修的基础课，熊伟、张世英、张寄谦等先生和我就在枒森领头下集体备课，分头向各班学生讲授。在枒森安排回哲学系协助苏联专家萨坡什尼科夫开展辩证唯物主义和历史唯物主义课程的教学工作时，熊伟、张世英先生也都安排回系，张寄谦先生回到原来的历史系。我则继枒森之后协助苏联专家主持新一轮由来自全国高校的政治理论课骨干教师组成的研究生班。在这段共事的时间里，我对枒森的认识逐渐加深了。他是一个平易近人，人品高尚，严于律己，实事求是，坚持原则，一贯到底，而又勇挑重担，敢于创新和善于打开局面的真正的学者。在这段难忘的岁月里，枒森总是对我的认真态度和教学效果给予鼓励，他对我如兄长般的扶持和关爱，不仅限于业务上。记得有一次夜间辅导回来骑自行车跌倒在路边的沟里，枒森得知，十分关心，忙问我受伤没有，并十分同情而亲切地对我说：应该配一付眼镜了。我的确是在他的提醒后才戴上近视眼镜的。

学校迁到燕园后，我住在未名湖边的单身宿舍备斋，太庆住在才斋，枒森和子嵩住在中关园新建的两家一栋的平房里，依然是邻居。我经常到他们那里去玩。那时枒森和刘苏有了三女儿黄萱，刘苏的母亲和妹妹都来了，好大一家子啊，成天都是热热闹闹、其乐融融的。1957年1月25日我与在汤用彤（也是汤一介、乐黛云）先生家"平生第一邂逅"的肖静宁，在乐黛云的操办下结为百年之好，枒森和刘苏真诚地为我们祝福，还送我们一对精美的枕套和一条漂亮的纱巾。以金岳霖先生为系主任的哲学系全体教马列主义基础教研室的青年教师，以及肖静宁的同学们都也赶来参加了我们的盛大、朴素、热烈的婚礼，那是何等美好的时光！

1957年的夏季，风云突变。执政党与知识分子的"蜜月期"过去了，高校形势急剧变化，人人自危，许多正直善良真正的学者、知识分子，还有大学生被划为右派。反右后我随北大哲学系师生被一锅端地下放到贫瘠的门头沟山区。之后，我刚回北大不久，武汉大学匆忙来北京大学要人，原来是武汉大学的陈修斋先生被"内定"为右派，剥夺了上讲台的权利。可我连一堂西方哲学史的课也没有上过，何况，我还有家庭的具体困难呢！刚考上研究生（那时不能自由报名，是组织上推荐的）的肖静宁又不能同行，我只有独自扶着年迈的老母和怀抱刚满周岁的女儿踏上新的征途。

三

1959年国庆后我受命从北京大学调到武汉大学哲学系任教，我不得不告别了如兄长般关爱着我的枫森学长。但还在北医读研的肖静宁仍然经常到他们家去玩，建立了亲密的友情。三年困难时期之后，紧接着就是"四清"和"文化大革命"。可时间和空间相隔都没有使我和枫森的友谊疏远。"文革"初期，我是靠边站的准黑帮分子。肖静宁随武汉医学院同事到北京大串联。她到北京曾去看望枫森和刘苏，回到武汉绘声绘色地告诉我，还没有走到北大中关园他们家，就远远地看见长高了的小黄萱身着绿军装，手臂戴着红袖章，在门前路上来回迈步，飒爽英姿，十分逗人喜爱，当她认出是肖阿姨时很是惊讶。肖静宁问起她父亲时，她就向另一方向指指。肖静宁看见身着蓝色旧军干服的枫森与过去判若两人，正抱着许多颗大白菜走着，显然是在劳动，见到肖静宁没有说什么，也没有放下白菜回家，一副很不自然的样子。肖静宁在他们家里见到刘苏，她十分平静，只说房子已经没有那么大了，被别人占用了一半。肖静宁后来回想起这次见面，有一种难以名状的感觉，而且随着时间的推移，这种感觉日益强烈。"文革"后期的1974年，想想次年女儿高中毕业就要上山下乡了，不知何时能够回来，我利用从襄阳分校回武汉探亲的机会一家四口到北京看天安门，当然也拜访了枫森。当时刘苏的海外亲戚回大陆探亲，有一双少男少女非常可爱，中文名字分别叫祖念和祖珍，令人难忘。他们住房的面积好像也恢复了。这次枫森一定要留我们吃饭，亲自下厨为我们做了麻辣豆腐等菜肴。可能是海外亲戚赠送的，1974年我的两个孩子在他们家第一次看彩电真是乐不可支，至今还记得第一次听到德德玛的歌唱。

改革开放后，学术活动频繁了，人们的交往也增多了。我去北京参加学术会议，或他来武汉参加重要的学术会议，我们都会见面。特别是我们两家的交往更是深深地印在我的心里，永远珍藏着。难忘的1990年夏，枥森带上刘苏去庐山开会，途经武汉，曾在我家逗留，这真是天外来客，我们何等地喜出望外！刘苏对肖静宁种植的、悬挂如一面墙似的矮牵牛绿篱很是赞赏，园中各种花草繁多，有一种开蓝色花朵的我们一直不知其名，刘苏说，它叫"蝴蝶蓝"，过去他们住中关园平房的园子里也种过。由于武汉天气酷热，这里流行一句俗话"天热无君子"，我们武汉人夏天都是园领衫短裤头很不讲究，客人穿的当然整齐。我们招待吃饭的桌子简陋，菜肴也很简单，可这样的家庭相聚却倍感真挚。留下的照片真实记录了那一时刻，现在看来倍觉珍贵了。多少年来，都是刘苏寄来精美的贺年片，而且她的字写得那么好，这次会面才知道刘苏擅长钢笔书法，还公开出版了书法作品，令人钦佩不已，她赠送的作品我们至今还珍藏着。

1998年夏，我和肖静宁前往北京送外孙女上飞机到巴黎去看望正在攻读博士的她的母亲，女儿给她办的是机上专门有人照顾的"儿童托运"机票。临上飞机时才知道她超过了规定的12周岁的年龄，怎么办？只好让13岁的她独自闯天下了。起飞时大雨滂沱，更增加了我们心中的不安。后来我们到朗润园枥森家做客，说起这次来北京的事，很不放心外孙女。枥森问，这孩子平时独立性强不强？我们说很行，刚上初中就是班长，而且是班上年龄最小的。枥森笑容可掬地说，放心，放心，没有问题。刘苏讲起他们的二女儿，下乡插队时任大队长，带队修堤时表现出了精干的组织能力和吃苦耐劳的精神，晚上大家就睡在堤上。后来女儿到美国"洋插队"了，还认为这段经历是很有意思的。这更使我们的心得到宽慰。我们这次见面心情格外好，不仅品尝到了美味佳肴，而且留下了我们4人笑容满面的珍贵的照片，收在我的《回眸》一书中。

令人难忘的是，2006年11月初枥森以85岁高龄来武汉大学参加一个大型的马克思主义哲学会议，在年轻学者陪同下他亲自来到我住在4楼（加上地下室算5层）的家中，他还是老样子，上楼还很轻松。我们见面真是分外惊喜，为他的健康高兴。他说这次大会还隆重地为他祝寿，很是感激。我说这是马克思主义哲学界的盛事啊！我们一道走到珞珈山庄他住的最好的一套房间，问长问短，彼此说不完的话。他对数码相机玩得自如，拍照在行。后来在校内新开的有些档次的小观园餐厅我与肖静宁再次为老朋友祝贺生日，并邀请马哲界著名学者我们共同的好朋友朱传启先生作陪，大家非常尽兴。这里要特别提出的是，枬森是执意从山庄自己走下山，而且不走平缓的柏油路，还是从崎岖不平的石阶路下来，显示出他健康与精神的力量。我觉得他再精力充沛地工作10年或更多是没有任何问题的。这次武汉之行给他留下十分深刻而美好的印象。在以后电话中他还提起过。谁能料到，这次会面竟成永别。这令我心中悲痛难忍，但一想到他已攀登上一座座马克思主义哲学的山峰，我就似乎看到枬森在珞珈山上栩栩如生的身影。他永远定格在我的心中。

四

改革开放迎来了高等教育的春天。1981年枬森被任命为北京大学哲学系主任。他作为正直的有真知灼见的学者，深知办好系最重要的就是不仅要有大批优秀的教师，更要有学术上的专家和大师。他当时采取的各种举措中最令我折服并认为十分重要的，就是请时任系总支书记的朱德生同志亲赴宁夏银川接回了可以说是流放到那里的我国古典哲学翻译界巨擘王太庆先生。

改革开放也迎来了学术的春天。枬森作为真正的马克思主义哲学理论家现在有条件大展宏图，施展才华，著书立说了。他密切地注视着我国的社会现实和哲学事业的发展进程，撰写和发表了大量哲学论著，内容涉及马克思主义哲学的各个领域，并作出了不同程度的创新和重大贡献。我的专业不是马克思主义哲学，而是西方哲学，不可能对枬森的成就作出全面、准确的评价。单就我个人的肤浅见解看来，枬森至少在以下四大领域内，笔耕不辍，建立起了四座雄伟的学术丰碑。

1. 马克思主义哲学科学体系的对象和构成问题。枬森认为，上世纪20—30年代在苏联形成的"辩证唯物主义和历史唯物主义"是马克思主义哲学的第一个科学体系，但这个体系不够完整严密，从而大大影响了它的科学性。他主张在坚持这个体系的基本性质的基础上，根据当代科学与实践的水平，创建科学的马克思主义哲学体系。他从明确和规定马克思主义哲学的对象的性质入手来解决这个任务。他提出，马克思主义哲学的核心对象是三个层次或三个重叠的世界：把世界作为整体来研究，它的一部分是唯物主义（世界的物质图景），一部分是辩证法（世界的一般辩证规律），这就是辩证唯物主义的世界观。人类历史当然应包含在作为整体的世界之内，但由于它对人类的至关重要性，可以抽取出来作为历史唯物主义的对象，这就是辩证唯物主义的历史观或社会论，它的组成部分为：实践论，人类社会结构论和人类社会规律论。而由于意识或精神的重要性，又可将它从历史观中分离出来与之并列。这就是意识论，它的组成部分为认识论（他认为认识是一种社会现象，不应像过去那样放在世界观部分内，而应放在从历史观，即社会论中分离出来的意识论部分内）、价值观和方法论。枒森曾经尝试按照列宁在《哲学笔记》中提出的要求构建了一个包含 36 对范畴的新的马克思主义哲学体系，但他并无以之代替现有体系的奢望。他作为一个真正的学者，依然实事求是地认为，如何按照逻辑与历史一致的原则从抽象出发，依据对立统一规律，将现有马克思主义哲学诸组成部分的全部内容建构成与现代科学和实践发展水平相适应的从抽象上升到具体的矛盾运动过程，从而成为一个完整严密的科学体系，仍然是马克思主义哲学的建设和发展所需要解决的一个重要任务。

  2. 马克思主义哲学史作为一门科学的理念和创立及发展。上世纪 70 年代北大哲学系由枒森牵头的几位学者曾编写了一个马克思主义哲学史的初稿，并曾油印交流，作为大学教材使用。在这一过程中枒森关于马克思主义哲学史作为一门科学的理念开始形成起来。改革开放后，枒森就从正面阐发了他的这个理念，认为马克思主义哲学既然是一门科学，就和其他科学一样有它萌芽、形成与发展的过程，就必定有正确与错误、真理与谬误的相互交织和转化，马克思主义哲学的发展不是像过去认为的那样是少数几个领袖人物的哲学著作所构成的真理加真理、没有什么功过是非的过程。而马克思主义哲学作为这样一个曲折复杂上升的历史过程就是马克思主义哲学史。马克思主义哲学史作为一门科学建立起来，其必然的后果就是把马克思主义哲学研究的水平推进到一个新的阶段。基于这样的认识，枡森和其他学者们共同努力，于1981年推出了我国第一部《马克思主义哲学史稿》，枡森被公认为是起了第一位作用的主要撰写人和统稿人。此工作一发便不可收，相继于1987年枡森作为第一主编推出了3卷本、计120万字的《马克思主义哲学史》；1996年枡森仍作为第一主编与50多位学者共同完成了8卷本、400万字的《马克思主义哲学史》巨著，从而把我国的马克思主义哲学史的研究推向了世界的前沿。

3. 马克思主义人学的奠基与创立。上世纪80年代初人道主义和异化问题的讨论，实际上是对"文化大革命"中惨无人道的罪行的控诉和清算，人的理论问题受到文艺界、学术界的关注，与此同时也出现了马克思主义理论体系是见"物"不见"人"的议论。枡森虽然拒斥了这种议论，但作为一个正直的学者和马克思主义哲学家，也实事求是地承认，马克思主义理论体系中的"空白"虽然不是笼统的"人"的问题，但的的确确是作为"个人"的人的问题，因此对于马克思主义理论体系所要补充的正是关于个人的理论，即"人学"。枡森在1983年3月纪念马克思逝世100周年的全国学术研究会上的学术讲演《关于人的理论的若干问题》中阐发了他的思想。在这以后的几年里他逐渐地形成了这样一种学术追求，就是要在马克思主义的指导下开创一门新的"人学"，以便对人作综合性、整体性的跨学科研究。为此，经过三年的努力，以枡森为第一主编的包括近1500个词条、近100万字的《人学辞典》终于在1990年问世，它标志着马克思主义"人学"的最初创立。在尔后的10年里，他敢为人先，发表了多篇讨论人学问题的论文，内容涉及人学的方方面面，这些创新的成果集中起来就是他的专著——《人学的足迹》。在这本系统阐述当代人学问题的书中，他把人学的研究对象及性质定义为："它是从各门有关人的科学相互联系和统一中，研究完整的个人及其存在和发展的一般规律的一门相对独立的综合的学科"。在讨论人学理论的基本构架时，枡森明确提出，"人性和人的本质"是人学的第一个根本问题，它要回答的是"人是什么"的问题，他认为人的本质就是人的社会实践活动。而人学的第二个根本问题则是包括"人权"在内的"人的价值和自我价值"的问题。21世纪初枡森在他主编的《人学原理》的导论中系统地论述了他关于马克思主义人学的各个基本问题的观点，总结和概括了他

20年来人学研究的成果。2005年枡森在与人合著的《人学原理》中又以整整一章论述了人的发展的七条基本规律：人和环境相互作用的规律；人的实践活动和其他活动之间相互作用的规律；人的社会存在和意识相互作用的规律；人的个体发展的有限性和类的发展的无限性相互蕴涵的规律；人的实践的自发性递减和自觉性递增的规律；特殊个人的作用递减与人民群众的作用递增的规律；人的发展的不自由性、片面性递减和自由性、全面性递增的规律。这些闪耀着真理光芒和科学智慧的观点，标明枡森开创的马克思主义人学理论体系的大厦已经耸立起来了。

4. 对列宁《哲学笔记》与辩证法的研究。枡森对列宁的《哲学笔记》研究的贡献是独特的。这一方面基于他深厚的德国古典哲学的学养，也要"感谢"那一段不让他上课只能做资料工作的经历，使他从1960年起就开始静心钻研《哲学笔记》，在长达20年的时光里他坚持不懈，终于开花结果。1981年枡森与北大学者一起推出了50万字的列宁的《<哲学笔记>注释》，作出了苏联哲学界始终没有作出的重大贡献。在此基础上他又系统地总结了自己长期研究的成果，于1984年推出了学术专著《<哲学笔记>与辩证法》，开中国学者对《哲学笔记》作出研究性成果之先河。与此同时，他还指导博士生完成了一些很有水平和价值、得到学界肯定和和嘉奖的有关《哲学笔记》的著作。苏联哲学界对此作出了高度的评价，认定中国出现了一个以黄枡森为代表的、以完整研究列宁《哲学笔记》与辩证法为主旨的独特学派。

除《哲学笔记》外，枡森对列宁的《唯物主义与经验批判主义》也作了精深的研究，认为这部著作是"马克思主义哲学的重大发展"。这主要集中表现在它把辩证法和实践观点引入唯物主义反映论，从而把它发展成了一个颇为完整的辩证唯物主义认识论体系。但它作为历史的产物也有其历史的局限性和缺点或不足，如从认识的辩证法看，没有讲感性认识转化为理性认识的问题。为了如实地认识和评价列宁的理论和实践，枡森与曾盛林合著了《列宁传》，这部著作的导言的标题就是"列宁是人不是神"。

枡森上述四个方面的成就，实实在在地大大丰富和发展了马克思主义哲学的理论宝库。他的勋业将彪炳史册，永不褪色。

五

枒森对于我在德国古典哲学研究中哪怕是极其微小的进展，都十分关心，并给予鼓励和大力推荐，表现出了他对我极其真挚的兄长般的关爱。

1993年，枒森得到我的《德国古典哲学逻辑进程》一书后，于10月14日来信表示"感到十分欣慰"，并衷心地评论说："这不是一本普通的著作，而是一个学者生命与智慧的结晶，无数次探索追求、殚精竭虑的成果，又为我国的哲学宝库增添了一大笔财富，这是值得大大庆贺的。"

2001年，我的书稿《康德黑格尔哲学研究》拟交武汉大学出版社继《德国古典哲学逻辑进程》之后，再次作为"武汉大学学术丛书"出版，请枒森审阅。当时他正在深圳讲学，通过手机联系上了后，他一听欣然同意。他看过书稿后在我的出版申请书的专家评审栏中写道："杨祖陶教授一生研究西方哲学，对德国古典哲学尤其精深。此书的显著特点是真正贯彻了马克思主义哲学的指导，从原始材料出发，以康德黑格尔为重点，对德国古典哲学作出了客观深入的挖掘和公允的评价，达到了国际一流水平。我相信它的出版不仅对进一步研究德国古典哲学将发挥引导作用，对哲学、哲学史和马克思主义哲学的研究和发展也会发挥积极的推动作用。"

2010年，我的学术生涯回忆录《回眸——从西南联大走来的六十年》成稿后请枒森作序，他高兴地接受了我的请求。他的这篇序文影响很大，对我一生的学术追求、学术精神和学术成就作出了高度的概括和实事求是的评价。他说："《回眸》不仅是祖陶一生求学为学的生动写照，而且是我国大学教育中学术传统形成、传承、发扬的一面镜子。"而序文中谈得较多的是有关我主导合作新译的康德三大批判著作问题。

枒森在北京大学文科研究所作研究生时，曾在郑昕先生门下攻读过康德哲学，"啃过"康德三大批判著作的原文和英译本。因此，当2002年春，他得到我寄去的2001年底出版的《康德三大批判精粹》时，就以极其喜悦的心情翻阅过，并且推测，既然《精粹》译出了三大批判近一半，全译本的出现就不会太远了。不出枂森所料，继《判断力批判》、《实践理性批判》问世后，2004年2月《纯粹理性批判》也出版了。2004年4月在北京人民大会堂举行了十分隆重的三大批判新译的首发式，我托赵敦华教授代我将《纯粹理性批判》、《实践理性批判》和《批判力批判》三个译本送到枂森家里，他看到后非常高兴，我回汉后就接到他热情祝贺的电话，他说北大和中国社科院曾对三大批判多次立项都没有搞出来，你们悄悄地搞出来了，真不简单！令人惊讶的是，他当时就发现《精粹》的译文与三大批判全译本相关部分的译文完全一致、可是《精粹》与三个单行本的署名方式却不一致的问题。我当时只是很钦佩枂森是一个多么严肃认真的在行的专家学者，因为再没有第二个人注意到这件事，但对此我并没有特别在意，更没有想到这样做日后所引起的众所周知的严重后果。他在仔细看了我的译事回眸的有关文章、详细了解到合作翻译的过程后，他不无遗憾地说："你那哪能叫'校'啊！"对我在三大批判全译本上署名校者而非译者颇有些不以为然。后来在《回眸》的序言中，他就明确地批评我说，《精粹》和三大批判全译本"两种书的翻译过程既然完全一样，为什么署名截然不同呢？"前书是两人合作"编译"，后书却毫无理由地变成了一个是校者，一个是译者，更何况从翻译过程、工作分量和作用大小来看，"校者"显然起了主要的作用呢！枂森着重地批评我说："因此，我认为'三大批判'的署名未能反映翻译的真实过程。我还认为署名不仅是一种权利，而且是一种责任，是不能马虎从事的。"我从内心完全接受和深深感激唯有枂森才能作出的这样中肯的批评。回想当年在安排三大批判的署名时，我一心只想以自己甘居校者而让合作者署名译者的方式来扶持后学，却忘记了自己应负的责任。为此，面对世事难料、居心叵测的现实，我不得不付出了沉重的代价！可见，枂森对我不仅在作出成绩时有鼓励和赞扬，而且对我实际存在的缺陷、盲目和失误也有严格的要求和中肯的批评。这一正一反体现出他对我的真正兄长般的关爱，这是我终生难忘的。

2012年12月下旬枂森得到人民出版社特地先期送上的黑格尔《耶拿逻辑》中文首译本。这时他大约已是重病缠身，可仍然在电话中激动地、深情地说："向祖陶祝贺，他在首译黑格尔《精神哲学》后，又把难啃的黑格尔《耶拿逻辑》首次翻译出来了，真是厉害，了不起！"后来得知正是在2012年12月28日《耶拿逻辑》首发式那天枙森住院了,我还期待着他出院后再向他谈谈对这一不寻常的首发式的感受。听刘苏说入院后有一段时间还平稳,以后就急转直下,一直在重症监护室,不断地下病危通知,牵动着学术界的心。1月24日,噩耗传来,枙森走了!这对我和肖静宁来说真如同晴天霹雳,难以置信。你看,他不是活生生地在那里吗?浮现在我们眼前的不就是他和蔼清癯的面容吗?他不是和往常一样正在条理清晰、不紧不慢地为我们排忧解难、向我们诉说着什么吗?

  安息吧!枙森!你的离开带给我的是无法安抚的永久的悲痛,但你对我兄长般的关爱将长久地温暖和激励着我的心灵,直到永远!

(杨祖陶,武汉大学哲学系教授,西方哲学史家)

追思黄公楠*森

崔自铎

> 黄公虽去精神在，
> 敬业爱国显忠魂。
> 谦和敦厚善待友，
> 勤奋奉献为人民。

我和黄楠森同志是老同学、老朋友、老同事。1951年，我们一起在中国人民大学读研究生。1978年改革开放以后，我们又在中国马哲史学会和中国人学学会共事，前后有60多年的相识相交。在我和楠森同志的交往中，他给我留下了极深的印象。他对祖国、对马克思主义的忠心，对同志、对朋友的善心，对人民、对事业的公心，都使我对他十分敬重。他的确是一位富有崇高精神的学者。他对马克思主义哲学，对马克思主义哲学史，对马克思主义人学，都作出了突出贡献。他的离世，使中国哲学界失去了一位难得的大家。我深信，他的品德、他的为人、他的风范都会永远留在人们的心中。为了追思楠森同志，我写下了上面的小诗，以表我对他的深深怀念之情。

黄楠森同志的高尚精神永存！

（崔自铎，中央党校哲学部教授，中国马克思主义哲学史学会原副会长）

---

* 因为计算机刚开始的字库里没有"枏"字，所以较长的一段时间里，黄枏森先生的名字只好改为"黄楠森"，以利于计算机排版、印刷。

追思当代中国哲学家黄枬森

李慎明

黄枬森教授是我国著名的马克思主义哲学家，是马克思主义理论研究的领军人物，是思想界、学术界坚持与发展马克思主义哲学的一面旗帜。黄枬森教授的一生是为党的事业、人民教育事业、马克思主义理论的研究和宣传事业不断奋斗的一生，不停贡献力量的一生，他的去世不仅是北京大学的重大损失，也是中国哲学界、马克思主义理论界、高等教育界的一大损失。在此，我对黄枬森教授的去世感到万分的悲痛，向黄枬森教授的家人致以诚挚的问候。

黄枬森教授始终坚定信仰马克思主义，坚持与发展马克思主义哲学理论，这是贯穿于黄枬森教授学术生涯中的一条红线。黄枬森教授在学术界有着广泛的影响，多年来，黄枬森教授始终坚守在我国马克思主义哲学理论建设与教学的岗位上，在马克思主义哲学理论的中国化与体系建设、马克思主义哲学理论的教材与教学建设、马克思主义人学理论等多个重要领域均有重要建树，为我国马克思主义哲学理论建设作出了重要贡献。

黄枬森教授学识渊博，学贯中西，探求真理，追求真理，服从真理，而且治学严谨，诲人不倦，学为人师，行为世范，教书育人，为马克思主义哲学界培养了大批人才。在他的教育和影响下，他的学生和后辈奋发有为，都取得了不凡的业绩，并正在发挥着重要作用。黄枬森教授可谓著作等身、桃李满天下。他高尚的学术风范和精深的学术造诣，为我们树立了学习的榜样。我们应该学习黄枬森教授在研究马克思主义哲学过程中所表现出来的坚定的理想和信念，继承他的遗志，继续推进马克思主义哲学中国化的研究，为马克思主义的不断发展作出自己应有的贡献。

（李慎明，马克思主义理论家，中国社会科学院副院长）

黄枬森先生的学术品格

韦建桦

黄枬森教授离开我们已经两个多月了。在这些日子里,我常常在夜深人静时翻开黄老师的遗著,回想自己多年来向他求教的经历,耳边总是响起他温和清晰的声音。从我在上个世纪80年代校订马克思博士论文的中文译本,到本世纪初在理论工程中主持编译《马克思恩格斯文集》和《列宁专题文集》,黄枬森教授给了我许多帮助和支持。他不仅以深邃的思想和渊博的学识给我以启示,而且以真诚的人格力量和严格的科学精神使我受到感动和教益。去年初春,我对黄枬森教授进行过两次学术访谈。后来我们共同整理了对话记录,并以《关于哲学的十个问题》为标题,将它发表在《马克思主义与现实》杂志上(载《马克思主义与现实》2012年第6期)。黄老师认为这样的对话很有意义,他约我在今年春暖时节再谈一次,并且拟定了题目。如今,这个无法实现的约定只能留在我的追思和记忆中了。这使我一次又一次地感受到失去良师益友的沉痛。

黄枬森教授留给中国理论界的财富是多方面的,其中最重要的是他的研究成果和学术品格。他多年积累的研究成果已经包含在刊行于世的著作和尚待整理的文稿中,而他的学术品格则需要我们从他的奋斗历程、治学生涯、丰富著述和学术活动中进行总结和概括,好让年轻一代学人受到启示,自觉继承。在这里,我想根据自己与黄枬森教授接触的体会,谈几点认识。

一、科学信念是黄枬森学术品格的基石

黄枬森教授毕生坚信马克思主义科学真理。对于他来说,这个真理不仅是治学修业的指针,而且是整个生命航程的灯塔。在《黄枬森文集》自序中,他

充满感情地写道:"马克思主义不仅给了我科学的思想、智慧,而且给了我科学的理想,使我活得更加清楚、明白。"他说他庆幸自己选择了马克思主义哲学作为一生的事业,因为他由此坚信"全人类彻底解放的目标是一定可以实现的","这个目标比极乐世界、天堂、永生这些虚幻的目标能够给人以更实在的关怀,因为它是科学的结论"。正是在马克思主义哲学中,他找到了"个人安身立命之处",获得了"汲取奋进动力的源泉"。(《黄枬森文集》第1卷第3页)

在黄枬森教授从事哲学研究和教学的漫长岁月里,国际社会主义运动遭遇过严重挫折,我们的国家经历过磨难甚至浩劫,马克思主义面临过挑战、质疑和诋毁,他本人在政治上受到过长达20年的错误处分和无情打击。然而他从未动摇对马克思主义真理的笃信和坚持,反而更加热忱坚毅地进行探索和思考。他对我说过:"马克思主义的研究和教学是我的终身事业。甚至在我被开除出党、不让我再讲授马克思主义哲学课程的情况下,我也从来没有想过放弃。"(黄枬森、韦建桦:《关于哲学的十个问题》,载《马克思主义与现实》2012年第6期)

在被剥夺教学权利的日子里,在"文革"风暴肆虐的黑暗岁月,在巨大的政治压力和复杂的政治形势使一些知识分子感到犹豫彷徨、心灰意冷的时候,黄枬森教授保持着难能可贵的清醒和冷静,锲而不舍地走自己选定的路,做自己决定的事。他想到的是如何充分利用一切时间和条件,为马克思主义哲学事业开展有益的工作。《列宁〈哲学笔记〉注释》就是在这种情况下由他主持完成的。这部50万字的著作,至今仍然以其扎实的功底和科学的价值受到学界重视,使我们受益殊深。他在压力重重的境遇中钻研经典,领悟精髓,博览群书,积铢累寸,为日后的开拓与创新打下了广博厚实的基础。人生的逆境成了他蓄势待发的契机。

黄枬森老师的这种定力、恒心和远见,来源于他的科学信念。他在各种思潮的交锋和真伪难辨的论争中能够始终把握正确方向、坚持科学态度,从根本上说也是凭借他的科学信念。这种矢志不渝的信念是他勤学深思的结果,更是他亲身实践的结晶。青年时代,他勇敢投身于我们党领导的革命斗争;建国以后,他积极参与社会主义建设和改革事业。在他对马克思主义的认识中,包含着对理论是非的缜密思考,也蕴藏着对祖国历史、现实和未来的深情关注。由此树立的信念必定会坚如磐石,也必然会形成一种独特的学术品格。

二、实践精神是黄枬森学术品格的轴心

黄枬森教授经常向我提起恩格斯1895年3月11日致韦尔纳·桑巴特书信中的一句名言:"马克思的整个世界观不是教义,而是方法。它提供的不是现成的教条,而是进一步研究的出发点和供这种研究使用的方法。"(《马克思恩格斯文集》第1卷第691页)在黄枬森教授看来,恩格斯在这里所说的"研究"不仅仅是指研究理论问题,更重要的是指研究现实问题。他强调马克思主义哲学研究必须始终立足于社会实践,必须在揭示现实世界真实性的同时使理论成为实践的指南,并且在实践中经受检验、得到发展;离开亿万群众改造世界的实践,哲学就会变成空洞的教义和僵死的教条。

在年逾花甲以后,黄枬森教授勉励自己更加自觉地将恩格斯上述教诲作为学术研究的指针。他经常考虑的重要问题是,如何让哲学这株大树深深地植根于当代中国社会变革的丰厚土壤,从而更加枝繁叶茂。我们回顾他最近30多年来的学术活动,可以清楚地看到这种一以贯之的实践取向。改革开放以来,他参加了关于真理标准问题的讨论、关于人道主义与马克思主义关系的讨论、关于人学基本问题的讨论、关于马克思主义哲学研究对象和体系的讨论、关于中国文化建设的讨论。在这些讨论中,他紧密结合当代中国改革发展的实践,提出了一系列理论创见。他以马克思主义哲学为视角,研究和阐述中国特色社会主义理论体系的科学内涵和实践基础,发表了有关推动科学发展、建设和谐社会、繁荣文化事业、重视道德建设等重大问题的论文和演讲。他主张从对当代世界文明和进步潮流的全面考察出发,从对中国革命和建设经验教训的深刻总结出发,从推进中国特色社会主义事业发展的实际需要出发,打破教条主义旧传统,开拓哲学研究新领域。

他对人学理论的思考就是这方面的范例。一方面,他梳理千百年来中西方人学思想史的丰富资源,研究马克思主义经典作家关于人的深刻论述,阐明人学研究的对象、内容、方法和意义,努力为构建当代中国人学奠定理论基础;另一方面,他重视人学研究为经济建设、政治建设、文化建设、社会建设和生态

文明建设服务，使这个新开辟的研究领域从一开始就具有实践的特征。他的《中国特色社会主义理论体系及其人学内涵》《以人为本原则在科学发展观中的位置》《论人道主义道德原则在社会主义道德体系中的地位》《马克思主义哲学与人权问题》等论文（均见《黄枬森文集》第5卷），在增强理论自觉、促进科学决策方面产生了积极作用。在人学研究与社会实践的结合中，黄枬森教授总是站在新的历史起点上思考问题，总是着眼于国家的长远发展来探讨问题。

这种强烈的问题意识、深切的现实关怀和执著的实践精神，同样贯穿在他对哲学基本理论的探讨中。因此，我们读他的文章，总能感受到时代的气息与活泼的生机。他的著述贴近我们的社会和人生，摒弃经院习气，戒绝空洞议论；文风朴素清新，力避艰深晦涩，在简约自然中形成了一种"辞尚体要，不惟好异"（《尚书·周书·毕命》）的中国气派。这一切都体现了求真崇实的学术追求。

三、诚实态度是黄枬森学术品格的内核

改革开放以来，黄枬森教授反复强调，要使我们的哲学像马克思所说的那样成为"自己时代的精神上的精华"（《马克思恩格斯全集》第2版第1卷第220页），就必须把哲学作为科学来研究、建设、运用和发展，而科学要求的是诚实和诚朴，反对的是虚假和虚浮。马克思主义经典作家是这方面的典范，他们把诚实视为学术的生命。马克思在谈到自己的政治经济学理论时总是郑重声明：这是他"多年诚实研究的结果"（《马克思恩格斯文集》第2卷第594页）。所谓"诚实研究"，就是始终对人民真诚，对历史负责；就是依据确凿的事实和缜密的逻辑作出判断、得出结论，一丝不苟、信而有征，反对主观臆断、穿凿附会。黄枬森教授一生恪守这个原则。他坚持了经典作家倡导的学风，同时也继承了中国学术"著诚去伪"、"论必据迹"（《礼记·乐记》和欧阳修《或问》）的优良传统。

诚恳质朴是黄枬森教授做人的风格，这种风格体现在他教学和研究工作的各个方面，反映在他与师友、同仁、学生切磋学问的整个过程，同时也表现在他晚年对一生学术历程的反思之中。在同我谈话时，他坦承自己当年在学术论战中，特别是在对儒家哲学和西方哲学的批判中曾经"陷入一些偏向，今天正

在努力纠正"。(黄枏森、韦建桦:《关于哲学的十个问题》,载《马克思主义与现实》2012年第6期)这些发自内心的话,让我们看到了一个学者的磊落襟怀。

给我印象最深的,是他几十年来对待经典文本的态度。从青年到暮年,他一直孜孜不倦地研读马克思、恩格斯、列宁的著作,务求领悟要旨,得其精义。对于所有重要问题、疑难问题和有争议的问题,他都仔细研读外文原著,对照中文译本,反复斟酌,认真比较,直至彻底弄清经典作家立论的背景、语境、理据和逻辑思路。对于译文中的问题,他心平气和地同我们讨论,条分缕析,推本溯源。他主张在阅读原著时坚持唯物主义认识论,将原著及其表达的思想视为客观存在,实事求是地探求其中的意蕴;主张弄通原著思想再作评价引申,反对捕风捉影、望文生义;主张用实践作为自己观点的最后证明,反对"六经注我"、断章取义,特别是反对把经典作家的只言片语当作绝对真理。这些主张说明,黄枏森教授治学的诚实态度体现了唯物主义和辩证法的根本要求。

诚实的态度使黄枏森教授面对这个喧嚣浮躁的世界始终保持安静,不受诱惑和干扰。这一点对于一个哲学家来说尤为重要。马克思说过:"只有从安静中才能产生出伟大壮丽的事业,安静是唯一能生长出成熟果实的土壤。"(《马克思恩格斯全集》中文第二版第1卷第457页)黄枏森教授的大量学术成果,正是在安静中通过独立思考积累起来的。他说自己一辈子"重视独立思考,不喜追风赶浪"(黄枏森、韦建桦:《关于哲学的十个问题》,载《马克思主义与现实》2012年第6期)。即使某些意见形成一股潮流,他也要沉下心来,冷静审视,绝不人云亦云;即使某种观点被视为权威定论,他也要保持思想的独立和自由,从来不把这种权威定论看成是不可逾越的藩篱。正因为如此,他在经典文本研究中能够辨明是非,提出创见。他的论著《〈哲学笔记〉与辩证法》(北京出版社1984年版,收入《黄枏森文集》第1卷第71—313页)就是一个例证。在这部著作中,他根据列宁的《哲学笔记》手稿,重新研究了列宁提出的十六条辩证法要素,厘清了前七条与后九条的关系,纠正了以往哲学家们众口一词、沿袭多年的结论,令人信服地阐明了列宁的辩证法体系。这个独特的贡献受到了国内外学者的肯定。

对于当今学界种种不诚实的现象,黄枏森教授表示深切忧虑。他希望马克思主义理论界戮力同心，清除积弊。他深有感触地说："诚实的态度是实事求是精神的表现。真正要贯彻这种精神，还要求胸怀坦荡、一心为公，摒除各种偏见。因此，一个人要一辈子做到诚实研究，不是一件容易的事情。然而要推动事业发展，我们没有别的选择。"（黄枬森、韦建桦：《关于哲学的十个问题》，载《马克思主义与现实》2012年第6期）这是他的肺腑之言。今天，在诚信问题引起全社会关切的时候，黄枬森教授这番话更值得我们深思。

四、创新魄力是黄枬森学术品格的特质

既然真正的哲学是时代精神的精华，而时代及其精神总是不断发展的，那么，马克思主义哲学就必须在实践中不断发展，从而真正成为"文化的活的灵魂"（《马克思恩格斯全集》中文第二版第1卷第220页），为推进社会变革发挥先导作用。这是黄枬森教授在新时期反复阐述的观点。他不仅是哲学创新的倡导者，而且以脚踏实地的努力和众所瞩目的成绩，成为这项工程的带头人。我们今天重温他在马克思主义哲学研究领域的开拓性成果，可以总结出许多经验，其中有两个亮点尤为发人深省。

一是清醒认识坚持与发展的关系。黄枬森教授强调，我们的创新是为了在新的时代条件下更好地实现马克思主义哲学的本质要求，而不是改变这个本质，背弃这个要求。他认为，"马克思主义中国化一方面是中国化、是创新，一方面必须是马克思主义"（黄枬森、韦建桦：《关于哲学的十个问题》，载《马克思主义与现实》2012年第6期）；在坚持的前提下发展，这是决定创新的性质与成败的关键。在本世纪初主持《马克思主义哲学体系的坚持、发展和创新研究》这一重大课题时，他从始至终严格遵循这个原则。在突出马克思主义哲学的基本立场、鲜明主题、核心观点和科学内涵的前提下，他主张从对时代的考察（包括对世界经济、政治、文化现状和历史的考察）中、从对自然科学和社会科学发展成果的研究中、从对中外哲学思想的分析和综合中汲取新颖的科学内容，按照逻辑与历史相统一的原则加以整合，最终以辩证唯物主义世界观为整体，以历史观、人学、认识论、价值论和方法论为分支，努力形成一个更真实、更完

整、更严密的理论框架和逻辑系统。(参看黄枬森:《马克思主义哲学体系的当代构建·序》,人民出版社 2011 年版)这个观点还有待于实践检验,但这种探索确实为马克思主义哲学体系的当代构建提供了一条富有新意的思路。

二是科学对待创新与继承的关系。黄枬森教授在推动创新的同时,反复强调要十分尊重和公允评价前人的探索历程和研究成果。他指出:"马克思主义哲学是对人类哲学传统的继承与创新;马克思主义哲学的新形态也是对前形态的继承和创新。不能把马克思主义哲学从以前哲学继承过来的东西看成是'复辟',也不能把马克思主义哲学的当今形态从以前形态继承下来的东西看成是'过时'的东西。"(黄枬森、韦建桦:《关于哲学的十个问题》,载《马克思主义与现实》2012 年第 6 期)秉持这种实事求是的科学精神和历史意识,他全面考察了苏联哲学家在上个世纪 30 年代初构建的马克思主义哲学体系,也就是 20 年多来受到许多人批评的所谓"旧体系"。他论证了这个体系的科学性,同时也分析了它的局限性。在全面考证和仔细辨析的基础上,他指出这个体系是根据马克思恩格斯列宁的哲学思想、参照狄慈根和普列汉诺夫等人的观点构建起来的;如果以明确的对象、真实的内容和合理的结构这三个条件来衡量,那么应当肯定这个体系基本上是一个科学的思想体系,而且在实践中发挥了重要作用。但是它并不是无懈可击的。在内容的完整性、逻辑的严谨性、对其他哲学思想积极因素的包容性以及对时代发展和科学进步反映的敏锐性等方面,这个体系有不足、有缺陷甚至有失误,我们的任务是对它"加以修正,加以丰富,加以发展",而不是全盘否定。(《我的哲学思想》,见《黄枬森文集》第 2 卷第 117 页)从黄枬森教授这些审慎周密的分析中我们体悟到,要处理好继承与创新的关系,不仅要有认识,而且要下扎实的研究功夫。在这里,轻率武断的结论不仅于事无补,而且会损害马克思主义的理论创新。

以上是我对黄枬森教授学术品格的四点认识。苏东坡说过:"凡学问之邪正,视其为人。"(苏轼《篆髓后一首》)黄老师一生忠于祖国、甘于奉献,为人正直淳厚、勤勉谦逊、恬淡质朴、表里如一。这种做人的风格决定了他治学的风格。在他身上,为人与治学是一致的,他在这两方面都回应了时代的呼唤和人民的期待。在结束本文时,我想起了马克思的一句话:"哲学家并不是像蘑菇那样是从地里冒出来的，他们是自己的时代、自己的人民的产物。"(《马克思恩格斯全集》中文第2版第1卷第219页）确实，黄枬森教授当之无愧地属于在时代风雨中与人民同呼吸共命运的一代优秀哲学家群体；归根结底，是时代的进步潮流和人民的伟大实践铸就了他的学术品格。

2013年3月31日定稿于中央编译局

（韦建桦，中央编译局原局长，全国政协常委，中国马克思恩格斯研究会会长）

君且去，长相忆

梁柱

当代我国杰出的马克思主义哲学家、备受北大师生敬重的黄枬森教授，以92岁高龄走完了人生的最后一程。就他个人来说，道德文章两垂范，哲人光泽照后人，可谓一生无愧无憾。但他的离世，对我国的理论界、哲学界，对北京大学，却是无可挽回的损失。记得在他罹病这些年，看到他依然顽强地生活、写作，参加学术活动，依然态度安详、淡定，心中总是为他高兴、祝福。我曾对他说过，您一定能够很好地康复、长寿，您一定要有这个信心，您在，对我们就是一种鼓舞力量，就有意义。遗憾的是，自然规律不可违，疾病终于夺去了他的生命。这次在八宝山的最后告别，使我真切地感受到失去了一位可敬可亲、亦师亦友的长者，心中十分痛楚。

我与黄枬森教授初识于三年困难时期。那时我下放到十三陵水库边的北新村，准备长期劳动并参加一些农村整社之类的工作。这个村子开始属于十三陵公社，后划归十三陵农场建制。记得这年的国庆或中秋节，农场领导为了给下放干部、知识分子（多数是北京大学的教职工）改善一次生活，包了一顿猪肉白菜馅的饺子。于是，分散在各村的下放干部都集中到场部，其中有一些是北大哲学系的教职员。厨房里热气腾腾，我们就在外面静静地等候。这时有熟人为我介绍北大的同仁，其中就有黄枬森同志，我们简单交谈了几句，他留给我的印象是厚道朴实、沉默寡言，也许这同他这时并非处于顺境有关。我并不了解他们下放是长期还是短期，具体在哪一个村，大概在1962年初我们都先后回校了。后来偶然在校园里相遇，也只是点头示意或略作寒暄。及至改革开放新时期，他有了施展抱负的机遇，成就和影响也日益扩大，特别是他的《<哲学笔

记>注释》、《<哲学笔记>与辩证法》等著作问世,为马克思列宁主义研究作出了重要贡献,这之后我们在工作上、科研活动中有了较多的接触,也加深了彼此的了解。

黄枬森教授是我十分敬重的一位老学者,始终把他视为北大理论学科一位兄长式的师长。他有理想,有信念,有思想,一身正气。他青年时代就参加了中国共产党,有过地下斗争的经历。解放后他也经历过人生的坎坷,但在我们的接触中,无论是私下谈话,还是公开场合,他从不谈个人受到的不公平的遭遇,从不以个人的某种不幸来发泄对历史的怨恨,作为判断历史功过是非的标准,而总是站在历史的高度来审视我们的事业和人生。我们都生活在一个历史的转折时期,有些人甚至某些老共产党员,就是以个人曾经受到的一些委屈,无休无止地仇恨党的历史,诅咒和抹黑人民共和国的历史,甚至向西方另找出路。同这些人相比,更显得黄枬森教授的思想境界、道德风范,是那样的高尚、无私,深刻理解我们党的事业所经历正确与错误、辉煌与挫折相交织的历程。在学术活动中,他总是旗帜鲜明地坚持马克思主义的基本原理,同时又关心现实生活提出的各种问题,以及面临的各种社会思潮的挑战,对这些,他都通过缜密的思考,有理有据地加以分析,很好地做到了以理服人。前些年当"普世价值"说兴起时,我曾和他讨论过,我谈到,在伦理道德,包括某些政治思想,人类是有某种共同的标准、要求,但现在一些人所主张的普世价值有特定的含义,主要是指西方的特别是美国的政治制度、价值观念,这样的"普世价值"是不存在的,是强加给别的国家的。他听后明确表示,这是应该属于意识形态范畴,对我们来说是应该加以抵制和批评的。他的回答,给我留下了深刻的印象。

黄枬森教授为文与为人一样,都是那样朴实无华,严谨求实。他的文著,凡是在报刊上见到的,我都一一拜读;他赠送给我的两部自选集,也都通读过。我们不是一个专业,自然无法从哲学专业的角度加以深刻理解,但读后都会感到获益良多,对我的教学和科研工作都有启示作用。使我感受最深的是他不像时下有些人那样为研究而研究,为发表文章而写文章,而是用心来写作,只要他认准的方向,认准的道理,会贯穿他整个研究的过程;他是为坚持和传播真理来表达真理的,态度是那样严肃认真,一丝不苟,文章写得有深度,有新意,做到了深入浅出，意蕴深远，给人以思考和回味的空间。在这些年学术界的功利主义、学风浮躁相当泛滥之时，特别要提到黄枬森教授为人称道的朴实的学风和文风，他确实做到了毛泽东同志所倡导的"有实事求是之意，无哗众取宠之心"。古人有云："配霑润于云雨，象变化乎鬼神。破金石而德广，流管弦而日新。"这就是说，文章如同雨露般的润人心脾，似鬼神般的变化无穷，刻在金石上以传播功德，谱之管弦而与日俱新。也许，这就是黄枬森教授写作所追求的境界，也是他学术活动的一个写照。他有很强的读者观念，写书是要给人看的，是要对我们的社会和事业负责的。在这方面，黄枬森教授为我们树立了一个很好的榜样。是的，黄枬森教授为人平和，待人宽厚，奖掖后进，不遗余力。对不同的学术观点，他既有很强的原则性，又能心态平和，不愠不怒。前些年一位外地学者发表文章表达对黄枬森教授的不同学术观点，这本来是很正常的，但此人用辞尖刻，不讲道理。我内心颇为不平，曾请一位从事哲学研究的学者为黄先生说点话。在一个会上，当我同黄枬森教授谈及此事时，他平静地说，人家有发表文章的权利，没有什么关系；同时他又坚定地维护了自己正确的观点。当时我想，这是多么好的一位学者的心态！

黄枬森教授是一位对工作极端热诚、极端负责的人。像他这样有大成就的学者，无论参加多小范围的研讨会，他都会认真准备，在他的笔记本上密密麻麻地写下他要发言的内容，使人听起来都会觉得有内容、有思想，既易懂、又好记，而决不是应景而发，更没有拿腔拿调显示权威的派头，着实令人肃然起敬。他还十分关心马克思主义理论学科的建设，记得在上个世纪90年代初，他鉴于我国一个时期以来对人学研究的缺失，在理论界极力推动马克思主义人学研究的工作。人们都记得，在这之前我国理论界开展了一场关于人道主义和异化问题的大讨论，讨论中出现了一些非马克思主义的观点。黄枬森教授积极参加了这场讨论，他不赞成那种社会主义异化论的观点，他把作为历史观的人道主义和作为伦理观的人道主义作了科学的区分，认为前者是一种唯心史观，而后者则是可以加以批判地吸收和改造。这个观点他一直坚持不变，也奠定了他马克思主义人学研究的基点。后来，他和陈志尚教授一起筹建北大也是全国的人学研究会，他们几次和我谈了这方面的工作，我觉得这是一件有开创意义的学科建设，对我国内政和外交工作都有重要的现实意义，表示积极的赞成和支持。当时学校经费比较困难，还不可能支持虚体的研究机构，我只得向有关部门化缘了 50000 元，作为研究会成立经费。可以说，黄枬森教授是我国建立马克思主义人学学科的积极推动者和开拓者。

黄枬森教授为人谦逊，待人以诚，重亲情友情。1996 年，他领衔主编的《马克思主义哲学史》第 2 版问世后，打电话表示要送一套书给我，我表示感谢后说过两天到他家去取。未曾料到，第二天他就抱着八卷本的这套书给我送来，当时他已年近八旬，这件事今天想起来还觉得内疚。当时我住在三公寓，对门一家有位女士教孩子弹钢琴，常常看到黄枬森教授接送他的外孙女来这里学习，有次我碰到就问他，你工作这么忙还管接送孩子，不要太累了。他满脸洋溢着幸福说，这也是一种享受。这大概就是生活中的黄枬森教授。有一次我和他一起拉着这个小女孩下楼，我问她：你知道你爷爷是干什么的吗？孩子天真而骄傲地说是北大教授；我告诉她：我这个爷爷也是北大教授，但是你那个爷爷的学生。孩子扬起头瞪大眼睛看着我，是信还是不信呢？今天回想起来，当年天真可爱的孩子已经长大成人了，她一定会有乃祖之风，健康成才。

我在漫步时有一个习惯，如果遇见松树、松林都喜欢对它凝视遐思，它是那样的挺拔、沉稳，面对乱云飞渡、逼人寒气，都表现出从容不迫、傲视人世的神态，针叶青翠，一如既往。由此想到，松树的品格，何尝不是黄枬森教授为人为学的写照呢？他确是一位值得纪念、值得长忆、值得学习的大写的人。

最后，请允许我借用唐人孟郊的诗句"镜破不改观，兰死不改香。始知君子心，交久道益彰"来表达我对黄枬森教授的追思之情，作为这篇短文的结束。

（梁柱，北京大学资深教授，近代史与党史专家，北京大学原副校长）

高举辩证唯物主义旗帜

——忆黄枬森老师教我学马列

陈志尚

黄枬森教授的逝世使我失去了一位敬爱的老师和亲密的战友,悲痛情深难以言表。几十年来我与黄老师的频繁交往几乎已成了生活习惯,每天不是见面就是通话。近年来因他有病见面少了,但电话还是常通的,有时一讲就是半至一小时。直到今年元旦我去医院探望长谈两小时,不料竟是最后一别。因此,这些时日备感失落。黄老师的印象,许多涉及他的人和事,在我脑子里反复呈现,想说的事太多了。仅以此文表达我的哀思怀念之情。

一、跟黄老师学列宁的《哲学笔记》

我是1961年北大毕业留校,在马哲教研室任教。正好黄老师开设《列宁的哲学笔记》课,我就去旁听了。在此之前,我听过贺麟先生讲黑格尔的《逻辑学》,张世英先生讲黑格尔的《小逻辑》,苏联专家格奥尔吉耶夫讲列宁的《哲学笔记》,但是自己对列宁的《哲学笔记》并没有通读,有些地方是一知半解。黄老师讲课与他人不同的地方,是对《哲学笔记》特别是《黑格尔逻辑学一书摘要》,几乎是从头至尾逐句逐段解释,先讲列宁所引黑格尔思想的原意,再讲列宁的批注,然后再予评论。因此,我课堂上是拿着列宁的书边听边看,课下再查黑格尔书中有关原文加以对照,才算读懂了两位大师的思想,辨明了他们之间的分歧所在。感到黄老师所做的分析在理,是准确把握了列宁思想的精神实质。我记得第二年黄老师还讲这门课,我还再去听过。可惜听课笔记"文革"中被抄走了,只留下一份复习提纲,是黄老师亲自刻写用粗纸油印的,因夹在书中未曾丢失。黄老师的讲稿后来经过整理加工发表了，就是著名的《哲学笔记注释》和《哲学笔记与辩证法》两本书，我是经常参阅的。现在回想，我是跟黄老师学了《哲学笔记》课，对辩证法的理解才从毛泽东的《矛盾论》扩展加深了，才领悟到哲学确实是有党性的，必须把辩证法和唯物主义结合起来，把世界观、认识论和方法论统一起来，才能达到客观真理性的认识。

二、跟黄老师学《唯物主义与经验批判主义》

马哲界都知道黄老师研究《哲学笔记》的重要贡献，其实黄老师对《唯物主义与经验批判主义》研究同样深刻，而我是受益最多的。

"文革"结束后北大恢复正常教学，我被分配在马哲教研室做黄老师的助教，他主讲《唯物主义与经验批判主义》，是一门必修的基础课，每周讲4节，一学期共80节，要求学生下来用1：2即比上课多一倍的时间自学原著，分量是很重的。（据我所知，当时很多学校开《唯批》课是10—20学时，只学第1至3章和第6章第4节。主要介绍列宁本人的思想。）开始时我主要协助黄老师做答疑，组织课堂讨论。不久黄老师就提出要我准备接他的班，登台讲课。我上大学时虽然学过这门课，但老师讲得比较简单，我学得也很肤浅，要让我开讲是很困难的。黄老师要我别紧张，说他把讲稿给我看，我可以先讲第一、二章，逐步过渡。后来我是经过三年才把这门课完全担当起来的。同《哲学笔记》课一样，黄老师讲《唯物主义与经验批判主义》课也不限于讲列宁的观点，而是涉及以马赫主义为代表的整个西方经验主义和实证主义思潮。他讲课是顺着列宁的思路，先抓住马赫主义的理论来源，对贝克莱、休谟和康德等人的观点进行分析，然后把它们与经验批判主义代表马赫、阿万那留斯等人的观点加以对比，深刻揭露和剖析了两者共同的本质：世界观上的唯心主义、不可知论和方法论上的折中主义和相对主义。接着，着重讲解列宁在书中是如何引证和解释马、恩原著（从《关于费尔巴哈的提纲》到《反杜林论》、《费尔巴哈论》等）一系列重要论断，明确规定马克思主义世界观是辩证唯物主义，强调"辩证唯物主义和历史唯物主义是一块整钢"，既抓住辩证唯物主义认识论的精髓，又有丰富和发展。再把马克思恩格斯的观点同贝克莱和马赫等人的观点相对比,揭示其分歧的实质所在。由于这门课是给高年级学生开的,学生已学过马克思主义哲学原理和中外哲学史,黄老师这样教原著课,我称为对比法,就使学生们不仅进一步深刻理解和把握了马克思列宁主义哲学的精华,而且加深了对西方近现代哲学的认识,有助于分清哲学上的理论是非。后来我自己学着做了才理解,运用这种双重对比的方法,必须认真严谨,对教和学都是很辛苦的,因为不仅要精读《唯物主义与经验批判主义》这本书,而且要阅读许多有关的哲学家的著作,才能进行对比思考。黄老师为此专门摘录了双方的主要论点、论据,编印成教学资料供学生阅读。据我所知,经验批判主义创始人阿万那留斯的著作没有中译本,他的主要观点(如"思维经济"和"原则同格")出处很难查到。黄老师费了很大努力,才找着了20世纪初出版的德文原著,他摘译成中文后,收集到教学资料之中。

尤其应该提到的是第五章《最近自然科学革命和哲学唯心主义》的教学,这是重点和难点。由于经验批判主义的主要代表马赫在科学上是作出过重要贡献的大物理学家,但恰恰是"拙劣的哲学家"(爱因斯坦语)。他打着科学哲学的旗号,利用当时物理学革命的新成果(发现放射性元素和电子,突破了以原子为最小物质实体的古典物理学原理以及相应的机械论宇宙观),宣传"物质消失了",提出了所谓"要素"等理论,以此攻击唯物主义的物质概念是"无",是不可认识的"自在之物",否定唯物主义,宣传唯心主义。因此,列宁要驳倒马赫主义,除了从哲理上揭露其唯心主义和诡辩的本质外,必须根据科技革命的新成就,克服旧唯物主义物质观的严重缺陷,提出一系列新的论断,建立与现代科学一致的哲学物质观。如:指明"物质的唯一'特性'就是:它是客观实在,它存在于我们意识之外"[1]"为人的意识所反映"[2];提出"物的实质或实体也是相对的,它们表现的只是人对客体的认识的深化。……日益发展的人类科学在认识自然界上的这一切里程碑都具有暂时的、相对的、近似的性质。电子

---

[1] 《列宁全集》第18卷,人民出版社1988年版,第273页。
[2] 《列宁全集》第18卷,人民出版社1988年版,第274页。

和原子一样,也是不可穷尽的,自然界是无限的,而且它无限地存在着。"❶等等。现代科技的发展,完全证实了列宁思想的真理性。问题是作为教师如何把握第五章的丰富内容并把它传授给学生。我的现代物理学知识不过是中学生水平,30年过去忘得差不多了,可要完成教学任务,不仅要学懂物理学从古典到现代的革命成果及其哲学意义,而且要准确地表达出来,使学生能够理解和掌握,很困难。我曾去旁听大学物理学的公共课也是一知半解,主要是靠黄老师给我看了他的备课笔记才渡过了难关。他是大学物理系学生,有专业知识基础,加上深厚的哲学和文字功底,把与这门课程相关的一些物理学概念、公式,以及马赫如何歪曲利用,列宁如何批驳创新,都深入浅出地写在笔记上了。我因此才得以消化,完成讲课任务。后来到上世纪90年代,又有人歪曲利用物理学家海森堡的"不确定原理",指责列宁的物质定义不适用于微观世界,"列宁是错的,阿万那留斯的'原则同格'对的",公开宣扬唯心主义的主体性,为马赫主义翻案。黄老师和我商量后,决定邀请我国著名物理学家何祚庥院士等和哲学家一起研讨,科学家们对科学和辩证唯物主义世界观的坚定信念使我们深受启发和感动。后来,正是有了这样的科学和哲学背景,在黄老师的指导和鼓励下,我才完成了《马克思主义哲学史》(8卷本)及《马克思主义哲学原理》(博导本)中承担的科研任务。有了这方面的经历,再加上围绕辩证法与系统论关系的讨论,对钱学森科学体系的思考,我才深刻理解为什么黄老师始终坚定地强调马克思主义哲学的科学性,坚持马克思主义哲学是辩证唯物主义,这是马克思主义哲学与其他哲学的本质区别,是它超越现存的一切哲学学说而具有永久的生命力的根据所在。

三、跟黄老师学《1844年经济学哲学手稿》

我想着重谈这个问题。

我们这一代人基于对马克思主义和科学共产主义的信仰,是把马列原著奉为经典的,经过自己学习和研究确信其中讲的都是真理,如《共产党宣言》、《资

---

❶《列宁全集》第18卷,人民出版社1988年版,第275页。

本论》、《反杜林论》、《费尔巴哈论》，以及《哲学笔记》、《唯物主义与经验批判主义》等。但《1844年经济学哲学手稿》（下称《1844年手稿》）与上述经典著作有所不同，有特殊性。一是它属于马克思早期的即还没有确立科学世界观之前的作品。二是发现很晚。1932年才由苏联发表德文本，1956年中文单行本在中国出版，影响很小。1979年中文版马恩全集第42卷出版，2002年中文版第3卷出版，才见到完整的全文。国外有关《1844年手稿》的很多信息也是在"文革"以后才陆续传入中国，因此，国内高水平的有影响的科研成果较少。不像上述代表性的经典著作早就传到中国，经过长期传播和研究，学术界比较熟悉。三是有很强的政治敏感性。《1844年手稿》公开发表后，西方一些思想家就利用《1844年手稿》关于人道主义和异化的某些论述，加以歪解，制造所谓"两个马克思"，攻击苏联社会主义。后来这种倾向和"民主社会主义"思潮结合传播到东欧、苏联，产生了以赫鲁晓夫、戈尔巴乔夫等人为代表的"人道的、民主的社会主义"，最后成为从意识形态上否定马克思主义，瓦解苏联党和国家的思想武器。当然也出现了另一种极力贬斥《1844年手稿》的错误倾向。

这股国际思潮对中国是有影响的，主要集中在如何看待人道主义问题上。上世纪60年代中苏争论时，1963年党中央曾公开批判现代修正主义利用《1844年手稿》关于人道主义和异化的某些论述，歪曲马克思主义和科学共产主义，宣扬资产阶级人性论、人道主义，攻击无产阶级专政的社会主义。但这是政治斗争，没有展开理论论证，这就留下后遗症。三年后，中国发生了"文革"，造成十年灾难。经过拨乱反正，人们开始反思"文革"的根源，加上对外开放后西方和东欧社会思潮输入的影响，学术界一些人就认为"文革"前党中央发动对人性论和人道主义的批判是错误的，是极"左"思潮。有人则用抽象的人、人道主义和异化理论来解释新中国的历史和现实，提出"社会主义异化论"，攻击中国党和国家已全面异化。很多人不同意，于是发生了争论。到1983年5月中宣部举办纪念马克思逝世100周年研讨会争论达到高潮。之后，邓小平讲话，胡乔木发表文章，争论暂时告一段落，但分歧没有完全消除。

从那时至今又经过去30年，国际国内情况都发生了深刻变化。苏联东欧社会主义被和平演变成资本主义了。中国坚持走中国特色社会主义道路取得了举世公认的伟大成就，同时不可否认也出现了前所未有的新情况新矛盾。现在从经济基础到上层建筑意识形态是多元并存的格局，贫富差别、贪污腐败、生态恶化等社会问题都发生了，而且很严重。于是一些学者提出了重新认识马克思《1844年手稿》和人性、人道主义、异化理论，以及如何认识社会主义初级阶段存在的异化现象及其根源，等等，新一轮不同观点的争论正在酝酿和展开。

从1980年开始，黄老师和我们北大的一些同志就陆续参与了人道主义和异化问题的研究和讨论。当时他是北大哲学系主任，我是科研秘书，协助他组织了学术研讨会，并具体负责编辑《马克思主义与人》(北京大学出版社，1983年3月)、《人道主义和异化问题研究》(北京大学出版社，1985年6月)两本文集。由于争论各方都大量引证马克思《1844年手稿》中的论述，以此作为自己的论据并作出不同的解释，因此，如何理解和评价《1844年手稿》就成了研讨的热点。从那时起，到后来参加马哲史学会和编写马哲史的活动，中国人权研究会的活动，中国人学学会的活动，指导博士生的学习，承担马克思主义理论建设工程"经典作家关于人的基本观点研究"课题，以及国家社科基金《马克思主义哲学体系创新研究》课题等，可以说30年来《1844年手稿》是我们持续研讨最多的一本著作。我跟着黄老师反复学习研究，深受教导，获益匪浅。

在如何认识《1844年手稿》以及马克思关于人道主义、异化等一系列人学理论问题上，我们彼此的立场观点始终是一致的。从1983年我们（还有施德福同志）合写两篇论文❶开始，后来我俩还陆续发表过10多篇论文，每次都是黄老师提议的，大多收入他的文集中。黄老师出版过《人学的足迹》、《人学的科学化》两本专著。我则主编出版了《人学原理》，前年完成了《人学新论》(尚未出版)，都是首先请黄老师审读，根据他的意见修改后才定稿的。平时这方面的学术信息交流更是频繁不断，自己知道了什么总是最先与对方分享、议论。现在回想起来，我的人学思想（包括对《1844年手稿》的认识）主要是跟黄老师学的，有些新观点往往是他先发出思想的火花，我领会后再加以论证发挥。当然，我也有一些自己独立的见解，总能得到黄老师的鼓励、赞同和支持，合作得非常愉快。现将经过几十年，我们共同形成并坚持的几个重要观点简述如下：

---

❶《马克思主义和人道主义》，载《红旗》1983年第19期；《关于人道主义的两种含义问题》，见《关于人道主义和异化问题论文集》，人民出版社1984年版。

（一）马、恩、列、毛是伟大的思想家，他们是人不是神

青年时期的成长经历决定了他们的世界观有一个从民主主义到科学共产主义、从唯心主义到辩证的历史的唯物主义的转变过程。作为科研对象，对他们的思想研究应坚持贯彻科学的基本原则。

（二）应准确理解和公正地评价《1844年手稿》

它是马克思世界观转变过程中的一部重要著作，具有过渡性和两重性。一方面，《手稿》表明，经过哲学和经济学的研究和思考，马克思开始世界观的根本转变，在若干基本点上已经超越费尔巴哈人本学和空想社会主义，提出了自己的具有独创性的新思想，走向并接近历史唯物主义和科学共产主义，同时另一方面，此时的马克思还没有完全摆脱人本学传统思维方式的束缚，一些论述还是抽象的、不科学的。新世界观在孕育中，还没有脱胎而出。只要拿《1844年手稿》与一个月之后所写的《神圣家族》，特别是几个月之后的《关于费尔巴哈的提纲》（恩格斯称之为"新世界观的天才萌芽的第一个文件"）和《德意志意识形态》（主要是批判费尔巴哈和青年黑格尔派的历史唯心主义和空想社会主义，同时也是清算马、恩自己从前的信仰）、《共产党宣言》相比较，就可以清楚地看到，从1844到1848年几年间马恩思想发生质变和飞跃的轨迹。因此，割断思想发展的历程，人为地贬低《1844年手稿》的价值，否定其中有关人道主义和劳动异化理论的积极意义是片面的、错误的。反之，夸大《1844年手稿》在马克思主义发展史上的地位和作用，有意择取其中关于人道主义和异化的某些论断加以主观地运用，并以此为据把马克思主义归结为人道主义，宣扬所谓"人道主义的马克思主义"，或者否认马克思思想有早期和成熟期的区别，或者主张所谓（青年和老年）两个马克思的对立，都是歪曲历史事实，也是片面的、错误的。

（三）应建设马克思主义新人学

用"建设"这个词，是由于它的基本观点是源于马克思，但需要立足历史和现实，特别是当代实践提供的新经验加以修正、充实和发展，建构科学的理论体系。我们认为：

1. 新人学立论的出发点和目的是建设"现实的人及其历史发展的科学",以取代"对抽象的人的议论"的旧人学。强调"现实的人"是针对人本主义所讲的"人",即主观设定的抽象的孤立的个人而言,是指社会的、历史的、具体的人。

2. 人是社会历史的主体。在社会领域,物是基础,人是主导。以社会存在、社会物质生活条件为出发点与以现实的人为出发点是一致的。人民群众是社会财富的创造者,是社会进步的主要动力,是社会主义新社会的主人。

3. 应把辩证法系统论贯彻到人性论。人是迄今为止已知的世界最高级的物质运动系统,人类是由所有个人、群体按一定方式组织成为社会才能生存发展的生命共同体。每个人都有许多社会关系,都从事各种社会实践活动,因而人性不能简单地归结为只是一种,它是由许多要素所构成的多层次多方面的系统概念。人性也是具体的、历史的,存在着矛盾的。随着人的实践活动和社会关系的变化,人性也在演变和发展。

4. 人的本质是指与他人结成一定的社会关系,从事社会生产和其他社会实践活动。这是人性系统中的核心和主导因素,是人与其他生物的根本区别所在。因此,仅仅认为生产劳动是人的本质,或者把人的本质归结为社会关系,虽包含合理的因素,也可以从马克思著作中找到一点根据,但还是片面的。必须把劳动实践和社会关系两个要件联系起来,才是现实的人的真正本质,才是完整领会和把握了马克思关于人的本质思想的精髓。

5. 要正确处理人的共性、阶级性以及个性三者的关系。在阶级社会中人性都带有阶级性,但"都带而非只有"(鲁迅语),把人性归结为只是阶级性否认人有共性,或者只承认人的共性而否认人有阶级性,都是片面的,对每个个人来说,除了具有一切人都具有的共性和阶级性之外,还有在他身上的特殊表现即个性。因此,考察人性也必须"具体地分析具体情况"。

(四)应正确认识人道主义

有人指责黄枬森是反人道主义的,这不是事实,不公平。应该用事实说话,黄老师有关人道主义的全部言论都收集在他的文集中。真实的情况是他曾批判过"抽象的人道主义",强调资产阶级人道主义与社会主义人道主义的区别。1984

年胡乔木同志发表文章提出应注意区分人道主义有两方面的含义（即作为世界观和历史观与作为伦理原则和道德规范），我们是支持的，黄老师、施德福和我合写了《关于人道主义的两种含义问题》❶一文，讲了我们的观点，认为这样区分是有根据的必要的，有利于分清两种历史观的本质区别，有利于在伦理原则、道德规范方面继承人道主义的合理因素。后来经过长期研究，我和黄老师又有新的认识：

1. 应该区分"人道（精神）"与"人道主义"。

这是既有联系又有区别的两个概念。中国早在二千五百年前就出现了"人道"这个词❷，那是春秋战国社会大变革时期，人们思想的重心开始从崇拜"神"转向认识人自己，思想家们把人与天、地并列为世界的本体，大大提升了人在世界中的地位和人的价值。联系这一时期其他有关人的一系列言论，可以看到，"人道"这个概念包含了爱护人的生命，尊重人格和尊严，重视人的教育，维护人的权利，规范人的行为等许多内容。它反映了社会在精神文明方面的重大进步。西方类似的词是拉丁文 humanistas，查阅文献可能是由古罗马思想家西塞罗（公元前 106—前 43 年）最早使用的，其含义与中国"人道"相似，中文译为"人道精神"。其实，早在两千多年前，世界各民族文化中就都有与"人道"相同或相似的观念，这不是偶然的。人道和自由、平等、民主一样，都是人类祖先创造的宝贵精神财富，是人类文化的精华，对建设现代文明、促进社会进步具有普遍的价值。相比之下，"人道主义"这个概念的出现要晚得多。它是近代才产生的一种社会思潮和思想体系，直到 1808 年才由德国教育家弗·伊·尼塔梅尔把几个拉丁字合成、创造了德文 humanismu 这个专用名词，译成英文就是 humanism，中文译为人道主义（根据不同情况也译为人文主义、人本主义。反之，中译英也用这个词。）综观很多辞书，其定义的外延和内涵越来越宽，被解释为泛指强调人的地位，肯定人的价值，维护人的尊严和权利的思想体系。人道主义的产生有其社会历史背景。欧洲在古希腊罗马为代表的时期之后，是上

---

❶《关于人道主义和异化问题论文集》，人民出版社 1984 年版，第 117—130 页。

❷ 见之于《左传》昭公十八年（公元前 525 年），郑国子产曰："天道远，人道迩。"李学勤主编《十三经注疏》第 19 册，北京大学出版社 2004 年版，第 1581—1582 页；《易传》第十章《系辞下》也有记载："易之为书也，广大悉备，有天道焉，有人道焉，有地道焉。"胡道静、戚文：《周易十讲》，上海人民出版社 2003 年版。

千年的中世纪封建专制统治，人道精神被严重压抑。到 14 世纪，适应新的资本主义生产方式发展的要求，产生了以文艺复兴为旗帜的新文化运动，一直持续到 19 世纪，长达 500 年之久，人道主义是其在思想理论方面的一项重大成果。经过几代思想家们的研究和宣传，把古代的人道精神和近代人本主义哲学结合起来（主要是抽象的人性论，唯心主义的历史观和个人主义的价值观），渗透到几乎所有人文社会学科，逐步形成了被称为人道主义的社会思潮和思想体系。由于它符合资本主义经济和社会发展的需要，反映了占统治地位的资产阶级的利益和意志，就成了资本主义社会意识形态的重要组成部分。因此，马克思主义称之为资产阶级人道主义。

区分"人道（精神）"和"人道主义"不仅符合历史事实，而且有助于正确理解和解释社会主义人道主义。（尽管现在国际文化交流和日常生活中，人们对"人道"和"人道主义"这两个词的使用有时是区分的，更多的是不加区分了，但在学术上为了讲清道理，还是应该追根求源，明辨是非。）社会主义人道主义，作为资产阶级人道主义之后人道主义的新形态和对立物，一方面是传承和发扬古代人道精神的传统，吸收资产阶级人道主义的积极因素，更重要的是总结人民革命实践经验所创造的，新的人道主义伦理原则和道德规范。另一方面，它是以辩证唯物主义世界观、历史观、价值观为指导思想和理论基础，批判扬弃了作为资本主义人道主义理论基础的人本主义历史观和价值观。因此，社会主义人道主义是与社会主义社会经济基础和政治上层建筑相适应的，是社会主义意识形态的重要组成部分。

2. 正确认识和处理马克思主义和人道主义的关系。

理论界围绕《1844 年手稿》争论不休的所谓"马克思主义与人道主义的关系"，其分歧的焦点是如何看待青年马克思、恩格斯与费尔巴哈人本学的关系。

毋须回避，马克思、恩格斯早年确实信仰过费尔巴哈人本主义，这种影响突出表现在马克思的《1844 年手稿》中：一是过分地颂扬费尔巴哈；二是把自己所信奉的共产主义归结为人道主义；三是沿用费尔巴哈的思想方法，用人的本质的异化和异化的扬弃的理论来解释历史，批判资本主义，论证共产主义的必然性。这是国内外一些人热衷于议论马克思生前未发表的这份手稿，以此作为宣扬马克思是人道主义者,马克思主义是人道主义的主要根据。

可是,这些人却没有看到,写作手稿是在1844年8月,当时马克思正处于世界观转变的关键时刻,《1844年手稿》,只是他思想转变过程中的一段的一个记录,不是全部,更不能反映马克思一生思想发展的全过程。上述涉及人道主义的内容也只是《1844年手稿》之中的一个内容。我在前面已提到,我们认为《1844年手稿》具有两重性。一方面,它确实记载了马克思很多原创性的天才的思考和论断,为我们研究、继承和发展马克思主义留下了宝贵的遗产。《1844年手稿》中的一系列论述,如不再从人的思想,而从人的生产劳动、实践活动、经济关系去寻求人的本质,说明马克思已经开始走向并接近于历史唯物主义和科学共产主义。另一方面,手稿中的一些论述也说明,马克思当时的思想还没有完全突破人本主义的框框,是沿用了费尔哈人本学的观点和方法,即用抽象的人的本质的自我异化和复归来解释历史,这部分内容带有形而上学、唯心主义性质。这两个方面是矛盾的,然而是事实。

再者,应当更加重视《1844年手稿》以后马克思自我清算并创建新世界观(后人称之为马克思主义)的历史。正是马克思、恩格斯自己最后扬弃了包括费尔巴哈人本学在内的资产阶级人道主义,吸取了其中人道精神的合理内核,把它作为一个要素,同其他人类文化遗产的精华一起,吸收在自己的思想体系之中,经过改造、提炼、创造,产生了崭新的科学的世界观(历史观)和价值观。

因此,应该说,马克思主义和科学共产主义包含了人道精神。从人类思想发展的观点来看,人道主义及其他具有历史进步意义的文化遗产,其精华即合理的因素都会被吸收到共产主义先进文化之中。但是决不能颠倒过来、把历史倒退回去,把科学共产主义作为人道主义的一种形式,归结为人道主义,搞什么"马克思主义人道主义化"。

(五)应继续深入研究异化理论

如何以马克思主义的立场和观点来认识和处理异化问题是学术研究的一个难点,也是不同观点之间争论的一个热点。这些年来黄老师与我经常研讨异化问题,着重关注的是以下三个问题:

1. 如何正确界定"异化"概念的科学内涵，反对滥用。

我们的认识是：作为哲学和社会科学概念，"异化"所反映的是这样一种社会现象，即社会的人（主体）的物质、精神活动及其产物变成异己的力量（客体），转过来反对和支配、统治人本身，出现了主体的根本性质发生改变的情况。"异化"这个概念可以用来表达人（主体）的活动的双重效应所造成的消极后果，它导致人同自己的活动、活动的产品，以及同他人、社会产生某种反对关系，特别是阶级社会中社会生活对人性的破坏性影响。因此，判断一个事物是否异化的要件有三：一是专指人的活动，不包括自然界自身的演变；二是人的活动出现了不同于主体原有性质的异己的东西；三是这种异己的东西已在全局中占主导地位，成为反对甚至支配、统治主体的力量，从而改变了事物的根本性质。三者缺一不可。❶

异化是人类社会生活中存在的一种特殊现象，不能把一切变化都归结为异化。事物是否发生了异化，取决于内外多种因素交互作用的影响。必须分清是"正化"，还是"异化"，不能颠倒；必须鉴别是暂时的局部的量变，还是本质异化了，如同良性炎症与恶性肿瘤的区别一样。

对异化产生的原因要科学分析。在阶级社会中主要是统治阶级对劳动人民的剥削和压迫，造成了人性的压抑、扭曲和改变。此外，还可能有人的认识的局限性和实践的负面效应，也不能忽略人的心理、习俗、偏见等导致的错误行为及其后果。对"异化"无论是理论研究还是事实认定，都必须立足客观现实，根据对象具体情况的科学分析，作出合乎实际的结论。切忌脱离现实的抽象思辨，重蹈思想史上各种"异化论"的唯心主义和形而上学片面性的覆辙，更不能把"异化"作为一个简单的公式不负责任地随意滥用。

2. 如何评价马克思的劳动异化理论。

异化劳动理论是《1844 年手稿》中的一个重要思想，和整个手稿一样，从一个侧面反映了正在创建科学世界观的马克思的思想，是如何在思考、探索中

---

❶ "异化"同"异己"（英文 dissident）这两个字的含义是有联系有区别的，对人来说，异化是异己，但不是所有异己的东西都可以说成是异化。如，自然灾害对人来说是一种异己的力量，如果这种灾害没有人的活动的负面效应的因素，就不能说是异化。

曲折前进的,其中既有天才智慧的光辉,又有一些不成熟的理论表现。对这份珍贵的思想遗产,不加分析地全盘肯定或全盘否定,都是片面的。

首先,应搞清楚马克思"异化劳动"理论的思维逻辑。

马克思是通过观察资本主义社会中人的劳动,发现雇佣工人(即无产者)没有生产资料,为了生存不得不出卖自己的劳动给资产者,结果是他所创造的财富(产品)完全由资产者所占有,才认定人的劳动发生了异化。他从工人同自己的劳动产品、自己的生产活动、自己的类本质以及人与人的关系等方面全面分析了异化的表现,发现异化劳动之所以生成"就在于有另一个"占有这种异化劳动的"主人",即"资本家(或者不管人们给雇主起什么别的名字)"❶。这样他就抓住异化劳动和私有财产关系这个关键,揭开了劳动与资本的本质联系,明确指出:"所有者和劳动者之间的关系必然归结为剥削者和被剥削者的经济关系。"❷而"劳动和资本的这种对立一达到极限,就必然成为全部私有财产关系的顶点、最高阶段和灭亡"❸。进而推论,消灭私有制和异化劳动的途径就是共产主义革命:"共产主义是私有财产即人的自我异化的积极的扬弃,因而是通过人并且为了人而对人的本质的真正占有,因此,它是人向自身,向社会(即人的)人的复归。这种复归是完全的、自觉的而且保存了以往发展的全部财富的。"❹

其次,应全面评价马克思的劳动异化理论。

一是应该肯定,这是站在工人阶级立场,批判否定资本主义的进步思想。马克思在19世纪40年代提出这个理论是突破了资产阶级意识形态的思想范围,它具有明确的方向和目的:揭露劳动和资本、工人和资本家之间的关系的本质,说明工人遭受苦难是由于资本家凭着私有财产(即占有生产资料)得以剥削工人的劳动。进而以此为据论证了共产主义的必然性和合理性。

二是马克思的劳动异化理论在理论上有重要的创新。从《1844年手稿》中可以看到,马克思深刻批判了英国古典经济学的劳动价值论,黑格尔唯心主义

---

❶ 《马克思恩格斯全集》第42卷,人民出版社1979年版,第99—100页。
❷ 《马克思恩格斯全集》第42卷,人民出版社1979年版,第84页。
❸ 《马克思恩格斯全集》第42卷,人民出版社1979年版,第106页。
❹ 《马克思恩格斯全集》第42卷,人民出版社1979年版,120页。

的人的本质观和异化观，以及费尔巴哈人本学所使用的人的本质异化的论证方法，同时吸收了其中的合理因素，向前推进。他把"自由自觉的活动"即生产劳动确定为人的"类特性"和"类本质"，对劳动在人类生存和社会发展中的重要作用，作了深刻的论述；通过提出不同于前人的新的人的本质异化理论，初步揭示了资本和劳动对立的经济根源，探索了私有财产和异化劳动的相互关系；同时，批判空想共产主义是"粗陋的共产主义"，提出了从劳动和资本的矛盾来理解无产和有产的对立；把积极地扬弃私有财产与全部生产的运动与发挥人作为主体的本质力量联系起来，论证了共产主义运动的历史必然性和合理性。它说明《1844年手稿》时的马克思已开始通过解剖人的经济活动来探索社会运动的客观规律，明显地接近了历史的唯物主义和科学共产主义。这是青年马克思创建新世界观过程的重要足迹。

但是，另一方面应当承认："异化劳动论"仍不是科学的理论，存在着严重的缺陷。

一是人的本质的自我异化和复归是以假设人类最初具有一种理想化的人的本质（自由自觉的活动）为前提的，可是这是一种先验的假定，因为在人类历史上并没有存在过这种人的原始形态。只要对照1845年春的《关于费尔巴哈的提纲》，马克思对费尔巴哈的人的本质观的批判，强调："人的本质并不是单个人所固有的抽象物，实际上，它是一切社会关系的总和。"❶就可以看到，《1844年手稿》中把人的"类本质"归结为"自由自觉的活动"，并以此为前提进行推论，在方法上恰恰是犯了类似费尔巴哈式的错误。令人钦佩的是，这个错误马克思自己很快就意识到，并通过唯物史观的伟大发现而及时纠正了。

二是马克思颠倒了异化劳动和私有制的真实关系。在《1844年手稿》中，马克思把异化劳动看成是私有制的根据和原因，而私有制是异化劳动的结果，后来又说两者是"相互作用的关系"，可是这么一来，最初人的劳动怎么会发生异化的呢？异化劳动的根据和原因就不清楚了。后来，马克思根据社会发展的历史事实对此作了科学的解释：人类社会随着生产力的发展，有了剩余产品，才

---

❶《马克思恩格斯全集》第3卷，人民出版社1956年版，第5页。

逐渐产生分工和私有制，在此基础上才出现了人对人的剥削，人群才分裂为阶级，这是产生劳动异化这一社会现象的主要根源。

三是把私有制社会发展各个阶段上实际存在着的人性，都视为人的本质的自我异化，在逻辑上就会导致否定人类历史是一个不断前进的过程，否定阶级社会在历史上的进步方面。

四是对人的自我异化的"扬弃"和"复归"的解释缺乏科学性。为什么人的劳动和本质会"自我异化"？为什么不会再"异化"而必然会"复归"呢？这是"否定之否定"的要求，是人的本质"自由自觉的活动"的要求，这种论证方法说明当时马克思还没有完全摆脱思辨哲学和人本主义的影响。

后来当马克思、恩格斯在他们创建科学共产主义学说时，就完全根据社会发展客观规律，对未来共产主义社会人的自由全面发展作出了科学的论述。

现在，经过 160 多年之后，由于有了几代马克思主义者的艰苦奋斗，特别是近百年社会主义建设的实践经验，我们才能够比前人更深刻地理解马克思、恩格斯的科学社会主义思想的真谛，才能认识到人的发展和社会发展是相互依存、相互促进、不断前进的辩证发展过程。"人的自由全面发展"伟大理想的实现，不可能一蹴而就，只能是在社会主义革命胜利的基础上，依靠广大人民群众正确发挥主体性，自觉地建设高度发达的社会主义物质文明和精神文明的结果。而这完全应该而且可以根据社会运动客观规律和历史唯物主义基本原理把它讲清楚。马克思当年创建科学世界观时就已不需借助什么异化的"扬弃"和"复归"作为论证工具了。我们就应该更加自觉地掌握和运用马克思的世界观和方法论。

全面评价马克思的异化思想，还应注意两个问题：一是创建历史唯物主义前后，马克思对异化概念的理解和使用是有原则区别的，必须分清；二是要认真研究马克思和恩格斯探索异化现象产生的原因所留下的宝贵思想遗产。限于篇幅不展开了。

3.正视社会主义初级阶段的异化现象。

（1）必须联系而不能割断历史。

马克思主义经典作家著作讲异化都是针对资本主义制度，没有涉及过作为未来理想社会的社会主义社会。

中国人开始接触到"社会主义异化"这个概念是1963年中苏两党论战时。当时中方发表文章批判"修正主义和资产阶级学者鼓吹的'异化论'",揭露说:"他们把无产阶级专政和社会主义制度说成是同人性对抗的、异己的力量。……他们认为,在无产阶级专政的社会主义社会,人们在政治上、经济上、思想上都是不自由的。……要消除'人性的异化',就必须消灭无产阶级专政和社会主义制度。"

"文革"结束后,上世纪70年代末80年代初,学术理论界发生了"人道主义和异化问题"的争论,一些人受苏联、东欧社会思潮的影响提出了"社会主义异化论"。宣传中国社会已经全面异化,有的用抽象的"人——非人、假人(异化)——人(复归)"这样的公式,来解释人类社会历史和社会主义的异化现象,有的则把矛头直接指向社会主义,说产生这些异化的根本原因是社会主义制度本身。还有的从异化论出发直接要求取消一切政治权力,一切社会经济组织,一切思想权威,一切集中和纪律,公开宣传无政府主义、绝对自由主义和极端个人主义。

这股思潮在思想理论界引起了混乱,产生了消极影响。

本来粉碎"四人帮",结束"文革",经过解放思想、拨乱反正,1979年党的十一届三中全会召开,1981年6月《关于建国以来党的若干历史问题决议》发表,全国上下已基本上纠正了"文革"的错误,人心重新汇聚,走上了改革开放的道路。全国人民在党中央的正确领导下,正团结一致努力建设社会主义,生活也开始得到改善,形势越来越好。在这种情况下硬要反其道而行之,鼓吹什么"社会主义异化论"是不得人心的。一是这种把各种不同性质的问题搅在一起,加以歪曲、夸大,都简单地扣上"异化"的帽子的做法,直接违背了实事求是原则。二是造成很坏的政治影响。如果人们真的相信他们的宣传,以为中国共产党和社会主义事业都异化变质了,社会主义失败了,那就只会引起思想混乱,对党和社会主义失去信心,最后导致人群分裂、事业瓦解。

对于这个错误思潮,党中央当然不能置之不理。邓小平在1983年10月发表了《党在组织战线和思想战线上的迫切任务》的重要讲话,明确指出:"思想战线不能搞精神污染。"❶ "有一些同志热衷于谈论人的价值、人道主义和所谓异化,他们的兴趣不在批评资本主义而在批评社会主义。……至于'异化',马克思在发现剩余价值规律以后,曾经继续用这个说法来描写资本主义社会中工人的雇佣劳动,意思是说工人的这种劳动是异己的,反对工人自己的,结果只是使资本家发财,使自己受穷。现在有些同志却超出资本主义的范围,甚至也不只是针对资本主义劳动异化的残余及其后果,而是说社会主义存在异化,经济领域、政治领域、思想领域都存在异化,认为社会主义在自己的发展中,由于社会主体自身的活动,不断产生异己的力量。他们还用克服这种所谓异化的观点来解释改革。……这实际上只会引导人们去批评、怀疑和否定社会主义,使人们对社会主义、共产主义的前途失去信心,认为社会主义和资本主义一样地没有希望。既然如此,干社会主义还有什么意义呢!"❷ 胡乔木也发表了《关于人道主义和异化问题》文章,批判了"社会主义异化论"。

经过争论,多数参与者认同的是:以抽象的异化论来解释说明社会、历史是不科学的,这是唯心主义的"异化史观"。"社会主义异化论"主张社会主义必然或已经全面异化,既不符合社会主义制度的本质,也不符合客观现实,因而是错误的。应该说,在当时条件下,这场争论对遏制资产阶级自由化思潮,帮助干部和群众明辨是非,坚定对马克思主义和社会主义信仰,起了积极作用。之后争论虽暂时告一段落,但一些人仍保留自己的"异化"观点,分歧仍然存在着。

又过去了 30 年。这期间"发生 1989 年政治风波",1990 年苏东事变,苏联和东欧社会主义失败了。中国坚持建设中国特色社会主义取得了举世公认的伟大成就,也出现了许多前所未有的新情况、新矛盾、新问题。学术理论界有人就重新提出"社会主义异化论",而且与主张"民主社会主义"反对科学社会主义的思潮互相呼应,向马克思主义发起了新的挑战。这表明围绕马克思异化理论发生的分歧,是有深刻的社会历史背景的。

(2)应正视社会主义初级阶段的"异化"现象,并给予正确解释,既不回避,也不夸大。

---

❶《邓小平文选》第 3 卷,人民出版社 1993 年版,第 39 页.
❷《邓小平文选》第 3 卷,人民出版社 1993 年版,第 40—42 页.

首先，应该立足现实，从正在变化着的中国国情的实际情况出发，正确认识产生异化现象的根源。

与 30 年前改革开放之初相比，中国人口众多，资源不足，生产力发展水平不高，经济文化相对落后，各地区发展极不平衡，这些基本情况没有变，因而中国仍是发展中国家，将长期处于社会主义初级阶段。但这只是一方面，全面地认识国情，还要同时看到另一方面。30 年来，中国社会生产力、综合国力和人民生活水平有很大的提高，特别是社会经济结构发生了重大的变化。主要是由单一的社会主义公有制转变为以社会主义公有制为主体，民营经济、个体经济、外资经济等非公有制经济即私有制经济有很大发展，多种经济并存的基本经济制度，以按劳分配为主体、多种分配方式并存的分配制度。同时实行政府宏观调控与市场基础调节相结合的经济体制。加上对外开放，参与国际商贸、金融、投资等市场交往和竞争活动，结果现在是经过社会主义改造消灭了旧的资本主义经济之后，又重新产生了新的资本主义经济。一方面，社会主义公有制经济占主导地位，加上人民政府的宏观调控，保证了整个经济的社会主义性质，保证了发展的社会主义方向，保证了人民创造的财富归人民共享，逐步缩小贫富差别最终实现共同富裕。另一方面，并存着占很大比重的资本主义经济，私营企业主与职工之间是雇佣关系（私人资本经营的目的是追求利润的最大化。在社会主义制度下，它有与社会主义相适应、服务社会的一面）。在此基础上，社会形成了新的社会群体和复杂的利益关系，产生了许多新的前所未有的社会矛盾和问题。总之，整体社会主义之中包含了一定的资本主义，社会主义和资本主义两种经济规律都在发生作用。国家通过经济、法律、行政等手段实行宏观调控，统筹协调各方利益，发挥两种经济的积极作用，抑制消极作用，防止矛盾激化和失控，促进经济和社会的可持续发展。这就是中国社会主义初级阶段的特殊性和复杂性。

全面地把握中国国情，就能理解为什么中国要发展，要实现人民的共同富裕，可能而且必须绕过西欧式的资本主义统治阶段，走社会主义这条唯一的活路；又为什么中国既不能走西方资本主义的老路，又不能人为地超越经济文化发展水平的限制直接进入完全的社会主义发达阶段，而在一个相当长的时期只能处于社会主义初级阶段。因而与未来理想的高度发达的社会主义—共产主义社会不同，在中国社会现实生活中，不可避免地会在一定范围内和一定程度上产生异化现象。

具体地说，社会主义初级阶段异化现象的发生及其原因是多方面的：

一是还存在着大量的旧社会遗留的封建主义和资本主义的残余；

二是在对外开放的条件下，国外资本主义的消极腐朽的东西通过经济、文化等各种渠道传入；

这两点是一些旧的异化现象仍然存在，一些新的异化现象得以产生的历史的和外部的原因。

三是市场经济的双重效应，非公有制即资本主义私有制经济的存在并占有相当比重，是产生异化现象的重要土壤；

四是即使是公有制经济，由于生存在市场经济条件下，与私有经济相互影响，加上自身体制和管理等缺陷，也会发生某些异化现象；

五是上层建筑和意识形态与经济基础不相适应而产生的各种问题，诸如：决策和政策严重失误、官僚主义、地方保护主义、贪污腐败等，也会导致发生制度、机构和人员局部变质即异化的情况。

六是在人和自然的关系上，各种自然灾害，除人力无法预防和改变的自然原因外，现在更加频繁、直接和严重的是人的行为不当，造成天灾和人祸相互影响、共同作用的消极后果。如，违反自然规律和人类已经掌握的环保知识，肆意毁林开荒，导致自然植被和水土保持严重破坏，工业生产中对自然资源实行破坏性开采，废物、污水、有毒气体任意排放，造成天空、陆地和江海河泊严重污染，危及人畜生存，等等，而且虽经政府采取一系列法律和行政措施，形势仍然严峻。事实使我们不能不承认，生态环境恶化的消极后果难以在短期内得到根本改善，而这种情况的发生，有人的认识局限性的因素，但主要是由于人们狭隘的利益驱动，不能正确处理人口、资源、环境和发展的矛盾，不能正确处理个人利益和公共利益、局部利益与整体利益、眼前利益与长远利益的关系，结果导致行为的失控和变质，受到恩格斯所说的"自然界的报复"。

所以，当前中国异化现象的发生，仍有利益、制度（不是基本制度而是部分制度和体制）、价值观念等多层原因，归根到底仍然是人类社会实践的两重性所产生的消极效应。

其次，社会主义初级阶段的异化同资本主义社会的异化有原则区别，建设社会主义就是要消灭异化。

资本主义制度的本质决定了它必然产生并导致整个社会人的本质的全面异化。虽然资产阶级出于自身的利益和统治的需要，在某些方面也会采取一些措施，使有些异化（如生态环境恶化、阶级矛盾）暂时或部分得到缓解；或者随着资本的全球化而将异化转移、扩张到全世界；但它不可能自觉地通过改革而从根源上消除异化。总的趋势只能是愈益加剧，直至灭亡。而社会主义作为一种社会制度和社会形态，之所以优于资本主义并必然最终取代资本主义，正在于它是资本主义的对立物，是以消除资本主义对人的异化，创造使每个人都能得到自由而全面发展的社会条件为目的的。社会主义的本质是解放和发展生产力，消灭剥削，消除两极分化，最终达到共同富裕。在这个意义上可以说，社会主义就是要消灭异化。社会主义作为运动，是掌握了科学世界观和方法论的工人阶级的先进分子，组织领导人民群众的自觉行动。这种自觉性的一个特点就在于在改变客观世界的同时改变人类自己，包括重新确立人类在自然界中的位置，正确处理人和自然的关系，正确处理作为主体的人和作为客体的人的集合体——社会的关系、人和人的关系以及每个人和自己的关系。因而，社会主义恰恰是对异化关系的否定。

现实的、像中国这样处于初级阶段的社会主义，虽然仍存在着异化现象，但是，一是，现存的异化，不是整个社会和人的本质的全面异化，而是一定范围一定程度上存在的局部现象，不是主流而是支流。这是因为资本主义性质的经济（包括私营经济、外资和各种合资形式中的资本主义部分），在整个国民经济中不是主要成分，不占主要地位。即便是在私营企业中工作的职工，他们劳动所创造的剩余价值，除了作为利润被私营企业主所占有，带有剥削性质属于异化劳动外，作为税收上交国家的部分，是由人民政府作为财政收入用于国家建设和公共管理，即取之于民用之于民，是属于劳动者为自己劳动的部分，不是异化劳动。至于贪污腐败、走私、偷税、制造假冒伪劣商品，搞黄赌毒、卖淫嫖娼、贩卖人口、虐待妇女儿童和老人，以及像"法轮功"这样违背人性的邪教等，都是侵犯人民利益和人权的非法行为，是社会主义法律和道德所不容许的，完全可以通过司法、行政、教育等措施予以消灭或压制的。它不是社会主义制度本质决定的。二是，从社会整体和本质来看，人们的劳动主要是为了自己和全体人民的共同利益，而不是异化劳动。这是因为，在中国共产党领导下，经济上社会主义公有制占主体地位，按劳分配是主要的分配方式；在政治上，人民当家作主，实行的是人民民主的国家制度；在文化上，是以马克思主义为指导的先进的社会主义精神文明为主导。党和国家的全部政策和一切活动都必须贯彻"以人为本"原则，以最大多数人民的根本利益为出发点和目的，维护人民的权利，满足人民的物质文化需要，为人民服务。三是，社会主义制度本身具有克服异化的力量。往前看，随着社会主义建设事业的发展，社会主义从现在的初级阶段向高级阶段前进，占主导地位的社会主义因素将不断增强，而上述那些使异化现象仍然得以发生和存在的因素将逐渐减弱。在未来的共产主义社会里，异化作为一种社会现象，除认识和实践中的异化之外，一切源于制度的异化将最后消灭。

（3）应该反对"社会主义异化论"。

"社会主义异化论"宣传社会主义必然或已经全面异化，不仅理论上是完全错误的，而且不符合今天中国的现实，在实践上是非常有害的。这种观点抹杀了社会主义同资本主义两种社会制度的本质区别，搞乱了人们的思想，使人们对社会主义失去信心，客观上为资产阶级自由化势力推翻社会主义制造舆论。

当然，批判"社会主义异化论"并不意味着应该否认社会主义初级阶段客观存在的异化现象，忽视其对社会生活和社会发展的消极作用。正确的态度首先是从实际情况出发，经过具体分析，分清是非。确定哪些是异化，哪些不是异化。不能随意夸大、缩小或歪曲。例如人人都可能犯错误，但有的是无心的过失，有的是认识问题，有的是思想意识问题，有的则是立场问题，所犯错误的性质和程度也各有不同，不能不分青红皂白，笼统地认为犯错误就是蜕化变质，就是人的本质异化。对个人是如此，对党、对国家更应如此。其次应该研究异化产生的原因，根据不同情况区别对待。标准是国家的法律和道德。凡属违法行为造成的异化应由执法部门予以取缔或制裁。属于违背社会公德的行为，则应通过社会舆论或有关方面的批评教育来化解。还有的异化现象，如雇佣关系所产生异化劳动，在现阶段只要是合法经营，就允许存在。总之，在社会主义初级阶段，对异化的认识和处理上也应该具体情况具体分析，实事求是。

由于我国现在还处在社会主义的初级阶段，还没有建成高度发达的完全意义上的社会主义社会，外部还处在国际资本主义和对我实行"西化"、"分化"战略的反华势力的包围之中，因此，不能认为已经没有资本主义复辟的危险性了，社会主义失败、导致全面异化的可能性是存在的。胡锦涛同志《在庆祝中国共产党成立90周年大会上的讲话》中严肃地指出"四个危险"更加尖锐地摆在全党面前，其中就有异化的因素。苏联东欧社会主义的瓦解就是前车之鉴。可是，正因为我国吸取了"苏东事件"和我国"文化大革命"的教训，选择了走中国特色社会主义道路，建设中国特色社会主义，只要我们始终坚持党的正确领导，坚持马克思主义指导，坚持社会主义制度，坚持人民民主专政，全国人民团结一致奋勇前进，那么社会主义的最终胜利是必然的。对此理应充满信心。

今年是马克思逝世130周年，又是人道主义和异化问题讨论30年，本来我和黄老师计划共同作文，并在"五四"时发起召开系列研讨会，继承和发扬马克思的哲学思想。遗憾的是黄老师走了。我这篇文章是为了纪念老师，也是想以此传达黄老师一贯坚持并有所创新的重要思想。文章的篇幅和水平都有限，肯定不能完全反映黄老师思想的精华。只是希望借此引起朋友们的兴趣去直接阅读《黄枬森文集》，我想肯定会有收获的。

（陈志尚，北京大学哲学系教授，中国人学学会名誉会长）

追记黄老师和我最后一次谈话

陈志尚

元旦下午我去西苑中医院探望住院的黄老师,见到他精神很好,谈了很多事,不知不觉从4点至6点整两个小时过去了,我说天晚了,您用饭吧,过几天再来看您。他说准备过几天就出院回家了。我说在这里休息好么?他说很好,晚九点就睡,睡得很好一直到天亮。我说既来之则安之,就请这里的老中医给你整体调养一下,春节前再出院吧。谁知这是我俩最后一次谈话。黄萱说这是他最后一次与人长谈。

这次见面,一开始当然是谈他的病情,他感到经过几天治疗已稳定了,我看他气色还好,思维、精神都正常。接着,我们就谈了几件事,现把他的思想要点追记如下:

一是他对当前马克思主义哲学的形势很担忧。他说,改革开放30多年社会主义建设取得巨大成就,人民生活很大改善,是安定团结的局面,可是却出现了贫富差别扩大、贪污腐败、生态环境恶化等许多社会问题。一部分干部反而对党的信仰动摇了,很多青年没有树立科学的世界观、人生观、价值观,缺乏坚定的理想信念,有的相信宗教,相信非马克思主义去了。一些研究中国古代文化或外国文化的都推崇自己研究的对象,回避与马克思主义的关系,实际上是疏远、排斥。为什么呢?原因是多方面的。可是我们是做马克思主义理论工作的,应尽我们的责任。我们坚信马哲的基本原理是科学,但有个理论与实际结合的问题。当代现实生活和社会实践确实出现了很多从前所没有过的新问题,关系到所有个人和广大人民的切身利益和前途命运,思想理论只有给予正确的合理的解释和引导,并对照现实,经过实践验证,才能使人们相信你说的那套哲理确实是真理。我们自己不是这么走过来的么？因此，我们首先自己要坚持、坚信，同时不能保守，必须解放思想与时俱进，根据新情况、新经验修正、充实、发展原来的理论。这些年我们从事马哲理论研究工作不能说不努力，也出了一些有价值的成果，但从整个马哲界来看，主要还是坚持，发展不够。文章不少，新观点也不少，但从哲学上结合实际有真知灼见的不多。因而哲学不能适应迅速变化着的形势的需要，显得落后了。信马哲的人在减少，专业队伍也在萎缩，我们又都老了，青黄不接。其他学科中的马克思主义专业（如：马克思主义的文艺理论、史学理论、法学理论、经济学理论等）也有类似情况，令人堪扰。当然还有个表达方式方法问题，马克思主义是要靠做教育宣传工作的人从外面灌输给对象的，你讲的那些理论要使对象能听得进去，感到有理，自愿接受才行。可现在我们有些文章看来似乎深奥，实际是玩弄生僻的抽象的概念，别说普通读者，就连我们也看不懂，自吹什么创新，可真正的专家学者是不承认的，不是深入浅出而是浅入深出，沽名钓誉，脱离群众。新的中央领导强调整顿作风问题是很及时的，文风也应整顿，才有好的效果。

　　二是一定要努力争取领导上同意北大马哲中心成为教育部的重点研究基地，做好申报工作。（说明：重新组织北大马克思主义哲学研究队伍，为发展繁荣马克思主义哲学再做贡献，是黄老师 10 多年努力追求的理想。早在 1999 年和 2005 年黄老师就和我两次写信给校党委陈述北大马哲面临的困境，提出了"加强马哲研究的紧急建议"。2011 年他又和王东联名写信给中央领导，提出了三点建议，其中之一就是在北大建立马哲教育部文科重点研究基地。之后不久，刘延东同志来北大接见黄老师，代表胡锦涛等中央领导同志表示完全支持黄老师的建议，教育部和校党委的领导同志也都表示同意和支持。）他说，去年（2011 年夏）刘延东同志来北大接见我，不只是对我个人的鼓励和支持，而是中央希望北大在加强马克思主义哲学科建设方面做出应有的成绩。考虑到建立基地有个过程，所以我才提出先建立马克思主义哲学研究中心，并自告奋勇当了主任。后来才知道学校批准成立的中心只是一个虚体，"三无"，没有科研编制，没有办公场所，没有经费，这就很难运作。所以出路还是要向教育部申请建立马哲研究的重点基地。据了解，教育部已经批准几所大学建马哲研究基地（北京师范大学、吉林大学、南京大学、中山大学、复旦大学），与之相比，我们是完全有条件的，研究侧重点也不一样，是需要的。关键是我们要把理由讲充分，工作做到家，申报才能得到系、校领导的支持和教育部的批准。对北大马哲要有全面的实事求是的分析，对过去的历史和做过的贡献，成立研究中心对北大对全国的意义和作用，都要讲清楚。对我们队伍的状况也要客观地分析，有优势，有发展潜力，有困难和危机，不能只讲消极的一面，使人失去信心。我们认为北大马哲的总体实力与其他高校相比还是较强的。一些老同志虽然退休了但仍在工作，继续发挥余热。你、赵光武、赵家祥不都是社科院马院的特聘研究员么，不都承担了马工程等科研任务么，为什么我们自己成立中心和基地不能参加了呢？儒学研究院一些人如李中华等也是退休了，不还继续在做么？还有一些人可以请他当顾问，保持联系，有问题向他咨询。我们的中青年有相当实力，是发展的主力和希望。还可以聘请一些校外的同志当研究员或顾问，过去搞马哲史、人学、马哲创新研究，不都是请外单位的同志参与的么？还可以经领导同意从外单位调入几位有能力有影响的专家，当然这要慎重。关键是选好领导，搞好老中青的团结，学术上不同观点坚持百家争鸣、互相尊重。

三是他决定不再担任中心主任，想请朱善璐同志兼任基地和中心主任，丰子义为常务副主任，王东、郭建宁、孙熙国为副主任。他说，我当时是自告奋勇当主任，勉为其难，现在身体如此，行动不便，很多活动不能参加，因此决定退了。问题是谁来当这个主任，征求我的意见。我们先考虑从四位副主任中选，他认为郭建宁、孙熙国都身负重职很忙，编制又不在哲学系，不宜兼主任。王东已经退休也不合适。丰子义基本条件可以，但马上接任可能有一定困难。因此考虑再三，我们一致认为最好请校党委书记朱善璐同志来兼任。一是他本来是北大马哲专业毕业，是从马哲教研室调出去的，对马哲和北大马哲的情况和人事都是熟悉的，人际关系很好，大家都会赞成的。二是有利于加强党的领导，坚定马哲研究的正确方向。现在马哲困难时期，领导直接扶一把，有利于取得上下左右各方面的支持和协调，增强大家办好基地的信心。同时，请丰子义担任常务副主任，具体主持规划组织基地的工作，王东、郭建宁、孙熙国担任副主任，可以集合哲学系和马院两支力量。黄老师说，我还可以当顾问，承担一定的科研任务。说这话时我感到他对自己的身体状况还是有信心的。他说，估计过几天春节前朱善璐同志会来看我，我当面与他谈，希望他能同意。没想到几天后病情急转直下，朱书记去探望他时已不能交谈了。

四是教育部的科研项目要做好。（说明：这项课题："马克思主义哲学理论和重大现实问题研究"，是教育部为了支持马哲研究中心，专门下达请黄老师负责的重点科研项目，时间三年，从2012起至2014完成，经费80万元，已经到位。由于黄老师身体不适，虽已开始着手组织，但未能落实启动。）他先问我几天前王东召集的课题组会议的情况，我简要谈了我的看法和建议：

一是进度。原定三年，现已过去一年，剩二年，三年任务两年完成有难度，是否向管理部门说明情况推迟一年？黄老师说，再研究一下吧。

二是何时启动？黄老师说他原先计划设六个子课题，但现在有的连提纲也没有。我说不能再等了，成熟一个启动一个吧，他同意。我的《马克思的人学思想》提纲，经他审阅提出意见又修改了，他说，我是同意的，你可以做了。我说，赵光武的《复杂性思维与唯物辩证法》提纲，论证很充分，是抓住了发展唯物辩证法的重要生长点。他也同意，认为可以做了。讲到他自己负责的《马克思主义哲学观》，他说还没有找到合适的人合作。

四是经费问题。他说先拨一部分。问我的课题预算经费是怎么考虑的？我说，现在国家的和教育部的一般项目至少15万元，总得给人家一些劳务费。此外我考虑这次科研不能只是一个人闷头写一本书，而应通过专题研究推动人学理论建设和发展，因此，设计了15个子课题，想初步成果（论文）出来后，召开小型研讨会，请有研究的专家就理论难点和争论焦点进行研讨，在这基础上再修改，争取成果达到学术前沿水平，这样的活动时间省效率高，一次几千元就够了。他表示赞成，说到时身体情况允许一定都参加，研讨会的费用可以直接从总课题费中开支。

五是研究从何着手？我问黄老师，这个项目要求研究马哲理论和实践的重大问题，难度很大，从何入手呢？他说，从问题入手，一是已往哲学界长期争论的基本理论问题，二是当代现实和实践提出的重大问题。这两方面是有联系的。我们首先要搞清楚马哲结合实际时遇到的难点和理论界长期争论的焦点在哪里，这是发现问题。然后，针对性地逐个研究，作出回答，解决问题。这样才能做到马哲学理论和实际相结合，才能引起学术界和有关领导的重视。

我说，我对你提出的哲学观很感兴趣，你的提纲中每一项都是值得深入研讨的大问题。他说，我一直在思考，以后我们可以逐个深入讨论。我说，我最近参加环保学会组织的生态文明学术沙龙，应邀到会的都是这方面的专家，人不多，每人一次发言十分钟，可申请再发，人人平等，气氛自由活跃，参加这样的会有启发，有收获，心情舒畅，我们也可模仿。他说，好啊，就叫马哲沙龙，可以一个月举行一次，每次一个题目。我说，等你病好了再说吧。

五是人学研究中心怎么办？（说明：北京大学人学研究中心成立于 1991 年，至今已 22 年，当时是校长办公会议正式决定批准成立的。原来直属高校成立研究所及其编制都是国家教委直接批的，如北大的外哲所、比较文学研究所、南亚所等都是如此。所以当我和黄老师有成立人学研究中心的想法后，就直接打报告给国家教委，没想到正好遇上国家教委业务改革，决定以后不再直接管理学校的科研编制和批准科研机构了，但完全支持我们的建议。为此，当时社科司司长王茂根同志专门答复我们，并直接与学校领导通话传达了国家教委支持，希望学校同意成立人学研究中心。学校领导研究后决定同意，但由于当时学校科研编制已满，只能暂时作为虚体，等过一段再转为实体。作为变通的办法，同意每年可给人学中心两个进人指标，但实际只进了一个，就是徐春，后来由于实际运作有困难，她的编制还是归入哲学系了。当时学校批准给中心两间办公室，地点在老化学楼，后迁至一院。虚体转为实体则至今未能实现。人学中心成立后搞了很多学术活动，对推进人学建设起了积极作用。中心成立后一直由黄老师任主任，我任副主任，徐春任秘书，工作主要是由我向他报告、商议后，由我们去实行的。黄老师曾多次要让我来做主任，我不同意，认为靠他的名望有利于与各方联系开展活动。所以一直延续至今。）我说，现在人学中心一直是虚体，学校房产处要我们付房租一年 2 万多，我们没钱只能欠着。也不能进人，怎么维持和发展？哲学中心可以依托基地，人学中心怎么办？他说，可以考虑和哲学中心一样并入基地，统一管理，人财物就有着落了。我说，可以合在一起。但中心已成立 20 多年了，不仅是国内唯一的研究人学的科研机构，世界上也少有，就此结束太可惜了。再说当初民政部和教育部批准成立中国人学学会，会址设在北大，就是因为北大正式行文同意学会挂靠北大，提供办公地点。实际上我们是学会和人学中心一套人马两块牌子，共用一个办公室。现在如果撤销人学中心，中国人学学会怎么办？不如仍保留中心，可以继续活动。还有赵光武的现代科学与哲学研究中心也是虚体，也是"三无"，是否也可以合到基地来，当然要与光武同志商量。他说当然可以。

这次（及以前多次）我们还商量，基地应成立学术委员会，由三个中心的代表参加，这样北大马哲学者就能更好地团结起来，发挥集体的智慧和力量了。

此文是我事后追记的，不敢说一字不差，但内容完全属实，我负责任。写出来是对黄老师的怀念，也希望能供有关领导和同志们关心和推进北大马哲事业作一个参考。

（陈志尚，北京大学哲学系教授，中国人学学会名誉会长）

黄枬森先生的学术与人品

——2013年清明节黄先生追思会上的未言之言

魏英敏

黄先生是国内最著名的马克思主义哲学家,这是学术界一致公认的事实。他在中国哲学界影响重大且深远。

他孜孜不倦地研究马克思主义,非常注重文本的研读,力求理解、掌握其精义,并努力与中国当代社会主义文化建设相结合,创新理论,可以说他真正做到了"与时俱进,革故鼎新"。

他编纂《<哲学笔记>注释》以及后来的学术著作《<哲学笔记>和辩证法》,独树一帜,在中国哲学界为马列经典文本研究树立了样板。

他是马克思主义哲学史学科的开创者,分别在1980年、1987年、1996年出版了马哲史首卷本、3卷本、8卷本。这恢弘著作的出版不是黄先生一个人的功劳,但却是以黄先生为首组织、团结北大校内外许多学者专家齐心协力完成的。黄先生作出了巨大贡献,功不可没。

中国马克思主义人学的研究、学科的建立和发展,黄先生起了决定性的作用。

黄先生是马克思主义哲学坚定的捍卫者。不唯如此,他还是马克思主义哲学的创新者。他提出马克思主义哲学创新论。1993年与中国人民大学肖前教授一起主编了全新的《马克思主义哲学原理》,后来又以十年磨一剑的功夫,带领50多学者的团队在2011年推出了《马克思主义哲学创新研究》四部全书。他亲自主编第一卷《马克思主义哲学体系的当代构建》。

黄先生治学为人既谦虚又诚实。毛泽东说过:"知识的问题是一个科学的问题，来不得半点的虚伪与骄傲，决定地需要的倒是其反面——诚实和谦逊的态度。"黄先生真正地做到了这一点。他用毕生的心血研究马克思主义哲学、坚持马克思主义哲学、发展马克思主义哲学。他本来是个大家，但从来不以大家的身份自居。在同仁面前、在学者面前、在学生面前谦虚和善，平易近人，没有教授的派头，没有学者的架子。从不说自己有什么贡献、有什么功劳。相反的，总是说别人的功劳和贡献，说集体的成就。

他临终前，即2012年12月27日写的《我和哲学》未完成稿，实在令后人感慨不已。如果"上帝"宽容一点儿，再多给他一些时间，该有多好啊！

他在这篇遗作中说，他年轻时，就对哲学产生了兴趣，从研读西方哲学著作转向研读马克思主义哲学。他说："西方哲学家为哲学的发展作出了伟大的历史贡献。但人类哲学史上，第一个真正科学形态的还是马克思主义哲学——辩证唯物主义和历史唯物主义。我愿意为宣传和建设马克思主义哲学贡献我毕生的时间和精力，这69年我究竟做了哪些工作呢？""我认为我所获得的学术成果，都是适应学术发展的需要与学者们共同讨论（包括争论）、相互切磋、密切合作中作出的，都是集体的成果。没有一个成果是我自己独立完成的。"太谦虚了，这是一个伟大学者的胸怀。实际上，黄先生有自己的独立的著作，这是人所共知的。

黄先生为人处世平和、中道，不与人争，从不为自己争好处，也不为本单位争什么基地、中心之类。一切顺其自然。这是改革开放以来极为鲜见的。不为自己争，不为本单位争的人几乎没有。不是绝对的没有，有，也是仅有而已。黄先生就是仅有的一个人。

1985年到1996年黄先生是国务院学位委员会委员、哲学学科评议委员。记得那是1990年，黄先生还是哲学学科评议组组长、召集人。我们伦理学申请博士点，他完全可以用自己的影响力、自己的权力，为北大伦理学教研室争博士点，可是他没有。这个点落到别的院校手中。据说，北大美学博士点的建立，也是听其自然，黄先生从来不争。

黄先生不为本单位争，更不为自己争。他对自己的待遇、住房、工资、荣誉，从来不说什么。他想的就是学问，就是如何坚持发展马克思主义哲学，培养好学生，如此而已，别无其他。

黄先生是精神的富有者,然而又是物质的清贫之士。当今中国的知识分子,谁没有自己的私宅?独黄先生无。1998年北大清华合建蓝旗营小区,他本有条件购置,但囊中羞涩,银行因其年过六旬,不予贷款。因此黄先生自始至终都租住北大的公寓。黄先生生活简单,衣着简朴,家具普通,没有像样的陈设。

黄先生自1981年起至1987年担任哲学系主任。这个主任是真正民选的系主任,哲学系是培养国家栋梁之才的摇篮,有百年辉煌的历史,但近半个世纪以来又是北大添乱之源,斗争哲学盛行一时。改革开放,人心"思静",人心"思定",于是大家一致公推黄枬森做系主任,为学校高层领导认可。这是第一次,令人遗憾的是仅此一次而已。

黄先生当系主任的时候,我担任哲学系总支副书记,主管学生的思想政治工作。我们合作愉快,他对学生出现的问题,基本态度是"高抬贵手",重在教育,一般不采取处分手段。对教师间因工作产生的分歧与矛盾,也是用调和、折中的办法解决,不选边站。

大概是1988年,为留硕士生在教研室工作,我与他们的导师周辅成先生发生争执,周先生主张留下公茜,我主张留下万俊人,各有理由,互不相让。最后我说,上报黄枬森主任好了,请他决断。黄先生听了我的陈述之后说,既然两个学生都好,你们教研室又缺少人手,干脆两个都留下好了!我高兴地说:"那太好了!黄先生,您说的话当真吗?"他说:"当真。"最后的结果,是那位女学生到美国深造去了!这样万俊人就留下了。

事情的圆满解决,给我一个重要启示:解决人民内部诸种矛盾,该怎么办?毛泽东《关于正确处理人民内部矛盾的问题》一书中有个原则就是"团结——批评——团结","讲详细一点,就是从团结的愿望出发,经过批评或者斗争使矛盾得到解决,从而在新的基础上达到新的团结"。又说,要用民主的方法、讨论的方法、批评的方法、说服教育的方法,多做思想工作。但是没有说要妥协、折中、调和。相反,在实际工作中,常常批评调和、折中。实际上,调和折中是解决人民内部矛盾的一种方法。过去对此种方法的批评是"左"的表现,是不正确的,黄先生以他在实际工作中解决人民内部矛盾的态度,纠正了长期存在人们头脑中的"左"的错误认识,起到了正本清源的作用。黄先生之所以能够如此，除了有相当高的马列主义哲学修养之外，应当说，和他早年读儒家经典，深受儒家中庸思想的影响有关。黄先生到底不愧为哲学大家。

斯人远去，思想长在，人们将深深地怀念这位哲人。黄先生学问好、品性高，集道德文章于一身。正如《论语》所云，"圣人之道"，最为要紧的是两条，一条是"博学于文"，还有一条就是"行己有耻。"所谓"博学于文"，就是要具有广博的知识，而"行己有耻"就是知道，言、行恪守伦理、道德，知道什么可言、什么不可言，什么可行、什么不可行。做到这两点，就不失为圣人。

黄先生可以说他就是当今中国马列主义的圣人。他的学问与人品将激励着后学者奋勇向前。

黄先生千古，精神永存！

（魏英敏，北京大学哲学系教授，伦理学家）

中国哲学界巨擘

——缅怀恩师黄楠森先生

余其铨

今年1月25日,是一个极为寒冷的日子,忽然接到黄萱打来的电话,得知恩师黄楠森先生仙逝。巨星陨落,噩耗惊魂。我像被雷击了一样,木然茫然地坐在沙发上,除了发呆和麻木之外,不知道该做什么。几天来,我彻夜难眠,沉浸在无限的哀痛和思念之中,一幕幕过去的人和事在我脑海中转来转去……

1999年底,应蔡德麟校长和我的邀请,黄先生及南京大学孙伯鍨教授到深圳大学讲学,校园里刮起一阵马克思主义哲学之风,在讲座的教室,人山人海,座无虚席。学术讲演之后的第三天,也即是2000年的1月1日,我们一家及几位学生带着两位老师及他们的夫人一起游中英街、观海洋公园,去南海之滨——广东省最南端的南澳岛看日出。老师谈笑风生、兴奋不已。那一年,他已80岁高龄了,但身体还是那么好,我们后辈真是羡慕得很。

一晃10年过去了。2011年6月,我在浙江嘉兴会议后,从上海转到北京,到家中去拜访了黄老师和师母,他身体比过去苍老了许多,因为毕竟已是90多岁的老人了。但他的精神却很好,思维非常敏捷,见到我很高兴,问长问短,问及家中每一个人。我不得不悲痛地告诉他,我的燕子走了。他顿时本能地颤栗起来,哽咽无语,禁不住悲恸与悲伤。最后,他只说了一句:"她还年轻呀!"师母一直在安慰我,要挺得住,不要太难过了。

万万没想到,这是我和黄老师的最后一次见面。

一、春风润物细无声

> 好雨知时节，当春乃发生。
>
> 随风潜入夜，润物细无声。

这是唐代大诗人杜甫写的《春夜喜雨》中的四句话。用这四句话来形容黄老师对我及我们这代人的教诲和无私的帮助，再恰当不过了。

我是 1959 年 9 月入北京大学哲学系学习的。我们很幸运，在这五年的学习中，没有"运动"也没有"下放"，在校也很少劳动，全部时间除了上课就是读书。我就是在这期间整天钻进图书馆，通读《马克思恩格斯全集》和毛主席的著作，当然是囫囵吞枣，似懂非懂。

还有一个幸运，就是权威的教授、老师给我们上基础课：冯定讲《历史唯物主义专题》；张恩慈讲《反杜林论》；汤一介讲《中国哲学史》；张世英、齐良骥讲《西方哲学史》；黄耀枢讲《自然辩证法》；黄楠森讲《哲学笔记》……列宁的《哲学笔记》非常难读，更是难懂。因为这都是列宁的读书笔记，对名家著作一段一段地摘录，再作评议，而且用了各种各样的符号和各种形状的线条进行表示。我们初读的人就像是看"天书"一样，弄得头昏脑涨。但在黄老师耐心细微的讲授下，加上各种形式的课外辅导，我们才一步一步地入门，我也才渐渐地对唯物辩证法的研究产生了兴趣。大学毕业论文，我选定"辩证法与诡辩论的对立"为题，批判第二国际的诡辩论。指导老师是黄楠森先生。从此，我与黄老师从相识到相知，建立了深厚的师生感情。

由于撰写毕业论文，与黄老师交往就较多了，每次到他家都非常热情接待我，不但解答我学习上的疑难，有时还留下我吃饭。记得有一次，在饭后他对我说：大学学习首先要打好根底，只有根深才能叶茂。学习过程还要认真做笔记，人的脑子不可能什么都能记住。读书和科研还要懂得方法，方法对头，就一通百通了。他又说，不要急于去发表文章，要练好基本功是主要的。先生的教导，我终生难以忘怀。

大学毕业后，我留校任教。接着就下放京郊农村搞"四清"，我与黄老师就很少往来了。"文革"开始,他是首当其冲的运动对象,厄运一个接着一个落到他的头上。直到1970年开始招生,工农兵学员入学上课,我们老师才开始集中,我有幸和黄老师分在同一个教学小组。给工农兵学员上的课程,主要是毛主席指示我党高级干部必读的六本书。黄老师讲授的是列宁的《唯物主义和经验批判主义》,对他来说是得心应手。分配我讲授的是恩格斯的《反杜林论》。对一位刚毕业不久的人来说,实在太难了。下放农村几年早已忘光了。连过去上学时课堂笔记也没有了,一切得从头学起。辅导我们年轻老师的是"二黄",一个是黄楠森老师,另一个是黄耀枢老师。我是一边学一边卖,也就是从老师那里学来的就去给工农兵学员上课。

黄楠森先生为了使我们青年教员对恩格斯批判杜林有更深刻的了解,他跑到北京图书馆借出中国唯一的一本杜林的著作——《哲学教程》(德文版),翻译其目录和重要章节,印发给我们,当时,大家非常感谢黄老师的辛勤劳动和无私帮助。因为这方面的反面资料实在太难得了。

打倒"四人帮"之后,拨乱反正,恢复高考。77级和78级同学入学,开始了正常的教学秩序。我们成立了马克思主义哲学原著教研室,后来又改为马克思主义哲学史教研室,我又和黄楠森老师在一起工作,那得益就更多了。

1985年,我们找到英国学者戴维·麦克莱伦著的《马克思以后的马克思主义》一书,在教研室的组织下,由我、赵常林、丰子义、刘玉昕、刘利华、李淑珍、张宁、曹玉文等人参加翻译。我们都是年轻老师,外语水平较低,黄老师推荐汤侠生、王太庆、齐良骥、李真、陈启伟、周辅诚等老教授给我们指导和校订。最后,黄楠森老师和汤侠生老师为总校。所以这本书的翻译质量较高。黄老师还给此书写了一篇很长的书评,指出"本书的最大特点就是所涉及的范围十分广泛而全面,几乎包括了马克思主义的哲学、政治经济学和科学社会主义在马克思逝世后近百年来在世界各国的传播和发展","它不仅提供了马克思主义发展史的丰富材料,而且提供了进一步研究的线索"。这本书出版后,在社会上得到了好评,而且很快销售完了,出版社不得不再次重印。

1990年,我写出《恩格斯哲学思想新探》初稿,请黄老师审阅。由于他对恩格斯的哲学思想非常熟悉,只用了三天时间就全部审读完近30万字的书稿,提出了许多宝贵的意见。比如，要求我敢于评价恩格斯关于哲学基本问题原理的贡献及其局限性；要深入研究恩格斯的辩证法思想，反对西方马克思主义对自然辩证法的否定；要加重对恩格斯哲学与马克思哲学关系的阐述等。对于一些重大的理论问题和现实问题，黄老师都作了耐心的指导。

黄老师还为我的书写了书评，给予很高的评价。他指出："近年来出版了一些关于恩格斯的哲学思想的著作，但大部分都是进行历史性的追溯，而分专题逐一深入研究的甚少。本书是少有的，甚至是第一本对恩格斯的哲学思想作专题研究的著作。"他还指出，这本书也是对马克思主义哲学发展史研究的一个重要成果。

1991年，我想调往深圳工作，就曾试探性地征求他的意见。因为他是中国马哲史学会的会长，我是秘书长，同时我还担任《马哲史》8卷本的学术秘书，调动工作也得征求他的同意。但出乎我所料，他不但不反对，反而积极支持。他说，搞哲学的长期在一个地方并不好，换个环境可能有更大的发展，深圳是个改革开放的前沿城市，在那里会大有作为的。又说，你去后探讨一下特区如何坚持和发展马克思主义，能否在深圳搞个研究生点，深圳大学与北京大学合作共同招收马克思主义哲学的硕士生和博士生。黄老师的一席话，大大开拓了我的眼界，拨开了疑云，解除了思想顾虑，下决心大胆地往南走。

1993年春，我离京前夕，黄先生特意宴请我们全家。两家老少10口人，欢叙一堂，欢声笑语，共话人生，向往未来。

二、开拓创新编写《马哲史》8卷本

打倒"四人帮"之后，学术界开始活跃起来，各类旧的学术团体先后恢复活动，新的学术团体也纷纷成立，黄老师开始考虑成立中国马克思主义哲学史学会。他对我说，马克思主义哲学的发展也需要一个平台，让大家发表意见，开展争鸣，促进学科的发展。1979年10月厦门会议，正式成立"全国马克思主义哲学史学会"。大会推举了三名会长和三名秘书长，负责学会的各种学术活动。黄楠森是三名会长之一。其实，大家都很清楚，黄老师是学会的核心，许多主意、建议、学术活动内容都是他首先提出来的。黄先生说,我们的学会是业余组织,没有专职干部,各种工作还是大家分担一点比较好,也能更好地发挥每个人的作用。

学会成立后,每年都举行一次年会和各种专业活动,学术气氛异常活跃。但面临最大的困难是活动经费,国家通过中国社科院每年只拨给6000元。用这么一点钱来召开全国性的学术讨论会是万万不可能的。为了筹集经费,三位会长和秘书长绞尽脑汁到处"化缘",付出了很大的艰辛。

我有时发牢骚:经济繁荣,哲学贫困。黄先生却说:有的!一切都会有的,逆境出哲学嘛!马哲史学会的活动,对马克思主义哲学史这门学科的研究和发展的确是起到了很大的推动作用。几年后,全国重点高校都相继开设了《马克思主义哲学史》课程,各省市也相应建立了马哲史研究会,马克思主义哲学史的研究出现了蓬勃发展的势头。据1982年《中国哲学年鉴》介绍:马克思主义哲学史,1978年以后才开始把它作为一门相对独立的学科加以专门、系统的研究。但几年以后,取得了大量的成果:"翻译、收集、整理了有关马克思主义哲学史的大量资料,编写了马克思主义哲学史教材……理清了马克思主义哲学的发展线索,明确了各个时代马克思主义哲学发展的历史特点,对马克思主义哲学史的研究对象和研究方法,对马克思主义哲学史的分期等问题也进行了较为深入的研究和讨论。"学会成立短短四年,专家、学者在全国报纸、刊物中发表有关马克思主义哲学史研究的文章超过上百篇。出版的专著、教材也不少。1981年人民出版社出版了由中山大学哲学系主编,全国学者参加撰写的《马克思主义哲学史稿》教材;1982年,陕西人民出版社出版孙伯鍨等人撰写的《马克思主义哲学史》第一卷。这几年,黄楠森先生组织北京大学哲学系马哲史教研室和中国现代哲学教研室的老师,开展马哲史重大理论问题的攻关研究,也即后来北京大学出版社出版的黄楠森、施德福、宋一秀主编的《马克思政治学史》3卷本。这些工作,为马哲史的进一步研究开拓了方向、打下基础。黄先生考虑更多的是如何将马克思主义哲学史的研究推向更高、更深的发展,写出更多更高质量的文章和专著。这是他考虑向国家申请《马克思主义哲学史》多卷本项目的开始。

1983年,《马克思主义哲学史》(简称《马哲史》,下同)多卷本项目批下来了,并且列为我国"六五"计划中哲学社会科学国家科研重点项目之一。黄老师找我谈话,要我当他的助手,出任项目的学术秘书。本来,黄老师可以一个人当主编,这是应该的,也是理所当然的。但他邀请中国人民大学的庄福龄教授、中央党校的林利教授一起担任主编,表现出他的高风亮节、谦虚恭让、淡泊名利的高尚精神。

《马哲史》多卷本的写作开始运作,首先的问题是如何组织队伍,这花费了三位主编的大量心血。经过反复思量和周密安排,确定的原则是:第一、要尊重作者本人的意愿和单位的意见;第二、要发挥作者的特长又要考虑作者的个性。只有这样才能建立一个团结的开拓的德才兼备的写作班子。多卷本的作者共57人,来自全国高校及科研机关10多个单位。

《马哲史》8卷本要写成怎样的一部著作?如何能达到我国当前马克思主义哲学史研究的最高水平?黄老师提出了以下五条原则:(1)坚持以马列主义毛泽东思想为指导,解放思想、实事求是地揭示马克思主义哲学发展的历史线索及其规律,做到理论和实践统一,科学性和革命性统一,逻辑和历史统一,观点和材料统一;(2)占有翔实而丰富的历史资料,一切论断均有充分材料根据,同时,经过鉴别,充分吸收国内外马克思主义哲学史研究的丰富成果;(3)对每一本重要的哲学著作和每一个重要的哲学观点都作出历史的具体的分析和评价,恰当地估计其历史意义和历史地位;(4)以革命导师的哲学思想发展为主线,但也给予他们的战友、学生和专业哲学家的思想以应有的地位和足够的篇幅;(5)以揭示辩证唯物主义和历史唯物主义的形成和发展为主,但对其他部分如自然辩证法、军事辩证法、伦理学、美学、逻辑学、哲学史思想等也视各个哲学家思想的不同情况给予适当的介绍和评价。今天看来,这五条指导性原则是完全正确的。

黄先生还对《马哲史》研究中的一些重大理论问题提出来要大家勇于探讨:(1)关于马克思主义哲学史的历史分期;(2)关于马克思主义哲学史的研究对象;(3)关于马克思主义哲学体系;(4)关于马克思主义哲学与中国哲学、西方哲学的关系;(5)关于马克思主义哲学的中国化问题。

《马克思主义哲学史》8 卷本的写作历时 13 年，420 万字的巨著，到 1996 年全部出齐。10 多年来，花费了作者的辛勤劳动，也倾注了三位主编的不少心血，特别是黄先生作出了重大的不可磨灭的贡献。因为他是写作这本巨著的核心，无论是领导协作方面，还是学术研究探讨方面，他都是起着大家公认的第一位的核心作用。

三、沉潜探索，大家风范

写作《马哲史》本身就是探索。这样的一本如此深入、详细地研究、阐述马克思主义哲学的发展，在目前世界上是绝无仅有的，在质量和数量上完全超越了苏联的研究水平。这本巨著的问世，在国内外产生了深远的影响，奠定了马克思主义哲学史成为一门相对独立的新型学科的地位。

黄先生经常教导我说，文章不是写出来的，而是想出来的，想就是"多思"。学哲学就是要勤于探索、善于探索。对重大的理论问题，黄先生总是采取谨慎审视、独立思考的态度。比如对恩格斯提出的关于哲学基本问题的原理，列宁提出的哲学党性原则的问题，黄先生对其内容进行深入的探讨、细微的分析，既坚持其正确的观点又指出它们的历史局限性。对于重大的理论问题，黄先生总是采取分析的态度：这个原理、观点的精神实质是什么，是在怎样的历史条件下提出来的，随着历史的发展又有什么样的局限性等。他最反对教条主义的学习态度。

黄先生勤勉治学、不求虚名。他知识渊博、严于律己、宽厚待人，从不把自己的观点强加于人。对于学术的争论问题，他从不轻率地下结论，更反对盛气凌人的学阀作风。我记得在马哲史的会议上，曾经有过三次重大的争论：一是关于异化、人性、人的本质和人道主义问题；二是关于物质一元论还是实践一元论的问题；三是马克思主义哲学是"辩证唯物主义与历史唯物主义"还是"实践唯物主义"的问题。争论异常激烈，有的人的发言咄咄逼人，是冲着黄先生而来的，但黄先生总是神情自若、耐心倾听。他发言的时候，又总是坦诚相见，认真分析摆出自己的观点，又从不把自己的观点强加于人，大多数人对他的观点的分析是认可的。有人说他是学界的楷模，有人说他是大理论家的风范。这是黄先生对北大传统，对蔡元培先生的兼容并包、思想自由的学术研究方针的发挥。

黄先生主编的《马哲史》8卷本，多年来得到学界的好评，也得过多项奖励，比如"五个一工程"奖、吴玉章奖、首届国家社会科学基金项目优秀成果一等奖等。但黄先生从不贪功自赏。说到主编时，他总是说三个人，拿到奖金和奖状时，又总是公正地分发给每一位作者，有时还写信说明和征求大家意见。所以，10多年来，大家从未因稿费、奖金而有过不愉快的事发生。

黄先生的人品、学品真是我们学人的楷模。

黄先生离开我们而默默地走了，我失去了一位慈祥的恩师，中国失去了一位大理论家、马克思主义哲学家。他为我们留下了伟大的精神，一份极为珍贵的哲学遗产，留下了中国优秀知识分子的高尚品格和情操。他的著作和精神，将泽溉后人，哺育新的一代。他的名字和他创建的中国马克思主义哲学史学科，将永远留在我们心中。

黄老师安息吧！

2013年5月于深圳

（余其铨，深圳大学哲学系教授，曾任北京大学哲学系马克思主义哲学史教研室副主任）

黄枬森对马克思主义哲学的贡献

杨祖陶

黄枬森先生是我国当代杰出的马克思主义哲学家、哲学史家和哲学教育家,不幸于2013年1月24日与世长辞,走完了他坎坷而光辉的92个年头的生命历程。先生虽然走了,但他将毕生精力奉献给马克思主义哲学事业的执著与坚守的崇高精神,他做出的一大批有重大影响的学术成果均是学界的珍贵遗产,将永远为后学传颂、学习和研究。

黄枬森先生早年就读于西南联大物理系,由于对哲学的兴趣转而学习哲学,成为我国康德哲学先驱研究者郑昕先生的研究生。黄枬森先生的自然科学与德国古典哲学的基础使他在马克思主义哲学研究方面有宽广的视野,深厚的功底和深邃的眼光。他学贯中西,对中国哲学与西方哲学均深有造诣,熟悉当代自然科学和社会科学的发展。他是一个纯粹的学者。学风上朴实无华,宽容严谨,守正与创新统一,理论与实际结合,善于坚持真理,勇于修正错误,正如他自己所说的:"我不在乎人们说我'左'还是'右',我只坚持我追求的真理。"

黄枬森先生的哲学活动始于上世纪50年代。而真正大展宏图,施展才华,开花结果,著书立说是在中国实行改革开放以后的30年。他曾对人说:"我的学术生涯、学术生命,是从改革开放真正开始的。"从这时起,他密切注视着我国的社会现实和哲学事业的发展进程,笔耕不辍,撰写和发表了大量哲学论著,内容涉及马克思主义哲学的各个领域和社会现实的一些领域,对所有这些领域都分别作出了不同程度的理论创新和重大贡献。我的专业是西方哲学,主要是德国古典哲学,因此很难对他的学术成就作出全面、准确的评估。但我的学术事业与马克思主义哲学有着紧密的联系,深深体会到在我的教学和研究工作中学习、研究和运用马克思主义哲学的基本观点与方法的深刻意义与作用。在这里单就我个人的浅见来看，他至少在以下四个领域内，孜孜不倦，建立起来了四座雄伟的学术丰碑。

一、马克思主义哲学科学体系的创新及其新形态问题

黄枬森先生坚信、坚决主张马克思主义哲学是科学，必须把它作为科学来研究、建设和发展。他在 2005 年出版的《哲学的科学化之路》的后记中说："自改革开放以来，我写了不少文章，千言万语，可以归结为这句话：把哲学作为一门科学来建设。"作为一门科学，它必须有自己研究的对象、关于对象的一些基本原理和由它们组成的有逻辑联系的体系。黄枬森先生认为，上世纪 20—30 年代苏联哲学界所构建的"辩证唯物主义和历史唯物主义"是马克思主义哲学的第一个科学体系。但这个体系不够完整严密，从而大大地影响了它的科学性。他主张在坚持这个体系的基本性质的基础上，根据当代科学与实践的水平，创建科学的马克思主义哲学体系。他认为这必须从明确和规定马克思主义哲学的对象的性质入手来解决这个任务。他提出，马克思主义哲学的核心对象是三个层次或三个重叠的世界：把世界作为整体来研究，它的一部分是唯物主义（世界的物质图景），一部分是辩证法（世界的一般辩证规律），这就是辩证唯物主义的世界观。人类历史当然应当包含在作为整体的世界之内，但由于它对人类的至关重要性，可以抽取出来作为历史唯物主义的对象，这就是辩证唯物主义的历史观或社会论，它的组成部分为：实践论（他认为实践不只是认识的基础，而且是整个人类社会的基础）、人类社会结构论和人类社会规律论（人类社会辩证法）。而由于意识（或精神）的相对独立性和重要性，又可将它从历史观中分离出来与之并列，这就是意识论（或精神论）。它的组成部分是认识论（他认为认识是一种社会现象，不应像过去那样放在世界观部分内，而应放在从历史观，即社会论中分离出来的意识论部分内）、价值论和方法论。黄枬森先生认为马克思主义哲学是一个学科群，它所包含的学科的数目可以、而且必须随着马克思主义哲学的新学科的创立有所增加和变化。在 2006 年发表的《关于马

克思主义哲学科学体系的构想》一文中，他提出了一个马克思主义哲学新体系的构想，认为马克思主义哲学的第二个层次有两个组成部分，一个是历史观，一个是人学。这是因为人类社会是由人来构成的，所以需要有专门研究人的人学，由人再进到研究人类实践活动的"实践论"。

黄枬森先生认为，这个马克思主义哲学科学体系可以称之为板块结构的体系。他曾尝试按照列宁在《哲学笔记》中提出的要求建构了一个包含36对范畴的马克思主义哲学体系。这个体系把唯物主义和辩证法融为一体，可以称为辩证唯物主义哲学体系，也可以称为唯物辩证法体系或一般辩证法体系。但他无意用它来替代现有的板块结构的马克思主义哲学体系。他作为一个真正的学者和马克思主义哲学家，依然实事求是地认为，如何按照逻辑与历史一致的原理，从抽象出发，依据对立统一规律，将现有马克思主义哲学诸组成部分的全部内容建构成一个与现代科学和实践发展水平相适应的、从抽象上升到具体的矛盾运动过程，从而真正成为一个完整严密的科学体系，仍然是马克思主义哲学建设和发展所需要解决的一个重要任务。

但是，如何创建新的马克思主义哲学体系或建构起马克思主义哲学的新形态，是一个始终萦绕在他心中的问题。他深知这个问题的解决不是靠哪一个人，而是要志同道合的人们共同来解决。他于是邀请陶德麟、赵风歧、陈先达、陈尚志和蔡德麟等教授一起商讨，决定于2001年在深圳召开一次有全国170多位专家学者参加的关于马克思主义哲学创新的研讨会，该会在学界引起了巨大的反响。

二、马克思主义哲学史作为一门科学的理念及其创立和发展

上世纪70年代北京大学哲学系由黄枬森先生牵头的几位学者曾编写了一个"马克思主义哲学史"的初稿，并曾油印成册交流作为大学教材使用。在这一过程中他关于马克思主义哲学史作为一门科学的理念开始形成起来。改革开放后，他就从正面阐发了这个理念，认为马克思主义哲学既然是一门科学，就和其他科学一样有它萌芽、形成与发展的过程，就必定有正确与错误、真理与谬

误的相互交织与转化。因此，马克思主义哲学的发展绝不是像过去以为的那样是少数几个领袖人物的哲学著作所构成的真理加真理、没有什么是非功过的过程。而马克思主义哲学作为这样一个曲折、复杂、上升的历史过程就是马克思主义哲学史。马克思主义哲学史作为一门科学建立起来，其必然的后果就是把马克思主义哲学研究的水平推进到一个新的阶段。基于这样的认识，黄枬森先生和其他学者们共同努力，于1981年推出了我国第一部《马克思主义哲学史稿》，他被公认为是起了第一位作用的主要撰稿人和统稿人。1987年他作为第一主编与北京大学学者共同推出了3卷本、计120万字的《马克思主义哲学史》。他不辞辛苦继续前行，1983—1996年，他作为第一主编，与全国各高校和科研机构50多位学者共同努力，历时13载，推出了浩瀚的8卷本、计400万字的《马克思主义哲学史》巨著，从而把我国的马克思主义哲学史的研究推向了世界前沿，大大超越和突破了苏联、东欧以及西方的研究水平。1998年，他还受国家教委委托主编了1卷本的《马克思主义哲学史》新教材，并被确定为国家级重点教材。

黄枬森先生在创建和发展马克思主义哲学史的过程中，显示出他非凡的理论驾驭能力，资料的运用能力，组织领导和相互协作的巨大凝聚力，从而完成了这一利在当代、功在千秋的学术伟绩。

三、马克思主义人学的奠基和创立

上世纪80年代初关于人道主义和异化问题的讨论，实质上是对"文化大革命"中惨无人道罪行的不很明确的控诉和清算。在这次讨论中有关"人"的理论问题受到文艺界、哲学界和学术界的关注，但与此同时也出现了马克思主义理论体系是见"物"不见"人"的议论。黄枬森先生作为一个正直的学者和真正的马克思主义哲学家，一方面拒斥了马克思主义不讲人的错误观点，一方面注意到文艺界、学术界所关注的人的理论问题中所指的人是"个人"。他实事求是地承认，马克思主义理论体系中的"空白"虽然不是笼统的"人"的问题，但的的确确是作为"个人"的"人"的问题。因此，马克思主义理论体系所要补充的正是关于"个人"问题的研究,即人学。他在1983年3月纪念马克思逝世100周年的全国学术研究会上所作的学术讲演《关于人的理论的若干问题》中阐发了他的上述那些思想。在以后的几年里,他对西方和苏联研究人学的状况进行了较为深入的了解。发现西方的萨特、加罗蒂、弗洛姆等人已提出了建设一种科学的人学的任务,但没有真正走上科学建设的道路。苏联在上世纪50年代已出现了一批人学论著,80年代提出了对人进行综合研究的任务和"统一的人学是否可能"的问题,为此成立了专门的研究机构并提出了进一步开展研究的建议。由于苏联解体,这些建议都被搁置起来了,但其把人学作为一门科学来建设的思路却是应当肯定的。在这样的基础上,黄枬森先生逐渐形成了这样一种学术追求,就是要在马克思主义指导下开创和建设一门新的"人学"科学,以便对人做综合性和整体性的跨学科研究。

为此,经过三年的持续努力,以黄枬森先生为第一主编的、包括近1500个词条、近100万字的《人学辞典》在1990年问世了。它标志着一门马克思主义新"人学"创立的开始。

在这以后的十年里,他撰写和发表了多篇讨论人学问题的论文,内容涉及人学的方方面面,后经广西人民出版社编辑成册,就成了我国第一部系统阐述当代人学问题的专著——《人学的足迹》。在这本著作中,他把人学的研究对象及性质规定为:"它是从各门有关人的科学的相互联系和统一中,研究完整的个人及其存在和发展的一般规律的一门相对独立的综合的科学。"在讨论人学理论的基本构架时,他明确地提出,"人性和人的本质"是人学的第一个根本问题,它要回答的是"人是什么"这个问题,而他认为人的本质就是人的社会实践活动。人学的第二个根本问题则是包括"人权"在内的"人的价值和自我价值"问题。

本世纪初,黄枬森先生在他主编的《人学原理》的导论中系统地论述了他关于马克思主义人学的各个基本问题,对他20年来人学研究的成果进行了概括和总结。2005年他在与人合著的《人学原理》中又以整整的一章详细地论述和发挥了"人的发展规律"的内容,这些规律共有7条:(1)人和环境相互作用的规律;(2)人的实践活动和其他活动之间相互作用的规律;(3)人的社会存在和意识相互作用的规律;(4)人的个体发展的有限性和类的发展的无限性相互蕴含的规律;(5)人的实践的自发性递减与自觉性递增的规律;(6)特殊个人的作用递减与人民群众的作用递增的规律;(7)人的发展的不自觉性、片面性递减和自由性、全面性递增的规律。

这样,黄枬森先生开创的具有深远的理论意义和重大的实践意义的马克思主义人学理论体系就基本上完备和建立起来了。

四、对列宁《哲学笔记》与辩证法的研究

如前面提到的,黄枬森先生早在北京大学文科研究所攻读研究生期间就师从我国首位康德哲学专家郑昕先生,打下了坚实的康德哲学和德国古典哲学基础。在受到不能讲课而安排到资料室工作的不公正待遇的逆境下,他发挥自己学术造诣的优势,从1960年起开始对列宁的《哲学笔记》进行注释的工作。经过直到1981年长达20年的坚持不懈的努力,他和北京大学的其他学者们一起,推出了达50万字的《<哲学笔记>注释》,作出了苏联哲学界长期没有做出的重大贡献。在此基础上他又系统地总结和概括了自己长期研究的成果,于1984年出版了学术专著《<哲学笔记>与辩证法》,开中国学者对《哲学笔记》作出研究性专著的先河。与此同时,他还指导研究生完成了一些很有价值、得到学界肯定和嘉奖的有关《哲学笔记》的著作。对此,苏联《哲学问题》杂志给予了高度的评价,认定在中国出现了一个以黄枬森为代表、以完整研究列宁《哲学笔记》与辩证法为主旨的独特学派。

除《哲学笔记》外,黄枬森先生还顶住国内外学术界对列宁《唯物主义与经验批判主义》贬低、攻击乃至否定的浪潮,对这部著作进行了实事求是的精深研究,他的结论是:这部著作是"马克思主义哲学的重大发展"。这主要集中表现在它把辩证法和实践观点引入了唯物主义反映论,从而使它发展成了一个颇为完整的辩证唯物主义认识论的思想体系。但他也认为,这部带有明显的论战性质的著作是历史的产物,有其历史的局限性、缺点和不足,如就认识的辩证法而论,就没有讲感性认识如何转化为理性认识的问题;此外,如对一些科学家的评价也有失误等。

为了如实地认识和评价列宁的理论和实践，黄枬森先生还与人合著了《列宁传》于1989年出版。这部著作的导言，收在1999年出版的《黄枬森自选集》里的标题就是"列宁是人不是神"。

黄枬森先生的学术成就远不止上述的四个方面。我认为，这四个方面是他把马克思主义哲学作为一门科学来研究和建设、来创新和发展的终身追求所取得的标志性的重大成就。这些成就丰富和发展了马克思主义哲学，为马克思主义哲学的理论宝库增添了一大笔财富。他的这种勋业将彪炳史册，永不褪色！

（杨祖陶，武汉大学哲学系教授，西方哲学史家）

沿着黄老师"哲学的足迹"行进
——深切怀念恩师黄枬森教授

赵家祥

1987 年中国社会科学出版社出版了黄枬森老师的《哲学的足迹》一书，这本书精辟地叙述了黄老师从事马克思主义哲学教学和研究的历程和轨迹。我作为受黄老师教导和指导最多的学生之一，在一定程度上可以说，我在马克思主义哲学教学和研究方面是沿着黄老师"哲学的足迹"行进的。

一

我是北京大学哲学系 1959 级的本科生。正是在这一年，黄老师被调到哲学系编译资料室工作。期间，他组织一些熟悉外语的学者编写了列宁的重要著作《哲学笔记》的注释。1962 年，黄老师给我们年级讲授列宁的《哲学笔记》一书。这是他第一次讲授这本书，我们年级的同学是幸运的。内部铅印的《<哲学笔记>注释》作为讲义发给学生。《哲学笔记》中摘录的黑格尔《逻辑学》一书中的段落非常难懂。黄老师用引读的方式一句一句地给学生讲解，使我们懂得了黑格尔抽象晦涩而又颇为深刻的辩证法思想以及列宁对黑格尔思想的评注和发挥。我是这门课的课代表，与黄老师直接接触较多。黄老师渊博的学识、启发式的教学方法、认真负责的教学态度、和蔼可亲的待人风格，深深地感动了我。在学习期间，我还选修了张世英先生讲授的黑格尔的《精神现象学》一书和齐良骥先生讲授的黑格尔《小逻辑》一书。黄老师对《哲学笔记》的讲授，对我学习黑格尔这两本书有很大帮助。所以在毕业论文选题时，我选择了"列宁对黑格尔的批判和改造"这个题目，由黄老师做我的指导教师。经过听黄老师的课和黄老师对我写作毕业论文的精心指导，使我对马克思主义哲学更感兴趣，立志毕业后要从事马克思主义哲学的教学和研究工作。1964年毕业时，我和赵常林、金海民三人被留在正在筹建中的北京大学外国哲学研究所，当时只知道洪谦教授任所长，尚不知还有哪些其他成员。由于我们毕业后就去搞"四清"，接着是搞"文化大革命"，外国哲学研究所在70年代初才开始从事教学和研究工作。由于我更喜欢的专业是马克思主义哲学，所以当1972年我从"五七干校"回到哲学系工作时，就向系领导申请不去外国哲学研究所工作，选择了去当时由孙伯鍨老师负责的"历史唯物主义专题"教学组工作。在"文革"后设置了马克思主义哲学原理教研室以后，我被分配到这个教研室从事教学和研究工作。当时黄老师在马克思主义哲学史教研室工作。虽然这是两个不同的教研室，但教学和研究的内容都是马克思主义哲学。从此，我就走上了沿着黄老师"哲学的足迹"行进的道路。

二

20世纪80年代初，我国理论界开展了人道主义和异化问题的大讨论。时任哲学系主任的黄老师，以其学术的敏感性，充分意识到了这个讨论对马克思主义哲学的重要性。经系领导研究决定，在1983年3月由我系举办纪念马克思诞辰100周年的全国学术讨论会，讨论会的主题是"人道主义和异化问题"。系领导动员教师撰写论文，为会议的召开做好各项准备工作。我撰写了一篇题为《异化概念在历史唯物主义形成和发展中的作用》长达22000字的论文，主要论述和评价马克思的《1844年经济学哲学手稿》一书中的异化劳动理论。这篇论文收入为这次学术讨论会准备的《马克思主义与人》的论文集中，会前由北京大学出版社出版。在讨论会期间，时任《光明日报》总编辑的邵铁真同志，通过理论部编辑李景瑞同志与我联系，要求我把这篇长文压缩成9000字左右的论文，在《光明日报》理论版上发表。这对当时还是一个年轻教师的我来说，是一件在学术生涯中极其令人兴奋的事情，我很快就完成了压缩和修改的任务，该文于1983年4月23日在《光明日报》理论版上以一整版的篇幅发表，文章所持观点得到了许多同行的赞同。1983 年 4 月，我系又举办了一次为纪念马克思诞辰 100 周年与 3 月份的讨论会同一主题的学术讨论会，我为会议提供了一篇题为《评"人是历史唯物主义的核心"》长达 25000 字的论文，该文收集在北京大学哲学系编辑的《人道主义和异化问题研究》的论文集中，该论文集于 1985 年 6 月由北京大学出版社出版。我提供给两次讨论会的这两篇论文，是我沿着黄老师"哲学的足迹"行进中取得的较为重大的成果。没有黄老师的引导，我在当时是不可能写出这两篇论文的。

三

我在北京大学哲学系从事马克思主义哲学原理（重点是历史唯物主义）的教学和研究工作。由于深受黄老师的影响，在从事马克思主义哲学原理的教学和研究中，采用的不是从概念到概念、从原理到原理、从教科书到教科书的方式，而是把马克思主义哲学原理、马克思主义哲学经典著作和马克思主义哲学史结合起来进行研究，做到论从著出、论从史出。所以我虽然从事的是马克思主义哲学原理的教学和研究，但对马列哲学经典著作和马克思主义哲学史也比较熟悉，并且写了一些史、论、著结合的论文和专著。黄老师出版的《〈哲学笔记〉注释》、《〈哲学笔记〉与辩证法》、《马克思主义哲学史》3 卷本、8 卷本、1 卷本等关于马克思主义哲学和马克思主义哲学史的专著、教材我都认真学习过。2004 年，党中央实施马克思主义理论研究和建设工程，2007 年我被中宣部工程办确定为"马克思主义哲学史"教材编写组的首席专家（召集人）。我作为一个主要从事马克思主义哲学原理教学和研究的教师，能担当起主持《马克思主义哲学史》教材编写工作的重担，也得益于黄老师多年的教导所打下的基础。而且在编写过程中，我又更加细致认真地学习了黄老师和其他学者撰写的有关马克思主义哲学史的教材和专著。这本教材于 2012 年 5 月由高等教育出版社和人民出版社出版。我撰写了本书的绪论和第四、五两章，并做了统稿、定稿工作。没有黄老师及其他先辈和同辈人已经取得的研究成果作基础，我和我们课题组的同仁是很难完成这项艰巨任务的。这可看作是我沿着黄老师"哲学的足迹"行进所取得的又一个重大成果。

四

　　黄老师一生致力于马克思主义哲学体系的构建和创新工作，发表了相当多的研究成果，在我国哲学界产生了重大的影响。21世纪初，黄老师主持"马克思主义哲学体系的坚持、发展与创新研究"课题。该课题于2002年作为国家哲学社会科学的重点课题立项，后又得到北京市社科联出版基金的大力资助。黄老师也吸收我为这个课题组的成员，参加这个课题中的《马克思主义哲学体系的当代构建》这部专著的写作。黄老师认为马克思主义哲学是辩证唯物主义。马克思主义哲学体系是"一总五分"：辩证唯物主义世界观可以看作是总论，辩证唯物主义历史观、辩证唯物主义人学、辩证唯物主义认识论、辩证唯物主义价值论、辩证唯物主义方法论是五个部门哲学或五个分论。黄老师分配我写"辩证唯物主义历史观"这一篇。我参加这个课题组最深刻的体会是，黄老师在学术观点上的坚定性和包容性的统一。黄老师认为马克思主义哲学是科学，马克思主义哲学是辩证唯物主义，其体系是"一总五分"，这是黄老师坚定不移的一贯的观点。他对不同的观点既据理驳斥，对持不同观点的同仁又十分友善，从不因为观点不同而拒人于千里之外，从不在学术讨论、争论中"唯我独马"、出语伤人、上纲上线。坦率地说，我对黄老师关于马克思主义哲学的上述几个看法并不完全赞同。如黄老师把历史观作为部门哲学，把它排除在世界观之外，我认为这是不妥当的，没有历史观的世界观就只剩下自然观了，把马克思主义哲学世界观理解为仅仅是自然观显然是不符合马克思的本意的。马克思是把"自然的历史"和"历史的自然"统一在一起的，是把自然观和历史观统一在一起的，马克思主义哲学的世界观应该既包括自然观又包括历史观，是自然观和历史观的有机统一。我向黄老私下表达过我的这种看法。但黄老师并没有因此而不让我参加这个课题组，他仍然对我的观点持包容态度，让我撰写"辩证唯物主义历史观"在全书中占有重要地位的这一篇。当然，在写作过程中，我也十分注意，尽最大的努力不写与黄老师不同的观点。我借黄老师给我的这个机会，在这一篇中写进了我的一些近期研究成果，使我以前形成的历史唯物主义的学科体系得到进一步的完善,有了一些新的面貌。这是我沿着黄老师"哲学的足迹"行进取得的又一成果。

黄老师离开了我们,这是北京大学哲学系的一大损失,是中国马克思主义哲学理论界的一大损失。我对黄老师的辞世感到万分悲痛。我要化悲痛为力量,以有生之年继承黄老师的未竟事业,为马克思主义哲学的创新尽绵薄之力。黄老师的学术思想和科学严谨的治学精神永远激励着我们前进!

(赵家祥,北京大学哲学系教授,曾任全国历史唯物主义学会副会长)

永生难忘的情怀

——兼谈黄楠森教授对应用哲学研究的推动

郭国勋

今年1月25日我从网上惊悉黄楠森教授逝世的噩耗,心情万分悲痛,多日里先生的容貌不断在我脑海中涌现。因今年元旦前我还给先生寄贺年卡,不料老人这样突然地驾鹤西去,使我国失去一位马克思主义哲学宗师和领军人物,也使我失去一位最可敬的良师益友。先生对我之深深情怀与帮助,令我永生不忘,这里作简要回忆以兹纪念。

从相知到相识

黄楠森教授的大名我早有所闻,特别是在上世纪60年代初,我在辽宁大学准备和讲授列宁的《哲学笔记》过程中,遇到许多难题,正逢此时读到了黄先生主编的《哲学笔记注释》(打印稿),内有丰富的哲学史知识和详细的解读,很多问题顿开茅塞,深受启发,特别是先生对列宁"辩证法十六要素"体系的剖析,有很多独到之处,为研究列宁的"辩证法体系"思想独树一帜。读此书后使我对先生产生了最初的敬佩之感,很想能见上一面。但真正与其相识是在十几年以后,即1979年在山东大学召开的"全国关于'真理标准'讨论会"中,先生在发言中着重强调了这场讨论的学术价值和政治意义,特别富有逻辑性地阐述了实践标准和逻辑证明的关系,听后令人折服。会后去曲阜参观,因他年龄较大,由我一路陪同前往。下火车后要走很长的路,他与我边走边聊,记得他说,"现在可以讲自己的话了,要放开手脚发表己见,哲学研究大有可为"(当时我还不知他受到过不公正待遇)。快到中午时都有些饥饿感,我要请他吃饭,他说："就买点地瓜吧！"于是买了二斤地瓜充饥。这点小事反映了先生朴实节俭的性格。从此开始，从相知到相识，我与黄老师建立起了长期的友谊。

对地方大学哲学专业和学科建设的关怀和帮助

我自上世纪 80 年代初到 90 年代中期，一直担任辽宁大学哲学系主任，因专业及研究领域相同，经常与先生在一起参加探讨大学哲学专业改革和建设的会议。我们过去有个口号："辽大要跟着北大、人大走！"每次会议我都仔细询问北大哲学系建设发展的经验，他总是和我说："各校情况不同，特别是地方大学哲学系不要和北大哲学系'一般粗'（即'照着走'），而要结合地方特点及自身情况，办出特色。"他强调指出，"没有基础就没有深度，没有特色就没有地位"，使我深受启发。1986 年结合教学我主编了《时代改革与哲学》一书，本书最后提出"需要考虑建设应用哲学系统"的任务。当我将书送给先生请与指教时，他客气地说，"这书很好，我也在考虑这一课题，你们很快就搞出来了，一定要深入研究下去"，给予我们极大的鼓舞。90 年代初，他受教委哲学学科组委派，来我校检查评估研究生教学和培养工作。虽只身一人，身体欠佳，但工作极其细致认真，从听课、看论文、参加讨论到图书馆、资料室、宿舍、食堂看了个遍，给省哲学界作了学术报告，十分劳累，还为我系详细指明研究生培养中需要发扬和改进之处，大家说"黄老师的评估客观公正"。我们有位研究生撰写了一篇《关于"辩证法十六要素"体系的探讨——与黄楠森教授商榷》的文章，发表在《哲学研究》上。先生看后十分认真地告诉我，"非常欢迎青年学者的不同意见"，并在一个论文集中把这篇文章附在他的文章后面一并发表，以便开展讨论，表现了先生追求真理、尊重青年学者的谦虚品格，学生们深受教育。

对应用哲学研究的巨大推动

我与先生共同参加过数十次学术会议，聆听他对马克思主义哲学、马哲史（含原著）、外国哲学、人学等方面的系统高见，读过他十几部专著和大量论文，受到多方面的启发和教育，有力地推动了我学术事业的发展。其中特别突出的（也是被人忽略的）是他对我国应用哲学研究事业的积极参与和有力推动。我曾长期担任过全国应用哲学研究会（中国马哲史学会下属分会）会长。我直接感受到，先生不仅重视哲学基础理论研究，而且极其重视哲学应用和应用哲学研究，突显马哲的实践性。他不仅不顾年高多次参加应用哲学研讨会，在会上作报告，而且亲自撰写多篇关于应用哲学的论文，大部分发表在地方刊物上。多年来，我国应用哲学的发展与黄老的关怀、支持与参与是分不开的。应用哲学研究是个新课题，存在诸多争议，先生以极其认真、科学的态度，对待各种争议并提出自己的高见。首先，关于应用哲学的概念和性质，先生虽然没有明确为其下定义，但已指明了其本质特征，即"应用哲学是把哲学宇宙观（世界观）应用于宇宙中某一领域而形成的学科"，哲学宇宙观（世界观）与应用哲学的关系是普遍与特殊的关系；应用哲学的性质"是哲学与不同层次学科和实践的最佳中介"。其次，指出应用哲学是分层次的，以哲学世界观应用于不同对象（范围）而形成的不同门类的应用哲学，而且构成应用哲学的学科体系，应用哲学是个"金字塔"式学科群。再次，他特别强调哲学是应用哲学的共同基础，他在给我的一封信中说："没有哲学即世界观，就必然没有各部门分支哲学；反之承认各部门哲学，必然以承认一定哲学世界观为前提，这是逻辑的必然。"他对某些人反对世界观，但却研究某种部门哲学感到费解。再次，他反复强调应用哲学的必要性，指出它是研究各应用学科的理论基础和指南，对防止和克服学科研究中的实证主义偏向极为重要；它是联系哲学和各学科的桥梁，是人们各项实践活动的指导思想，也是发展马克思主义哲学的必经途径，并指出了邓小平哲学思想就是应用哲学的体现。他多次申明自己研究的人学、文化哲学均属于应用哲学。最后，先生对应用哲学的学科建设给予极大的关注和支持。应用哲学能否作为一个学科来建设，是亟待深入探讨的重大课题，也是十分艰巨的任务。我多年任全国应用哲学研究会会长，又长期致力于应用哲学的研究，有责任积极探索和努力促进这一学科的建设。为此我先后申报了两项国家社科基金课题，黄老均参加评审，并予以通过。第一部著作《应用哲学导论》完成后，黄先生是鉴定人之一，他充分肯定了这一课题的研究方向，并给予了很高的评价。在完成第二部著作《马克思主义哲学应用释义》后，我渴望黄老能给写篇

"序言",但考虑到他毕竟年事已高,社会活动繁忙,我真不忍心再麻烦他老人家,给他加重负担了。但为了共同推进马克思主义哲学应用研究事业,还是冒昧地与他商量此事,他当即欣然应允,并说:"不是为了别的,都是为尽社会责任",并用数天时间写出题为《填补空白的创新成果》的长篇序言,并出乎我想象地论述了本书与《应用哲学导论》的关系。该书出版后,《哲学研究》、《光明日报》等 8 家全国报刊予以评介,还被国家社科基金办评为"优秀"成果。我想这绝不只是我个人的功绩,而是与黄老的提携帮助、并为推进哲学新学科的建设发展分不开的。我与黄老的观点并非完全相同(如异化等问题),但这并没有妨碍我们的友谊与学术交流,反而在交流中加深了了解,增进了友谊。

我与黄老相识、相知共同在哲学战线拼搏 30 余年,他在世时每项研究成果出版均亲自签名邮寄给我。近 20 年每逢元旦均寄贺年卡,有时与师母共同签字,对我进行鼓励,给我莫大鼓舞。前年我去京探望老人,他已年近 90 高龄,但谈吐清新特别高兴,他十分牵挂北大马克思主义哲学的学科建设;并对近年有个别人对他哲学思想加以歪曲攻击甚至"批判",泰然处之,表现了哲学大家的宽广胸怀。他还和师母精心安排挑选餐厅和多种美食,请我(与我夫人)共聚晚餐、照相,令我十分感动。几十年的友谊、教诲和支持,与事业共同发展,相互促进,令我永生不忘。先生去世了,但他给我们留下的理论遗产和风范永存。我也快进入耄耋之年,已无什么作为,衷心期盼中青年学者要继承和发扬黄老的理论遗产和追求真理、无私助人、谦虚简朴、勇于创新的高贵品格,正直做人,艰苦治学,把我国马克思主义哲学研究事业推向新阶段。这是对先生的最好纪念。

(附注:文中有关黄老对哲学的论述,出自其"论文"和我的笔记,如有不妥之处,责任在我——郭国勋。)

(郭国勋,辽宁大学哲学管理学院教授,博士生导师,曾任全国应用哲学研究会会长)

从马列课教师到著名哲学家的黄先生

钟哲明

黄枬森先生去世后,我因病未能参加他的遗体告别仪式,脑海里却不时浮现十几天前他出席理论中心十八大文件学习会后由人搀扶着离去的背影,并联想起60年前他在马列主义基础教研室工作时的音容笑貌。

在龙腾虎跃、群星灿烂的北大,先生以马克思主义哲学家著称。但有多少人知道他是新中国成立后,北大第一批马列主义政治理论课教师中的一员呢!

作为后来人,我是1952年被调到上北大政治课,送人民大学马列主义研究班学习,1953年毕业后回北大马列主义基础教研室才得识先生的。这个教研室承担公共政治课"马列主义基础"的教学任务,又由苏联专家指导研究生,为其他高校培养师资。在使用的教材《联共(布)党史简明教程》中,第四章第二节专讲哲学。教师中既有来自政治学和历史学专业的,如赵宝煦、张汉清、张寄谦等,更有一批搞哲学的,如郑昕、熊伟、黄枬森、张世英、杨祖陶、樊公裁等。这种不同专业相互补充的结构,使我们这些来自中文、俄语等专业的人受益良多。教研室主任郑昕是原北大哲学系主任,全国政协委员。秘书赵宝煦,主持日常工作。党支部原同哲学系合一,汪子嵩为书记;后单独成立直属支部,赵宝煦、张汉清先后任书记。黄枬森和赵宝煦都是地下党员,第一批政治课教师、讲师(当时属高级知识分子)。我们这些刚参加工作的,都很敬重他们的品德和学识,羡慕他们立业又成家。他俩一个南腔,一个北调;一个儒雅,一个亲和。两人都住中关村平房宿舍,常骑自行车同来教研室。备课会上各抒己见,唯理是从。春游活动都带孩子参加,革命大家庭气氛更浓。我们逗先生的女儿玩,叫她"小黄鱼"。先生回哲学系后,我俩各忙各的,接触少了。本世纪初,一次到怀仁堂听报告时坐在一起,我问先生:"'小黄鱼'现在哪儿,干什么工作啦?"才有机会聊了点家常。

中央马克思主义理论研究和建设工程启动后,我和先生在"基本观点研究"总课题组,同是一个子课题组的首席专家。他说自己年事已高,提议由陈志尚教授主持这个子课题,我欣然同意,内心钦佩先生以事业为重,不计个人名位的精神。在总课题组"四个分清"的讨论中,歧见和争议常有。先生观点鲜明,以理服人,认真听取各种不同意见,大家也乐于倾听他的发言。他关于构建马克思主义哲学新体系的探索,社会上有赞成的,也有怀疑甚至反对的。志尚同志曾对我说:"有的文章说得很难听呀!"但这一切先生都能正确对待,继续走自己的路,表现出平等、宽厚的大家风范和真理追求者的坚韧意志。马克思主义每前进一步,都要经过战斗。坚持和发展马克思主义,怎能没有矛盾和斗争呢?

先生从马列课教师到著名哲学家的可圈可点的人生历程,潜移默化,影响着许多年轻同行。我这个当年的"小萝卜头",直到步入"80后"的今天,仍以当过政治课教师为荣,并从先生一生的言行中,得到如下两点启示。

第一、怎么看待马列课教师?北大从李大钊开马克思主义理论课,到解放后设几门公共政治理论课,这是无数革命先烈奋斗的结果,是中国特色和北大传统的体现。古今中外,没有哪一个统治阶级不选拔自己的精英,通过宣传、灌输,把自己的思想变成统治思想的。当年北大第一批讲政治课的教授如许德珩、张志让、樊弘、郑昕、罗常培、冯至等,哪一个不是德高望重的学界泰斗?当年讲师助教中第一批讲政治课而今已去世的,从黄枬森到任继愈、赵宝煦、张国华等,哪一个不成为学科带头人?这些表明,说马列政治课教师"只会耍嘴皮子,没什么学问,出不了专家",是显然根据不足的。

第二、怎样处理政治与学术的关系?先生原学物理,后转哲学并入党,自觉走上了学术与无产阶级政治结合的道路。对马克思主义的坚定信仰,使他超越了1957年后的政治坎坷,并把它作为深究马列、自我武装的契机。新时期一来,拂去历史尘埃,他又潜心教书育人,著书立论,卓有成效地活跃在全国思想理论教育界,显示了共产党人的政治本色和彻底的战斗唯物主义者的精神风貌。他没有"政治危险、学术保险"的念头,坚信哲学是"时代精神的精华",哲学家不只解释世界,更"在于改变世界",一生与时俱进,求真务实,开拓创新,用自己的哲学智慧为国家富强、人类解放的壮丽事业服务,作出了宝贵的贡献。

哲人已去,典范犹存。先生的道德文章值得我们深深怀念,好好学习。先生为之奋斗的事业后继有人,必将发扬光大。

(钟哲明,北京大学马克思主义学院教授、原院长)

发掘与弘扬黄枬森先生诚挚和宽容的学术品格

谢龙

1950年入读北大哲学系，迄今已63年，黄枬森先生是我求教最多的一位老师。从1954至1956年读苏联专家萨波什尼柯夫指导的研究生，黄先生和从人民大学聘请的徐琳先生担任辅导教师，主持课堂讨论。1955年，我留校任教的前一年，即已担任新建的哲学系党总支副书记，因无专职干部，还兼任组织委员等，党务工作繁忙，而黄先生却导引我不得放弃业务，当年他兼任《光明日报》哲学版编辑，竟向我约稿，并将拙文于1958年5月4、11日刊登。这篇文章署名"言立"，即从繁体字本人姓名"谢龙"中抽取三分之一字符，意味着从事哲学教学和研究的时间或空间只占三分之一。实际上"文革"之前11年，我连续担任四届哲学系党总支副书记期间，业务时间十分有限，但从未间断，的确得助于黄先生的激励。

因此，经过"文革"冲击与下放劳动，离队多年，在进入改革开放、重操旧业后，又屡屡向黄先生求教。比如，1981年全国由北京市率先启动"自学考试"，将"哲学"课作为试点，由我操作编写学习指导书和主持命题，评审主要请黄先生等专家担任。又如，此前我的首要工作是按冯定20世纪60年代初将辩证唯物主义和历史唯物主义铸成"一整块钢"的"体系"编写校内用教材，曾邀黄先生担任主编，因忙于编写拟出版的《哲学笔记》注释未能落实，这也表明他担任主编就要坚持做实事，绝不做"挂名"主编。再如，由我承担1987年高教部决定为文科博士生开设的"马克思主义与当代社会思潮"课，1990年之后启动了"专题讲授"；继而为推动中西马对话，在马克思主义学院建立初期，由我操作举办过两次"比较哲学比较文化"讲座,黄先生都应邀讲授了有关人学和文化"专题"……1996年我还直接通过《北京大学学报(哲学社会科学版)》编委主任黄先生投稿(《传统价值理想和现代人格塑造——兼论中西传统人格塑造比较》,载《北大学报》1997年第1期),并在其推荐下获第四届"北京大学学报优秀论文奖"(详见《北大学报》1999年第1期),……与黄先生的学术交往从未停歇。2002年初黄先生亲手送中国人学学会会员代表大会暨学术研讨会的通知,使我就人学有关世界观主题同与会者对话、交流。更为感人的是十年前他参与主编的《二十世纪中国学术论辩书系·哲学卷》("十五"国家重点图书出版规划项目,三位主编),竟向我约稿,还要我推荐作者……共十三册,至今尚有七册未出版,而我撰写的那本《建国初期唯物史观的论辩》,44万字,全部由个人承担,因已离休多年,可全力以赴,已按时出版。

由此,近在眼前的是黄先生病重住院之前一两个月,他还曾就出版社于2012年初决定把这套书全部出齐的进展情况,包括出版总署的重视和督促、已出版的还可再修补以及稿酬等,主动与我沟通;而我则就《北京大学哲学系史稿(1912—2012)》中的"错"、"漏"问题,主动向他反映……黄先生思路和言辞清晰、敏锐,不逊于年轻人,所以逝前三天得知他病危,难以面对!他的离世已成事实,令人悲痛至极!同时,深感为切实肩负其未竟之业,关键在于要发掘与弘扬黄先生独立思考、自主创新、宽容和谐的学术品格,这也是多年直接受其教诲和熏陶的后辈义不容辞的责任。

一、终身从事马克思主义哲学教研,增强科学信念和理论创新自觉意识

1949年北京解放后,建国初期至1952年院系调整,北大哲学系开始启动马克思主义哲学学科建设,在特聘教授艾思奇、胡绳等先生开设马克思主义哲学的专业课的同时,本系也有其他专业的几位教师转为马克思主义学科,其后因各种原因大都归队,重操旧业,只有黄枬森先生是唯一终身从事马克思主义哲学教学和研究的教师。

20世纪50年代,他经受各种考验,特别是在极"左"政治背景下,绝不跟

风,不断增强从事马克思主义学术研究必具的"自主选择、自担责任"的自觉意识。如1952年"三反"运动中毛泽东曾批评理论界否定民族资产阶级的两面性,否定其积极性的一面,而黄先生于1957年反右派中在《从事物的两面性看右派分子对辩证法的歪曲》(载《新建设》1957年第8期)一文,曾提出过工人阶级同民族资产阶级一样,也具有两面性。此前,还参与1956年党的八大把社会主义改造基本完成后国内的主要矛盾概括为"先进的社会主义制度同落后的社会生产力之间的矛盾"所引起能否把它理解为"生产关系走在生产力前面"的争辩,反对者认为这种说法违背唯物史观,应坚持生产力总是走在生产关系前面;赞同者认为应坚持先进的生产关系总是走在落后的生产力前面,如有不适合,也不是生产关系不适合生产力,而是生产力不适合生产关系。黄先生在《论我国现阶段生产力和生产关系的关系》(载《新建设》1957年第3期)文中提出生产关系不适合生产力状况有两种:一是落后于生产力,二是跑到生产力前面。更主要的是对1957年反右派前整风中诸多后来被上纲为右派言论的内容,黄先生予以全面、具体分析,认为其中都具有合理或可取内容,如"外行不能领导内行"就有领导干部一定要懂得业务的意蕴……为此,黄先生遭到惨重的政治迫害,经揭发批判,被上纲为"发表了一系列右派言论,陷入右派立场",据以于"反右"后期即1958年7月系党总支和教员党支部作出给予留党察看处分的"决定"上报校党委,拖了半年,1959年2月竟被开除党籍,直到1978年12月给予平反。值得肯定的是,在此高压下,他被剥夺了教学权,在图书资料室工作了十七八年之久,但在非常有限的学术空间,仍不懈地钻研列宁《哲学笔记》,为进入改革开放开创马哲史的教学和研究奠定了基础。尽管头几年,由于《哲学笔记》注释初稿得到好评,曾安排其进入课堂,"文革"中竟据以又将其批判为走资派包庇的漏网"右派"。的确,这对当事人是极大考验,但黄先生绝不放弃这项工作,回到教研岗位,首要的工作就是将其正式出版。

可见,其马克思主义信念坚实,正如曾被打成右派言论的他对政治课问题"主要不是靠说服力,而是靠党的威信"的看法,黄先生身体力行的对马克思主义信念,绝不能理解为对权势的信念,而是对真理或科学的信念。因其奠基于"自主选择、自担责任"的自觉意识,使之不断增强,无论身处逆境还是顺境,绝不放弃真理追求。进入改革开放后,又在真理或科学信念中添加了对解放思想和理论创新给予学术支撑的自觉意识。这与"文革"及其以前为坚持真理或科学信念,必须抵制极"左"教条主义相比,既无受政治迫害之风险,又易陷入与科学相逆的新形式主义和教条主义之误区,如把党的决策当成套话,还美其名为学术创新或给予理论创新以学术支撑,竟会受到表彰或赞扬,实际上却丢弃了真理或科学信念。十分难能可贵的是,在任何环境,黄先生都能自主地增强真理或科学信念,这是他终身勤奋所获诸多硕果的灵魂,有待发掘和弘扬,以用于切实肩负其未竟之业。

二、与不同学术观点坦诚对话,以"宽容"精神营造百家争鸣学术环境

黄先生自主地增强真理或科学信念的学术品格,还凸显于学术交往中的宽容和谐,主要以既尊己又尊人的宽容精神与不同学术观点坦诚对话,相互取长补短、弘优纠缺,共同创建百家争鸣学术环境。对此,多年通过拜读大作和在各种场合聆听发言,深感在其论著阐述自己见解中蕴涵着与不同学术观点坦诚而谦虚的对话,对深化有关课题研究颇具启迪意义。我本人正是在其启迪下,迄今对有关主题研究和思考未停歇。

比如,关于马克思主义哲学作为一门"科学",因而只能有一个"体系"问题。早在1985年底或1986年初黄先生应邀参加北京高校哲学研究会年会就提出过,促我思考马克思主义哲学的"科学"体系问题,并在《哲学的现代化和马克思主义哲学的科学体系》(载《北京社会科学》1986年创刊号)文中提出:马克思主义之所以能够在哲学上实现革命变革,把哲学变成了科学,正是基于抛弃了旧哲学的封闭性的体系。马克思主义哲学克服了旧哲学的唯心主义历史观,发现了历史唯物主义,对实践给予了科学的规定,把实践引入哲学,作为整个哲学的基础,进而提出哲学要改造世界,即为实践服务的任务。因此,理论和实践的统一成为马克思主义哲学的最高原则,使马克思主义哲学不是一成不变和永恒不变的,它的每一范畴、原理以及把它们有机联系起来的逻辑结构,都自觉地以实践为基础,随实践和科学的发展而发展,不断地从实践和科

学的发展中汲取营养。这就决定了马克思主义哲学的体系不再是封闭性的，而是开放性的，这是它在"体系"上区别于旧哲学的一个本质特征，这也是马克思主义哲学所首创的科学体系的主要标志。

又如，关于"人学"作为哲学分支学科问题。2002年初曾为中国人学学会会员提供《世界观人学主题：新型人文主义世界观》文章，其中提出：哲学为肩负21世纪赋予的使命，需改变"哲学核心无人学，人学只是哲学分支"的模式，开展世界观层面的人学研究，以凸显马克思主义哲学作为"新型人文主义世界观"的意蕴。着重从研究对象、基本问题与逻辑层次等方面思考、探究马克思主义哲学以人文世界观对"物质本体论"的扬弃或超越问题。它要求掌握的规律也不是孤立的宇宙本体，而是本体寓于其中的以实践为基础的主体和客体、个人和社会双向互动或多向互动的现实世界的规律。由于这个规律的作用，自在世界不断被改造与超越而趋向无限宇宙，所以这是趋向无限宇宙的现实世界规律，高于作为自在世界的"无限宇宙"的本体。

再如，关于对文化限于思想文化的狭义理解问题。为以唯物史观正确理解作为文化之灵魂的思想文化，对文化应予广义理解，着重从外延与社会重合的作为文化之躯体的或文化内容之核心的"现实的人"的"人格"或"个性"予以掌握，这是落实思想文化作为文化之灵魂的关键。否则，会把主客颠倒，陷入教条主义误区。(详见拙文《文化观与文化研究方法述评》，载《人民日报》1998年4月25日第五版；《内在于唯物史观的马克思主义文化观——写于<共产党宣言>发表150周年》，载《新视野》1998年第5期；《文化与文化的人格内核》，载《学术研究》2001年第2期)……

总之，拜读黄先生著述，受益匪浅，特别是为使其马哲史、人学等诸多硕果对推动进一步深化有关主题研究起到应有作用，要着重发掘和弘扬其中的宽容精神，用于营造百家争鸣学术环境。毋庸讳言，进入改革开放以来的科研成果，既硕果累累，又杂以越来越多的泡沫，甚至把真正的硕果淹没或埋没，就由于缺失"百家争鸣"学术环境，因只满足于"宽松"，无奠基于既尊己又尊人的"宽容"的学术对话，而难以切实地遏制泡沫，反倒一味用"硕果"遮掩以至粉饰"泡沫"，其后果所导致的是对研究者真理或科学信念的"潜移默化"之伤害，比"文革"及其以前的"政治批判"之伤害还难修复，因为往往带来的是"个人利益"的满足，而不是人身伤害。尤其，马克思主义的研究，更需要奠基于既尊己又尊人宽容精神的学术对话，经过相互取长补短、弘优纠缺，不同学术观点的差异性和共通性将同步强化，对政治上坚持马克思主义指导和贯彻中央决策给予切实的学术支撑。而黄先生堪称以"宽容"精神与不同学术观点对话的表率，我们以对他终身研究成果真诚爱护和崇敬的心态予以发掘与弘扬，这是肩负其未竟之业的重中之重，也是在教学研究中坚持和不断增强真理或科学信念的根本保证。

三、以宽阔视野深化研究北大优秀传统开拓者李大钊、冯定的哲学思想

通过对黄先生学术生涯、学术成果的追思，体悟到他的开拓性或创新性成果中传承和发展了李大钊、冯定开创的北大优秀传统。如前所述，这主要蕴涵在他颇为坚实和不断增强的奠基于"自主选择、自担责任"自觉意识的真理或科学信念，理论创新或对贯彻中央决策给予学术支撑的自觉意识，以及学术对话的"宽容"精神之中，所以发掘和弘扬黄先生的学术品格，也就是传承李大钊、冯定开创的北大优秀传统。同时，继往开来，这也启迪我们以宽阔视野深化研究北大优秀传统开拓者李大钊、冯定的哲学思想，用于加强马克思主义哲学学科建设与21世纪哲学创新。

关于李大钊的哲学思想。重点研究其个性解放的启蒙思想，"五四"新文化运动传播奠基于个性解放或独立人格启蒙思想的现代民主和科学思想，而十月革命后转为传播马克思主义。是否完全否弃了前者，还是仅否弃了实现文化现代转型的西方资本主义道路，转向"十月革命"道路？实际上，李大钊著述中并未否弃民主和科学，进而还为中国马克思主义开创了社会主义与个性解放相结合的传统，或揭开了这种序幕。这在新民主主义革命中为毛泽东继承，如明确指出："被束缚的个性如不得解放，就没有民主主义，也没有社会主义。"(《毛泽东文集》第3卷，人民出版社1996年版，第208页）把延安整风运动称为反对主观主义、宗派主义和党八股的"启蒙运动"(《毛泽东选集》，人民出版社1991

年版,第 827 页)。

关于冯定的哲学思想。重点研究马克思主义哲学的核心是恪守西方传统哲学本体论的物质本体论,还是扬弃了本体论的以人及其实践为核心的世界观或"实践论"世界观?《平凡的真理》的总体框架,形式上是以认识论、真理论为主干展开的,即所谓广义认识论的框架,实际上并未否弃作为哲学之核心的世界观,只是扬弃了排除人的实践的自在本体或抽象本体,将唯物史观规定的"实践"引进世界观。……(详阅《冯定同志《平凡的真理》的理论价值重估》,见《观澜集》,北京大学出版社 2004 年版,第 196—208 页)

以上研究,结合历史经验教训,推动中、西、马比较或对话,就全世界的共同主题,发挥马克思主义哲学的理论优势,对贯彻落实十八大全面建成小康社会与全面深化改革开放的决策给予切实的学术支撑。这也是黄先生遗志,切勿等闲视之。黄先生的真理或科学信念之所以能够经受各种考验,因其奠基"自主选择、自担责任"的自觉意识,表明他是"个性解放"的先行者,具有"独立人格"或"自主个性"素质,培育这种素质,也是继承和实现其遗志的关键。

(谢龙,北京大学马克思主义学院教授,曾任北大哲学系副主任)

黄枬森先生与《马克思主义哲学史》

陈占安

黄枬森先生走了，我们大家都十分悲痛。他的离去，的确是我国哲学界、思想界和教育界的一个无法弥补的损失。作为后学，我曾经在他担任北大哲学系主任时做过系教学秘书，直接受到他的工作指导；我在他主编的《马克思主义哲学史》3卷本和8卷本的工作中承担重要的写作任务，还参加过部分统稿工作，直接聆听了他的学术教诲；在他担任《中国大百科全书》马克思主义哲学史部分的主编工作中我曾撰写过13个词条，又得到他的肯定和帮助……今天在追思黄先生为人为学的时候，我想从一个侧面讲一下黄先生与《马克思主义哲学史》之间的关系以及我从黄先生那里获得的关照，以寄托我的哀思。

一、黄先生为马克思主义哲学史的研究和建设呕心沥血

中国学者的马克思主义哲学史学科建设严格说来是从改革开放以后开始的，而黄先生无疑是这个学科建设的第一领军人物。

黄先生直接参加马克思主义哲学史的建设最早应该追溯到1972年。那一年，毛泽东发出学习哲学史的号召；周恩来总理指示大学要恢复系统的学科教育。在这样一种形势下，北大哲学系的黄先生同朱德生、张世英、齐良骥、朱伯崑、王永江和邹本顺等老师们集中起来开展马克思主义哲学史研究，由黄先生和朱德生先生总负责。经过近一年的精心研究，他们写出了一本到斯大林的哲学思想为止的《马克思主义哲学发展史》，约50万字，当年10月油印出来作为内部教材使用。虽然这本教材不能不带有那个年代特有的局限性与缺点，但是它毕竟是我国第一部较系统的马克思主义哲学史著作，也是中国学者自觉地

把马克思主义哲学史作为一个学科建设的开端。

1973 年. 中国人民大学马列主义发展史研究所庄福龄先生等调入北大哲学系（这些老师在 1978 年回到中国人民大学），他们参与了《马克思主义哲学发展史》的修改。这也是北大哲学系和中国人民大学马列主义发展史研究所在马克思主义哲学史研究方面密切合作的开始。

1977 年我国恢复高考和四年制正规大学教育，北大哲学系在 1980 年成立马克思主义哲学史教研室，并开始为本科生开设马克思主义哲学史课（在一段时间里，马克思主义哲学史教学分解到两个教研室，马克思主义哲学史研究室管马列主义哲学思想部分，我所在的毛泽东哲学思想教研室管毛泽东哲学思想部分，这部分由宋一秀老师、许全兴老师和我主讲），后来又为马克思主义哲学史专业和马克思主义哲学专业的硕士生开设马克思主义哲学史研究课。

1979 年 1 月，全国首届马克思主义哲学史讨论会在广西桂林召开，中心议题是该学科的建设和教材编写工作，会议决定筹备成立全国马克思主义哲学史研究会。同年 10 月，全国马克思主义哲学史研究会正式成立，黄先生与庄福龄先生、林利先生一起被选为会长。也正是在这年 10 月到 12 月，哲学系派余其铨老师、夏剑豸老师和我接续性地到中山大学哲学系去听马克思主义哲学史课，每个人一个月，其中余老师听马列哲学部分、夏老师听列宁哲学部分、我听毛泽东哲学部分。这是我第一次受单位指派到兄弟院校学习的机会，在一个月时间里，我不仅系统聆听了高齐云、何梓焜等老师讲的课，还在中山大学哲学系资料室看了很多资料，这在我的学术研究历史上是一个重要起点。1980 年 3 月，我还到广州三元里参加了全国马克思主义哲学史研究会举办的讨论会，那次会集中研讨马克思主义哲学史教材编写提纲和部分初稿，认识了很多全国马克思主义哲学史研究方面的专家和同行。1981 年 10 月，人民出版社出版了中山大学哲学系主编的《马克思主义哲学史稿》，黄先生不仅执笔了第五章"马克思、恩格斯的学生和战友的哲学思想"的初稿，而且参加了全书的统稿、定稿工作。这本书是我国公开出版的第一本马克思主义哲学史教材，全书 36 万字。

从 1981 年 5 月开始，黄先生担任哲学系主任（1979 年到 1981 年曾担任副主任），他从开设马克思主义哲学史课和培养马克思主义哲学史专业研究生的需要出发，提出了组织编写出版马克思主义哲学史教材的计划。

1985 年，编写《马克思主义哲学史》3 卷本的计划被列入国家教委的文科教材编写计划中，并被批准为文科博士点的科研项目。在黄先生和施德福老师、宋一秀老师的带领下，北大哲学系有 14 位老师分工协作集体攻关，我有幸在下卷六章中执笔了两章（讲新中国成立之后到 1957 年这一段的马克思主义哲学发展史）。参与这套书的写作，对于我来说是一次向老师们学习的极好机会，经过了一次基础性的科研训练。到 1985 年 1 月底我写出了初稿，得到了黄先生的肯定，对我是一个很大的鼓励。这套书在 1986 年 12 月定稿，1987 年 11 月由北大出版社出版发行。全书共 105 万字。这套书无论在研究的深度和广度上都超过了《马克思主义哲学史稿》那本书，它改变了以往马克思主义哲学史只讲到斯大林的哲学思想的做法，而接着将马克思主义在中国的传播、运用和发展单独成为一本。这套书在 1989 年荣获全国优秀图书奖、1991 年荣获北京大学科学研究成果著作一等奖、1992 年荣获国家教委优秀教材奖。

比起《马克思主义哲学史》3 卷本来，《马克思主义哲学史》8 卷本更具有代表性，它是迄今为止最系统和最权威的马克思主义哲学史教科书。这套书的编写源于 1983 年黄先生与庄福龄先生、林利先生牵头申报的我国"六五"计划哲学社会科学国家科研重点项目之一，后来又在 1986 年列入国家"七五"计划。参加此项研究工作的全是当年活跃在马克思主义哲学史教学和科研第一线的哲学工作者，前后一共有 57 人之多，分别来自 19 个重点高校和科研机构，北京出版社在经费十分困难的情况下给予这套书的出版以大力支持。全书一共 8 卷，430 万字。为了保持马克思主义哲学史在不同时代、不同地区的特色，8 卷的顺序与时间不完全一致。8 卷的内容可以分为四个部分：（1）马克思主义哲学的形成与发展（第一、二、三卷）；（2）马克思主义哲学在俄国和苏联的传播和发展（第四、五卷）；（3）马克思主义哲学在中国的传播和发展（第六、七卷）；（4）马克思主义哲学在当代国外的研究和发展（第八卷）。为了庆祝新中国成立 40 周年，决定 1989 年先出版第六、七两卷，其他各卷按顺序随后陆续出版。

实际上，第六、七卷 1989 年 11 月出版；第一、二、三卷 1991 年 8 月出版；第四卷 1994 年 11 月出版；第六卷 1996 年 2 月出版；第八卷，1996 年 12 月出版。这样，8卷本从1989年一直到1996年用了7年时间才出齐，而从项目立项到结项前后用了13年时间，由此可见其研究工作的艰辛和出版不易。

《马克思主义哲学史》8卷本陆续出版以后，受到理论界和广大读者的关注和重视，许多新闻媒体先后发表消息，对这套书的出版给予充分肯定，对其学术价值给予高度评价。其中，第六、七卷1990年荣获中国图书一等奖，1991年荣获北京市哲学社会科学优秀成果特等奖。第一、二、三卷1994年荣获北京市哲学社会科学优秀成果特等奖。《马克思主义哲学史》8卷本全书，1997年荣获中央宣传部精神文明建设"五个一工程"奖和吴玉章奖金马克思主义理论学科一等奖，1999年荣获国家社会科学基金项目优秀成果一等奖等。黄先生与庄福龄先生、林利先生作为主编在1999年9月23日给我们每位作者颁发了获奖证书，其中在给我的证书中特别注明："陈战难同志撰写第7卷第1、3章"。

《马克思主义哲学史》8卷本超过了苏联在20世纪五六十年代出版的6卷本《哲学史》和民主德国20世纪60年代末出版的3卷本《马克思列宁主义哲学史》，成为马克思主义哲学史研究领域的标志性成果，在国际上也处于领先水平。

由于该书的第六、七卷出版于1989年，第七卷的内容写至1987年，为了反映理论界1987年以后的研究成果，更好地帮助读者从哲学的角度来理解和把握邓小平理论中的哲学内容，全书于1996年出齐后，北京出版社与本书编委会决定对全书进行修订。这次修订的重点是改写第七卷第四章，将时限从1987年延至1992年，增加了大量内容。其他各卷也不同程度地进行了修订。修订版较第一版在内容上更丰富了，编校、装帧、印刷质量有了进一步提高。该套书在2005年还曾纳入中国出版集团组织实施的"中国文库"哲学社会科学类，使用的是北京出版社1996年12月版，只是将第八卷分为上下两册，全书一共9册。

1991年，国家教委又委托黄先生组织北京大学、中国人民大学、复旦大学和南京大学的部分哲学教师编写本科哲学专业教材，纳入"面向21世纪课程教材"编写计划。由于我在这年担任了北京大学党委宣传部长，没有参加此书的撰写。《马克思主义哲学史》1卷本在1997年11月定稿，1998年6月由高教出版社出版，全书53万字。这本书2000年荣获北京市优秀教材一等奖，2001年荣获教育部优秀教材二等奖。

从《马克思主义哲学发展史》到《马克思主义哲学史稿》，特别是从《马克思主义哲学史》3卷本到《马克思主义哲学史》8卷本，再到《马克思主义哲学史》1卷本，前后历时26年，黄先生为中国的马克思主义哲学史学科建设付出了很多的辛劳，作出了开创性的工作和不朽的贡献。

二、黄先生在学术研究中倡导的几条原则具有重要指导意义

黄先生做事总是有板有眼、有根有据，这一点在他主持的《马克思主义哲学史》8卷本编写中表现得十分明显。他当时在"总序"中以及在多次的编写工作会议上都强调这样5条原则：

一、坚持以马列主义毛泽东思想为指导，解放思想、实事求是地揭示马克思主义哲学发展的历史线索及其规律，做到理论和实践统一，科学性和战斗性统一，逻辑和历史统一，观点和材料统一，使本书对我国"四化"建设和马克思主义哲学的进一步发展作出积极的贡献。

二、占有翔实而丰富的历史资料，一切论断均有充分材料作根据，同时，经过鉴别，充分吸收国内外马克思主义哲学史研究的丰富成果，使本书能达到我国当前马克思主义哲学史研究的最高水平。

三、对每一本重要的哲学著作和每一个重要的哲学观点都作出历史的具体的分析和评价，恰当地估计其历史意义和历史地位，从而弄清楚它的来龙去脉，反对形而上学的非历史观点和相对主义观点。

四、以革命导师的哲学思想的发展为主线，但也给予他们的战友、学生和专业哲学家的哲学思想以应有的地位和足够的篇幅，特别是对当代哲学家的思想应给予充分的重视。

五、以揭示辩证唯物主义和历史唯物主义的形成和发展为主，但对其他部分如自然辩证法、军事辩证法、伦理学、美学、逻辑学、哲学史思想等也视各个哲学家思想的不同情况给予适当的介绍和评价。

这5条原则的确立，为整个《马克思主义哲学史》的编写提供了总的指导思想和研究准则，这也是为什么这套书出版至今虽然过去20年学术地位不降、

学术影响力不减的重要原因。这 5 条凝结着黄先生和很多学者多年学术研究经验的精华，其中包含的基本理念超出了《马克思主义哲学史》这本书，具有普遍的和长久的指导意义。

就拿"占有翔实而丰富的历史资料"这一条来说，现如今已经成为我们很多人的自觉习惯。

在编写《马克思主义哲学史》3 卷本之前，先编辑了一套《马克思主义哲学史教学资料选编》，此项工作还得到了教育部的支持。黄先生同庄福龄先生一起，组织北大哲学系和中国人民大学马列主义发展史研究所的 30 多位老师，从 1982 年开始用了一年半的时间完成了资料编选任务，1983 年 8 月定稿，1984 年 4 月由北大出版社出版，分上中下 3 本。我参与了第三本即下册中两章的资料编选工作，受益匪浅。

在北大哲学系，开展课题研究首先从收集整理资料做起是一种不成文的规矩，在一段时间里我们每编写出版一本书之前都要编辑出版一本资料书，比如我们在出《毛泽东哲学思想概论》（北大出版社 1983 年版）之前就编印有《毛泽东哲学思想资料选辑》（上、下册，1982 年 10 月内部印刷使用）、在出《中国现代哲学史》（北大出版社 1992 年版）之前编辑出版过《中国现代哲学史教学资料选辑》（上、下册，北大出版社 1988 年版）、在出《社会主义社会辩证法研究》（北大出版社 1992 年 3 月版）之前先编辑出版了《国内外社会主义辩证法研究资料选编》（北大出版社 1989 年 5 月版）……其实，在《马克思主义哲学史》8 卷本的最初设计时计划同时编辑出版一套《马克思主义哲学史资料选辑》（这一点在 1989 年出版《马克思主义哲学史》第六、七卷时"总序"的最后就写到："此外，还将出版与正文配套的资料 8 卷。"），我们也做了这方面的收集工作，只是后来因为经费不足的原因此事搁浅，这是黄先生和我们大家共同的一个遗憾。

课题研究从收集、整理、编辑、出版资料做起，这个做法对我产生了极大影响。它不仅使我奠定了后来研究的资料基础，养成一种收集资料的习惯，还形成了一种指导研究生的科研规矩。以至于我在担任马克思主义学院院长的几年里，多次提倡研究生做学位论文从收集资料写好文献综述做起，得到了老师们的赞同。其实，这种理念和做法是从黄先生等老先生那里学来的。

再比如，学术研究在坚持以革命导师的思想研究为主线的同时应该有开阔的视野，应该对其他的研究成果以适当的地位和评价，这一条也很重要。以往受"文化大革命"极左思潮的影响，似乎研究只能是马恩列斯毛这样一条线，其他的都不在肯定的范围。而黄先生则不然，他向来主张要给予领袖人物战友、学生和专业理论工作者的思想以应有的地位，要给予学术讨论中各种不同意见以应有的尊重。贯彻黄先生的这个思想，我在《马克思主义哲学史》第七卷第一章的写作中不仅着重写毛泽东的哲学思想，还提到刘少奇、周恩来、陈云、邓小平等人的贡献，还特别提到李达、艾思奇、杨献珍、冯定等哲学家对马克思主义哲学的研究和宣传。在"对若干哲学问题的探讨"一节中，更是展开了学术界对"关于中国民族资产阶级问题"、"关于生产力和生产关系问题"、"关于经济基础和上层建筑问题"、"关于真理问题"、"寡欲美学问题"等问题上的学术讨论，体现了对各种意见的重视，比较客观地反映情况，坚持把问题放到一定历史条件下，应该说这是改革开放后焕发的一种新的学术风气。黄先生为形成并倡导这种良好的学术风气发挥了重要的作用。

三、从一件小事上看黄先生在关心和提携后学方面无微不至

认识黄先生的人都知道他是一个学识渊博、学风严谨、严于律己、宽以待人的人，他对同事像朋友一样体贴，对后学像父兄一样关心。对此，我有着特殊的感受。

我在参加《马克思主义哲学史》8卷本的工作时40岁左右，在当年实实在在是一个小字辈，不敢说我是作者队伍中最小的一个，反正也是最小中之一，我从黄先生那里得到了长辈的特殊关爱和提携。

我参加的是《马克思主义哲学史》第七卷的工作。按照最初的分工，我本来是和南开大学冯贵娴老师合作撰写第七卷第一章，即1949—1957年这一段的马克思主义哲学史。1984年开始收集材料，1985年确定编写提纲，研究工作在紧张而有序地进行。但是到了1986年初，因为冯老师工作变动，黄先生要我一

人承担起第一章的撰写任务,这既是一种挑战,更是一种信任。这年 7 月我提交了试写稿,1987 年 2 月完成了第一章初稿,黄先生对我写的稿子表示满意。

由于要赶在 1989 年出版,主编统稿定稿的任务十分紧张。可黄先生 1988 年 4 月在统稿时发现,原先由李敏生老师负责写的第三章即"文化大革命"期间的稿子与全书的体例不合,不好用,紧急中黄先生把我叫去说:"小陈,现在给你一个任务,你用十天时间赶写出这一章。就十天时间,任务是急了点,但我相信你能完成!"其实,我当时心里又激动又害怕,激动的是黄先生能这样信任我,害怕的是自己在这样短的时间里完成不了这么重的任务。但在黄先生的鼓励下,我还是鼓足勇气,接下了这项任务。我加班加点地干了一周时间,收集资料,拟定提纲,经过黄先生批准后,我就赶写稿子,还让爱人帮助我把稿子誊写到稿纸上(那个时候没有现在这样电脑打字的条件,按照要求必须使用稿纸誊写)。结果还真的在 9 天时交了稿子。黄先生看了稿子,表示满意。他在统稿时又在稿子上作了一些修改(如今我还保留着当时留下的底稿,那上面记载:"这份稿子经过黄枬森先生批改过。1988 年 4 月 20 日。")。

这中间还发生了出书时怎么署作者名的问题。说起来,我当时作为一个年轻人,对这个署名问题没有什么想法,不署我的名我也不会计较,可黄先生说那不成。第三章的稿子虽然实际上是我执笔的,但是李老师先前还是做了贡献的,怎么办?最后黄先生提出把李老师的姓名和我的姓名组合起来,起一个叫"李敏安"的名字。在"编者的话"中讲第七卷各章的作者时,第一章是陈战难(这是我在"文革"期间曾经使用过的一个名字,不过我没有改户口本上的名字),第三章是李敏安。不仅如此,为了肯定我在这本书中的特殊作用,在"编者的话"中特别认定我"参加了部分统稿定稿的工作",实际讲的就是这第三章。阴差阳错地在 1996 年 12 月出第二版时还在扉页上"参加编写者"的名单中同时出现了我的两个名字:"陈占安"、"陈战难",还有那个一半属于我的名字"李敏安"。

还有就是,1996 年全书进行修订时,又让我参加了第四章的重写工作,我撰写的"政治保证"、"领导力量和依靠力量"两节,在定稿时虽然没有单独列节,可其内容被吸收进有关部分中。这一点在 1996 年 12 月重写的"编者的话"中有明确的记载,在全书最后的"修订版后记"中还特别写上"陈占安参加了部分重写工作"。

从这一件小事上,我感受到黄先生作为一位长者对后学的一种器重和扶持,也反映了他从主编的角度对每一位作者所付出劳动的肯定。这一点,我终生难忘。

黄先生已离我们而去,我们要学习他的精神和品格,将他所辛勤开创的事业做得更好,以优异的成绩告慰他的英灵!

(陈占安,北京大学马克思主义学院原院长)

与黄枬森先生交往的二三事

夏学銮

摆在我面前的一本书叫作《哲学的科学化》，这本新书是黄先生在邓小平理论研究中心开会时专门送给我的。睹物思人，看到这本书，不禁让我想起与黄先生交往的两三件小事，颇为感怀，今作文以资缅怀、纪念令人尊敬的黄先生。

在学生时代，我并不认识黄枬森，与他也没有任何接触。1970年留校工作后，方才知道在哲学系资料室有一个学问很深的老师名叫黄枬森。后来与学生们一起听了他讲解的《哲学笔记》和《唯物主义和经验批判主义》，受益匪浅。

我和黄先生的正式接触是1976年"7·28"唐山大地震那段时间的事，我和他，还有哲学系的张翼星老师，被派到东城区委党校进行"社会办学"。地震发生时大家都在睡觉，一阵剧烈的摇动把我们从睡梦中惊醒，等我们明白发生了地震后就赶忙往楼下跑，下到楼前的空地上站着。不久天下起了雨，我们就挤进区委党校搭建的自行车棚里，相互慰藉着渡过了下半夜。后来又到郊区抗震救灾，我记得我们好像是去通县农村帮助修建房子。我用小推车推渣土，黄先生、张翼星老师爬到屋上拆房梁，感到在"五·七"干校——江西鲤鱼洲农场的锻炼派上了用场。

接下来发生的一件事与我"从座上宾到阶下囚"的传奇经历有关。1978年"四人帮"被粉碎，我也从"四人帮"爪牙的黑暗统治中解放出来。新领导进驻学校，到处呈现出一片欣欣向荣的新气象。学校开始平反冤、假、错案，我与组织部的潘乃穆同志一道，共同负责哲学系的甄别平反工作。在这个过程中涉及黄枬森同志，他在政治上的"右倾帽子"被摘掉，恢复党籍，在经济问题上如数退赔，黄先生在"文革"抄家中有一万美元还存在"系文革"，决定全部归还。

这个决定是由我代表组织到黄先生家宣布的。记得黄先生家住中关园某号楼的一个单元宿舍里。等我到他家的时候，他正在家里恭候。当我向他宣布这两项决定时，他激动得不知所以！我也受到他的情绪感染，热烈祝贺黄先生的新生！

回顾黄先生的一生，正是：

　　追求进步信仰马列为人谦和大众师友诲人不倦桃李天下
　　献身教育笃信真理洁身自好宁折不弯鞠躬尽瘁死而后已

（夏学銮，北京大学社会学系教授，社会学家）

黄枬森：马克思主义哲学家

田心铭

2013年1月，敬爱的黄枬森老师走完了他92年的人生路程，他的名字将载入史册。中华民族五千年文明的灿烂星空又增添了一颗星。

黄枬森是谁？他是以什么身份走进中华民族文明史的？

我认为，如果要用一句话来回答"黄枬森是谁"的问题，那应该是：黄枬森是马克思主义哲学家。他是新中国最初60余年这一历史阶段涌现出的马克思主义哲学家群体中的杰出代表之一。黄枬森这个名字，应该以这样的身份载入中华民族的文明史。

第一，马克思主义哲学是黄枬森的主要研究领域，更是他的坚定信仰。

黄老师是学者，又是教育家，是哲学史家，又是哲学家，他既研究哲学，也研究文化，既研究理论问题，又研究现实社会问题。新中国成立以来特别是改革开放新时期以来，伴随着历史前进的步伐，他不断奉献出优秀的理论成果，参与到我国哲学、教育、文化事业发展的进程中，推动了理论的创新、学术的繁荣。这些成果在他90诞辰之际汇集成了数百万字、9卷本的《黄枬森文集》，为他所挚爱的祖国和人民留下了一笔宝贵的精神财富。

综观黄老师的生平和他的思想可以看出，他把一生献给了马克思主义哲学。他开创的人学学科，按照他对马克思主义哲学体系的理解，是马克思主义哲学体系中的一个部门哲学。他作出了重要贡献的文化研究，特别是中国特色社会主义文化理论研究，是运用马克思主义的理论和方法对文化问题尤其是当代中国现实文化问题的研究。因此我们可以说，马克思主义哲学是他研究的主要领域。

更重要的是，黄枬森是马克思主义哲学的坚定信奉者。

研究的对象和研究者所持的理论立场是两件不同的事情。研究某种理论不等于赞同它，赞同某种理论也不一定专门去研究它。宗教的研究者未必都信仰宗教。现实中马克思主义的研究者未必都信奉马克思主义，也有可能只是把它当作一种知识、一门学问，还可能只把研究它当作一种职业、一只饭碗，有人甚至是因为要反对它所以才去研究它的。

黄枬森的理论立场和他的研究对象是完全一致的，他是作为一名坚定的马克思主义者去从事马克思主义哲学研究的。如果说马克思主义哲学的研究和教育成了他毕生的事业，那么，这是因为马克思主义的科学真理是他始终不渝的坚定信仰。党的十八大报告中说："对马克思主义的信仰，对社会主义和共产主义的信念，是共产党人的政治灵魂，是共产党人经受住任何考验的精神支柱。"曾被评为北京大学优秀共产党员的黄枬森教授，就是一位以马克思主义信仰、共产主义信念为政治灵魂的共产党员和哲学家。

黄枬森上高中开始读艾思奇的《大众哲学》等马克思主义哲学著作。1947年在北京大学，他在党领导的读书会中学习了《反杜林论》、《唯物主义和经验批判主义》等马克思、恩格斯、列宁、斯大林、毛泽东的著作，次年加入了中国共产党。新中国成立后，他作为共产党员和哲学系研究生奉调从事政治理论课教学，从此以马克思主义理论作为自己的专业工作，把马克思主义哲学当作自己的终身事业。在《高校理论战线》2001年第7期"社科学人"栏目发表的访谈文章《黄枬森的哲学思想及其由来》中，面对着他在20世纪60年代初和改革开放初期被一些人声讨为"右派"、"离经叛道"，后来又被一些人视为"左派"、"保守派"这样的问题，黄枬森的回答是："我不在乎人们说我是'左'还是'右'，我只坚持我所追求的真理。"他说，"左派"、"右派"是站在两个不同的立场上看他的观点，并不是他的观点本身发生了什么重大变化，"或许，今天的被指责正是因为我没有随波逐流"。

黄枬森始终坚信马克思主义是科学真理。在《黄枬森文集》的《自序》中，这位年届九旬的老人回顾、总结自己的教学和研究生涯，旗帜鲜明地表示："马克思主义哲学不仅给了我科学的思想、智慧，而且给了我科学的理想，使我活得更加清楚、明白。我庆幸我选择了马克思主义哲学作为我一生的事业。"这"科学的理想"是什么呢？他说，马克思主义者"知道共产主义——全人类彻底解放的目标是一定可以实现的，许多共产党员正是在这种伟大而壮丽的理想的鼓舞下视死如归、英勇就义的。这个目标比极乐世界、天堂、永生这些虚幻的目标能够给人以更实在的关怀，因为它是科学的结论。"（《黄枬森文集》第1卷，中央编译出版社2011年11月版，《自序》第Ⅲ页）在这里，我们清晰地看到了一名共产党员基于马克思主义科学理论的共产主义理想和世界观、人生观。

第二，黄枬森既开创了马克思主义哲学史学科，又创新了马克思主义哲学原理体系。

马克思主义哲学是以逻辑和历史相统一的形态存在和发展的。它既表现为在实践中产生和发展的历史过程，又是一个具有内在逻辑结构的科学思想体系。因此，马克思主义哲学的教育和研究是遵循着逻辑和历史统一的原则，从马克思主义哲学史和马克思主义哲学基本原理两方面展开的。我国马克思主义哲学专业的教育和研究工作者，大多数是分别从马克思主义哲学史或马克思主义哲学原理两个不同方面开展工作，这已成为专业工作内部的一种分工，而黄枬森在马克思主义哲学史和马克思主义哲学原理体系这两方面的研究中都站在最前列，他把这二者统一起来，相互促进，在两方面都作出了重要贡献。

黄枬森是我国马克思主义哲学史学科的开创者。他先后和一些专家一起，主持编写了《马克思主义哲学史》3卷本和《马克思主义哲学史》8卷本。8卷本作为我国马克思主义哲学史学科建立、发展的标志性成果，获得了多个奖项。他和一些专家创建了中国马克思主义哲学史学会并长期担任会长。

黄枬森从事马克思主义哲学史研究是为了正确把握马克思主义哲学形成、发展的历史进程，从而把哲学作为一门科学来建设。他说过："我写了不少文章，千言万语，可以归结为这句话：把哲学作为一门科学建设。"（黄枬森：《哲学的科学之路》，北京师范大学出版社2005年版，第420页）从这样的观点出发，他既不赞成把马克思主义哲学史等同于经典作家的著作，也不赞成像看待以往的哲学那样用"哲学就是哲学史"的观点来看待马克思主义哲学。因此，他十分重视对马克思主义哲学原理及其科学体系的研究。他在对列宁《哲学笔记》等经典原著的研究中，在我国关于真理标准问题的讨论、关于人道主义和异化问题的讨论等重大理论论争中发表过多篇研究、阐述马克思主义哲学基本原理的文章，参与过哲学原理著作如《马克思主义哲学原理》、《科学的世界观和方法》的写作。他认为，合理的思想体系是人类科学史上一门新学科诞生的必备条件之一，马克思主义哲学应该有自己的体系，因此在分析原有体系长短得失的基础上，黄枬森长期致力于马克思主义哲学体系的创新。

在1984年出版的《〈哲学笔记〉与辩证法》中，黄枬森通过对列宁关于辩证法体系思想的研究，提出了"一个以《哲学笔记》为根据的唯物辩证法体系的草图"。（黄枬森：《〈哲学笔记〉与辩证法》，北京出版社1984年版，第87—97页）在1999年发表的《我的哲学思想》一文中，黄枬森提出了创新马克思主义哲学体系的初步构想。（《黄枬森自选集》，重庆出版社1999年版，代序第6—11页）2002年，黄枬森作为课题负责人承担了国家哲学社会科学基金"十五"规划重点项目"马克思主义哲学体系的坚持、发展与创新研究"。从此，创新马克思主义哲学体系成为他学术生涯最后十年中最重要的工作。2011年，这一项目的成果，包括四部著作的一套书《马克思主义哲学创新研究》由人民出版社出版。其中第一部《马克思主义哲学体系的当代构建》（上、下册）推出了一个新的马克思主义哲学体系。黄枬森认为，辩证唯物主义是马克思主义哲学最确切的名称，所以这是一个从整体上表达了马克思主义哲学的辩证唯物主义的体系。它以"辩证唯物主义世界观"为核心，以"辩证唯物主义历史观"、"辩证唯物主义人学"、"辩证唯物主义认识论"、"辩证唯物主义价值论"和"辩证唯物主义方法论"为五个分支，由一总五分共六个部分构成。这六个部分又可分为三个层次，一层是世界观，二层是历史观和人学，三层是认识论、价值论和方法论。黄枬森同时认为，由于历史唯物主义在马克思主义科学体系中具有特殊重要地位，可以在名称中把它标明出来，所以也可以"辩证唯物主义和历史唯物主义"来称呼马克思主义哲学，与"辩证唯物主义"这个名称同时使用。这套书的出版，终于在黄枬森90岁之际把他长期以来关于马克思主义哲学体系的构想变成了现实，成为他60年哲学研究中又一个重要的标志性成果。这一初创的体系当然还是很粗糙的，它的科学性、合理性尚有待实践检验，它还需要在进一步的研究中逐步完善。但是，黄枬森多年来的努力为创新马克思主义哲学体系作出了重大贡献，已经由于这套书的出版成为无可置疑的事实。在课题研究过程中，黄枬森提出了《马克思主义哲学体系的当代构建》全书的理论框架，多次阐述了体系创新的原则，承担了第一篇第二、三章和四部书总序的写作，主持了全书的审读、讨论，最后为全书定稿。他是这本书名副其实的主编，是这一哲学体系的主要创制者。

在马克思主义哲学史和马克思主义哲学体系两方面都作出了开创性研究，开创了马克思主义人学学科，创建了中国人学学会，同时在文化理论研究中作出了重要贡献，这些成就使黄枬森成为当代中国马克思主义哲学家中为数不多的杰出代表之一。

第三，黄枬森深刻地把握了马克思主义哲学的科学本质。

研究和发展马克思主义哲学，不是关在书斋里做学问，而是为了用它去指导实践、改造世界。为此，必须准确把握马克思主义哲学的基本特征，深入理解它的精神实质，也就是要弄清"什么是马克思主义哲学"，树立正确的马克思主义观和马克思主义哲学观。这既是学习、研究马克思主义哲学的结果，同时也是沿着正确方向研究和发展马克思主义哲学所不可缺少的条件。黄枬森的著作中有许多这方面的论述。他在《黄枬森文集》的《自序》中讲了自己"这几十年来经常在思考的几个问题"，即"马克思主义的意识形态性和学术性的关系问题"、"马克思主义的实践性与科学性的关系问题"、"马克思主义哲学的集体性和个体性的关系问题"。(《黄枬森文集》第1卷，中央编译出版社2011年11月版，《自序》第Ⅰ、Ⅱ、Ⅲ页)这正是马克思主义观中的几个基本问题。这篇简短的自序，可以看作是他总结、整理自己60年研究成果时概括性地阐述了对马克思主义哲学基本特征的看法。

对于意识形态性和学术性的关系问题，黄枬森认为，马克思主义是为无产阶级解放自己以及全人类服务的，但它不只是一种主观愿望的表述，还是一种科学的理论，所以它是意识形态性和学术性的统一。但是，达到马克思主义理论的意识形态性和学术性的一致性需要作出艰苦的努力，以意识形态方式处理学术理论讨论是不对的，以学术名义排斥马克思主义研究更是值得注意的问题。

对于马克思主义的实践性和科学性的关系问题，黄枬森指出，马克思主义及其哲学是工人阶级和共产党从事实践活动的思想武器，理论要指导实践，就必须是科学的，这决定了它的实践性和科学性是不可分的。但是，把实践性和科学性紧密结合起来实属不易。为此，他一方面致力于从实践方面即依据实践的发展来加强理论的科学性，一方面又强调只有加强马克思主义哲学的科学性，才能加强它的实践性，不能排斥科学性，只要实践性。

对于集体性与个体性的关系问题，黄枬森认为，传统哲学虽然也能形成门派，有一个小小的集体，但按其性质是个体性的，是个人的哲学。马克思主义哲学则是集体的事业，虽然它也是由个别人创立的，也要存在于、成长于个人的思想之中，但科学总是集体的事业，马克思主义哲学的科学性质决定了它是集体的事业。正是基于这样的认识，黄枬森总是把自己当作集体中的一员，投入到发展、创新马克思主义哲学这一"集体的事业"之中。

《黄枬森文集》的第一、二卷，是著作卷，其中除了《〈哲学笔记〉与辩证法》是一部完整的著作外，其余都是某一著作中的部分章节。虽然他在自己参与创作的著作中大都是承担了主编的职责，但是编个人文集时则只收入其中他执笔写作的部分。这两本文集让我们直观地看到了一位马克思主义哲学家对这一"集体的事业"的理解。他在《黄枬森自选集》的代序《我的哲学思想》中说过："我认为，我自己并没有自己的什么哲学思想体系。这不是自谦，更不是自卑。"他说，马克思主义哲学是科学，是集体的事业，"因此我根本不想提出我自己的什么哲学思想，我是把哲学作为一门科学来研究，来讨论，来建设，而在这个事业里面作出我个人的贡献。"（《黄枬森自选集》，重庆出版社 1999 年版，"代序"第 17 页）我们看到，在古今中外非马克思主义的哲学领域中，学派林立，以个人名字命名的这样那样的学说、思想、观点不断涌现出来，唯独马克思主义哲学的大批著作和研究人员队伍中难觅创立个人学派者的身影。这决不是因为马克思主义的哲学家们缺少个人的智慧和贡献，而是由马克思主义哲学作为工人阶级科学世界观的根本性质决定的。这当然不是说马克思主义的哲学家不能或不应该为马克思主义的发展作出自己独特的贡献，假如是那样，就不会有列宁的哲学思想、毛泽东的哲学思想，也不会有一大批专业马克思主义哲学家的优秀成果。但是，一个学者如果离开马克思主义的基本理论立场和科学体系去立个人的一家之言，那他就不是马克思主义的哲学家了。马克思主义哲学家中的杰出代表对人类哲学思想宝库的贡献，决不逊于某些立个人一家之言的学者。黄枬森就是这样的马克思主义哲学家。

　　黄枬森特别强调马克思主义哲学的科学性。在他看来，马克思主义哲学之所以具有意识形态性与学术性统一、实践性与科学性统一、集体性与个体性统一的特征，都是同马克思主义理论的科学性分不开的。进入 21 世纪后，他学术生涯中出版的最后两本个人专题文集，其书名中都有"科学"这个关键词。一本是北京师范大学出版社 2005 年出版的《哲学的科学之路》，一本是首都师范大学出版社 2008 年出版的《哲学的科学化》。《哲学的科学之路》一书的代序，是发表在《求是》杂志 2001 年第 5 期的访谈文章《马克思主义哲学的科学性》。他在访谈中指出，哲学与科学有区别，但不应把科学仅仅理解为实证科学，科学中应该包括马克思主义哲学。他表示相信，当代世界和平与发展问题、生态危机和环境恶化、贫富两极分化等问题的根本解决都要靠马克思主义、靠共产主义，资本主义是解决不了的。"马克思主义哲学如同一切自然科学和社会科学那样，终归会得到人们的普遍承认的，因为它是科学，是同人类社会发展方向根本一致的。"（黄枬森：《哲学的科学之路》，北京师范大学出版社 2005 年版，代序第 7 页）

　　基于对马克思主义哲学科学性的信念，黄枬森表示相信，正如达尔文和其他生物学家的观点已经融入到生物学这门科学之中，因而我们不把生物学叫作达尔文主义或其他主义一样，终究会有那么一天，马克思主义哲学会成为全世界公认的科学而融入科学的哲学，那时"马克思主义"这样的称号就是不必要的了。（《黄枬森自选集》，重庆出版社 1999 年版，"代序"第 17 页）这不禁让人想起了毛泽东的名著《论人民民主专政》开头的那一段话。1949 年，正当中国共产党领导中国人民经过 28 年奋斗即将建立自己新的政权、迎来人民共和国的诞生时，毛泽东却兴致勃勃地谈论着阶级的消灭、国家权力的消灭和党的消灭这一人类社会发展的远景，表现了中国共产党人对马克思主义的深刻理解和对共产主义理想的坚定信念。黄枬森关于"马克思主义"这五个字终究会有一天要从哲学中取消的观点，正是以一种彻底的方式表达了他对马克思主义科学本质的认识，彰显了他作为马克思主义哲学家的坚定信念。

（田心铭，教育部高等学校社会科学发展研究中心原主任）

追寻黄楠森先生的哲学足迹

丰子义

黄楠森先生走得太突然了。就在离开人世的前 10 多天,他还通过不同途径、不同方式商讨着本系马克思主义哲学学科的发展和"北京大学马克思主义哲学研究中心"今后的工作。因参加一个出国学术考察,我在走之前专程到西苑医院去看望黄先生,但因其肺部严重感染无法直接进去探视,没想到一个星期后就在国外听到黄先生不幸的消息。黄先生的去世,不仅是我国马克思主义哲学界的一大损失,而且是我们北京大学马克思主义哲学学科的重大损失。一时间,本学科的全体同志都心情沉重,颇有"群龙无首"的感觉,对于黄先生的怀念,大家铭心刻骨。

我是 1982 年 2 月从南开大学本科毕业后来到北京大学哲学系攻读马克思主义哲学专业研究生的。当时,黄老师既是哲学系的系主任,又是我们的任课老师,因而近距离接触较多。后来因为跟黄老师参与中国马克思主义哲学史学会和中国人学学会的工作,更是直接接受黄老师的教诲和指导。可以说,自己的成长和发展,都是和黄老师的关心和培养分不开的。今天,我们纪念黄老师,就是要学习和弘扬他的道德文章,追寻他的足迹,不断将马克思主义哲学学科推向前进。

黄老师留给我们的财富很多,我感觉较深的是以下这样几点。

一是坚定的理想信念。对于黄老师来讲,马克思主义既是他研究的对象,更重要的是他信仰的追求;研究马克思主义既是他的职业,又是他毕生奋斗的事业,二者在他的身上是完全统一的。正是靠这样的理想信念,支撑他走过了曲折的人生历程。早在青年时代,他就参加了中国共产党,有过地下斗争的经历。解放后,他也经历过人生的坎坷和不公平的待遇,但无论在公开场合还是私下聊天,从未听过他谈起这些事情,没有听到过任何牢骚。他对马克思主义坚贞不渝,自觉地将其溶于自己的生活。在《黄楠森文集》自序中,他曾这样深情地讲道:"马克思主义不仅给了我科学的思想、智慧,而且给了我科学的理想,使我活得更加清楚、明白。"他说自己庆幸选择了马克思主义哲学作为一生的事业,因为他由此坚信"全人类彻底解放的目标是一定可以实现的","这个目标比极乐世界、天堂、永生这些虚幻的目标能够给人以更实在的关怀,因为它是科学的结论"。黄老师之所以对马克思主义能有这样坚定的信念,用他的话来说就是:马克思主义是真理、是科学。黄老师的这种理想人格对于我们后辈来说,确实是值得学习的。现在,谈理想信念似乎成了一个沉重的话题。在一些人看来,在今天价值多元化的时代,还谈论理想信念,已经不合时宜。讲理想成了迂腐,讲"实用"成了时尚。理想主义由此受到嘲讽,功利主义和实用主义受到追捧。黄老师的思想境界和精神追求,与之形成了鲜明的对比。

二是严谨的治学态度和宽厚的学术胸怀。黄老师在马克思主义哲学研究中,主要是从经典文本的解读起家的。在我读研究生的第二学期,他给我们讲授列宁的《哲学笔记》。每一次讲授,都是领着我们阅读原文,字斟句酌,反复推敲,辨义明理,力求全面准确地理解和把握列宁的辩证法思想。在课堂讲授之后,一般都要给我们留个作业,这就是写读书报告或学习笔记。对于这些作业,黄老师都要认真阅读、批改,提出评论性意见。这种严谨的教学态度至今给我们留下难忘的印象。实际上,不光是教学上,而且在科研中,他都是这样的一贯作风。他一生研究马克思主义经典著作,始终如切如磋,如琢如磨。对于各种重要问题、疑难问题和有争议的问题,他都仔细研读外文原著,对照中文译本,反复推敲,认真比较,直至弄清经典文本的原意。有时遇到一个概念、一种表述,他都要查好几种外文进行比较,而后作出比较准确的解释。

与这种严谨的治学态度相对照的是他的宽厚的学术胸怀。黄老师是我国马克思主义哲学的资深专家,在学界享有崇高威望,但他从不以"权威"自居,总是以一个普通学者的身份来参与学术研究与讨论。在课堂上、在各种学术会议上,黄老师的观点也受到不少学者的质疑乃至反对,但他从来没有显示出情绪上的烦躁，而总是心平气和地进行说理讨论。和黄老师已经相处30多年了，从来没有见过他为不同的学术观点发过脾气，或者说过什么情绪性的话。相反，对于其他人所提出的观点、看法，他认为有道理，总是会诚恳地接受和吸收，即便是青年学生、青年学者也是如此。众所周知，黄老师在对马克思主义哲学的理解上，已经形成了自己的独特看法，并始终坚守自己的观点，由此也"得罪"了一些人，遭来一些学者的非议和反对。但是，黄老师对于各种不同的意见能够坦然面对，不管对方身份如何，总是能够平等地交流和讨论，从不以势压人，在学风上表现出特别的宽容大度。因此，在学术界，尽管有人会不同意他的学术观点，但对于他的学术风范和人格，谁也不敢质疑。可以说，在黄老师身上，道德与文章确确实实是一致的，真无愧于一个大学者的称誉。

三是不懈的理论创新精神。改革开放30多年来，黄老师在原来文本研究的基础上，不断带领大家开拓创新，形成了独具特色的马克思主义哲学学科。其理论创新主要体现在两大领域：

一个是马克思主义哲学史学科的创立。改革开放之前，我国的马克思主义哲学研究主要是原理和原著研究，并没有真正意义上的马克思主义哲学史研究。上世纪70年代末以来，黄老师率领本系老师率先在全国开设了马克思主义哲学史课程，并和其他学者合作，于1981年推出了我国第一部《马克思主义哲学史稿》。此后，在他作为第一主编的组织和推动下，相继推出了《马克思主义哲学史》3卷本（1987）、8卷本（1996）、1卷本精品教材（1998）。其中8卷本共组织了50多位学者参加，篇幅长达400万字，是我国马克思主义哲学史学科建立、发展的标志性成果，先后获得多项大奖。因其在该领域的独特贡献，他长期被推选担任中国马克思主义哲学史学会会长。

另一个是人学学科的创立。改革开放之前，我国的人学研究基本上是一个空白。即使有一些关于人的问题的著述，也并没有形成一个明确的研究方向。上世纪80年代初，伴随人道主义和异化问题的讨论，人的问题开始受到文艺界、学术界的广泛关注，与此同时也出现了马克思主义与人的关系问题的大讨论。针对学界关于马克思主义哲学见"物"不见人的抽象议论与指责，黄老师深感准确阐释马克思主义人学理论的重要，并和有关学者开创了马克思主义人学新的研究领域。1996年，在黄老师和陈志尚老师等学者的共同倡议下，成立了中国人学学会。之后，经过6年的努力，克服各种困难，终于在2002年得到民政部正式批准，成为全国性的一级学会。在黄老师和陈志尚老师的共同组织下，该学会先后编写出版了《人学原理》、《中国人学思想史》、《西方人学观念史》等奠基性的专著，推进了马克思主义人学理论的研究。

除了上述两大领域之外，黄老师多年来还致力于马克思主义哲学理论体系的创新研究。对于马克思主义哲学理论体系，他经过多年的研究，有着自己独特的思考，并对该体系的建立作出了新的探索。在他的带领下，2011年4月推出了《马克思主义哲学创新研究》四部专著：第一部是《马克思主义哲学体系的当代构建》，第二部是《时代精神与马克思主义哲学创新》，第三部是《现代科学技术与马克思主义哲学创新》，第四部是《中西哲学的当代研究与马克思主义哲学创新》。这些研究成果无疑是对马克思主义哲学创新的一个有力推动。

四是关注学科发展和人才成长的高尚情怀。黄老师是北大马克思主义哲学学科的领军人物。在他的带领下，本学科从小到大、从弱到强，成为全国马克思主义哲学研究的重镇，连续被评为全国马克思主义哲学重点学科。黄老师虽然已经退休多年，但他一直关注本学科的发展，积极参与学科的谋划和建设。他的信念是，北大具有传播和研究马克思主义的光荣传统，这一传统必须保持和发扬光大。正是这种强烈的责任意识和使命意识，使他一直为马克思主义哲学学科的振兴和发展殚精竭虑、呕心沥血。在他的积极倡导和努力下，2011年11月，正式成立了"北京大学马克思主义哲学研究中心"。年已90高龄的黄老师自动请缨，担任中心主任。中心成立后，他多次召集中心人员研究中心的发展、研究学科建设，大大鼓舞了大家的士气，开创了学科发展的新局面。遗憾的是，黄老师的许多遗愿还未来得及实现就匆匆地走了，这实在是学科发展的一大损失。

黄老师不仅高度重视学科建设，而且特别关心青年教师的成长。近年来，随着不少老教师的退休，教师队伍日趋萎缩，因而队伍建设逐渐提到首要日程。黄老师对此深感忧虑，多次向校系领导提出队伍建设的问题，并得到了相应的重视和支持。黄老师提出，北大哲学系和马克思主义学院的马克思主义哲学研究资源和研究队伍应当整合，形成整体优势；要加大青年教师的引进和培养，形成合理的梯队;要关心青年教师的工作和生活,尽可能给他们创造良好的学术环境,使其健康成长。可以说,本学科青年教师的成长和发展,都程度不同地得到了黄老师的关心和帮助。就我个人来说,自己多年来之所以走上马克思主义哲学史研究和人学研究的道路,并在相关学会里担任一些职务,都是与黄老师的引导和培养分不开的。

哲人已去,风范永存。先生留下的精神财富值得我们好好继承,发扬光大;先生生前未竟的事业需要我们奋力进取,再创辉煌!

(丰子义,北京大学哲学系教授,中国人学学会会长,全国马克思主义哲学史学会副会长)

深切怀念尊敬的黄枬森教授

陈学明

尽管我不是黄老师正式的学生，但我自认为是他真正的学生。从他平时对我的关切来看，他似乎也认了我这个学生。

每当我见到北大的同仁，如陈志尚老师、子义兄、王东兄等，我从自己的嘴里蹦出的第一句话总是：黄老师身体怎么样？我实在太害怕失去黄老师了，这已进入了我的潜意识。我深切地知道，失去黄老师，对中国的马克思主义哲学界，乃至对整个中国的马克思主义研究，将意味着什么。但可怕的事情还是发生了：黄老师在2013年1月24日永远离开了我们。我实在难于接受这个事实。

我最后一次听到黄老师声音，是在去年7月下旬的一天早上。那天，我家的座机响了，是黄老师的声音我听出来了。但由于我近年患了老年性耳聋，听力很差，所以我听不清楚黄老师究竟要向我讲什么。黄老师一下子发急了，他大声对我说：你讲的话我听得非常清楚，我讲的话你怎么听不清楚呢？他提高了嗓门对我讲的这几句话我大致也听清楚了。我对他说：我耳朵不好，你就用书面向我说吧！当时，我真的一方面为黄老师如此高龄声音还这般洪亮听力还这般好而高兴，另一方面也为自己的耳朵不争气还要黄老师亲笔给我写信而懊恼。过不久，具体地说，是2012年8月10日我收到了黄老师的亲笔来信，知道他所主编的于1998年出版的《马克思主义哲学史》教材要修订，因为我参与了该教材的编写，所以他嘱我对我所编写的章节加以修订。

我有幸结识黄老师是在上个世纪70年代末、80年代初。那时，我刚开始从事"西方马克思主义"的研究。我在一家实在不出名的杂志上发表了一篇评"西方马克思主义"批评列宁的唯物主义反映论的文章。文章被黄老师看到了，他给我来了信,对我的文章加以肯定,并问我能不能花时间编一份关于"西方马克思主义"评论列宁的《唯物主义与经验批判主义》一书的资料。黄老师是个大名鼎鼎的教授,而我当时连助教还没有正式确认,他礼贤下士,不耻下问,我激动极了。当时卢卡奇的《历史与阶级意识》、柯尔施的《马克思主义与哲学》等著作还没有中译本,我花了两个多月的时间,完全通过阅读外文原著,整理出了一份三万多字的题为《"西方马克思主义"论列宁的反映论》的资料。我以最快的速度把那份资料交到了黄老师的手上,黄老师再次赞赏了我的工作,并鼓励我继续研究下去。从此,我开始了与黄老师的长达30多年的交往。如果说一个人在漫长的征途上,总会遇到几位能决定自己一生前途和命运的关键人物,那么对我来说,黄老师无疑是其中的一位。我现在已是六十好几、快奔七十的人了,我之所以能在马克思主义研究领域,特别是在"西方马克思主义"研究领域做了一点事情取得了一些成绩,之所以回顾所走的道路自己觉得还对得起自己的"良知",一个重要因素就是有幸遇到了黄老师,确实,黄老师的为人为学、道德文章对我的一生产生了重大影响。

我与黄老师有一个多月的时间朝夕相处、形影不离。那一个多月的时间实在太难忘了,现在回忆起来还是那么历历在目,心向往之。那是在1991年的冬季。黄老师受国家教委委托,组织编写面向21世纪课程教材《马克思主义哲学史》。他在组织编写班子的时候,一方面基于对我的了解和信任,另一方面经余源培老师的推荐,他把我也组织了进去。班子组织起来以后,他当即带领10多位编写组成员,利用去成都参加马克思主义哲学史理论研讨会之便,到陕西师大、四川大学、西南师大、武汉大学等高校进行调查、座谈、访问,同时在西安、成都、重庆、北碚、达县、武汉各地参观工厂、农村和革命根据地。我知道这是一个向黄老师学习的千载难逢的机会,于是我想方设法与他近距离接触。我认真倾听他在座谈会上的每一次发言,甚至每一句话,我仔细观察他的待人接物,日常举止。这一个多月的时间我真的当了个有心人,从而我的收获是全面的。与黄老师相处之初,我还十分拘谨,他毕竟是个大教授,而我只是个无名之辈,我们之间的落差实在太大了。但过不了多久,我与黄老师的距离感就没有了,我与他无话不谈,在我们整个团队中,我成了与黄老师交往最多者，实际上我俩成了忘年交。我们的整个旅途过程，是研讨马克思主义哲学发展史的过程，也是研讨这部教材的整个思路与提纲的过程。由于我在黄老师面前思想完全放松了，所以在研讨这部教材的思路与提纲时我也可尽情地展示自己思想敏锐的特点，最大限度地发挥自己在这一团队中的作用，而每当我贡献出一个思想火花时，黄老师总是把这一火花捕捉住，给予弘扬。在从重庆到武汉的江轮上，我突然产生了灵感。黄老师要求这部马克思主义哲学史教材必须有新的面目，即新的体系出现在读者面前，我顺着黄老师的思路，提出能否把整个马克思主义哲学发展史划分为三个五十年，分上、中、下三编，上编只写西方的，后两编再按西方、苏联东欧和中国分开写。每一编前写一个有分量的"导论"。我当即把我的设想向黄老师叙说了，黄老师听后非常高兴，把所有的编写成员召集起来讨论这个新的设想。后来正式出版的教材尽管没有完全按照这一思路展开，但基本上保持了三个五十年的格局。

有了这一个多月的亲密接触，我真的已把黄老师当作自己的"恩师"了。从此以后，我基本上每年都与黄老师保持联系，总有一些时间相处在一起。我利用到北京办事的机会，曾数次上他家拜访。1998年底，重庆出版社委托我组织编《北京著名学者文集》和《上海著名学者文集》。我来到北京大学朗润园黄老师的家中，他热情地接待了我。他详细地向我叙述了他的那一本自选集的构想。使我特别感动的是，他亲自带着我去拜访北京大学的那些著名学者。我们在北京大学未名湖四周跑了一家又一家。我们来到季羡林老先生家中已是傍晚时分，季老先生一看是黄老师带着我造访，放下了手中的活儿，与我们谈了足足数个小时。季老先生的那本《季羡林自选集》的"自序"的一开头有这么一段话：复旦大学陈学明教授受重庆出版社之委托，来舍下，想让我在《北京著名学者文集》中滥竽一席之地。我乍听之下，既感光荣与感激；但又立即谢绝。我的理由是，像这一类的书，我已经颇出了几本，连台湾都出过一本，再出就难免重复了。但是，陈先生以为无妨，并讲出了他的理由。没有经过很长的争论或辩论，我立即甘拜下风。我知道，季老先生之所以如此爽快地"甘拜下风"愿意"加盟"，不在于我讲出了什么"理由"说服了他，关键还在于我有黄老师的"陪同"，有黄老师的力荐。后来，这套书顺利出版了，我作为策划者心中非常清楚，没有黄老师的支撑，这件事是做不成的。讲及这套书，我想顺便还要提及一下，黄老师为他的《自选集》所写的"代序"——《我的哲学思想》。黄老师在这里不仅回顾了数十年的学术生涯，而且概述了自己的哲学思想，其中包括对马克思主义哲学发展史、马克思主义哲学原理、人学、文化的基本看法。黄老师自己说"我认为我自己没有自己的什么哲学思想体系"，但实际上黄老师在这里已把他的哲学思想较完整地描述出来了。在黄老师已离开我们数个月后的今天，重读他的这篇《我的哲学思想》，我都禁不住泪流满面！

与黄老师更多的接触，还是在各种学术研讨会上。我每参加学术研讨会，特别是马克思主义哲学发展史学会和人学学会组织的研讨会，最关心的就是黄老师有没有来参加会议。只要他来参加，我总有一种兴奋感，对会议的期望值也随之提高。我除了认真阅读黄老师的会议论文和认真听取他在会议上的演讲之外，还会利用一切"空隙"时间与黄老师交谈，在黄老师面前，我会把最近一段时间存留在头脑中的一些疑难问题和盘托出，真心实意地向黄老师求教，而黄老师也总不会使我失望。我觉得，只要黄老师与会，我总会通过会议获得最大的收获。这样的会议太多了，这里仅举两例。一次是由人学学会在南京召开的关于"以人为本"思想的研讨会。我当时是带着这样一个大疑问与会的：现在人们已普遍接受了"以人为本"的命题，并且已把此作为中国特色社会主义理论体系的一个主要内容。这是不是意味着也接受了西方的人本主义世界观？原先总认为马克思主义的历史唯物主义哲学观是与西方的人本主义哲学观是根本对立的，现在是不是要重新理解历史唯物主义，要对历史唯物主义重新做人本主义的解释？原先认为对马克思主义作人本主义的解释是错误的，现在是不是要改变这种看法？我来到黄老师的房间，就此求教于黄老师。黄老师告诉我，这一问题也正是他近时一直思考的问题。他详细地向我叙说了我们提出"以人为本"并不意味着放弃了历史唯物主义而接受人本主义世界观的理由。正是在这一会议上，他就"以人为本"与历史唯物主义之间的相互关系作了一个精彩的演讲。说实在的，黄老师的这一发言是我至今所听到的关于强调"以人为本"并不等于以人本主义世界观作为出发点的最富有说服力的说明。后来在北京石景山召开的关于"以人为本"的另一次研讨会上黄老师的那个发言，我听后一开始真有点吃惊，真不相信这是黄老师的观点。黄老师在这一会议上着重论述了人性的普遍性的问题。他提出，"以人为本"中的"人"包含着"普遍的人"的含义，必须承认有着一般的人性的存在，必须承认"人性"、"人的本质"这些"共性"概念的合理性。这样"以人为本"就意味着要尊重普遍的"人性"，亦即尊重所有人的生存和所有人的权利。改革开放以来理论研究，特别是马克思主义理论研究的一个重要成果是明确了人不仅有其特殊性，而且也具普遍性，即人体现了普遍性与特殊性的统一。现实的人既有先天的自然性又有后天的社会性，不要说先天的自然性是普遍的，就是后天的社会性也有其普遍的成分。我在会后与黄老师的交谈，似乎已不再如以前那样完全是求教式的，而还带有一些争辩的成分。但最后黄老师还是基本上把我说服了，他所说的强调"以人为本"就得承认人性有其普遍性一面的理由是充分的，他所说的承认人性有普遍性的一面并不意味着就接受资产阶级人道主义的理由也是充分的。后来在我所发表的关于"以人为本"的论文中，如发表在2009年第9期《哲学研究》上的《以人为本：以"什么样的人"和"人的什么"为本》一文，就常常引用黄老师的这一观点，分层次地阐述什么是人，也分层次地讲如何坚持"以人为本"。

回顾与黄老师长达30多年的交往，我作为他的一名非正式的学生，确实受他的影响是非常大的。那么，他身上究竟有哪些东西在时时吸引着我，感受着我，使我对他永远有一种高山仰止之感呢？我仔细地思考了一下，觉得主要是以下三个方面：

其一，他对马克思主义的坚定的信念。我常常对一些学生和同仁讲，黄老师身上有一股力量，这股力量是不可战胜的，也是望而生畏的。这一力量来自他对马克思主义的坚定信念，这一力量实际上也是马克思主义的力量。黄老师平时讲话声调不高，语速也不快，他总是慢条斯理地表述自己的观点，可充满了自信，也总能震撼人的心灵。毫无疑问，黄老师是坚信马克思主义的，他对马克思主义的理论造诣已转化为他对马克思主义的崇高信仰。上个世纪90年代初，苏联解体、东欧的社会主义国家也纷纷易帜，面对那种局面，对一个马克思主义的研究者、信奉者来说内心世界肯定是不好受的。黄老师数次与我交谈如何看待这种变化。有一次他这样对我说道："不管当今形势发生如何变化，有一点我们必须坚信，这就是人类的最终前景只有两种可能：要么走向共产主义，要么灭亡。"黄老师的这句话深深地铭刻在我的心里，无论是给学生上课还是写文章，我经常引用黄老师的这句名言。当今表示拥护马克思主义的人还不少，"拥护者"之所以拥护，有的是出于自己的"利益诉求"，马克思主义当今还是"官方意识形态"，这些人的利益与这种意识形态密切相关，所以他们还不能不要拥护马克思主义；还有的是出于对马克思主义的"理性的认可"，也就是说，他们是由于认识到马克思主义是当今任何其他学说都不能替代的真理，才如此拥护马克思主义。黄老师显然属于后者。

其二，他严谨的学风和科学的态度。众所周知，黄老师有一个永远坚持的观点，这就是马克思主义是科学。在黄老师那里，追求马克思主义就是追求科学，相信马克思主义就是相信科学。他把马克思主义视为科学，决定了他必然以科学的态度对待马克思主义。我记得他曾经与我讲过，研究马克思主义最重要的是要有科学的态度。他是这样说的，也是这样做的。他强调，研究马克思主义哲学史不但要放在思想史中加以探讨，即探讨马克思提出的哲学观点与他前后左右的哲学家的关系，更重要的是要剖析马克思形成其哲学观点的时代背景，即剖析马克思的哲学观点形成的社会历史条件，这就是一种科学的态度。黄老师是研究列宁的《哲学笔记》的专家，只要读过他论述列宁的《哲学笔记》的文章的人就可知道，他所花功夫之深。列宁的《哲学笔记》在大量的摘录，如果这些摘录不弄懂，就根本无法理解列宁的批注。他先把列宁的摘录的原文找出来，对原文进行一番注解，再在此基础上注释列宁的思想。实际上，他所做的工作连苏联的学者也未曾做过。他对列宁提出来的辩证法要素 16 条所发表的独特的看法，正是建立在这种科学的、细致的阅读基础之上的。黄老师做学问的科学态度往往通过其严谨的学风表现出来。凡是与黄老师合作研究过的学者一定会有这样的感觉，与他合作是比较累的，累就累在他的要求太严格，要想"讨巧"、"偷懒"是不可能的。大到对相关观点的推敲，小到对某一名词概念的说明，他都会提出要求。在黄老师"手"下干活累点，"吃些苦头"，但实际上是值得的，因为他使你领悟什么叫作学问。

其三，他对人的宽容大度。黄老师一生坚守自己的观点，按照自己对马克思主义的理解发表自己的观点，当然会"得罪"不少人。他自己可能也知道，他的学术观点在学术界遭到了许多人的反对。但我可以自信地说，黄老师一生可能有许多"学术上的对手"，但没有自己的"私敌"。原因在于，即使是在学术观上不认同黄老师观点的人，也不得不声明他仅是在学术观点上与黄老师有分歧，在人品、人格上，也认可黄老师。黄老师的道德与文章是相一致的，文章有特色，道德也高尚。他的道德高尚的一个主要表现形式就是对人的宽容大度。黄老师绝不会因为某人在学术观点上发表了与自己不同的看法，就对此人有成见、偏见。对此，只要回忆一下黄老师参加学术会议的情景就一清二楚了。黄老师参加学术会议，不会自己做完演讲就一走了事，他会自始至终地参加会议。他往往坐在第一排，对所有人的发言他都会仔细地听，只要认为对自己有启发的，他还会认真地记。特别是在一些学术会议上，有些学者在发言中还会以各种方式发表与黄老师不同的观点，对前面黄老师的演讲提出非议，当出现这样的情况，黄老师会听得格外仔细。一旦他没有听清他人的观点，他还会在会后询问别人，尽量弄明白别人的意思。他总会认真对待他人的不同观点，总会十分大度地接纳别人的批评，这对于像他这样的大学者来说是多么难能可贵呀！他在会上真诚地、认真地坐在会场的第一排听取别人的发言，特别是听取别人对他的批评的情景永远留在我们的脑海里！

黄老师人虽然永远地离开了我们，但他的学识、人品、精神永存！

（陈学明，上海复旦大学哲学学院教授，国外马克思主义哲学研究会会长，全国马克思恩格斯研究会副会长）

黄枬森先生的理论贡献

侯才

和黄枬森先生的真正结识,是在1990年我的博士论文的答辩会上,当时,我的导师韩树英先生邀请他亲任答辩委员会的主席。他的谦和的待人态度以及宽容的学术精神给我留下了深刻的印象。从此,尽管彼此学术观点有所不同,接触也并不多,但却成了"忘年交"。在这里,写下一点不成熟的文字,借以表达对黄枬森先生的怀念和纪念。

黄枬森先生把马克思主义哲学理解为以"整体的宇宙"或"宇宙的整体和一般"❶为对象的"辩证唯物主义",一生大部分学术活动致力于"辩证唯物主义"的科学体系的构建和完善。正如他在自选文集《哲学的科学化》的"学术自序"中所表达的:"……近30年来,……我一直在从事这种研究——怎样把辩证唯物主义和历史唯物主义改造成为完整严密的科学的哲学,其具体措施就是构建一个完整严密的科学的体系。"❷正如大家所熟悉的,黄枬森先生最后形成和构建了一个有关"辩证唯物主义"的"一总五分"的宏大体系,给出了一种探索的结果和答案。

在这里,我想把黄枬森先生的这一理论贡献放在马克思主义哲学发展历史的两大传统中考察。

我认为,在如何对待传统形而上学这一重大哲学问题上,极而言之,在马克思主义哲学发展历史中存在扬弃和复兴形而上学的两大传统,它们分别是由马克思和恩格斯开启和代表的。

---

❶ 黄枬森:"我认为马克思主义哲学作为一门科学只有一个对象,那就是作为一个整体的宇宙,或者说宇宙的整体和一般。"见《哲学的科学化》,首都师大学出版社2008年版,第9页。

❷ 黄枬森:《哲学的科学化》,首都大学出版社2008年版,第3页。

马克思在创立其"新唯物主义"或唯物主义历史观的过程中，一反西方哲学中从柏拉图直到黑格尔的理念论的传统，运用经验的和实证的方法，从人们的物质生产实践活动出发，把物质生产实践活动视为人的"整个现存的感性世界的基础"❶或人与自然界相统一的基础，并由此维度去重新审视和描述人们所面对的世界，摈除了对整体世界及其终极统一性的追寻，同时把被以往哲学家们看成独立自为并且凌驾于现实世界之上的理念世界归根于经验的现实世界，即与人处在对象性关系中的"感性世界"，从而从根本上扬弃了传统的形而上学，实现了哲学史上的一种变革。乃至海德格尔认为，"随着这一已经由卡尔·马克思完成了的对形而上学的颠倒，哲学达到了最极端的可能性。哲学进入其终结阶段了。"❷

马克思将其对传统形而上学的扬弃表述在这样一段经典的话中："因为对社会主义的人来说，整个所谓世界历史不外是人通过人的劳动而诞生的过程，是自然界对人来说的生成过程，所以关于他通过自身而诞生、关于他的形成过程，他有直观的、无可变驳的证明。因为人和自然的实在性，即人对人来说作为自然界的存在以及自然界对人来说作为人的存在，已经成为实际的、可以通过感觉直观的，所以关于某种异己的存在物、关于凌驾于自然界和人之上的存在物的问题，即包含着对自然界的和人的非实在性的承认的问题，实际上已经成为不可能的了。"❸

与此相联系，马克思也提出了一种独特的自然观的构想。他从其实践观出发，以对象性为方法，认为"非对象物是非存在物"，被抽象地理解的、自为的、被确定为与人分隔开来的自然界，对人来说也是无。"因此，"在人类历史中即在人类社会形成过程中生成的自然界，是人的现实的自然界"❹。基于这一理解，马克思明确地宣布："因此，自然科学（宜理解为马克思所理解的自然观，——引者注）将抛弃唯心主义的方向，从而成为人的科学基础，……说生活还有别的

---

❶ 《马克思恩格斯文集》第1卷，人民出版社2009年版，第529页。
❷ 《海德格尔哲学选集》（下卷），孙周兴选编，三联出版社1996年版，第1244页。
❸ 《马克思恩格斯文集》第1卷，人民出版社2009年版，第196—197页。
❹ 《马克思恩格斯文集》第1卷，人民出版社2009年版，第210、220、193页。

什么基础，科学还有别的什么基础——这根本就是谎言。"❶与此同时，马克思也明确肯定了在人与自然界对象性关系之外的自然界存在的某种"优先地位"，肯定了黑格尔的作为"绝对精神"的超验世界也有某种存在的合理性，即它作为一种逻辑的描述"为人类的现实历史找到了思辨的表达"❷。不难看出，正是这两点"肯定"，使马克思在与传统形而上学决裂的同时也与存在论意义上的虚无主义以及实证主义划清了界限。

与马克思对待传统形而上学的态度不同，恩格斯通过其至少长达十余年的"自然辩证法"研究，尝试构建一种"辩证的同时又是唯物主义的自然观"，从唯物主义哲学的立场返回到形而上学。这种自然观与马克思视野中的"感性世界"或"人化自然"即"在人类社会形成过程中生成的自然界"不同，是以整体自然界为对象的。恩格斯在1885年（马克思逝世后第三年）写下的《反杜林论》第二版"序言"中明确地提出了"辩证的同时又是唯物主义的自然观"这一概念，用其与"唯物主义历史观"的概念相对置和并列，并如此肯定了他自己所做的把辩证法用于唯物主义自然观方面的工作："马克思和我，可以说是把自觉的辩证法从德国唯心主义哲学中拯救出来并用于唯物主义自然观和历史观的唯一的人。"❸

此外，恩格斯还提出了"现代唯物主义"这一概念，试图用其整合和包摄由他本人构建的"辩证的同时又是唯物主义的自然观"与主要由马克思所创立的唯物主义历史观。他强调，"现代唯物主义"是在利用旧唯物主义的基础上所实现的一种哲学思想的系统综合："所谓现代唯物主义，否定之否定，不是单纯地恢复旧唯物主义，而是把两千年来的哲学和自然科学发展的全部思想内容以及这两千年的历史本身的全部思想内容加到旧唯物主义的永久基础上。这已经不再是哲学，而是世界观。"❹

正是恩格斯的以整体自然为对象的"辩证的同时又是唯物主义的自然观"的提出，及其所呈现出的综合唯物主义历史观与传统唯物主义的倾向，开启了恢

---

❶《马克思恩格斯文集》第1卷，人民出版社2009年版，第193页。
❷《马克思恩格斯文集》第1卷，人民出版社2009年版，第529、201页。
❸《马克思恩格斯选集》第3卷，人民出版社1995年版，第349页。
❹《马克思恩格斯全集》第4卷，人民出版社1958年版，第178页。

复和复兴形而上学传统的进程。这种传统尔后经由狄慈根和普列汉诺夫的"辩证唯物主义"、列宁的"辩证唯物主义"和"历史唯物主义"概念的并置❶、最后到斯大林的"辩证唯物主义历史唯物主义"体系而获得最终定型,并且一直延伸到传统的马克思主义哲学教科书中。应该说,这与马克思本人通过物质实践活动扬弃传统形而上学的理路大异其趣。

纵观马克思、恩格斯逝世后马克思主义哲学的发展,大体沿着马克思与恩格斯所分别开启和代表的两条路线行进:俄苏马克思主义哲学和改革开放前的中国马克思主义哲学主要继承、沿袭和发展了恩格斯所开启和代表的传统;西方马克思主义特别是其人本主义思潮则主要继承、沿袭和发展了马克思所开启和代表的传统。而在改革开放后的中国,特别是伴随着关于"实践唯物主义"的讨论,也呈现了返回到马克思本人所开启和代表的传统的趋向,并愈益占据主流地位。从实质上看,马克思与恩格斯思想的差异及其所开启和后来得以展开的上述两大传统,实际上是在如何对待形而上学这一重大问题上在马克思主义哲学内部两种不同的反映。

在当代,在海德格尔提出其"基础本体论"并将马克思对传统形而上学的扬弃归结为"虚无主义的极致"以后,如何看待形而上学的问题被重新提出,并且尖锐化了。与此相关联,马克思与恩格斯学术思想之间的差异,乃至马克思主义哲学内部两大传统之间的差异也被突出地彰显出来,成为不可回避的研究对象和课题。其中,直接涉及到的一个问题就是马克思与虚无主义、实证主义的关系。这也是当下学界所讨论的一个热点话题。

在一定意义上,黄枬森先生哲学思想的主要贡献和意义或许就在于,这一思想体现了对恩格斯所开启的复兴传统形而上学路线的坚持、继承和发挥,而黄枬森先生本人则堪称恩格斯所开启的复兴传统形而上学路线在改革开放后中

---

❶ 列宁曾分别用不同的概念来概括马克思主义哲学,如"辩证唯物主义"、"完备的哲学唯物主义"、"战斗的唯物主义",等等。值得注意的是,尽管列宁在《马克思主义的三个来源和三个组成部分》以及《卡尔·马克思》中用"完备的哲学唯物主义"或"现代唯物主义"来概括和称谓整个马克思主义哲学体系,并将其划分为"哲学唯物主义"、"辩证法"和"唯物主义历史观"三个组成部分,但是他在《唯物主义与经验批判主义》以及《纪念赫尔岑》两文中,已经将"辩证唯物主义"和"历史唯物主义"两个概念对置和并列使用。例如,他在评价赫尔岑时认为:"赫尔岑已经走到辩证唯物主义跟前,可是在历史唯物主义前面停住了。"见《列宁选集》第 2 卷,人民出版社 1995 年版,第 284 页。

国马克思主义哲学界的主要代表。他把自己一生的主要精力用来致力于一种以"整体宇宙"为对象的、"科学的"马克思主义哲学体系的构建,始终不渝,锲而不舍,孜孜不倦。这一方面体现了他对真理的执著追求和彻底的科学品格和科学精神,另一方面也给我们遗留和提出了一项重大的理论课题,即对于马克思主义哲学来说,一种科学的形而上学是否合理和可能?或至少在多大程度上是合理和可能的?这完全类似康德当年所提出和致力于解决、尔后又被海德格尔以某种方式重新提出和致力于解决的课题,但是却被赋予了更广阔的历史和文化背景以及更深刻的哲学蕴意。

对此课题我本人也一直在长期思考。初步的粗浅成果体现在我的《对哲学及其当代任务的审视——兼评恩格斯的哲学观》以及《马克思对传统本体观的变革》两文中[1]。但是,自己深感尚需对此作进一步的深入研究。就我现在的认识而言,我的总的感觉是,就既有的哲学框架而言,哲学固然能够在整体世界的认识方面做一些工作,但可能较为有限,这项任务在以往历史中实际上主要是由宗教来承担的。因此,哲学如果想要在此方面有所作为,那么至少必须首先破除西方的狭隘的哲学框架和哲学观念,返回到中国传统文化的思维样式,以便从中借鉴和汲取某些必要的成分和要素。在我看来,海德格尔就这样尝试过,但遗憾的是由于他难以深入到中国传统文化的底蕴,总的说来他没有取得成功。

(侯才,中共中央党校哲学部教授)

---

[1] 参见作者文集:《马克思的遗产》,黑龙江人民出版社 2009 年版。

文艺学学科也要走科学建设之路
——学习和追忆黄枬森的学术思想

董学文

黄枬森先生是中国当代著名哲学家、哲学史家、哲学教育家、北京大学资深教授。他的逝世，是我国理论界和学术界无可挽回的巨大损失。在先生灵堂的吊唁簿上我写道："您的学术，是我们的财富；您的信仰，是我们的力量。"这是我发自内心的两句话。

黄枬森是我国当今马克思主义哲学研究的领军人物，在长达70年的教学和科学研究中，他对马克思主义哲学史、马克思主义哲学体系、马克思主义人学以及马克思主义文化理论诸方面，都作出了杰出的贡献。黄枬森的哲学研究实践和一系列著述中提出的观点与问题，使从事马克思主义美学和文艺理论研究的人受益匪浅。尤其是黄枬森提出的"一个以《哲学笔记》为根据的唯物辩证法体系的草图"，表达"我写了不少文章，千言万语，可以归结为这句话：把哲学作为一门科学建设"的意见，对马克思主义文艺学和美学研究同样具有指导性的意义。每当我回顾和思索黄先生理论品格和个性的时候，脑际里总浮现出马克思的这句话："我的见解，不管人们对它怎么评论，不管它多么不合乎统治阶级的自私的偏见，却是多年诚实研究的结果。"本文想从学习和体会的角度，谈谈黄先生思想给我们研究美学与文艺学的启发。

一、坚定的信仰来自对马克思主义是科学的认识

黄枬森为什么对马克思主义的信念无比坚定，那是因为他坚信马克思主义是科学；黄枬森为什么对马克思主义的研究如此执著，那是因为他把马克思主

义当成科学来探讨；黄楠森为什么会把马克思主义当成科学来对待，那是因为他从经典文本的细心研读和中外实践的理性考察中得出了这个结论。如此一来，他就同那些仅把马克思主义当成一个一般研究对象的学者拉开了距离。

黄枬森的这个观念一直是很牢固的："哲学是一门科学，哲学是离不开科学的。"他与许多学者不同，力排众议，始终坚持"哲学就是科学"的观点。之所以如此，则是他发现并认识到哲学要研究宇宙奥秘和人生真谛的两个方面，自然科学的进展对这位哲学家影响很大。他说过："我一直对自然科学很关注，对科学的学习使我认识到哲学并非很随意、很自由、很浪漫的东西。"我记得丹麦著名物理学家玻尔曾经讲过："物理学对于一般哲学思维的发展所起的作用，不仅仅表现在我们对于自然界不断深化的认识方面所作出的贡献。物理学的重要作用就在于，它不断向我们提供了修改和完善我们作为认识方法的概念系统的机会。"恩格斯亦曾说过："在马克思看来，科学是一种在历史上起推动作用的、革命的力量。任何一门理论科学中每一个新发现——它的实际应用也许还根本无法预见——都使马克思感到由衷喜悦。"恩格斯甚至这样表白："马克思和我，可以说是唯一把自觉的辩证法从德国唯心主义哲学中拯救出来并运用于唯物主义的自然观和历史观的人。"这也就是说，马克思、恩格斯是希望自己的自然观和历史观既是辩证的又是唯物的，即科学的。为了实现这个目标，他们都曾在数学和自然科学方面花费多年的功夫，认为创建辩证唯物主义和历史唯物主义当中必须经历一次彻底的"脱毛"过程。

显然，黄枬森所主张的"哲学是一门科学"，并不是像有些人理解的那样，是要使哲学纯粹自然科学化，而是力图使马克思主义哲学具有科学性的努力。用恩格斯自己的话说，就是自从马克思主义"成为科学以来，就要求人们把它当作科学看待，就是说，要求人们去研究它"。从现实状况看，黄枬森强调"哲学是一门科学"，则是由于他认为"目前存在一种普遍的倾向，就是否定马克思主义哲学的学术性和科学性，不承认马克思主义是一门科学；与之相对应的另外一种倾向，就是只承认它的学术性、科学性，而否定它的政治性。……就马克思主义哲学的境遇来看，主要的极端是否定马克思主义哲学的科学性。""我认为现在的问题是，群众中总有一种看法，认为马克思主义哲学就是政治，而不是学术、不是科学;认为马克思主义哲学只是为政治服务的。"这种倾向,在文艺理论界其实也是具有普遍性的。

近些年,有些学者一再申论"文艺学既不是社会科学,也不是人文科学,只是一门人文学科",主张应当像从事文艺创作一样从事文艺理论研究;还有学者反复表示"搞文艺理论研究,既要坚持马克思主义的原则,又要坚持学理的原则"。前者给人的感觉,好像文艺理论怎么说都行,无须把它当科学去对待;后者给人的感觉,好像马克思主义的原则和学理原则是两回事,马克思主义只是一种关涉思想和政治立场的角色。这样一来,文艺理论研究的科学性诉求就被消解了。马克思主义本身既然不涉及学理问题,也解决不了学理问题,那就同宣称马克思主义文艺学不具有科学性、学术性,也就没有什么本质区别了。为了解决这个问题,黄枬森在自己的论述中,多次阐释对"马克思主义的意识形态性和学术性的关系问题"的思考,努力说明哲学为什么是一门科学。他指出:"科学史告诉我们,任何一门学科都有一个从非科学到科学的过程,我们不能根据它过去没有成为科学就断定它今后不能成为科学。"他还说:"自古以来,艺术、道德、宗教、哲学四者何者应占主导地位,一直争论不断。事实上,在哲学的科学形态出现之前,这个问题是无解的,因为这四个领域都在追求最后的东西,即终极的东西,难分高下。只有在哲学成为科学之后,即辩证唯物主义这一科学的世界观出现之后,世界观的最后最高指导作用才显露出来。"这就告诉我们,要想取得文艺学研究的进展与突破,特别是取得马克思主义文艺理论研究的进展与突破,是不能没有科学的世界观的指导的。

黄枬森的这一思想,对文艺学和美学建设极有启发。文艺学和美学的科学性质和科学作用的定位问题,是个重大的问题。它关系到文艺学和美学学科建设的方向,直接影响着文艺学和美学研究的方法与学风。多年来文艺学和美学研究自说自话、各说各话、日益散漫、作用式微,一个很重要的原因就是由于不重视、不遵循学科的科学属性造成的。

众所周知,把文艺学和美学作为科学来建设和发展,需要研究者坚持正确的方向、科学的方法和诚实的态度。黄枬森指出:"诚实的态度应该是研究任何问题不可缺少的。缺乏诚实的态度就根本谈不上什么研究。诚实的态度是唯物主义认识论的根本要求，也是实事求是精神的体现。"他说："令人担忧的是，目前违背'诚实研究'态度的情况还非常突出，""例如，有的研究者为了某种个人目的，故弄玄虚，故作高深，甚至强词夺理，弯来绕去，让人感到其中有深奥道理。又如，有的研究者虽没有抱着某种个人目的，却认为语言越深奥越有学问，因而把简单明了的问题说得晦涩难懂；或者认为越时髦越好，因而盲目地追风赶浪，什么观点时髦就主张什么，不管它有没有根据，根据充分不充分。这种研究不是科学研究，不是'诚实研究'，我们都应拒绝。"黄楠森把诚实视为学术的生命，这是秉承了马克思将自己的著作认定是"多年诚实研究的结果"的教导。

二、文艺学研究应该具有科学的哲学基础

黄枬森对本体论问题有自己深思熟虑的见解。他把辩证唯物主义作为马克思主义本体论，这是他潜心研究经典著作得出的结论。在黄枬森看来，关于"本体论"，"马克思主义经典作家没有使用这种称呼，而使用世界观这一概念"。"后来的马克思主义哲学家还是使用本体论这个概念，即在世界观和宇宙观的意义上使用它"。"经典作家认为离开现实世界的任何东西都是不存在的"。一百多年来，马克思主义汲取传统本体论的合理因素，以全部人类实践和科学成就为基础，创造性地建立了马克思主义的科学的本体论，即辩证唯物主义世界观，结束了本体论的非科学的历史进程。如果我们在学术研究中坚持马克思主义的话，那就没有必要再去别出心裁地建构什么新的本体论学说。诚然，辩证唯物主义的科学性并没有得到西方思想界和学术界的普遍认可，但这多半是由于不同的意识形态和社会制度分歧造成的。因之，在这种情况下，我们没有必要俯仰西方思潮的鼻息，把文艺理论和美学研究的功夫花在颠覆和解构辩证唯物主义的上面。现在有种意见，认为把物质作为本体论研究的对象，同把上帝作为本体论研究对象一样，是没有意义、属于旧哲学范畴的。黄枬森坚决表示不同意此种看法。在他看来，"本体论和其他一切学科的逻辑是完全一样的，如果本体论不能成为科学，那么其他一切学科也都不可能是科学了"。

黄枬森赞同钱学森院士生前根据世界观是核心、其余学科是不同领域不同层次部门哲学的思想提出的"宝塔式的学科体系"。他通过对这种分析的肯定,力求指出高踞于"宝塔顶尖"的只能是辩证唯物主义,从而进一步阐明了辩证唯物主义就是马克思主义的本体论,其地位和性质在学科体系中是确定了的。文艺学和美学研究的对象,同其他学科研究的对象一样,都属于现实世界的一个领域,而正是这些领域构成了一个互相联系的统一的世界。这就表明文艺的本体和其他事物的本体应是一个东西。"西方马克思主义"中的"实践派",以"实践论"来否定"本体论",这实际上是将所谓的"实践唯物主义"当成了向辩证唯物主义挑战与发难的武器。黄枬森指出,"西方哲学今天的主要趋势仍然是否定本体论研究"。这是很有见地、很让人拨云见日的。在文艺理论和美学领域还有种意见,表面上反对任何本体论或形而上学的本体规定,似乎主张不应有任何本体论思想了,其实不然。这种意见否定或怀疑自然之物的存在,否定文艺发展的客观规律性,无限夸大精神的作用,这本身就是一种本体论思想。

黄枬森认为,探讨什么是文艺学本体论,首先要弄清楚什么是本体论。本体论是一个哲学概念,要回答的是现实世界存在的最后基础是什么。对此,他说:"在我看来,辩证唯物主义的回答最正确,即不断运动又相互联系的物质。""文艺学本体论的确切称谓,应该是'文艺本体论',因为我们讨论的是文学艺术的本体,不是文艺学的本体。如果这种理解是正确的,那么,文学艺术的本体同现实世界的本体就是同一的,因为现实世界存在的最后基础无所不包,包括整个自然界,当然也包括整个人类社会,也包括人的精神领域,不可能在现实世界存在的最后基础之外还有一个文艺本体。"有些学者所理解的文艺"本体",不过是"文学艺术产生的直接根源或直接依附的东西"而已。

黄枬森还有个观点,也很有现实针对性。他说:"马克思主义中国化一方面是中国化、是创新,但是一方面必须是马克思主义。"这就一语道破了目前某些所谓"马克思主义中国化"研究中存在的问题,即这种研究既不是"中国化"的,也不是"马克思主义"的。譬如,美学界有种意见,认为从上世纪80年代的"人类学实践本体论美学"到90年代以后的所谓"后实践美学",再到本世纪包括"实践存在论美学"在内的所谓"新实践美学",是新时期"马克思主义美学中国化"的"三个主要阶段",是"中国化马克思主义美学研究""三种新形态"、"新成果"。这就把不是"中国化"的东西当成"中国化"的东西,把不是"马克思主义"的理论当成"马克思主义理论"。不管这种号称"中国化"、号称"推进"、"创新"的美学起了什么名字,但若称之为"马克思主义中国化美学"或"中国化马克思主义美学",那是不能不让人心生疑窦、难以信服的。这类美学的关键缺陷,就是从根本上背离了马克思的唯物辩证法,更改了马克思主义美学的哲学基础。可以说,这类美学论者自以为"马克思的哲学只研究'人类世界',而实践就是人类世界的本体,'人类世界'之外是否存在物质世界的问题是没有意义的'伪问题'。这样,他们就把实践夸大成了世界的本体,而同辩证唯物主义的物质本体论相对立。还有论者进一步提出,实践就是人的存在,它包括人的一切活动,而且主要是道德行为和政治行为,这样实践本体论又变成了'人的存在本体论'或'实践存在论',世界的本体被归结为人的存在,特别是人的精神性存在。"这种反对物质本体论的理论,之所以一致反对辩证唯物主义的认识论,其真正的原因就在这里。

对于将"实践"作为"本体"的这种观点,黄枬森表述了明确的看法。他指出:"我国的实践唯物主义的倡导者把'实践的'变成'实践',把'实践'看成'唯物主义'中的'物',于是实践就成了世界的本体、世界统一的基础,成了流行于西方马克思主义中的实践本体论或实践一元论。这种观点虽然没有直接把心灵、精神看成世界的本体或世界统一的基础,但由于实践总是人的有意识的活动,这同样是承认了心灵、精神是世界的本体和世界统一的基础,与唯心主义基本上是一致的。"这也就说明,由于实践作为人类特有的能动活动,内在地包含着精神、心理等意识的因素,因此,夸大这些意识因素的唯心主义,是有可能通过夸大实践而表现出来的。所以,我们应当警惕和反对以"实践"为特征的唯心主义,不能将强调唯物主义具有实践的特性变成哲学就是"实践"论,不能将强调实践对改造客观世界的作用变成"实践"与"客观世界"是等同物,更不能忘记经典作家在强调人类实践巨大作用的同时,是没有忘记黄枬森补充道的"当然,在这种情况下,外部自然界的优先地位仍然会保持着"的告诫。

可见，在黄枬森看来，上述那种从域外贩来的"实践本体论"或"实践一元论"观点，实际上是对马克思主义学说的误读，是对实践观在马克思主义体系中的位置的曲解。基于此，他才认为"否定本体论的要害在于否定唯物主义，否定现实世界的客观存在"。基于此，他才对从事文艺理论研究的学者说："既然人们对实践唯物主义的理解各式各样，以它作为文艺学的世界观基础是不合适的；如果把它理解为实践本体论，并以它为指导来研究文艺学，我认为这很难获得科学的成果。"这是因为，"只有文艺学的哲学基础是科学的，文艺学才可能是科学的；如果文艺学的哲学基础是非科学的，文艺学必然也是非科学的"。应该说，这是黄先生切中肯綮的提醒。

三、重视基础理论研究是文艺学自强的突破口

黄枬森常说："要敬畏学术。要证明自己的观点，必须拿出证据来。"黄先生治学的谦逊、谨严、求实、创新，在学界是有口皆碑的。他兴趣广泛，既不封闭，也不自以为是；他善于独立思考，不喜追风赶浪；他恒久地保持着高昂的"理论兴趣"。他指导学生像苏格拉底，在概念、概念指称和意义的逐步廓清中，让学生把握马克思主义的分析框架、内在义理和精妙韵味，从而体悟出马克思主义理论的价值情感之美、逻辑力量之美和语言风格之美。他说："我不在乎人们说我'左'还是'右'，我只坚持我所追求的真理。"在有的人看来，黄枬森的追求"不合时宜"、"不太灵活"。有些"聪明人"早已抛弃基本理论研究，转入"有实惠"的领域。相比之下，黄枬森的执著和坚守更让人感到可贵。

写到这儿，我想起了恩格斯的一段话。他说："思辨（德文 Spekulation，既有'思辨'的意思，也有'投机'的意思。——原编者注）在多大程度上离开哲学家的书房而在证券交易所筑起自己的殿堂，有教养的德国也就在多大程度上丢去了在德国最深沉的政治屈辱时代曾经是德国的光荣的伟大理论兴趣——那种不管所得成果在实践上是否能实现，不管它是否违反警方规定都照样致力于纯粹科学研究的兴趣。"我们把这句话用来套在当下中国的身上，同样感到振聋发聩。眼下我们的学术界是不是有点太重视实用、太忽视基本理论研究了？依

照恩格斯的看法，要使理论研究跟上时代脚步，就必须保持对真理不懈追求的"理论兴趣"。而做到这一点，就须尊重理论的科学品格，就须"在这里，对职位、牟利，对上司的恩典，没有任何考虑"，就须得"毫无顾忌和大公无私"，就须得摈弃那种"没有头脑的折中主义"，摈弃"对职位和收入的担忧"以及"极其卑劣的向上爬的思想"。这是马克思主义学风本然的内核与特质，是理论研究和学术事业的活的灵魂，是我们今天从事理论研究所极需培植的品格。黄枬森就是一位具有优良学风、具有浓厚"理论兴趣"的人。他十分清楚，上述各式庸俗的作风和市侩的习气是科学的大敌，是使纯洁崇高的"理论兴趣"逐渐衰退甚至消泯的腐蚀剂。

在物欲横流和功利盛行的环境中，黄枬森始终保有一颗理论研究的安静之心，这是保证他取得辉煌学术成就的一个重要原因。我特别欣赏马克思的如下见解，他说："只有从安静中才能产生出伟大壮丽的事业，安静是唯一能生长出成熟果实的土壤。"这里的"安静"，就是踏实，就是沉潜，就是纯粹，就是钻研，就是"坐冷板凳"精神。这是科学研究和学术事业取得成功的秘诀与真谛。黄枬森深切地懂得，搞理论的人倘若沦为自身需求或个人欲望的奴隶，倘若怀着一副急功近利、贪求躁竞的心态，那么是会从内里生出妨害理论研究、破坏"生长出成熟果实"的情绪的。

黄枬森一贯主张高校教师应以学科建设作为自强的突破口，要研究学科基本理论，注意解决现实问题。并且提出我们应当对马克思主义哲学、对辩证唯物主义和历史唯物主义有信心，继续研究它，提高其科学性，丰富发展其理论体系。他认为这种信心不是盲目的，是有经典根据、实践根据和科学根据的。他指出没有信心，就不可能有自强，永远跟着别人跑，不可能跑出一个哲学强国。黄枬森的这一忠告，对高校的文艺理论教师也是一剂苦口良药。黄先生主张的"哲学研究是以民族性的形式、时代性的内容去求索具有人类普遍性的问题"观点，对美学和文艺学研究来说也是适用的。

黄枬森说："千方百计地读懂和理解所读的经典性著作，是做学问的基础性功夫。"他在碰到疑难问题无法理解时，"喜欢查阅原著，并与译文对照研究"。他认为"原著及其表达的思想都是一种客观存在，理解、解读原著，就是一种认识，必须坚持唯物主义认识论的原则，实事求是地解读它。""一定要弄懂原著的思想再对它作评价或引申，切忌望文生义，尤忌掐头去尾。""反对'六经注我'、为我所用的唯心主义认识论原则，决不按照自己的需要来理解所引证的经典作家的话。"这些，对从事马克思主义文艺理论研究的人来说，尤其具有指导的意义。

我特别感佩黄先生如下的宣示，他说："我认为我自己并没有自己的什么哲学思想体系。这不是自谦，更不是自卑。我认为马克思主义哲学同西方哲学和传统的中国哲学，都是很不相同的，那些哲学可以说都是个人的哲学，几乎一个人一个哲学体系，而马克思主义哲学是一门科学，它和任何其他科学一样，是集体的事业，是全人类的事业。因此我根本不想提出我自己的什么哲学思想，我是把哲学作为一门科学来研究，来讨论，来建设，而在这个事业里面作出我个人的贡献。我的一些哲学思想，也就是我对马克思主义哲学的一些理解，或者说我所理解的马克思主义哲学。马克思主义哲学，作为一门科学还没有得到全世界的认同，像其他科学那样，但是我认为终究会有那一天的。"这是他在《自选集》"代序"中讲的一段话，这段话何等真挚而深邃地袒露了一位马克思主义理论家的宽阔胸襟和无私情怀啊！

在文艺学领域，古今中外的非马克思主义学说，以个人名字或自己命名的各种思想、观点，林林总总，不断涌现，唯独在马克思主义文艺学著述和研究队伍中难觅另立旗号的踪影。这绝不是马克思主义文论家缺少创造的才能，缺少个人的天赋和智慧，而是他们真的将马克思主义文艺学当成了"一门科学"，当成了"集体的事业"。既然是"科学"，是"集体事业"，那就需要去探讨它、丰富它、发展它。这样讲，当然不是否定马克思主义文论家能够而且应当对该学科作出自己独到的理论建树。回顾 170 年马克思主义文论史，可以说为该学科的演进与发展作出重大贡献的理论家，在西方和东方都大有人在。问题是，这些理论家坚守着马克思主义的主航道，做着"推进深化"和"添砖加瓦"的工作，做着与具体国情、文情相结合的工作，因之保持了马克思主义文论的血脉和精魂，其成就也决不逊色于那些非马克思主义文论家。反之，一个文论家，如果离开了马克思主义的基本理论立场和科学体系，别出心裁地去另立自己的所谓"一家之言",那么无论挂什么旗号,怎样自我吹嘘,都算不得是马克思主义文论家了。这也是我从黄枬森的榜样中悟出的道理。

(董学文,北京大学中文系教授,马克思主义美学与文艺学家)

重新认识辩证唯物主义

韩庆祥　张艳涛

半个世纪前，德国哲学家阿伦特曾指出："要对卡尔·马克思进行思考或写点什么，决不是一件容易的事情。……与当年传播马克思主义的困难相比，我们今天面临的如何看待马克思主义的困难，更是颇具学术性的工作。"[1]确实如此。马克思主义哲学究竟是什么？如何认识当代中国马克思主义哲学研究所取得的重要成果？由于视角不同，人们可能会得出不同的看法和结论。改革开放30多年来，中国马克思主义哲学研究取得了重大进展，其中最大的进展，也许就是学界对"什么是马克思主义哲学"、"怎样坚持和发展马克思主义哲学"、"怎样建构马克思主义哲学的当代形态"等问题，进行了较为深入的学理研究，取得了一些积极成果。这些成果不仅推动了马克思主义哲学研究的深化，而且促进了中国特色社会主义实践的发展。当前，在马克思主义哲学图景中，对马克思主义哲学的理解，有辩证唯物主义、历史唯物主义和实践唯物主义之分野。究竟哪一个更能体现马克思主义哲学的本真精神和本质特征？这是哲学界普遍关注并有所争论的焦点问题，也是一个具有重大理论意义和实践意义的课题。黄枬森教授是当代中国著名马克思主义哲学家，他历来坚定地主张马克思主义哲学是辩证唯物主义。他致力于"把哲学作为一门科学来建设"，一生的学术生涯投入于研究辩证唯物主义，从学理上深化了对辩证唯物主义的理解。他的观点遭到一些学者的质疑。理由是：辩证唯物主义不能与旧唯物主义区别开来，体现不出马克思所实现的哲学变革；马克思哲学的本质特征是实践唯物主义，或者是历史唯物主义；斯大林所讲的辩证唯物主义忽视实践、轻视人，没有体现

---

[1] [德]汉娜·阿伦特：《马克思与西方政治思想传统》，孙传钊译，江苏人民出版社2007年版，第1页。

马克思主义哲学的本质特征；由于辩证唯物主义不重视实践、轻视人，而导致某些社会主义国家在实践上出现了曲折。

我们认为，这些理由是值得讨论的。

一

第一个理由：辩证唯物主义不能与旧唯物主义区别开来，体现不出马克思所实现的哲学变革。

从哲学发展史上看，辩证唯物主义和旧唯物主义在世界观上都坚持物质原则第一的哲学原则和立场，在这一点上没有区别。但是，旧唯物主义既缺乏"辩证性"，又具有"不彻底性"，没有把唯物主义原则贯彻到底，即贯彻到社会历史领域，因此出现"半截子的唯物主义"，结果造成了"唯物主义自然观"和"唯物主义历史观"的对立。与此不同，辩证唯物主义本质上既是"辩证的"，它注重研究人的社会实践和社会历史的辩证法，又力求将"唯物主义"的物质原则贯彻到社会历史领域，强调物质生产、物质实践，坚持唯物主义历史观。综观马克思一生，他在哲学上的卓越贡献之一，就是创立唯物主义历史观（唯物主义历史观是辩证唯物主义原理在社会历史领域的推广、应用和实现），是辩证唯物主义社会历史化（与社会历史相结合）的重大成果。唯物主义历史观不是纯粹理论思辨的产物，它具有很强的现实针对性，是唯物论和辩证法的统一，为人类破解"历史之谜"提供了可能。其实，区别辩证唯物主义与旧唯物主义的，既在于"辩证性"，也在于"彻底性"。从"辩证性"来看，旧唯物主义是机械的或形而上学的唯物主义，而马克思主义哲学则是"辩证的"唯物主义；从"彻底性"来看，旧唯物主义是"半截子的唯物主义"，而马克思主义哲学则是"彻底的唯物主义"。马克思所实现的哲学变革，既在于他注重社会历史领域中的实践，更在于他对实践作"唯物主义"和"辩证"的理解。正是基于这样的科学理解，马克思才在对物质生产、物质实践的研究中发现了人类社会历史发展的一般规律，从而创立唯物主义历史观。因此，离开对实践作"唯物主义"和"辩证"的理解，不仅谈不上哲学变革，而且还会沦为唯心主义。要言之，马克思实现的哲学变革,就在于把唯物主义原则贯彻到底,即贯彻到社会历史领域,"深入到历史的本质性中去了",所以正如海德格尔所指出的:"马克思主义关于历史的观点比其余的历史学优越"❶。我们理解,之所以优越,关键在于马克思主义对社会历史的唯物且辩证的理解。作为现代唯物主义,马克思主义哲学是在对旧唯物主义的批判中发展起来的,因此,要真正把握马克思主义哲学的本质特征,首先要了解旧唯物主义的主要缺点。从总体上看,旧唯物主义包括自然唯物主义和人本唯物主义。前者始自古代哲学,后来在霍布斯那里达到了系统化,且一致延伸到法国唯物主义中的"现实的人道主义",后在费尔巴哈哲学那里达到了顶峰。在培根那里,唯物主义还"包含着全面发展的萌芽",然而,"唯物主义在以后的发展中变得片面了"、"变得敌视人了","人和人的主体性失落了"。概括起来,旧唯物主义的主要缺点是:"对对象、现实、感性,只是从客体的或者直观的形式去理解,而不是把它们当做感性的人的活动,当做实践去理解,不是从主体方面去理解。"❷费尔巴哈哲学的主要缺陷在于:"当费尔巴哈是一个唯物主义者的时候,历史在他的视野之外;当他去探讨历史的时候,他不是一个唯物主义者。在他那里,唯物主义和历史是彼此完全脱离的。"❸这也是马克思批评费尔巴哈多谈自然少谈政治的原因所在。在马克思看来,政治与哲学联盟是"现代哲学能够借以成为真理的惟一联盟"❹。而黑格尔哲学的主要缺陷则是,唯物主义和辩证法相脱离。因此,马克思在讲到自己的哲学同黑格尔哲学的本质区别时特别指出,他的辩证法的现实基础是"唯物主义"。总之,在哲学观上,马克思主义哲学是与唯心主义相对立的唯物主义哲学,是与形而上学相对立的辩证法哲学,是与不可知论对立的可知论哲学。这一哲学阐明了哲学的基本问题,为划分哲学派别提供了科学依据;在认识论上,它坚持能动的革命的反映论,坚持客观真理论;在历史观上,它把辩证唯物主义原则贯彻到历史的本质中去,确立了历史唯物主义。没有辩证唯物主义,就不可能有历史唯物主义的产生,而没有历史唯物主义的产生,也就不可能有彻底的辩证唯物

---

❶ 孙周兴选编:《海德格尔选集》上卷,上海三联书店1996年版,第383页。
❷ 《马克思恩格斯选集》第1卷,人民出版社1995年版,第54页。
❸ 《马克思恩格斯选集》第1卷,人民出版社1995年版,第78页。
❹ 《马克思恩格斯全集》第47卷,人民出版社2004年版,第53页。

主义。因此，辩证唯物主义是马克思主义哲学的基本特征，能与旧唯物主义区别开来。

二

第二个理由：马克思哲学的本质特征是实践唯物主义，或者是历史唯物主义。这首先涉及到马克思哲学与马克思主义哲学的关系。

值得注意的是，虽然哲学思想常常以哲学家个人的名字命名，但它决非专属哲学家个人，马克思主义哲学同样如此。其实，"马克思哲学"与"马克思主义哲学"这两个概念之间存在重大差异，这种差异甚至连马克思本人都不加以否认。面对一些所谓的"马克思主义者"（如19世纪法国马克思主义者），马克思曾经说过："我只知道我自己不是马克思主义者。"❶诚然，尽管马克思主义哲学首先是马克思创立的，理解马克思主义哲学的本质首先要弄清楚马克思哲学的本质，因而强调实践唯物主义和历史唯物主义有其一定的文本学根据。然而，既然我们谈的是整个马克思主义哲学，因此，我们应从整个马克思主义哲学发展的历史与其他马克思主义哲学家的论述这更为广阔的视野，来完整理解马克思主义哲学，不能仅仅用马克思的哲学来概括整个马克思主义哲学。马克思主义哲学不仅包括马克思和恩格斯的哲学思想，而且还包括马克思之后的马克思主义哲学发展史上其他哲学家的哲学思想。因此，对马克思主义哲学的理解"在层次上要分开"，要对"马克思哲学、马克思主义哲学、马克思主义哲学传统教科书体系以及后人对马克思主义哲学的各种诠释"作适当的区分。辩证唯物主义并非一套类似于"世界是物质的"的声明，它本质上是一种探讨历史性的人如何按照历史的客观规律和历史辩证法正确发挥作用的科学理论。实际上，马克思哲学与马克思主义哲学是总体和部分的关系（尽管马克思哲学在这一总体中具有十分重要的作用）。马克思当年主要是针对旧唯物主义在历史领域既缺乏"辩证法"又没有把"唯物主义"贯彻到底所导致的历史唯心主义，而强调实践唯物主义和历史唯物主义的，有其特定的针对性，因而实践唯物主义

---

❶ 参见《马克思恩格斯选集》第4卷，人民出版社1995年版，第691、695页。

和历史唯物主义不是整个马克思主义哲学。

具体来说,任何哲学都是内容(时代精神)和形式(哲学形态)的具体而历史的统一,马克思主义哲学也不例外。马克思曾说过:他和恩格斯所创立的学说要随着时代、历史和实践的发展而不断得到丰富和发展,唯物主义也会不断改变自己的形式。"每一时代的理论思维,从而我们时代的理论思维,都是一种历史的产物,它在不同的时代具有完全不同的形式,同时具有完全不同的内容。"❶因而"随着自然科学领域中每一个划时代的发现,唯物主义也必然要改变自己的形式"。❷基于此,我们认为,马克思的实践唯物主义或历史唯物主义都是辩证唯物主义的一种形式或形态,而不是马克思主义哲学的整体形态。马克思哲学并不否定辩证唯物主义,而是与辩证唯物主义相贯通的,不能仅仅以马克思哲学来命名整个马克思主义哲学。辩证唯物主义称谓,主要是为了区别于费尔巴哈及其以前的唯物主义,辩证唯物主义在社会历史领域贯彻到底,必然逻辑地引出实践唯物主义和历史唯物主义。马克思首先是把辩证唯物主义作为世界观肯定下来。在坚持这一前提下,由于研究的针对性,他后来更加注重把辩证唯物主义具体贯彻到社会历史领域。辩证唯物主义在社会历史领域的具体体现,就是强调物质生产和物质实践的基础地位,就是强调唯物主义历史观或历史唯物主义;在社会历史领域,离开唯物主义就是历史唯心主义,这样,何谈马克思所实现的哲学变革?这样的哲学不就偏离了唯物主义方向了吗?比如对生产和实践,不谈唯物主义和辩证唯物主义,生产就是精神生产,实践就是抽象的精神能动性,这样的实践就会走向唯心主义,这不正是马克思所要坚决反对的吗!其实,辩证唯物主义与实践唯物主义、历史唯物主义的关系,就好比马克思主义一般原理与中国特色社会主义理论体系的关系:马克思主义一般原理是总体和前提,是总立场和总原则,中国特色社会主义理论体系是马克思主义一般原理与中国具体实际相结合或马克思主义中国化的理论创新成果,是部分,如果把马克思主义这一总前提、立场、原则给否定了,那么,中国特色社会主义理论体系就不是马克思主义了;同理,把辩证唯物主义这一总世界观

---

❶ 《马克思恩格斯选集》第4卷,人民出版社1995年版,第284页。
❷ 《马克思恩格斯选集》第4卷,人民出版社1995年版,第228页。

的总前提、立场和原则给否定了，实践唯物主义和历史唯物主义就不是马克思主义哲学了。在辩证唯物主义与历史唯物主义之间，辩证唯物主义是根本，它包含马克思主义哲学最基本的原理，把辩证唯物主义的基本原理推广运用到社会历史领域，就形成了历史唯物主义。实际上，"推广论"具有一定的合理性，它首先确立辩证唯物主义的总原则，然后把辩证唯物主义贯彻到历史领域，用辩证唯物主义的原理去解释和说明社会现象，它既要求人们用唯物的观点和方法去解释历史，又要求用辩证的观点和方法去解释历史，从而科学地说明社会存在和社会意识的关系，使辩证唯物主义更加彻底。因此，在马克思主义哲学视阈，辩证唯物主义的地位是高于历史唯物主义的，这也是辩证唯物主义常常被单独用来指整个马克思主义哲学的原因所在。当然，辩证唯物主义并不与历史唯物主义和实践唯物主义相对立。一方面，正是由于辩证唯物主义贯彻到历史领域，才使马克思创立了历史唯物主义，进而使唯物主义自然观与唯物主义历史观统一起来。历史唯物主义的创立，又使马克思比同时代人站得更高，看得更远，分析得更透彻。另一方面，是实践把唯物主义和人的主体性统一起来了，实践唯物主义是对辩证唯物主义观点的发展，它只是重新确立了唯物主义的新形态，并未超越唯物主义与唯心主义的对立，因此，实践唯物主义仍然是一种唯物主义。总而言之，实践唯物主义和历史唯物主义都是辩证唯物主义的两种特殊的存在形态和实现形式。这种概括，既没有弱化实践唯物主义和历史唯物主义的意义，也确立了辩证唯物主义的合法地位。

三

第三个理由：斯大林所讲的辩证唯物主义忽视实践、轻视人，没有体现马克思主义哲学的本质特征。

诚然，在马克思主义哲学史上，斯大林是第一个鲜明提出马克思主义的完整世界观是辩证唯物主义的人。斯大林在《无政府主义还是社会主义？》文中，把马克思主义哲学称作辩证唯物主义。指出："马克思主义不只是社会主义的理论，而且是一个完整的世界观，是一个哲学体系……这个哲学体系叫做辩证唯物主义。""为什么这个体系叫做辩证唯物主义呢？因为它的方法是辩证的，而理论是唯物的。"❶斯大林基本是沿袭了列宁对马克思主义哲学的理解，但同时也添加了自己对马克思主义哲学的解读。1938年斯大林写作的《辩证唯物主义和历史唯物主义》，使马克思主义哲学体系打上了"斯大林模式"的烙印——板块结构体系。这一体系的局限，就在于马克思主义哲学一旦体系化、公式化、教条化，思想本身就失去了发展的动力与活力，鲜活的思想变成僵化的概念，从而会落后于时代的脚步。确切地说，辩证唯物主义和历史唯物主义"内容体系"的"萌芽"与恩格斯的《反杜林论》有关，但真正明确完成的，却是1938年斯大林写作《辩证唯物主义和历史唯物主义》前的20世纪30年代的苏联哲学家。中国后来编写的马克思主义哲学教科书并不是直接根据斯大林的体系即"联共党史四章二节"的体系，而是根据"四章二节"以前的"苏联体系"。如今，关于马克思主义哲学教科书批判的声音似乎多且大，而肯定的声音小且微。历史地看，斯大林哲学对普及马克思主义哲学有过历史贡献，对于马克思主义哲学的大众化功不可没，但其负面影响也不容忽视。斯大林哲学只讲对立面的斗争，不讲对立面的统一，也不讲否定之否定规律，这种观念被进一步推广到社会历史领域，必然要把人与人之间的差异、对立和对抗推向极端。这种哲学一味强调哲学为政治服务，为维护高度的集权和绝对权威服务，为具体政策作注释，使哲学蜕变为政治的附庸和权力意志的附属品，这对于哲学发展和政治实践都是不利的。斯大林哲学具有两面性：一方面，斯大林对辩证唯物主义有自己的理解，他在把马克思主义哲学体系化和通俗化方面有一定积极作用；另一方面，斯大林同时也把辩证唯物主义简单化、教条化了，甚至在某些方面把辩证唯物主义误读了。比如，他那里的辩证唯物主义是忽视实践、轻视人的。然而，斯大林对辩证唯物主义的理解只是"他"的理解，"他"的理解并没有完全、真正体现辩证唯物主义的本真精神。

其实，在列宁那里，辩证唯物主义是注重实践和关注人的。正如阿尔都塞所言："只是从列宁开始，费尔巴哈提纲第11条里预言般的词句才终于获得了

---

❶《斯大林全集》第1卷，人民出版社1953年版，第274页。

实质内容和意义。……马克思主义给哲学贡献的,不是一种新的实践哲学,而是一种新的哲学实践。这种新的实践可以改造哲学,另外在某种程度上也可以有助于改造世界。只是有助于而已,因为创造历史的不是理论家、科学家和哲学家,也不是'人们',而是'群众',即在同一场阶级斗争中被联合起来的各阶级。"❶由此,我们不能因斯大林对辩证唯物主义某种误读而否定整个辩证唯物主义,进而否认辩证唯物主义也注重实践和人。

四

第四个理由:由于辩证唯物主义不重视实践、轻视人,而在实践上导致一些社会主义国家在实践上出现曲折。

辩证唯物主义是中国共产党的思想路线和政治路线的哲学基础,是人民大众争取自身解放和发展的理论武器,也是推进理论创新、实践创新乃至学术创新的重要指导原则。改革开放以来,我们强调遵循客观规律,强调解放思想、实事求是和与时俱进,提出"一个中心","两个基本点",倡导"三个有利于"等,都是在辩证唯物主义指导下进行的。具体而言,完整的辩证唯物主义包括"政治支持"、"学术支持"和"大众支持"三方面:政治支持,主要就是辩证唯物主义为中国特色社会主义理论与道路提供政治支持,且支持着党的思想路线和基本路线。正是我们沿着辩证唯物主义的哲学路线,才确立了党的思想路线和基本路线,才在历史方位上科学判定我国社会主义还处在初级阶段,才提出社会主义初级阶段的首要根本任务是解放和发展社会生产力;学术支持,主要就是我们可以从对辩证唯物主义的深入研究中,汲取其中所蕴含的科学精神,并把这种精神运用于我们的学术研究中去,以克服目前我国学术界泛起的浮躁之风;大众支持,主要就是我们只有按照辩证唯物主义所注重的按规律办事、照辩证法办事,实事求是做事,且从实际出发认识中国国情,推进民主法治建设,人民群众才能真正得到实惠、获得幸福。要言之,正是辩证唯物主义在支持着我们的改革开放和社会主义现代化建设。辩证唯物主义是实事求是的哲学基础,是

---

❶ 参见陈越:《哲学与政治:阿尔都塞读本》,吉林人民出版社 2003 年版,第 169 页。

我们党的路线、方针、政策的哲学基础，是中国特色社会主义的哲学基础。中国特色社会主义实践只会使它不断完善和发展，而决不会削弱它，更不会推翻它。反思1978年以来我国的实践发展进程及其成效，我们必然得出这样的认识。从哲学角度来看，一些社会主义国家在实践过程中出现的曲折，其主要原因是把马克思主义教条化了，是误解、曲解了马克思主义，是没有真正遵循社会历史规律和真正做到实事求是，没有真正从客观实际出发。这恰恰是违背辩证唯物主义原则和立场的。中国改革开放和社会主义现代化建设之所以能够取得巨大成就，重要原因之一，就是我们坚持了辩证唯物主义，注重解放思想，实事求是，与时俱进。因为，辩证唯物主义最注重遵循历史规律，最强调实事求是，最注重从客观实际出发。这是我们今天由人治社会走向法治社会从而建设好中国特色社会主义最需要的，也是中国特色社会主义建设实践取得成功的重要保证。

有人说辩证唯物主义世界观存在着"人学的空场"，这值得讨论。问题的关键不仅在于关注人，更在于如何关注人。戈尔巴乔夫的新思维表面上是非常重视人的，但其"抽象的人道主义"却激活了人们对苏联政党和社会主义的不满，加速了苏联的解体，给苏联人民带来了沉痛灾难。而我们注重辩证唯物主义所要求的从客观实际出发来把握人的实际发展进程和实现人的发展的历史条件，因而一步一步、实实在在地解决人所面临的实际问题，结果使人民群众的生活水平得到很大提高。辩证唯物主义既强调遵循规律与历史尺度，从客观实际出发，实事求是，又注重遵循历史规律基础上的价值尺度，注重现实的人、处在社会关系总和中并从事物质实践的人、生活在一定物质生活条件中的人，并且力求把对人的理解与人的解放、人的自由全面发展的实现建立在现实的基础上，把对实践和人的价值理解建立在对其科学理解的基础上，并由此与空想社会主义区别开来了。

2011年4月，耶鲁大学出版社出版了特里·伊格尔顿教授的新著《马克思为什么是对的》，这是西方关于马克思主义的最新研究成果。马克思为什么是对的？在特里·伊格尔顿教授看来，重要原因在于："马克思主义理论对当今社会的重大意义不仅在于其对资本主义制度全面彻底的揭露，还在于其辩证唯物主义和历史唯物主义的研究方法对当今社会同样适用。"❶目前许多关于马克思主义哲学的争论都来自对于其对象和组成部分的不同理解。马克思主义哲学的基本特征之一无疑是实践，实践性使马克思主义唯物主义与旧唯物主义，特别是直观唯物主义区别开来了。但马克思主义唯物主义的基本特征不只是实践，还有科学性、辩证性、革命性等，因此，仅仅以实践唯物主义命名是值得商榷的。为什么辩证唯物主义不会过时，不会退出历史舞台，不会被驳倒，不会被推翻？根本原因在于辩证唯物主义是科学。当然，如同其他科学理论一样，辩证唯物主义也有历史局限性，因此它也会随着时代变化发展而不断变化发展，而这恰恰是辩证唯物主义本身所要求的。由此，就有一个建构马克思主义哲学新形态的理论任务。如今，建构马克思主义哲学新形态的条件基本具备，可以进行一些新的尝试。这种尝试，无疑应该遵循辩证唯物主义，坚持原有体系中的正确因素，抛弃其中的错误成分，超越它的历史局限。

今天，人们对辩证唯物主义存在某种不理解甚至误解。其根本原因，一是苏联哲学教科书的负面影响，致使一些人还是停留在对教科书哲学批判情绪之中，没来得及从理论高度认真清理和总结教科书哲学的利弊得失；二是对马克思经典文本解读得不够深入，没能完全揭示马克思哲学的精神实质；三是对马克思主义哲学的整体性把握不到位，没有处理好马克思主义哲学的整体与部分、源与流之间的关系，也没有理清辩证唯物主义、实践唯物主义和历史唯物主义三者之间的关系，这就直接影响到对马克思主义哲学性质的理解。

（韩庆祥，中共中央党校马克思主义理论教研部教授，研究生院院长；张艳涛，厦门大学马克思主义学院副教授）

---

❶ [英]特里·伊格尔顿：《马克思为什么是对的》，李杨、任文科、郑义译，新星出版社2011年版，中文版出版前言。值得注意的是，在本书的第六章（第132-162页）伊格尔顿驳斥了当前西方流行的反辩证唯物主义的观点。

中国人学学科的创立与黄枬森先生

范文

我是 1987 年 9 月作为博士生进入北京大学哲学系学习的,导师是黄枬森先生。在几年的学习过程中,我对黄先生的学术思想、学风、人格有了较深入的了解。黄枬森先生是中国当代著名哲学家、哲学史家、哲学教育家,在中国人学学科的创立过程中,他也起到了开创者的作用,是人学学科的奠基者之一。

为什么要创立中国人学学科?黄先生主要是从三个方面去进行阐述的。一是对"文革"惨痛历史教训反思的结果,在十年动乱中,人权受到严重践踏,人性受到压抑,这从反面说明建立一门洋溢着人文精神的人学学科的重要性。二是推进改革开放及现代化建设的需要,国家现代化首先是人的现代化,研究人学是调动人民群众积极性,实现中华民族伟大复兴的需要。三是发展马克思主义哲学的需要。黄先生一生以坚持和发展马克思主义哲学为己任,正因如此,他把创建马克思主义人学,看作是弥补传统马克思主义哲学薄弱环节的需要。这里需要提及的是,对西方马克思主义人学思想的研究,是黄先生的人学理论的思想来源之一。20 世纪 80 年代中期,黄枬森先生所做的具有开拓性的工作之一是把西方马克思主义引入马克思主义哲学史来研究。他有关西方马克思主义哲学的学术观点,主要体现在他与施德福先生、宋一秀先生所主编的《马克思主义哲学史》(3 卷本),与庄福玲先生、林利先生所主编的《马克思主义哲学史》(8 卷本),以及他所写的《西方马克思主义与人道主义》、《评西方马克思主义的人本主义流派的代表作》和《西方马克思主义关于人道主义的观点》等论文中。什么是人学呢?西方马克思主义者弗洛姆在《自为的人》一书中提到了人的科学的概念,在他看来,人的科学主要是研究人的本质的。在 1961 年,弗洛姆在《马克思论人》中提出马克思主义的人学就是马克思主义的历史观。"存在主义的马克思主义"者萨特则明确提出了人学的概念。他在《辩证理性批判》一书中批评传统马克思主义缺乏对人的研究，在理论体系中存在着"人学的空场"，为此他提出应该建立"人的辩证法"，即人学理论体系。黄先生认为虽然弗洛姆和萨特的观点并非全面，但他们提出人学学科问题是具有重要意义的。在黄先生看来，传统马克思主义并不是没有讲人，但应看到由于历史的原因，在马克思和恩格斯那里，讲人主要是讲阶级、群众、人类社会即集体的人，而讲个人较少。后来在一些社会主义国家出现了一些偏向，这就是忽视个人。例如在"文化大革命"中这种倾向走向了极端，走向了忽视个性，甚至把人权看成是资产阶级的东西加以反对。从社会主义实践的沉痛教训出发，有必要建立马克思主义的人学学科，对人的本质、人性、人的需要、人权、人的价值、人的自由、人道主义等问题进行系统研究。例如，在人的本质问题上，黄先生正是通过对西方马克思主义有关观点的扬弃，论述了他有关人的本质及人学的一系列学术思想。

早在20世纪80年代初，黄枬森先生就与彭佩云、陈志尚、靳辉明、王锐生等学者一起开始了中国人学学科的创立工作。这主要表现在：其一，发表了一系列有关人学的重要研究成果。例如，他先后主编了《人学词典》和《人学原理》。由他任编委会主任出版的《人学理论与历史》，包括《人学原理卷》、《西方人学观念史卷》、《中国人学思想史卷》，受到了国内外学术界的广泛关注。其二，召开了一系列的人学学术会议。例如，组织发起了全国性的"马克思与人"等学术研讨会，举办了人学理论师资培训班等，通过这些活动，培养了一批人学学术骨干队伍。其三，发起创立了一些人学学术组织。例如，发起倡议创建了中国人学学会，这个学会作为全国研究人学的专家、学者们自愿结合组成的非营利性的全国性群众学术团体，在团结和组织人学工作者积极开展有关人学理论的研讨活动，推进人学作为21世纪的一门新兴学科的建设和发展起到了重要作用。另外，发起组建了北大人学研究中心，该中心发挥了推广人学的学术根据地作用。正因为如此，黄枬森先生被不少学者称为"中国人学的一面旗帜"。

黄枬森先生与有关学者一起，通过《人学原理》等论著，初步构建了人学原理体系，为人学学科的建立奠定了理论基础。黄先生对人学的基本问题、人的环境、人的存在、人的本质、人的需要和利益、人的活动、人的社会关系、人的价值、人的权利和义务、人的理想和信仰、人的发展及规律等论题进行了系统研究,初步建构了他关于人学的理论体系。

黄枬森先生的人学思想具有一系列鲜明特点。第一,具有人本性。黄先生的人学思想非常强调人民群众的历史主体地位,他对人性、人权、人道等问题的论述,处处洋溢着人民至上、公民至上的人学精神。第二,具有科学性。从历史唯物主义的历史观出发,黄先生强调不能只是抽象地谈人,而必须研究现实的人。为了构建科学的人学理论体系,黄先生对人学的研究对象、范畴及理论体系框架等问题都作了一系列深入的论述。其三,具有辩证性。在黄先生看来,人或人的本质是共性与个性的统一,但是在苏联和中国的马克思主义者中都曾发生过一个偏向,只承认人或人性的个性、特殊性,而否认人或人性的共性、普遍性,甚至进一步否认一切具有阶级性的东西的共性,例如认为人性就是人的阶级性,否认人具有共同的人性,这种情况在中国一直继续到改革开放的时候。黄先生则提出要从共性与个性的统一上来把握人、研究人和理解人:一方面,承认人或人性的特殊性,坚持这一点有助于结合中国的具体国情研究人的生存与发展问题;另一方面,承认人本、人性、人权、人道、人伦等理念具有普遍性,承认这一点有助于研究人类社会发展中所面临的共同问题,推进和谐社会及和谐世界的建设。从黄先生的学术志向来看,他所要创建的是马克思主义的人学体系,具有意识形态性,然而,在这个过程中,他也阐述了一系列有关一般人学的基本原理观点。

黄枬森先生之所以成为中国人学学科的创立者之一,与他的哲人人格是分不开的。他宽厚仁慈,在学术界赢得了"三宽先生"的称呼——"治学宽广,待人宽厚,脾气宽和"。作为哲学教育家,他把全部爱心献给学生。1985年一天的傍晚,我作为资历很浅的一个青年学者,从陕西师大出差来到北京,顺便想拜访当时在学术界已很著名的黄先生,此前他并不认识我。当我给黄先生打电话说明来意时,才知他第二天清晨就要去外地出差,由此我犹豫不决怕影响先生的休息,但黄先生却不顾时间紧张,在家里热情接待了我,一直谈到深夜。此情此景,至今仍历历在目。黄先生治学严谨。记得有一次他和我合写一篇学术文章，首先由他列出写作提纲，然后由我写出草稿，最后由他修改。初稿全文5000字，他逐字逐句修改，最后竟改动了2000多字。对此，我一方面惭愧，另一方面深深敬佩先生在学术上的严谨，这种严谨的学风使我终身受益。这里还要提到的是，人学学科作为一门新兴学科，对它的研究有不同意见是正常的。有些学者并不赞同黄先生的某些学术观点，对此，黄先生从不简单否定不同观点，而是从善如流，提倡自由思想，兼容并包。在黄先生的身上，彰显着学术自由的北大精神。

也许从历史的角度来看，才更能意识到黄枬森先生对人学学科创立所做工作的重要意义。在西方，正是通过文艺复兴及思想启蒙运动，促进了人的主体意识的觉醒及思想解放，张扬了人文精神，从而推动了西方社会走向现代化。当前，中国正在兴起人学热，"以人为本"逐渐成为社会主旋律，人权建设艰难推进，实现中华民族伟大复兴、建设富强民主文明和谐的现代化国家成为人心所向，黄先生所做的工作正是顺应和促进了这一历史进步潮流。尽管黄枬森先生逝世了，但他所提倡的人民至上的人学精神却长存。

（范文，国家行政学院政治学教研部主任、教授，中国人学学会副会长）

黄枬森先生晚年关注的马克思哲学观问题

徐春

我 1988 年进入北大哲学系,师从黄枬森先生攻读博士学位的时候他已是接近古稀之年的老人。1991 年我被留在北大哲学系马克思主义哲学史教研室工作,此后 20 多年一直在他身边工作,是和他接触最多的弟子之一,经常听到他的教诲。我亲历了他晚年以 90 高龄主动请缨,创立北京大学马克思主义哲学研究中心,为推动马克思主义哲学学科的建设和发展所作出的不懈努力。现将黄枬森先生 2011 年至 2012 年参加的主要学术活动进行回顾,向学术界同仁介绍他坚持到生命最后一息的学术理念,以此作为对黄枬森先生的纪念。

黄枬森先生晚年对马克思哲学观的思考一直萦绕于心。2012 年 3 月 2 日下午,第 29 期马克思主义哲学创新论坛在北京大学哲学系会议室举行,主题是"马克思哲学观与当代新问题",邀请黄枬森先生主讲马克思哲学观,黄先生系统阐述了他的观点。他认为,哲学观是关于哲学的系统理论,主要解决三个问题:第一,哲学的本质是什么?第二,哲学的定位,主要是哲学在精神世界、主观世界、在人类认识活动中以及在现代科学体系中的定位;第三,哲学的作用,即哲学对社会发展、认识和科学、意识形态、日常生活以及面对实践活动的作用。他强调要通过解决哲学的一些基本问题来建设哲学,特别是建设马克思主义哲学。90 高龄的黄先生在不同场合着重阐述了以下几个问题。

一 马克思主义哲学的科学性问题

哲学的科学化是黄枬森先生在马克思主义哲学研究中奋力探索的命题,也是他对马克思主义哲学学科建设的追求,他沿着"哲学科学化"思路不断前行,推出了一系列研究成果。2011年8月26日,黄枬森先生主编的《马克思主义哲学创新研究》出版座谈会在北京大学召开,会上黄枬森先生百感交集地说,先不评论这部书的学术价值,仅从一个人一生的学术活动来看,它可以说是我多年理想的初步实现,是我整个生命途程中的一个里程碑。回想当年我在大学哲学系学习的时候,我也认为哲学就是每个哲学家的哲学,有成就的哲学家都要自成一家、自立门派。当我学习了马克思主义哲学之后,我的观念改变了,因为我渐渐认识到,马克思主义哲学不仅是一家之言、一个门派,而且是一门科学,它同其他科学一样要接受实践的检验,要不断跟随时代的发展而发展。大约在上世纪80年代中期,我心中渐渐形成了两个概念,一个是马克思主义哲学的科学性质;另一个是真正的哲学是时代精神的精华。然而,上世纪八九十年代,我的主要时间和精力集中在马克思主义哲学史的教学和研究上(当然,这些研究也在不断启发我对哲学体系的思考)。进入21世纪后,我才把时间和精力转移到马克思主义哲学体系的建设上来。我深知,我个人无法也无力单独完成这一哲学体系的建设工作,因此,我与观点相同的学者共同开始了这项研究。

黄枬森先生还说道:"众所周知,哲学研究,包括马克思主义哲学的研究与学术争鸣,是在改革开放,彻底抛弃了教条主义后才活跃起来的,我在关注并参与一次次重大的学术争鸣的时候就深深感到,仅仅通过对不正确观点的论辩是远远不够的,还必须从正面来发展建设马克思主义哲学的科学体系,使马克思主义哲学真正作为一门科学建立起来,才能真正驳倒错误的观点,才能使马克思主义哲学真正为人民所信服。我之所以谈了我这几十年来的思想过程,不外是想强调以下几点:第一,马克思主义哲学是一门科学;第二,马克思主义哲学必须随时代的发展而不断发展;第三,马克思主义及其马克思主义哲学的创新不是根本推翻辩证唯物主义体系,而是在分析和评价它的是非曲直的基础上按照构建科学体系的原则吸收时代精神、科学研究、哲学研究所提供的丰富的营养,使之更加完整、更加真实、更加严密;第四,马克思主义哲学的创新绝不是一个人或几个人的事业,而是集体的事业,必须组成强有力的学术团

队，发挥集体的智慧和力量来共同完成。"❶

关于哲学是否能成为科学，黄先生认为，哲学能够成为科学，也应该成为科学。在2012年3月2日的"马克思哲学观"讲座中他论述了这样几个理由：

首先，哲学作为一门学科是全世界公认的，学科理应都能成为科学。学科就是关于某一个范围的知识，有明确的对象。为什么有些学科没能成为科学，因为里面的知识比较混乱。当知识比较纯粹，错误的被排除出去，而且构成体系时，科学就出现了。他认为哲学也会有这一天，因为哲学与人类科学史、认识史是一致的，是随着认识史、科学史的发展而不断变化的。他说："我有这个信心，当然哲学成为科学会困难些，时间长一些，因为哲学太抽象，其他科学没有这么抽象，而且牵扯到意识形态的理论往往难以成为科学，哲学恰恰牵扯意识形态，得不到公认不足为奇，但是这个问题终归要解决。"❷黄枬森先生论述了哲学成为科学需要具备三个条件。其一，要有明确的研究对象，它就是研究整体，研究一般。其二，要有许多原理，而且这些原理要有真实的内容。其三，要有严密的逻辑体系或科学体系。一个科学形态或一个科学体系应该在三个方面比较成功，令人满意：一是它的内容是真实的，是正确的；二是要完整，必要的原理和部分都要有；三是要严密，有逻辑联系，彼此之间联系密切。这三点哲学都有，但都很不足，有很多缺点，如果这三个问题解决好了，将有助于解决对许多问题的争论。他说："我一直认为哲学研究的根本问题，改革开放后学术研究比较活跃、争论得比较多的问题，最后都归结到马克思主义哲学的科学形态、科学体系是什么？这个问题不仅是理论问题，也是现实问题。用一种科学指导我们的实践，这个科学愈真实，愈完整，愈严密，效果就愈大，作为一种思想武器就愈有力。如果这门科学有的对，有的错，甚至自相矛盾，怎么指导实践？这是个关键问题，对哲学建设和运用都有重要意义。"❸

第二，众多哲学家都在努力把哲学变成科学，但是都失败了。他们吸收了很多哲学理论，但不能达成一致，至少这些哲学家都认为自己的观点是真理，很

---

❶ 黄枬森先生在2011年8月26日《马克思主义哲学创新研究》出版座谈会上的发言。
❷ 黄枬森先生在2012年3月2日"马克思哲学观与当代新问题"讲座中的发言。
❸ 陈静：《境界与思考：马克思主义哲学的科学形态——访北京大学黄枬森教授》，载《中国社会科学报》2010年8月9日。

少有哲学家说我就是胡说八道，每一个哲学家都希望自己的哲学能够成为正确的原理和法则，所以说把哲学变成科学是现代社会的主流，但还没有成功。

第三，哲学的研究对象越来越明确，为它成为一门科学创造了很好的条件。在古代的一个时期哲学研究的对象无所不包，但现在哲学研究的是最整体、最一般的东西，这个最一般全面的东西，也就是哲学研究的对象。但是这个对象不是脱离现象的，而是从现象来的。哲学对象的明确与否是影响一门学科能否成为科学的重要因素，如果对象都不明确的话，那就很难成为科学。现在哲学研究的对象经过几千年的发展变化已经慢慢地明确起来了，这就为哲学成为一门科学创造了很好的条件。

第四，哲学作为对事物的整体研究和一般研究来自现实世界，来自我们的实践，这一点是有充分的基础和根据的。胡适从前写过文章，认为"真不真"、"科学不科学"这些问题是研究不清楚的，关键是"有用没有用"。大家都知道实证主义也是讲这个道理。这种终极的原理、终极的思想根本就不可能是科学的思想。科学不问你这些问题，科学只问你实证的问题，只有实证的问题才是科学的问题。康德有一个"二律背反"理论，就是说哲学原理、一般的原理，真理性原理都是有两个相反的结论，都是可以证明的，所以这些问题是没有办法解决的。哲学史上几千年的努力根本就不能解决问题，所以实证主义提出结束形而上学，也就是否定形而上学。黄枬森先生说："我觉得解决这个问题最终的办法还是实践，实践就是它最后的根据。但是，这里说的实践不是一个人的实践，而是一个时代的实践，自主的实践，是几千年整个人类的实践，是整个科学的证明。人类思想的发展只能用实践来证明，还需要人们的生活来证明。关键问题是不要把这些终极的原理、一般的哲学原理绝对化，它们也是在不断变化发展的，没有终极的、绝对的原理，但只要是有充分的实践根据的我们就肯定它。哲学既是思辨的，也是实证的，科学也是这样，既需要思辨也需要实证，不能把思辨和实证对立起来，割裂开来。"[1]

第五，哲学是对科学体系的概括总结，但它不是凌驾于科学之上、脱离科

---

[1] 黄枬森先生在2012年3月2日"马克思哲学观与当代新问题"讲座中的发言。

学的东西,而是科学,哲学只是科学体系中的普通一员。它应该是一门科学,也能够成为一门科学。

黄枏森先生认为,哲学绝不能脱离哲学史,但这并不等于说哲学就是哲学史、哲学不能成为科学。他说,我上大学的时候,没有科学的观念,那时说哲学就是哲学史,哲学就是这个哲学家的哲学、那个哲学家的哲学。我们一般所了解的哲学史、各种哲学史都是哲学家哲学思想的介绍和评论,中间有些是哲学流派的介绍和评论,哲学史的实质还是要写哲学思想的发展、写哲学史的发展,但在过去,就没有一本书是按哲学思想的发展来写的,都是写人、写流派。哲学史应该是哲学这门学科从非科学转变为科学的历史,应该写出它怎样由非科学的状态而转变为科学的。历史上第一个科学形态的哲学就是马克思主义哲学,或者说得具体一点,是历史唯物主义以及历史唯物主义里面所蕴含的辩证唯物主义思想。

二 马克思主义哲学的意识形态问题

哲学与意识形态的关系问题,是60多年来中国哲学界一直关注和讨论的重要问题。新中国成立初期,学术界围绕这个问题有过热烈的争论。"文革"结束后,类似的讨论再度发生,黄枏森先生对马克思主义的意识形态性和学术性的关系问题,也就是哲学与政治的关系有自己的思考和认识。他把哲学与政治的关系问题解析为两个层次:一个是马克思主义哲学的学术性和政治性问题,另一个是一般哲学的学术性和政治性问题。黄枏森先生认为:"关于马克思主义哲学的学术性和政治性问题比较容易谈清楚。马克思主义哲学是无产阶级和共产党的世界观,是一门科学。目前存在一种普遍的倾向,就是否定马克思主义哲学的学术性和科学性,不承认马克思主义是一门科学;与之相对应的是另外一种倾向,就是只承认他的学术性、科学性,而否定他的政治性。其次,人们在讨论哲学的学术性与政治性的关系时,往往将二者割裂开来,将问题推向两个相反的极端。要么是一些学者只研究学问,而从不关心政治;要么就是所谓的政客研究哲学,只是为他的政治服务。就马克思主义哲学的境遇来看,主要的

极端是否定马克思主义哲学的科学性。"❶

黄先生认为,在处理哲学的学术性与政治性的关系这个问题时,要有一种正确的态度,要弄清楚两方面的关系,特别是马克思主义哲学在这两方面的关系,不能将二者割裂开来、对立起来,不能用一方否定另一方。他说:"过去受极'左'思潮影响,人们往往过分强调政治性而否定科学性,往往把学术问题当作政治问题来处理,没有注意到学术性和政治性原本是应该结合起来的。学术追求真理、纠正谬误,判断的标准是'真假'和'是非',探求的是客观世界内在的规律性;政治则主要关注利益,以政治目标能否实现来论成败,重视的是'利益'和'好处'。所以学术性和政治性两者是有区别的,我们的工作就是要将这两者结合起来,实现相互推动,防止片面化、极端化,避免无限地突出一方,因为二者不可偏废。过去在极'左'思潮影响下,人们认为政治可以冲击一切,而最高的政治就是领导人的观点和意见。如果坚持这种主张,那么马克思主义哲学的科学性和学术性就被抹杀了。但另一方面,我们也不能把马克思主义哲学仅仅当作学术来研究,而抹杀其政治性。""单纯地用政治性来领导学术性,必然造成科学性的丧失和学术研究的失败。""从我个人的体会来讲,我认为科学性和政治性是可以结合的,而且应当相互结合。不过就马克思主义哲学来讲,科学性和政治性毕竟有差别。这样就难免出现一些矛盾。出现矛盾的时候怎么处理?我认为在这种情况下可以选择'不讲',在思想上坚持理论的正确性和独立性,但是不公开发表,保留自己的意见。采用这种方式虽然不能从根本上解决问题,但是能够缓解问题的矛盾。不说不合适的话,但是仍然坚持思想的独立性。"❷

黄枏森先生曾经给我讲起,1958年因在反右时说了一些话,组织上给他留党查看两年的处分,1959年春北京大学认为当时的处理过轻,又改为开除党籍。黄先生对此很不服气,认为自己当时是在中央政策研究室党的会议上与党员同志交流思想,归纳总结北京大学的所谓"右派言论",认为有些观点是有价值的,属于在内部发表意见,没有到党外讲,也没有公开发表。党章上明确规

---

❶ 黄枏森、韦建桦:《关于哲学的十个问题》,载《马克思主义与现实》2012年第6期。
❷ 黄枏森、韦建桦:《关于哲学的十个问题》,载《马克思主义与现实》2012年第6期。

定党员有这个权利,为什么要处分我?而上级认为党章是适用于正常情况的,反右时期是非常时期,暂时不适用上述规定。这没有道理,但是也没有办法,只能承认错误,进行检讨。当然,"文革"以后问题也完全澄清了。1978年,在被开除党籍19年以后,未经申诉和讨论,处分就被取消了,也恢复了党籍,并连续计算党龄。记得几年前当我向他询问这件事情时,他拄着拐杖,站在自家楼前,有些激动地对我说:"我当年的言论至今也没有错!"现在的环境比较宽松了,大家不再需要有这方面的顾虑。现在的问题是,总有一种看法,认为马克思主义哲学就是政治,而不是学术、不是科学,认为马克思主义哲学只是为政治服务的。这种观点忽略了一个事实,那就是马克思主义哲学蕴含着许多科学真理,比如,唯物主义就完全是一个科学的问题,不仅仅马克思主义坚持唯物主义,很多非马克思主义者也赞同唯物主义,因为唯物主义是符合客观事实、符合客观规律的。

三 辩证唯物主义和历史唯物主义究竟是不是斯大林哲学

2012年3月2日下午,黄枬森先生在主讲马克思哲学观时,根据自己的亲身经历谈了辩证唯物主义和历史唯物主义究竟是不是斯大林哲学,是不是斯大林的体系问题。他说,我清楚,辩证唯物主义和历史唯物主义这个体系是20世纪20年代苏联哲学家创立的,是根据马克思、恩格斯以及其他马克思主义哲学家的观点在长期研究过程中逐渐形成的,起码经历了有一二十年的时间,也是当时时代的反映。苏联哲学家30年代初的那个哲学体系,不是斯大林体系,当然斯大林是赞成这个体系的,但不是斯大林创立的。

黄枬森先生回忆说:"我在马克思主义哲学方面的启蒙老师是艾思奇、潘梓年,还有苏联哲学家。30年代初期我看过苏联学者写的《新哲学大纲》一书,可以来辨明这个体系。当时苏联哲学家的这些书,很快就翻译过来了,我看过一些。我最初感兴趣的是艾思奇的《大众哲学》,他的《大众哲学》根据的也是苏联哲学家的研究著作写出的,而不是根据斯大林的'四章二节',当时没有'四章二节','四章二节'是1938年才出来的。斯大林在20世纪20年代有篇哲学文章，叫作《无政府主义还是社会主义》，完全不是辩证唯物主义和历史唯物主义体系，大家可以看看。解放前，我见过《联共（布）党史》，其中有'四章二节'，但是大家当时都不太理解。因为它不过是在苏共党史中对共产党世界观的简单叙述，我们没有当回事。可以说，解放以前斯大林的哲学思想在中国没有什么影响，尽管他的政治影响很大，但他的哲学没什么影响，没有人专门讲他的哲学研究。"❶

"四章二节"体系在中国流行是在解放以后大批苏联专家到中国来协同讲授马克思主义哲学的时候。当时中国人民大学来了几十、上百名苏联专家，那时没有哲学教研室时，也没有马列基础理论教研室。马克思主义基础课就是讲"四章二节"，最根本的就是讲斯大林基础。当时在苏联已经开始对斯大林个人崇拜，苏联后来的教科书都按照斯大林的体系编写，这个体系同时也是研究社会主义的体系，其实就是把苏联哲学家30年代的体系加以简化，可以说许多地方是做根本性的过滤或者是删除，尤其是基本原理都有改动，不讲统一，只讲对立。但是斯大林1953年就逝世了，1956年赫鲁晓夫作报告后，斯大林就被打倒了，所以斯大林这个体系中国就再也没有采用了。原来的那个体系，当然也作了些改变。黄先生说，"这个事件回过来看非常奇怪，就是中国很多学者，年轻学者，甚至包括一些年老的学者，异口同声地就说，20年代的苏联马克思主义哲学体系是斯大林创建的，我对此很不理解，我觉得这个事实不是这样的。我是1951年派到中国人民大学去学习马克思主义的，当时我已经30岁了，我已经在30年代接受过苏联原来哲学体系的影响，我熟悉这是哪个体系。后来在中国人民大学学习，大致学的就是斯大林的体系。当时我们研究班里有很多20多岁的大学生也来参加这个研讨班，学的就是"四章二节"斯大林哲学。学了以后就按照斯大林体系讲，一直就教授斯大林的这个哲学体系。当年20多岁的人，到90年代，也是六七十岁的老专家了，也这么讲，那么更年轻一点的，都是这些老专家的学生当然也这么讲，就有了误解的发生。"❷ 最近理论界有很多观点，有人批判辩证唯物主义，说辩证唯物主义是斯大林体系，是斯大林极"左"路

---

❶ 黄枬森先生在2012年3月2日"马克思哲学观与当代新问题"讲座中的发言。
❷ 黄枬森先生在2012年3月2日"马克思哲学观与当代新问题"讲座中的发言。

线的思想基础,这一说法是对马克思主义哲学存在极大的误解。

在"马克思哲学观"的讲座上,黄先生做了两个小时的系统发言,条分缕析地给我们阐述了他长期思考的几个哲学基础问题,同时他也把自己70多年的学术经历,特别是50年代到改革开放前的这一段学术经历仔细回顾了一下。为了这次讲座,黄先生做了非常充分细致的案头准备工作。我当时就感觉到黄先生似乎在拼尽力气,在他有生之年用他的亲身经历澄清学术史实。他当时已患前列腺癌近10年,身体健康指标均在下滑,长时间讲课几乎未喝水,他的病情使他外出活动时不敢多喝水,怕带来去卫生间的不便。这是他生命中的最后一堂课,他在公开场合给我们留下了学术嘱托,这就是要依据历史和事实把马克思主义哲学作为一门科学来建设和发展。

在黄枬森先生生命的最后岁月,有这样几个场景让人终生难忘。2011年8月26日,黄先生在《马克思主义哲学创新研究》出版座谈会上说:"有关马克思主义哲学体系的争论,始自上世纪80年代初,一直延续至今。从最初的辩证唯物主义和历史唯物主义体系要不要彻底摒弃,后来就集中到辩证唯物主义是不是马克思的哲学这个问题上。我认为,辩证唯物主义是推不翻的,因为它的建立不仅有几千年人类传统文化的精华,特别是传统哲学中的科学因素作为自己的思想资源,而且有作为人类实践经验总结和概括的自然科学和社会科学作为基础,经受住了100多年来世界和中国的革命和建设实践的检验。有人说,苏联社会主义的失败是由于它以辩证唯物主义为指导,中国'文化大革命'也是以辩证唯物主义为主导思想,然而事实却是刚刚相反,苏联的失败,恰恰是由于放弃了辩证唯物主义的旗帜,而中国的'文化大革命'则是唯心主义的形而上学猖獗。我始终认为,马克思主义哲学建设不能摒弃辩证唯物主义和历史唯物主义的体系而另辟蹊径。应当按照建设科学体系的要求来分析和评价它的是非曲直,要根据时代发展来改进它,使它更加完整、更加真实、更加严密。"❶

2011年11月29日,适逢黄枬森先生九十华诞。这一天虽是冬日,却无严寒,由中国马克思恩格斯研究会、中国人学学会、北京大学哲学系、21世纪哲

---

❶ 黄枬森先生在2011年8月26日《马克思主义哲学创新研究》出版座谈会上的发言。

学创新论坛等单位联合举办的"马克思与辩证唯物主义理论研讨会暨北京大学马克思主义哲学研究中心成立仪式、《黄枬森文集》首发仪式"在北京大学英杰交流中心新闻发布厅举行。在研讨会开幕式上,黄枬森先生以其清晰敏捷的思维,平缓的语速作了主旨报告。他认为,哲学社会科学是文化中的重要组成部分,如果其中的哲学社会科学不强,中国难以成为文化强国。哲学工作者应该对我国社会主义文化大发展大繁荣作出自己的贡献,高校的哲学教师则应以哲学的学科建设作为我国哲学自强的突破口,要研究基本理论和解决现实问题。对于马克思主义哲学的学科建设而言,当前仍旧存在一些根本问题没有得到很好的解决,诸如哲学的性质、哲学是否是科学、辩证唯物主义是否是马克思的哲学等。他提出,我们应该对马克思主义哲学、对辩证唯物主义有信心,继续研究它,提高其科学性,丰富发展其理论体系。这种信心不是盲目的,而是有经典根据、实践根据、科学根据的。对于这种有充分根据的东西,我们要有自信。没有自信,就不可能有自强,永远跟着别人跑,不可能跑出一个哲学强国。❶

2013年1月24日,以92岁高龄的老迈之躯仍为马克思主义哲学学科的建设和发展殚精竭虑的著名哲学家黄枬森先生被病魔阻断了思考,永远离开了我们。2月1日是我们和他做最后告别、送他远行的日子,望着黄先生依然安祥、平和的面庞,我们有着难以言说的不舍,但又觉得老先生远离了尘世的喧嚣,进入了终极沉思的最高境界。

此文依据黄枬森先生2011—2012年参加的几次学术讨论会讲话录音整理成文,尽量保留了黄枬森先生的文字风格和叙事逻辑,同时参照了他生前公开发表并经他本人审读过的两篇文章,目的是客观、真实地呈现黄枬森先生晚年所秉承的学术理念和理论逻辑。他是本着科学求实的态度研究马克思主义,理解重大学术问题,他的观点是他长期深入思考的结果,而不是受某种政治倾向左右,这正是他在中国哲坛长生不老、备受尊敬的缘由。黄枬森先生以其毕生精力在知识和信仰的交汇处始终如一地研究马克思主义哲学,无怨无悔,为后辈学人树立了崇高的典范。

(徐春,北京大学哲学系副教授,中国人学学会秘书长)

---

❶ 黄枬森先生在2011年11月29日"马克思与辩证唯物主义理论研讨会"上的发言。

对黄枬森先生"哲学科学化"命题的追思

李凯林

黄枬森先生走了,他给我们留下了一个值得深思的问题:哲学的科学化。这是他在马克思主义哲学研究中奋力探索的命题,也是他对未来哲学发展路向的猜想。深入理解黄先生的这一命题,对于反思哲学发展中的诸多纷争不无裨益。

一、哲学科学化:先生不懈的学术追求

上世纪90年代初,笔者随黄先生读博时曾和他讨论过哲学科学化问题。在一次学术会后,笔者曾向黄先生面陈:"哲学是哲学史。哲学是主体性很强的人文学科,不是实证科学,所以不宜说哲学科学化。"黄先生当时回答:"这是我深思熟虑的观点,当然不是随便说。"他不强求弟子亦步亦趋他的观点,他给学生们充分的自由探讨空间。但他沿着他的"哲学科学化"思路不断前行,推出了一系列研究成果,"哲学的科学之路",成为他最后数十年理论研究的一个支点。

2012年10月北京大学哲学系百年系庆,黄先生在《北京大学校报》撰文:"更加自觉地走哲学学科的科学建设之路",再次精辟阐述该命题。他指出,我国关于硕士博士研究生培养的"学科专业目录"中,其他学科的第一个二级学科基本上都是与一级学科同名,其任务是要研究该学科的一般理论,如政治学的第一个二级学科是政治学理论,法学的第一个二级学科是法学理论,还有社会学、民族学等均是如此,唯独哲学学科的第一个二级学科是马克思主义哲学。这给人一种感觉,似乎哲学的第一个二级学科不是研究哲学的一般理论,而是研究一个流派;并且在其后的7个二级学科也没有一般哲学理论,"这样,一般的哲

学理论不见了、失踪了,哲学成了集合名词"。黄先生在此处要反思的问题是,如果哲学的一般理论没有了,那么哲学作为对世界的最一般规律的认识何以确立,哲学的科学世界观功能以何种形态出现?黄先生对此的深入思考是他对马克思主义哲学学科建设的理解:马克思主义哲学对科学化的追求,其实就是哲学学科的科学性建设,当这个任务真正实现时,在哲学前面的"马克思主义"这个学派性定语就是多余的了。他设问:"如何把哲学的8个二级学科建设成为科学?"回答是:它们"都应该走学科建设的科学之路",构建以世界整体和各部分的一般性为对象的"更加真实、更加完整、更加严密的科学体系"。(《北京大学校报》2012年10月北京大学哲学系百年系庆专刊)2013年2月1日,北京大学举行了"黄枬森先生追思会"座谈,数十位老中青学者追忆黄先生的道德文章,黄先生关于"哲学科学化"的命题和追求不断被提及。谢龙先生说:"黄枬森关于哲学科学化的观点早在1985年时就在一次会议上说过。"对于黄先生孜孜不倦的追求,大家极为感慨,亦无比赞叹,感慨其学风之勤奋执著,赞叹其学理之厚重清晰。

  历史地看,黄枬森先生的追求其实并不是他的创造,而是他对马克思主义哲学经典传统学术志向的继承发展。马克思的历史唯物主义和恩格斯的自然辩证法研究,就是致力于历史观和自然观的科学化。后来社会主义国家普遍使用的"哲学社会科学"提法,也是哲学科学化的思路。这一思路,既是对马克思主义经典作家原本追求的继承,也是要开拓新时期马克思主义哲学的创新,如黄先生在中国开创的人学研究,就是立足于对人的最一般属性的科学探索和阐释。从哲学的世界观属性看,不讲科学化,就不能说哲学对人们科学地认识世界具有世界观方法论意义;不讲科学化,就谈不上哲学要随着科学的发展而发展。

二、哲学科学化:对哲学发展走向的猜想

  纵观科学发展史,各门科学的发展都有一个过程,在其进入相对成熟的科学形态之前,基本都经历过一种前科学阶段。黄枬森先生关于哲学科学化的命

题，就蕴含着这样一种设想，即哲学学科也有其前科学阶段和科学阶段。这一设想，既是黄先生自己哲学创新的指导，也是他对哲学学科建设向何处去的一种猜想。

2011年，黄枬森先生主持的国家重点课题"马克思主义哲学体系的坚持、发展与创新研究"，有40多位学者参加，历时10年之久，其最终成果是《马克思主义哲学创新研究》4部5册，由人民出版社正式出版。该成果的第一部是《马克思主义哲学体系的当代构建》（上下册），其中第一篇是黄先生主编，第一章作者是聂锦芳教授，他显然认同黄先生关于未来哲学发展走向的见解，写道："我们决不要为今天的'哲学就是哲学史'现象所迷惑。这种现象虽然已存在两千多年，但绝不是永恒的，它在人类漫长的科学史中仍是一种暂时的现象，是哲学发展的非科学或前科学阶段。"（《马克思主义哲学体系的当代构建》（上册）第68页，人民出版社2011年版)黄先生在第三章开篇写道："哲学史就是作为一门学科的哲学如何成为科学的历史，就是作为一门科学的哲学萌芽、成长、诞生和发展的历史。"（《马克思主义哲学体系的当代构建》（上册）第129页）各门科学都有其成长成熟过程，只不过哲学学科需要的时间长得多而已。随着哲学的发展，它应当终究可以走出这一阶段，形成有更高认可度的体系，从而进入其相对成熟阶段。这一论证所站的历史高度很高，透视的历史跨度相当大，很值得哲学工作者反思体味。

在《共产党宣言》中，马克思指出人类的历史经历了从区域性历史向世界历史的发展。与之相应，人类对世界的认识，也经历了从纷繁迥异的各种神秘猜测式解读向相对统一的科学认识的发展。对世界的科学认识，哲学世界观是其重要组成部分。致力于实际地认识和改造世界的人们，需要科学的世界观方法论作指导，哲学工作者应当为人们提供这方面的理论成果。哲学学科本身的建设也会从共识较少的众说纷纭向共识较多的世界观体系过渡，这个过渡正是黄枬森先生所认为的哲学科学化过程。"哲学研究是以民族性的形式、时代性的内容去求索具有人类普遍性的问题。"（《马克思主义哲学体系的当代构建》（上册）第128页，人民出版社2012年版）这是黄先生对哲学的民族性、时代性和普遍性的相互关系所作的非常精辟的科学概括。

从根本立场上看，哲学的科学化其实是唯物主义哲学的追求，但这并不否定哲学在唯心主义方向上的发展。历史上的唯物主义哲学，无论是古代朴素的唯物主义，还是近代的机械唯物主义，以及现代的辩证唯物主义，其实都是力图向人们展示关于客观世界的整体全景和本质特征。而历史上的唯心主义哲学，无论是以主观唯灵论形式出现，还是以客观精神的理念论形式表达，都是致力于发掘人的主观能动方面，其特点不是科学化，而是主观意识化。这种主观意识化的哲学并非没有意义，它发展了人的精神的能动方面，对人的思维能力的提高有极大意义。马克思《关于费尔巴哈的提纲》第一条对此予以充分肯定（《马克思恩格斯选集》第1卷第133页，人民出版社2012年第3版）；马克思《资本论》写作构思的叙述方法也是借鉴了黑格尔的逻辑学；马克思的历史唯物主义其实也是来自德国古典哲学唯心主义成果的启迪。在一定意义上可以说，没有黑格尔就没有马克思。唯心主义哲学的积极意义由此可见一斑。但唯心主义哲学的科学价值常常需要借助唯物主义哲学，即由唯物主义哲学对唯心主义哲学中的合理成分做唯物主义的转换，使之成为科学的表达，从而才能成为服务于人们认识和改造客观世界的思想理论资源。马克思对黑格尔哲学的改造是例证，近代唯物主义对宗教和经院哲学的批判也是例证。任何真正科学的批判其实都是一种扬弃，只有包含合理因素的东西才值得批判。由此意义看，唯物主义和唯心主义的斗争，其实是二者相互吸收、相互超越的发展形式。在这种似乎是二律背反但又相反相成的运动中，唯物主义关注的主要是客观世界，唯心主义关注的主要是人的主观世界，对象的不同，导致在学科建设追求上的科学化和意识化之分。黄枬森先生是致力于辩证唯物主义哲学学科建设的，他就此提出的哲学科学化，是对唯物主义历史传统的继承发展，但这并不否定唯心主义方向上对人的主观世界的研究。

对于黄先生关于哲学科学化的命题，陈先达先生在祝贺黄先生90寿诞座谈会上的发言有一个很好的解读："别的哲学可以不要科学化，但马克思主义哲学要科学化，因为它给自己提出的任务是改造客观世界。"这可谓是对黄枬森先生这一命题的画龙点睛。确实，哲学内部可以有多家多派存在，但致力于"改变世界"的马克思主义哲学，当然须以科学性为自己的最重要属性。马克思一生的理论研究是以此为圭臬的，马克思主义哲学的生命力也是扎根于此的。由此说，黄枬森先生关于哲学科学化的发展猜想，既是对马克思主义哲学立场的返本，也是对未来唯物主义哲学发展走向的开新。梳理黄枬森猜想这份理论遗产，对我们透视当今世界哲学发展存在的纷繁局面不无教益。

三、不折腾：坚守冷静的求实治学

黄先生多年坚持辩证唯物主义科学性的研究，被许多人视为是保守、不合时宜。其实，历史的进步不仅需要激烈的"趋时"，而且需要冷静的"保守"，这样才能避免走极端式的"折腾"。邓小平为中国改革总设计中加入的"坚持四项基本原则"这个基本点，就是这个作用。黄先生坚持对传统马克思主义哲学作科学分析以继承发展，也是这个作用。

马克思主义哲学中的科学元素是否应当坚持，学术之争的背后蕴含着重大理论是非。一种在历史上发挥过重大作用的理论应当如何发展扬弃，是追求轰动效应主导，还是实事求是地冷静分析扬弃？在学术研究渐趋浮躁的环境中，要真正坚持后者并不易。上个世纪80年代以来，主体性热在中国流行，证伪主义的求异思维也主导着人们的理论神经，研究者争相做的研究是对原有理论的证伪。似乎越过激、越有轰动效应的成果就越易于受青睐。在这样的潮流中，黄先生仍坚持其实事求是的科学态度，对学术争论中的热点均取严谨的分析态度，写出了一系列有分量的论著，为中国马克思主义哲学理论研究的继承发展作出了自己不懈的努力。正是有了一批像黄先生这样的学者的坚持，才使得在新时期的哲学创新研究没有形成一种绝对一边倒的过激性倾向。黄先生对马克思主义哲学中原有科学内涵的分析和扬弃，维护了马克思主义哲学变革在继承发展的路子上前行。

黄先生多年来执著地研究哲学科学化，无可讳言，这一观点此前被理解的范围很有限，但其在《马克思主义哲学体系的当代构建》一书中有了较多的认同和体现，它蕴含的逻辑性、前瞻性、深刻性，是发人深省的。该书写道：哲学学科的发展和体系建构"是一个全社会的系统的文化工程"，该工程不能仅限于在哲学工作者范围内理解人类哲学成就的发展，而应拓展眼界，对真正影响了人们思维方式的伟大科学家和政治家予以足够重视，对以多种形式、多种形态存在于社会各层面人们中的那些代表时代精神精华的哲学观念予以重视。这不是若干人可以一蹴而就的工作，而是需要几代甚至十几代持续不断的努力才可能。上述思路要求我们真正面对人类丰富的社会实践和思想成果，依此建构的哲学定将不会是抽象干巴的教条，而是历史与逻辑统一基础上建构的关于世界的"思维具体"。（参阅《马克思主义哲学体系的当代构建》（上册）第70页）

无可否认，哲学学科的科学化建设一度被引向了教条主义，但对教条主义的否定又极易导致全盘否定式的折腾。社会主义国家确曾在一较长时期把已有的马克思主义哲学原理僵化为终极真理，并以此打击其他类别的哲学探讨，这是"真理多走一步则可能变为谬误"的典型表现。改革开放和思想解放的浪潮迎来了中国哲学研究的春天，一切传统理念都被重新审视，求新、求异思维成为主流志趣。但与此同时，对原有理论的科学性不加分析、一概否定的倾向也日趋严重。历史发展中虽然难免有矫枉过正现象，但这种动荡性若摆动太大，则会使社会发展付出不必要的"折腾"代价，有些折腾甚至会导致长达若干年的民族灾难。世界上一些国家的政治剧变和社会分裂，就与其在哲学思想上被某种西化理念所折腾相关。中国的改革开放在思想理论上保持了继承发展的路子，其实质内涵就是马克思主义理论的科学性没有被全然否定。这首先有赖于党中央在政治上正确掌舵，同时也与学术上有像黄先生这样的一些不怕被斥为保守的冷静的"求实者"密切相关。

四、科学性：辩证唯物主义的本质追求

古往今来的哲学理论有很多，它们分别以自己对世界的特定把握为特点，并以此为特定历史中的特定人们服务。辩证唯物主义是马克思主义哲学对世界的把握，它追求的是对世界的科学认识和改造，要服务的是实证科学的发展。马克思说："在思辨终止的地方，在现实生活面前，正是描述人们实践活动和实际发展过程的真正的实证科学开始的地方。关于意识的空话将终止，它们一定会

被真正的知识所代替。"（《马克思恩格斯选集》第1卷第153页，人民出版社2012年第3版）马克思做学问的轨迹，就是他把自己的哲学理念付诸科学的佐证。

马克思做学问的轨迹可以概括为：从思辨哲学到部门哲学，又从部门哲学到实证科学。实践哲学是他对思辨哲学的超越；唯物史观是他在部门哲学层面的结晶；政治经济学和科学社会主义是他在实证科学层面取得的成果。

马克思的学术生涯从哲学开始。他读大学期间进的是法律系，但兴趣主要在哲学和历史。他充分吸取了黑格尔思辨哲学辩证法的营养，后来则以自己的实践哲学实现了对黑格尔辩证法的改造。马克思的实践哲学是他对思辨哲学既吸收又反叛的结果。他写的《<黑格尔法哲学>批判》，既是对黑格尔唯心主义历史观的批判，也是对自己先前接受的唯心主义世界观方法论的初步清算。费尔巴哈唯物主义面世，马克思由衷地欢呼并向其认同，但后来马克思又以辩证的实践概念改造费尔巴哈的唯物主义，从而实现了自己在哲学世界观层面的变革。这一变革的过程基本是在思辨哲学层面进行的，其成果形态是马克思的《关于费尔巴哈的提纲》（以下简称《提纲》）。马克思《提纲》中的实践哲学虽然强调要改变世界，但它其实仍旧是对世界的一种解释。这种解释能够改变人们对世界本质的某种看法，但不能具体地拿来改造世界。哲学要改造世界，就要向实证科学渗透，在实证科学中发挥方法论作用，这就是对世界各部分的一般特点进行研究的部门哲学。唯物史观是马克思走向对社会现实做科学研究的理论指导。

任何一门具体科学都是对世界特定方面的认识，其中必然包含有一定的世界观基础。这种世界观基础是该具体科学的方法论。哲学要想在改造世界中发挥作用，就要发挥它在具体科学中的世界观方法论作用。实践哲学强调要改变世界，但仅靠实践理念是不能实施改造世界的，必须落脚于具体科学层面的成果才行。哲学在具体科学的发展中承担着方法论变革的角色。马克思的唯物史观形成于1844到1845年之际，它是马克思的科学唯物主义世界观与经济学研究结合的产物，是马克思着眼对资本主义社会作具体解剖时得出的"总的结果"。这个总的结果是他此后几十年研究政治经济学和科学社会主义的思想指导。可以说，马克思的历史唯物主义有两个形态：一是其历史哲学形态，即关于社会基本矛盾运动的理论；二是其实证科学形态，即对资本主义现实作具体研究的政治经济学和科学社会主义理论。真正对无产阶级革命实践有直接指导作用的，是马克思的实证研究成果，哲学形态的唯物史观是溶铸于其中的世界观、方法论。历史唯物主义对社会基本矛盾在历史中的辩证运动的把握，是辩证唯物主义思想方法在历史研究中的科学体现。马克思在历史观中实现的科学变革，促使恩格斯在自然科学成果基础上研究自然辩证法。恩格斯的自然辩证法研究没有最后完成，但其重要成果在《反杜林论》等著述中已有应用，并成为马克思主义哲学基本理论的重要组成部分。马克思恩格斯都是致力于以科学世界观作指导来进行实证科学研究的，他们对世界的辩证关系及其运动发展的把握，是辩证唯物主义科学性追求的典范。

综上述，哲学科学化应当是辩证唯物主义哲学发展的本质追求，其与历史上的唯物主义哲学追求一致，其价值指向是服务于对客观世界的改造，为实证科学的发展开路，为人们改造现实的社会存在作论证。与此相对的唯心主义哲学，其致力于人的意识能动性之发展，其形式上虽有抽象之嫌，但也不乏会有合理内核的获得。二者各有所向，相反相成，在相互斗争中相互渗透，其合理内核相互转化，构成了哲学发展创新的双重变奏的历史。就此意义上说，黄先生关于哲学科学化的命题，其实是就辩证唯物主义哲学的学科建设而言的，其内涵不应排除唯心主义哲学派别的存在，质言之，哲学的科学化建设亦应包括对各种唯心主义哲学派别所取得的合理内核的科学改造。

（李凯林，中国政法大学人文学院哲学系教授，博士生导师）

马克思主义哲学史研究的先行者*

——追思黄枬森先生的学术贡献之一

杨金海

2013年1月24日,我国著名的马克思主义哲学家、哲学史家、哲学教育家,北京大学资深教授黄枬森先生与世长辞。在长达60多载的学术生涯中,黄枬森先生在哲学的园地里辛勤耕耘、孜孜以求,为马克思主义哲学的研究、传播和发展作出了重要贡献,其中,为马克思主义哲学史学科的建设和研究所作的贡献尤为显著。笔者有幸师从黄先生,受益终身,为缅怀先生的学术贡献,特撰此文。然深知先生思想丰厚,不敢妄评,拙文唯凭一管之见,将先生在马哲史方面的学术贡献略作梳理,供大家参考,挂一漏万,在所难免,恳请大家批评指正。

一、悠悠六十载　皇皇万卷书

马克思主义哲学史作为一门历史科学,在全国是从无到有、由不成熟到成熟不断发展起来的。在这60多年的风雨历程中,黄枬森先生始终是这一学科建设的先行者。

50年代初,黄先生就萌发了研究马克思主义哲学史的想法。当时人们在学习马克思主义哲学时没有历史的概念,正如黄先生所说的,当时人们认为,"马克思主义哲学的经典著作就是马克思主义哲学的最高形态,这就否定了这些著作的历史制约性,把它们看成了凝固僵化的东西,这当然是不对的"。这种非历史的观念不仅存在于当时的中国思想界,而且存在于苏联思想界。1951年,黄

---

* 本文初稿写于1995年,经黄枬森先生审阅,曾载于《今日中国哲学》,广西人民出版社1996年出版。本文在收录本书时,又作了补充和修改。

先生在中国人民大学马克思主义研究班学习时，大家普遍的观念是，马克思主义哲学就是马克思、恩格斯、列宁、斯大林、毛泽东的著作；而没有意识到它们也是历史的产物，没有意识到它们也是从无到有、从不完善到完善不断成长起来的，因而也就没有想到要去研究它们的变化发展。随后，北京大学哲学系来了一位苏联马克思主义哲学专家叫萨波日尼可夫，他第一次较系统地给研究生讲了马克思主义哲学发展的历史史。黄先生当时是苏联专家助手，这对黄先生的启迪很大。但萨氏的历史观念也很不够，只是对经典作家的著作按年代作了介绍，而没有对经典作家思想的源流承转、是非得失作分析评价。所以，作为科学的马哲史很难说当时已经形成。黄先生在此之前曾系统地学习和研究过西方哲学史，深知要深刻地理解一个人的哲学思想，就须对其思想源流、生活背景等有深入的了解和分析，学习马克思主义哲学当然也是如此。于是，他萌发了研究作为科学的马哲史的思想。

促使黄先生去研究马哲史的直接原因是在此后不久的学习列宁的《哲学笔记》过程中所碰到的困难。当时，《哲学笔记》的中译本已经出版，但没有任何辅助读物。苏联这方面的资料也没有，只有一些阐发列宁思想的书，所以大家在学习中感到很困难。列宁这部书不同于一般的著作，既有许多对其他人哲学著作的摘录，又有列宁自己的批注和思想，所以困难就有两个：一是读不懂列宁的摘录，二是读不懂列宁的批语。当时，哲学系请苏联专家萨波日尼可夫讲授《哲学笔记》，但他对本书也了解不多，讲得很简单。不久，北京大学哲学系又来了一位苏联专家叫格奥尔吉耶夫，大家很高兴，希望他能够系统地讲授《哲学笔记》。当时系里考虑到黄枬森、张世英的外语和西方哲学史的基础较好，便让他俩专门跟格氏学习，还让黄先生做格氏的助手。但格奥尔吉耶夫只是对《哲学笔记》作了专题讲授，这虽然对总体把握列宁的思想有益，却对读懂本书的细节仍无多大帮助。黄先生和张先生向格氏请教过许多具体问题，但格氏均难以回答，这使他们很感遗憾，于是决心靠自己的力量来研究列宁本书的思想及其源流。黄先生的这一思想实际上已经是马哲史研究的思想，当然还只是局部研究的思想，但正是这一思想成了黄先生研究列宁思想史和整个马哲史的契机和强大动力。正如黄先生后来所说的："列宁的《哲学笔记》是一本很难读的书……但是，它又是一本马克思主义哲学史上很重要的书，……自50年代接触这本书以来，我曾立下志愿，要和同志们一起为学习列宁的《哲学笔记》编写两本书，一本专门注解难点，一本阐发基本思想。"这两部书就是今天我们所看到的《<哲学笔记>注释》和《<哲学笔记>与辩证法》。毫无疑问，这是马哲史研究中的两部开创性著作。

为了实现自己的夙愿，黄先生所做的第一件事就是参加和组织了列宁的《哲学笔记》的注释工作。这一工作是在极其困难的条件下进行的。黄先生在反右运动中受到了不公正的处分，紧接着又是三年自然灾害，但黄先生并没有动摇研究马哲史的志愿，而是毅然决然地投入了这一工作。此项工作的目的很明确，对此黄先生曾写道："注释着重于帮助读者理解《哲学笔记》中难懂的句子或段落（包括列宁所作的摘录），因此，有的句子或段落虽然极为重要，但并不难懂，则未予注释。注释力求解释清楚列宁的思想，在有摘录而无批语的地方也力求注明列宁摘录的用意。"为此，学者们收集了大量资料，包括列宁摘录的原书（有外文版的，也有中文版的）和有关研究资料，并进行了仔细的对照研究和注释，在必要的地方也作了发挥。经过三年多的努力，大家终于写出了长达50万字的《<哲学笔记>注释》（上下册）。但遗憾的是，只有其中的《黑格尔<逻辑学>一书摘要》的注释于1962年作为上册铅印，并进行了校际交流，其余各篇作为下册因对人道主义问题有所肯定而未被批准交流，近2000册的铅印本全部被销毁。改革开放后，上下两册才重新修订并于1981年公开出版，后来又出版了合订本。

在上述工作接近尾声之时，黄先生又开始了另一项意义重大的工作，即对列宁《哲学笔记》的思想作系统的阐释和发挥。这样做的原因有两个，即研究的需要和教学的需要。从1961年起，黄先生在系里讲授《哲学笔记》。在讲课中，他渐渐地摸索出了这样的理路：首先是逐条逐句地讲授，使学生理解各个细节；其次是系统地讲授，即阐述列宁的总体思想和书中各个主要组成部分的思想，使学生从总体上把握列宁的思想；第三步是发挥列宁想发挥而没有来得及发挥的思想，使学生能够依据列宁的思路，对照哲学史、科技史和人类实践去发现列宁思想的深刻意蕴和重大意义，从而去发展列宁思想。黄先生根据这一理路的后两个环节所写的讲稿，经整理后就成为今天我们所看到的《<哲学笔记>与辩证法》。但遗憾的是这部书一直没有能够出版，直到改革开放以后才公开面世。

紧接着，黄先生又对列宁的另一部重要哲学著作《唯物主义和经验批判主义》展开了研究。1963—1964年，黄先生对本书作了初步探讨，并作过一些专题报告；"文革"开始后，又组织几位学者对本书作了认真的研究，写成了《<唯物主义和经验批判主义>解说》一书，此书当时也铅印出来并进行了校际交流。改革开放以后，先生又对《唯物主义和经验批判主义》作了进一步研究，成果主要集中在《哲学的足迹》一书中。

显然，黄先生对列宁这两部哲学著作的研究对于马哲史的研究有着重要意义。这不仅是因为这两部著作是马哲史上重要的经典性作品，弄清了它们也就基本上了解了列宁的哲学思想及其源流，而且因为这种研究开了马哲史研究之先河，为马哲史研究的全面展开提供了方法和范式，积累了经验和教训。然而，这种研究毕竟还只是断代史性质的，真正自觉地全面地研究马哲史则是从70年代初开始的。

1972年，周恩来总理指示大学要恢复系统的学科教育。于是，哲学系领导指派黄枬森、张世英、齐良骥、朱伯崑、朱德生等学者集中在北大办公楼从事马哲史研究，由黄先生具体负责。学者们经过一年多的精心研究，终于写成了到斯大林为止的马哲史初稿，约50万字，并油印、交流和作为大学教材使用。这是我国第一部较系统的马哲史初稿，也是我国学者自觉地把马哲史作为一门学科来建设的开始，这同时也标志着黄枬森先生等老一代学者马哲史研究思想的基本形成。这部初稿对我国马哲史的研究和教学起了重要的作用，它的内容、思路和研究方法对后来几十部马哲史著作的编写都有一定影响。

大学恢复高考制度之后，国家教育部的有关领导认识到应当把马哲史作为大学哲学系的一门重要课程来开设，于是，在1978年桂林教材编写规划会议上，确定了编写马哲史教材的任务，并委托中山大学哲学系为主编、中国人民大学马列主义发展史研究所为副主编，组织全国高校学者从事编写。学者们经过两年多的研究、讨论，编写成了近40万字的《马克思主义哲学史稿》，1981年正式由人民出版社出版，黄枬森先生参加了编写和统稿工作。这部教材对马哲史学科的建设起了重大作用，它是我国公开出版的第一部较为系统的马哲史教材，也是马哲史的研究和教学从点到面，从几所重点大学到全国高校发展的重要一环。

1980年，北大哲学系成立了马哲史教研室，并为1977级本科生开设马哲史课程，后来又为马哲史专业和马克思主义哲学原理专业研究生开设马哲史研究课程。在此过程中，黄先生等学者深感需要编写更完善更系统的马哲史教材，于是从1981年就开始了这项工作。1985年这项工作被列入国家教育委员会的高校文科教材编写计划之中，并被批准为文科博士点科研项目。经过五年的努力，由黄枬森、施德福、宋一秀主编的作为全国高等学校文科教材的《马克思主义哲学史》于1987年由北京大学出版社出版。这部教材分上、中、下3册，共约100万字，较全面、系统地阐述了马克思主义哲学产生和发展的历史，充分反映了马克思主义哲学思想在各个历史时期的发展线索，科学地评价了马克思主义创始人及其战友、学生以及马哲史上其他主要代表人物的理论贡献、深远意义和历史局限性。这部教材在当时是我国最完整的一部马哲史教材。它标志着马哲史作为一门历史科学在我国已经形成，以黄枬森先生为代表的马哲史学者已经具备了相当成熟和丰富的马哲史研究思想。

在编写教材的过程中，黄先生和其他学者深感教材编写应建立在扎实的科学研究的基础之上，而我国马哲史研究是很不够的，于是，黄先生等几位先辈便于1983年提出编写8卷本的《马克思主义哲学史》的建议。这一计划当即被作为国家六五计划中哲学社会科学科研重点项目之一确定下来，1986年又被列入七五计划。这部巨著由黄枬森、庄福龄、林利任主编，由14个单位的57名学者撰写，经过10多年的奋战，终于圆满写成，并于1989年起由北京出版社陆续出版，到1996年全部出齐，约400多万字。按其规模讲，它不仅为中国马哲史研究著作之最，也为世界马哲史研究著作之冠。从内容上看，这套著作也是中国和世界学术界最系统、最全面地研究马克思主义哲学史的辉煌之作。在苏东解体的背景下，它的问世对世界社会主义发展也有着重要意义，因此备受世人瞩目。至今，这套《马克思主义哲学史》（8卷本）著作不论从规模还是内容上看仍处于国际领先地位，因此，荣获多项奖励，其中第六、七卷获北京市

1991年优秀成果特等奖；第一、二、三卷获北京市1994年优秀成果特等奖；全书获1997年"五个一工程"奖、"吴玉章"奖一等奖，1999年首届国家社会科学基金项目优秀成果一等奖。

8卷本既然已使我国马哲史研究达到了一个新的高度，那么，研究是否就可至此止步了呢？黄先生认为不可，因为这些研究成果还有局限性，即主要反映了20世纪80年代的水平，同时主要是为哲学专业工作者服务的。为了更密切地反映世纪之末的社会进展和前景，也为了便于更多的人学习马哲史，黄先生于1990年又受国家教委的委托组织学者们开始了编写《马克思主义哲学史》（1卷本）教材的工作。这本简编的马哲史教材约50万字，1995年完稿，1998年由高教出版社正式出版使用，并获2001年教育部优秀教材二等奖。

近几十年来，黄先生不仅为马哲史学科的建设作出了重要贡献，还对马克思、恩格斯、列宁哲学思想作了大量深入细致的分析梳理，并围绕人的理论问题、实践唯物主义问题、主体性问题、社会主义市场经济问题、中国特色社会主义文化建设问题等开展专题研究，在哲学的几乎每一个方面都作出了卓越贡献。他与同仁一起，编写了《辩证唯物主义和历史唯物主义》哲学原理教材，影响了几代学者；他带头创立了"人学"这门新的哲学分支学科，创建了中国人学学会，先后主编了《人学词典》、《人学原理》等。还主持研究编写了《邓小平理论的哲学基础》、《中国特色社会主义文化研究》等论著，发表了大量相关文章，有力地推进了新时期的哲学研究。从2001年开始，他大力倡导哲学理论创新，特别强调要把哲学当作科学来研究，发表了一系列相关文章，在学术界产生了深刻的影响，也解决了马哲史研究中所遇到的许多难题，有力地推动了马哲史研究的健康发展。

由于篇幅有限，我们只能粗线条地勾画黄枬森先生60多年来研究马哲史的历史轨迹。即使如此，我们也足以感受到黄先生那不平凡的业绩了。他和学界同仁所一道开创的马哲史研究之路，是一条从无到有、由点到面、由浅入深、由片面到总体、由个人到集体、由研究到普及的马哲史科学发展的拓荒者之路，是一条用心血和汗水、信念和毅力筑成的创业者之道。在这条漫漫的求索之路上，矗立着一座座精神丰碑，这就是黄先生与同行们一道主编或撰写的几十部马哲史著作和成百篇论文,其中所蕴含的深刻思想将永远在历史的空间熠熠生辉,为后继者照亮前进的方向。

二、精心研马列　直到深邃处

马哲史研究的根本任务是正确理解和评价马哲史上每一位思想家的理论或观点。黄枬森先生正是以此为轴心,对马哲史上许多思想家的思想作了研究,尤其是对列宁的辩证法和认识论思想、马克思和恩格斯的早期哲学思想作了深入研究,提出了许多令人信服的新观点,对许多重大而争议颇多的问题发表了有理有据的见解。

黄先生对列宁辩证法思想的研究集中反映在《哲学笔记》研究方面。《哲学笔记》是列宁的重要哲学著作,其中蕴含着丰富的哲学思想,尤其是唯物辩证法思想。但因它是笔记,主要由摘录和批语组成,没有现成的思想体系。于是在研究中遇到的困难就很多,学者们的意见分歧也就很大。黄先生对此书研究多年,几乎在每一个问题上都有自己独到而深刻的见解,为解决研究中的困难和分歧作出了重要贡献。

黄先生深入研究了列宁在《哲学笔记》中的辩证法及其16条思想,最早提出了列宁的这些思想中包含着一个唯物辩证法体系雏型的观点。在此之前,学术界对列宁的这些思想也作过研究,认为列宁的16条讲的是辩证法的16个要素,并认为此16条的顺序自然构成了一个有内在联系的辩证法体系。为了弄清楚这16条的确切内涵,黄先生仔细研究了16条的手稿,反复推敲了列宁写作16条的思想过程,发现这16条不是16个要素,有的一条中有几个要素,有的几条为一个要素;还发现除第1—7条有逻辑顺序外,第9—16条看不出严密的逻辑联系。根据列宁写作16条的几个思维阶段,黄先生认为这16条中蕴含着一个唯物辩证法体系的雏型,即1—7条为此体系的基本框架,分别讲了客观存在、联系、运动和发展、对立统一规律、认识的辩证法等,其余9条分别补充了前7条。1963年黄先生在北大哲学系的课堂上曾讲过他的这一理解,以后又多次讲过;1964年在《北京大学学报》第2期发表了《读列宁的辩证法十六要素》一文，公开表明了自己的观点。苏联的凯得洛夫通过研究也得出了同样结论，这个观点公开发表于其《列宁思想的实验室》（1972年）一书中，有关章节的中译文曾在《马列主义研究资料》1982年第2辑上刊载。中苏两位学者经过各自的研究在不同国度独立地得出了基本相同的见解，可以说是马哲史研究中的一件趣事，也表明这一见解有着较充分的客观根据，因此，这一结论被多数学者所认同。

关于列宁的逻辑学、辩证法和认识论三者同一的思想，黄先生也有独到的见解。长期以来，学术界多数人都认为列宁所说的"三者同一"就是逻辑学、唯物辩证法和认识论这三门学科的统一；有的人则认为列宁是要把三者合而为一即要把本体论认识论化。黄先生经过仔细考察列宁这一思想的来源（包括黑格尔、恩格斯的有关思想），分析列宁的各种有关论述，认为所谓"三者同一"实质上是讲一门学科的三个方面的统一；这"一门学科"就是指作为世界观的唯物辩证法，这"三个方面"就是指唯物辩证法"既是关于思维形式的学说，又是关于世界的一般规律的学说，又是人类认识史的总结"。换言之，从唯物辩证法的内容上看，它是讲宇宙发展的一般规律的；从其思维形式上看，它是一种由诸多范畴构成的逻辑体系；从其认识进程上看，它符合人类由浅入深、由抽象到具体的认识规律。从此意义上说，唯物辩证法也是逻辑学和认识论。但这里所说的逻辑学和认识论是广义的，跟通常讲的作为具体科学的逻辑学和认识论不是一回事。因此不能取消这两门具体科学或用唯物辩证法代替之，当然也不能摒弃世界观的学问或用认识论代替之。这一结论的得出不仅推进了列宁哲学思想的研究，也推进了马克思主义哲学原理的研究。

对立统一规律是辩证法的核心，此思想是不是列宁的贡献？对此，哲学界也存在着意见分歧。有人以为这不是列宁的贡献，马克思和恩格斯，甚至黑格尔早就提出此思想了。黄先生在作了大量的考证分析的研究后指出："我认为这个思想是列宁的独特贡献。在马克思、恩格斯以及黑格尔那里，不是没有这个思想，但是这个思想并不明确。明确地把这个思想提出来，作为辩证唯物主义的一个原理，而且加以论证的，还是列宁。"

关于列宁的否定之否定思想，大家评价也不同。多数人以为列宁在此问题上没有新贡献。黄先生通过研究后认为,列宁在此问题上有独特贡献。他指出,在黑格尔那里,"对立面的同一"和"否定之否定"的含义是相同的,没有把这两个规律区分清楚;在马克思和恩格斯那里基本上也是如此,尽管恩格斯已经明确提出了这两个规律,但对二者的内容区分仍然不够清楚;列宁则把二者从形式到内容都明确地区分开来,认为否定之否定这个规律讲的是事物发展的道路,是一个在反复或重复中前进的道路,对立统一规律讲的是事物发展的动力,源泉是对立面的统一和斗争。所以,黄先生认为:"从黑格尔到列宁,两个规律有一个分化的过程,这个过程到列宁这儿大体上是完成了。"

更为可贵的是,黄先生还根据列宁建构唯物辩证法体系的思路和原则,从《哲学笔记》等著作中概括出了唯物辩证法的36对范畴,把它们依次分成6类,即整体范畴、并存范畴、层次范畴、过程范畴、社会范畴、认识范畴,并阐述了这些范畴之间的逻辑联系,从而独创性地建构了唯物辩证法的一个范畴体系。这一体系不仅对于深入理解列宁辩证法思想有重要意义,对于改造和完善现行的唯物辩证法体系也大有裨益。这种立足文本又超越文本的研究方法也是值得我们学习的。

黄先生对列宁辩证唯物主义认识论的研究主要表现在对《唯物主义和经验批判主义》(以下简称《唯批》)一书的研究中。这是列宁的又一部重要哲学著作,其中蕴含着丰富的哲学思想,尤其是辩证唯物主义认识论的思想。《唯批》不同于《哲学笔记》,它是一部很系统的著作,容易理解,所以过去大家对它争论较少,评价也很高。但上世纪80年代后,由于受西方学者攻击列宁的影响,国内也出现了不少混乱思想。例如,有人认为《唯批》只讲唯物论,不讲辩证法;只讲唯物唯心问题,不讲认识的辩证方法问题;甚至认为《唯批》讲的是旧唯物论,是马克思主义哲学的倒退等。针对这些责难,黄先生在原来研究的基础上,又对《唯批》作了更深入的研究,澄清了许多糊涂观念。

首先,黄先生以大量的事实为依据,充分肯定了《唯批》的历史作用。他指出,马克思和恩格斯逝世后,修正主义思潮泛滥,其核心观点是要用新康德主义、马赫主义取代马克思主义哲学;同时自然科学的新发现、社会历史的大转折也都对马克思主义哲学形成了挑战。在此紧急关头,列宁写成《唯批》,捍卫了辩证唯物论和历史唯物论,此其功绩一也。《唯批》的功绩之二是,明确提出了马克思主义哲学是辩证唯物主义和历史唯物主义构成的一块整钢的思想,这是对马克思和恩格斯哲学思想的发展,对后来哲学体系的建立提供了重要思路。其功绩之三是提出了丰富的辩证唯物主义认识论思想。这些卓越功绩,不可磨灭。

其二,黄先生指出,《唯批》中形成了辩证唯物主义认识论的一个思想体系。黄先生认为,列宁对马克思主义认识论的重大贡献,首先在于对恩格斯关于哲学基本问题理论的发展,以及由此对辩证唯物主义认识论所奠定的本体论基础。他指出,恩格斯"只是把精神和自然界谁是本原的问题作为区别唯物主义和唯心主义的主要标准,而没有进一步把认识论中谁反映谁的问题也作为标准"。列宁则进一步"把是否承认思维、精神是物质的反映作为区分唯物主义和唯心主义的标准",从而明确提出了哲学上认识论的两条路线,即从物到感觉和思想的唯物主义路线与从思想和感觉到物的唯心主义路线。列宁还明确指出,马克思主义认识论所坚持的是唯物主义反映论的路线。于是辩证唯物主义认识论就跟一切唯心主义认识论和不可知论根本区别开来。

黄先生还发现,列宁在此基础上提出的关于认识论的三个重要结论(即认识对象是客观存在、认识是对客观对象的反映、认识是一个辩证过程),"以极其概括的形式呈现了马克思主义认识论体系的轮廓"。而列宁对"物质"概念的认识论界定,对实践基础与实践标准、真理及其绝对性与相对性、认识辩证法、思想能动性、自由与必然等问题的论述,就构成了这一认识论体系的内容。

当然,《唯批》中也还存在一些局限性,黄先生对此也作了实事求是的分析。他指出,列宁把物质定义为客观实在不太完满,因为有许多东西是客观实在,但只是物质的属性而非物质本身,如时空、运动等;把物质定义为"可感觉到的"东西也不严密,因为有些物质是人无法直接感觉到的。黄先生还提出了克服这些局限性的方法,即应当引进"实体"概念,把物质定义为"客观实在的实体",并把物质"是人可以感觉到的"改为"是人的意识可反映的"。黄先生还指出,本书研究认识论,却没有深入研究感性认识如何上升为理性认识,因此对于驳斥经验批判主义对理性认识的贬低甚至否定显得不力。再则,《唯批》在概念上也有不严格、不一致的现象，比如有时说真理是人的正确认识，有时又说真理是客观世界本身。尽管如此，《唯批》在总体上还是马哲史上的重要著作，其贡献是第一位的，对此不可否认。

黄先生对马克思、恩格斯早期哲学思想的研究集中表现在对《1844年经济学—哲学手稿》（以下简称《手稿》）、《关于费尔巴哈的提纲》以及《德意志意识形态》的研究中。这三者是马恩哲学思想形成过程中和形成初期的著作，其中的思想很复杂，争论也最多。究竟如何理解其中的思想，关系到如何理解马克思主义以及如何实践马克思主义等重大问题。为此黄先生近几十年来作了深入研究，对许多争议颇大的重大问题提出了自己的看法。

80年代初，争论最多的是如何评价马克思的《1844年经济学—哲学手稿》（以下简称《手稿》）。有人认为，《手稿》是马克思的成熟著作，其核心是讲人道主义的，所以马克思主义就是人道主义。黄先生在作了缜密研究的基础上指出，《手稿》不是马克思的成熟著作，而是过渡性著作，是从人本主义历史观向唯物史观过渡的桥梁。此种过渡性在于，一方面没有从总体上突破人本主义的框框，仍是用人性和人的本质的设定、异化和复归的历史观来解释社会；另一方面又把人的本质理解为劳动，并力图通过分析生产劳动和经济关系的发展来说明社会的发展，因而为迈向唯物史观走出了决定性一步。因此不能简单地肯定《手稿》是马克思主义的或非马克思主义的，更不能把马克思主义说成是人道主义。

那么，马克思主义与人道主义的关系究竟如何？黄先生认为，在马克思和恩格斯还没有创立唯物史观时，亦即在写作《手稿》以前，确曾把自己的理论称为人道主义，但当在创立唯物史观之时，亦即在写作《关于费尔巴哈的提纲》和《德意志意识形态》的时候，就与人道主义划清了原则界限。后来，他又进一步指出，马克思主义与人道主义的根本区别在于前者是唯物史观，后者是唯心史观；马克思主义并非完全否定人道主义，而主要是否定其历史唯心论思想；至于人道主义所宣扬的一些伦理原则，如主张人人平等、主张尊重人的价值和尊严等，马克思主义则予以肯定并将其改造为共产主义伦理思想的一部分。

有的同志还根据《手稿》、《德意志意识形态》等文献中有关实践的观点，把马克思主义哲学归结为实践本体论。对此，黄先生是不赞成的。他指出，毫无疑问，马克思主义哲学与旧唯物论的根本区别之一在于承认实践是人类社会历史活动和认识活动的基础。因此把实践概念作为一个基本概念加以研究并充分肯定其在马克思主义哲学体系中的地位是完全可以的、十分必要的。但是，马克思主义哲学决没有把人的实践当作世界存在的基础，或当作世界的本体；马克思和恩格斯在强调实践的作用时是以承认自然界的优先地位为前提的；那种认为自然界离不开人的实践的所谓实践本体论，不是马克思和恩格斯的观点。至于"实践唯物主义"，黄先生认为它并不是马克思本人的术语，人们对它的理解分歧很大，不应用它来取代辩证唯物主义和历史唯物主义。

此外，关于异化问题、人化自然问题等，黄先生也都作出了科学的分析，从而推动了马克思和恩格斯早期哲学思想研究的健康发展。

黄先生还指出了马恩哲学思想研究中应当深入展开的问题。其一是人的问题，其二是实践问题。关于人的问题，马克思和恩格斯讲得很多，对人道主义的伦理原则也是肯定的，但过去我们对此研究不够。上世纪80年代初掀起的人道主义讨论和后来关于主体性、实践唯物主义、人权、人的价值、人的存在等问题的讨论都与人有关，这不是偶然的，而是有其理论上和实践上的根源的。因此，他主张对人进行综合研究，建立以整体的人作为研究对象的"人学"。至于实践问题，马克思主义哲学也是很强调的，现在人们讲得更多，但是至今我们没有建立起关于实践的系统理论，甚至在过去大多数哲学教材中也没有一个对实践作较详尽阐述的部分。所以，要使研究深入，必须建立严整的"实践理论"。

总之，黄枬森先生对马克思、恩格斯、列宁等人的哲学思想的研究，不论在深度或广度上，都有所前进，有所创新，对后人的影响是深远的。这些观点在今天看来仍然是十分中肯的，对于澄清思想，统一认识，推进马克思主义基本理论研究有重大意义。

三、悟出真学理　后人少迷误

黄枬森先生在60多年的马哲史研究生涯中，还逐渐探索、总结出了一套把马哲史作为一门科学来建设的指导思想和方法论原则。这也是黄先生对马哲史

研究的重要贡献。其主要的指导思想可以概括为以下几点:

第一,要把马哲史与马克思主义哲学区别开来。黄先生指出,马克思主义哲学与马哲史实际上是分不开的,因为"马克思主义哲学,同任何一门其他科学一样,是一门历史的科学,它的萌芽、产生、形成、发展都是一个过程"。从这个意义上说,整个马克思主义哲学也就是马哲史。但二者毕竟又有区别,马克思主义哲学确切地讲应当是现阶段的马克思主义哲学的理论体系,是马克思主义哲学发展的最新形态、最高形态;马哲史则是马克思主义哲学从诞生到形成及其后的全部历史,包括马克思主义哲学发展的各种形态。从内容上看,马克思主义哲学是由马克思主义的世界观、自然观、历史观和认识论等主要组成部分构成的理论体系,亦即今天所说的辩证唯物主义和历史唯物主义;马哲史则是辩证唯物主义和历史唯物主义及其各个组成部分的形成、建设和发展的历史。只有把二者相对区分开来,才能建立科学的马克思主义哲学,也才能建立作为一门科学的马克思主义发展史。从前之所以没有马哲史,就是因为人们没有把二者区分开来,以为马克思主义哲学就是经典作家的思想、言论,没有认识到这些只是马克思主义哲学在各个历史阶段的具体形态,还不是马克思主义哲学发展的最新形态。

第二,要"把马克思主义哲学著作及其思想摆在一定的历史条件中加以研究,……正确地理解其精神实质和正确地评价其是非曲直"。只有这样,才能弄清这些思想的相对性和绝对性、局限性和普遍性、成就与不足、长处与短处,才能避免教条主义和相对主义错误,也才能从中找出规律性的东西,从而保持清醒的头脑,捍卫和发展其基本思想,纠正或完善其中不科学的方面。

第三,就人物而言,马哲史研究的对象决不应当仅限于经典作家的思想。因为马克思主义哲学是科学,是群众智慧的结晶,是经典作家和广大马克思主义哲学专业人员共同研究的成果。所以,研究马哲史,不仅要研究马克思、恩格斯、列宁等革命领袖的哲学著作和哲学思想,也要研究他们的学生和战友如狄慈根、梅林等人以及专业哲学家的哲学著作和哲学思想,还要研究马克思主义队伍中修正主义思潮中的哲学和当代国外马克思主义。他认为,这些修正主义哲学以及国外马克思主义虽然大多是对马克思主义的片面理解和曲解,但毕竟与一般资产阶级思潮不同,它们使用的是马克思主义的语言,试图回答的是马克思主义及其哲学面临的问题;即使它们的回答是错误的,也可以为马克思主义哲学的发展提供借鉴,其中某些合理思想更应汲取。

第四,马哲史研究必须与当前马克思主义哲学问题的研究相结合。马哲史研究的目的很多,但重要的目的是发展马克思主义哲学,而不是为历史而历史。这正像任何一门科学史的研究都以发展该门科学为目的一样。因此,正如自然科学史家从不忽视当前自然科学的研究一样,马哲史研究也决不能忽视或排斥当前的哲学研究。再者,当前的马克思主义哲学研究本身也属于马哲史的范畴,因为历史既包括过去,也包括现在。只有弄清了当前研究的哲学问题,才能深刻理解马哲史上的有关问题,因为现在的哲学研究成果是历史上哲学研究的最新形态,立足于此制高点,才能正确地评价历史上有关哲学观点的水平、意义和地位。当然,也要避免"六经注我"的实用主义偏向,坚持按实事求是的原则进行研究。因此,马哲史工作者决不可把马哲史研究同马克思主义哲学的研究割裂开来,决不可对当代马克思主义哲学问题漠不关心。

黄先生还总结出一套马哲史研究的方法论原则,概括讲来,主要有如下诸条:一是要坚持以马克思主义为指导,解放思想、实事求是地梳理马克思主义哲学发展的历史线索,揭示其发展变化的规律,做到理论和实践统一、科学性和战斗性统一、逻辑和历史统一、观点和材料统一;二是要占有翔实而丰富的历史资料,一切论断均有充分的材料作根据,同时要有鉴别地吸收国内外马哲史研究的成果;三是对马哲史上的重要著作和观点,要作具体的分析和评价,恰当地估计其历史意义和历史地位;四是以革命导师的哲学思想研究为主线,同时也给予其他思想家以应有的地位和足够的重视;五是以揭示辩证唯物论和历史唯物论的形成、发展为主,对其他部分如自然辩证法、军事辩证法、伦理学、美学、逻辑学、人学思想等也予以适当的研究;六是采取循序渐进的研究方法,即先弄清原文的字句含义、段落大意,把握其整体思想,再弄清楚其来龙去脉,并给予评价,揭示其规律性。

黄先生所提出的这些指导思想和方法论原则不仅是马哲史这门学科建设的指南,也是我们研究马哲史以及其他思想史所应遵循的方针。有了这套科学法宝，我们就不会在马哲史研究的道路上迷失方向。

　　黄先生之所以能够几十年如一日，悉心研究马哲史并取得了丰硕成果，首先是因为在内心深处有着远大而崇高的理想，这就是要为社会主义和共产主义而奋斗，要为传播和发展马克思主义而献身，要为建立马哲史这门历史科学而努力。因此，他练就了一身的胆识，能够在几十年复杂的政治风云中始终保持清醒的头脑，不计个人得失，顶住各种压力，坚信马列，唯求真理。

　　综观黄先生一生的学术活动，笔者感到在他身上凝结着这样一些学术精神：第一是精与细的精神。黄先生强调在研究中要精到、仔细，要咬文嚼字，而不要粗枝大叶、望文生义。因此，黄先生澄清了许多马哲史研究中大家常用而含义模糊的概念。例如在人道主义讨论中，人们对"人"的概念理解很不一致，为此，黄先生对"人"的概念进行了分析，指出"人"有三层含义，即个体的人、群体的人和全人类的人；"人道主义"中的"人"意指的是个体的人。于是统一了人们的思想。第二是严与实的精神。这是说在研究和论述问题时要做到逻辑严密并实事求是，用严密的论证和充分的事实来说服人。如上所述，他对列宁物质定义的局限性的分析就是如此。第三是深与新的精神，即强调从平常中见出深刻，从既有思想中引发出新的观点。恩格斯对哲学基本问题的论述被讲了几十年，几乎被看作公理，没有人怀疑它有问题，黄先生经仔细分析却发现了其局限性，其一就是没有把物质和精神谁反映谁的问题也当作划分唯物唯心的标准；其二是没有指出物质世界是否存在的问题是更为根本的哲学问题。第四是批判与继承相统一的精神。黄先生在研究中，不惧权威，始终抱着分析、批判的态度。他的每一篇文章都有着鲜明的针对性，即提出什么问题，解决什么问题，包括批评某种观点，树立某种观点，反对无的放矢的无根据之作。当然，在对前人的批评中也有肯定，有继承，从而才有发展，反对离开前人的研究成果而凭空构想。第五是理论与实际相统一的精神，即注意把历史上某种理论的研究跟当前的实际生活联系起来，为解决当前人们面临的问题提供借鉴。第六是宽容与严肃相统一的精神，即强调在学术研究的争论中，要有宽容精神，让人们充分自由地讨论问题，尽可能拓广思维的空间；同时又强调学术研究的严肃性，反对自由放任和乱扣帽子。

由于黄先生在马哲史研究和学科建设中解决了许多重大问题，提出了许多正确的研究原则和方法，形成了一套良好的学术精神，在国内学术界产生了广泛影响，所以深深被学术界同仁所爱戴。他曾被推举为北京大学哲学系主任、中国马哲史学会会长、中国马克思恩格斯研究会会长、中国人学学会会长、国务院学位委员会学科评议组成员、北京市社科联副主席等。黄先生可说是我国马哲史界有重要贡献、有重大影响的一位学者。

在国外，黄枬森先生也受到了高度评价。苏联的《共产党人》杂志在 1987 年第 10 期上评介中国哲学界的成就时写道："通过黄枬森教授和其他一些人的努力，实际上在中国哲学界形成了一种探索列宁辩证法思想的完整学派。"英国剑桥国际传记中心于 1989 年出版的《远东名人传》和《五百名人传》等也都介绍了黄枬森先生的成就。这表明，以黄先生为代表的中国马哲史学者的学术成果已经影响到国际学术界，这就为我国马哲史研究走向世界开辟了康庄大道。

黄枬森先生虽然离开了我们，但他给我们留下了丰富的思想成果和崇高的学术风范，这是一笔极其宝贵的精神财富，需要我们认真地学习、研究和弘扬光大。

（杨金海，中央编译局秘书长、研究员，全国马克思恩格斯研究会常务副会长）

黄枏森的精神魅力与"黄枏森命题"

袁吉富　李凯林

黄枏森先生仙逝已近一年，他走得仓促，留有遗憾。尽管如此，作为一名哲学家和马克思主义理论家，作为一名教育家，他传承了一种精神并为中国哲学界贡献了宝贵的思想财富。这其中，把学术看作一种崇高生活方式的精神、哲学的科学化这一黄枏森命题就是两个重要的方面。

一

12 年前，黄枏森先生在《学术界》2001 年第 4 期扉页上作了"学术是一个国家的灵魂"的题词。这个题词体现着先生对学术的定位，也体现着先生视学术为生命的精神追求。在先生看来，选择学术，并不是为学术而学术，而是自觉地选择了一种生活方式。这种生活方式，意味着把不断地揭示真理、超越自己作为生活的核心追求，它是对一个国家的发展至关重要的生活方式，是关涉当代社会根本的生活方式，是孕育民族未来的生活方式。

在先生那里，这种生活方式首先表现为以学术服务于国家、民族和社会。它要求以国家、民族和社会的思想自我为自我，要求小我融入这个大我之中，要求为百姓立心、为生民立命、为万世开太平。先生 2000 年在北大学者墨迹展览上的题词颇能表明他的这一心迹：

　　　　天下为公，世界大同，干戈止息，四海弟兄。
　　　　安居敬业，其乐融融，绿色大地，郁郁葱葱。
　　　　科技发达，人寿年丰，精神高尚，礼让成风。

显而易见，这样的生活方式或许并不轰轰烈烈，但绝对称得上是崇高。

在黄先生那里，学术这种生活方式其次表现为以求真为生活的根本标准和目标。在生活的根本标准和目标的设定上，历来有多种多样的主张。尽管如此，学问家对这个问题的回答应当具有一定的确定性，这就是求真二字。可以毫不夸张地说，黄先生是求真的典范和表率。他选择马克思主义哲学，是出于对真理的执著；他在1947年加入共产党在北大的外围组织"腊月读书会"，是出于对进步的追求和对马克思主义哲学科学性的坚信；他在1948年加入中国共产党，是因为他认定共产党代表着中国的希望；他1959年被开除了党籍，是因为讲了几句真话；他之所以在改革开放之初被人称为右派，后又被人称为左派，是因为他始终坚持自己认为正确的东西；他之所以在20世纪90年代初费心写《孔子与儒家》一文，是为了填补自己在求真理想上的缺憾。先生对求真的践行，在下面这首他1995年6月24日晨起写的诗中作了很好的表白：

我不能说先生在求真二字上一点失误也没有，但先生始终淡泊名利，始终把求真放在首位，这确确实实体现着知识分子的责任和气节。

在黄先生那里，学术这种生活方式还表现为一种生活美德和生活境界。人生在世，本来就是个如何做人的问题，而其中一个重要的方面就是在与他人的关系中如何做人。如果说求真是知识分子的本分的话，那么，把握做人的真谛就是求真的基本或基础的内涵，而事实上告诉我们，做学问与做人应当是一体化的，断不可辟为两半。先生深谙这一道理，他在培养自己的研究生时，谆谆告诫的根本上是两句话。一句话是亚里士多德的名言："吾爱吾师，吾更爱真理。"另一句话是："做学问首先做人。"这两句话也是先生学问人生的真实写照。先生作为哲学上的巨人和生活上的哲人，我认为其生活美德和生活境界可以用仁爱、温厚、谦让、自强八个字来表述。先生关爱学生、关爱同事、关爱家人、关爱社会，乐善好施，成人之美，这是仁爱；先生宽以待人，厚道处人，虚怀若谷，温和处事，坚执中庸，这是温厚；先生谦虚谨慎，为人恭敬，不贪名利，先人后己，克己惠人，这是谦让；先生自尊自立，动心忍性，百折不挠，坚持信念，不息进取，这是自强。

2006年，在庆祝先生85华诞暨马克思主义哲学学术讨论会上的致辞中，时任北大党委副书记杨河教授这样讲："黄先生是北大师德的楷模。在他的身上，体现着一种特殊的人格魅力。这种人格的魅力既有中国传统关于师者传道、授业、解惑理念的历史积淀,也有我们今天所提倡的教书育人、求真务实、淡泊名利、宽厚谦让、甘为人梯的师德精神风范。"曾在先生门下就读的康健则称先生为"一品学者,一品好人"。在先生的遗体告别仪式上,叶朗、朱良志先生在所敬挽联中写道:"海阔天空胸襟宽广宽容宽厚;光风霁月气象平澹平静平和。"这些说法都绝非虚言、妄言。

2013年3月30日,先生女儿黄萱写了一篇纪念文章《父亲的信念为全家洒满阳光》。文中说:

有的时候,我们也曾悄悄地猜想,父亲这般阳光的心态是不是在别人眼里有些傻?——他冒着生命危险参加革命,加入地下党,共产党领导的翻天覆地的革命却剥夺了他祖上的家产;反右时期他在党内讨论会上满怀真诚的发言在今天看来全都是真知灼见,却使他在生命中最年富力强的20年成为不堪回首的蹉跎岁月;上世纪80年代末苏东解体,中国学术界弥漫着马克思主义哲学不过是政治、辩证唯物主义体系早已过时的指责,可是他却始终坚守着马克思主义哲学是科学、辩证唯物主义不能被否定的底线一步不退。父亲到底是为了什么?

这十几年来,我帮他录入文稿,记录整理传记和学术自传,从他一篇篇的文字当中,我体会到父亲走上革命道路,以马克思主义哲学为终生事业,是他根据自己的亲身经历以及观察思考作出的理性选择。

……

亲爱的父亲——黄枬森匆匆地走了,他没有给我们留下任何产业,所遗存款也仅仅可以帮助母亲补贴家用。但是他却留下了摞起来两米多高的著作,装满一书橱的手稿、笔记,再就是堆满几间屋的哲学书籍。这些天,我一边含泪整理着他的书桌、书柜,一边默默地想,父亲留给我们最多、最有价值的,其实是他的精神遗产——他的坚定信念,他的阳光心态。❶

黄萱的描述显然可以为我们对黄先生精神魅力的界定提供有力的佐证。

2008年,先生把北大精神诠释为关心国家大事、投身学术事业❷。应当说,先生对北大精神的界定未必全面,但对北大学人精神的界定则是非常准确的,同时也体现了他自己的精神风范。

---

❶ 黄萱的这篇文章是我在她自制的纪念黄先生光盘中发现的。

❷ 赵为民、郭俊玲主编:《精神的魅力(2008)》,北京大学出版社2008年版,第7页。

二

黄枬森的精神魅力显著地外化在他的学术成就之中。对于他的学术成就,这里不系统地谈,而只重点谈一个命题,这就是哲学的科学化。这一命题完全可以称之为黄枬森命题。

哲学的科学化是个老问题,但在改革开放后,特别是 20 世纪 80 年代中期后的中国,否定哲学的科学性逐渐成为一种主流声音。出于对哲学安身立命出路的忧虑,出于对真理的执著,干脆特立独行,打出了"哲学科学化"的旗帜,推出了一系列研究成果,代表作有《哲学的科学之路》(北京师范大学出版社 2005 年版)、《哲学的科学化》(首都师范大学出版社 2008 年版)、《马克思主义哲学体系的当代构建》(主编,人民出版社 2011 年版)等。

老实说,黄先生的这一思想,他的学生一段时间内也觉得不好理解。例如,上世纪 90 年代初,本文作者之一的李凯林在随黄先生读博时,曾诚挚地当面向他表达过劝导性意见:"哲学是哲学史。哲学是主体性很强的人文学科,所以不宜说哲学科学化。"黄先生当时回答:"这是我深思熟虑的观点,当然不是随便说。"再比如,本世纪初,本文另一作者袁吉富曾经在先生家里讨教,觉得肯定哲学应当具有科学性足够了,没必要说科学化。先生当时看了我一眼,就我的提法没有回答。其实科学性必然蕴含着科学化,我自己是自相矛盾的。

后来我们知道,先生观点萌芽于在四川自贡蜀光中学读高中期间。在先生生前最后一篇未完成的《我和哲学》的手稿中,他这样说道:"1939 年我 18 岁时到自贡市蜀光中学上高中时,课外我阅读了艾思奇的《大众哲学》以及苏联哲学家的著作,知道有一门学问叫作哲学,它的任务是揭示宇宙的奥秘和人生的真谛。""在蜀光中学开始接触哲学时,我便很容易地把它作为一门学科,也就是一门科学接受了下来。"萌芽并不意味着成形,实际上,这个观点的成形是在 20 世纪 50 年代初。还是在那篇未竟稿中,先生这样说:"我当时已初步具有这种思想:西方哲学家为哲学的发展作出了伟大的历史性贡献,但人类哲学史上第一个真正科学的形态还是马克思主义哲学——辩证唯物主义和历史唯物主义，我愿意为宣传和建设马克思主义哲学贡献我毕生的时间和精力。"改革开放后，先生的这一观点酝酿成熟并为了推动哲学的科学发展进而亮出了哲学科学化的大旗。

在先生的视野中，所谓哲学的科学化，就是要把哲学自觉地当作一门学科来建设，要强化哲学求真品格，要走一条哲学学科的科学发展之路，要把哲学终究建设成为科学。这个命题有五个依据。第一是何谓科学性的依据。黄先生认为，所谓的科学性并不意味着自然科学意义上的科学性，而是体现哲学社会科学学科特性的科学性，是融工具理性与价值理性于一体的科学性，是饱含人文关怀的科学性，是广义的科学性，也即辩证的科学性。在科学技术地位日益突出的时代，根本问题不在于消解科学，而在于升华科学，在于推进科学超越工具理性的局限性。第二是学科依据。在黄先生看来，任何一门学科，根本任务都是求真，否认这一点，就是否认所有科学。哲学作为一门学科理应求真。第三是哲学史依据。黄先生认为，应当这样来看哲学史，正如任何一门科学都有其萌芽、孕育、诞生、成熟的过程一样，哲学史也有一个由前科学到科学的发展过程，只不过哲学学科由于其复杂性需要的时间长得多而已。有鉴于此，黄先生指出："我们决不要为今天的'哲学就是哲学史'现象所迷惑。这种现象虽然已存在两千多年，但绝不是永恒的，它在人类漫长的科学史中仍是一种暂时的现象，是哲学发展的非科学或前科学阶段。"❶第四是哲学本性上的依据。黄先生认为，哲学是一门求真的学问。否定了这一点，任何一个哲学家都不能准确地表达自己的思想，更难以让人接受自己的思想。因为，即便是研究善与美，也有个是否是善与美的问题，否则我们根本就不知道何谓善、何谓美。第五是实践依据。在黄先生看来，马克思关于真正的哲学是时代精神上的精华的论断在当代恐怕是得到公认的。但是，哲学要成为时代的精华，不能科学地把握时代脉搏是万万不可能的。而否认哲学的科学性，实际上也就是在根本点上否认真正的哲学是时代精神上的精华的论断。

对于黄先生的命题，陈先达先生有一个解读，认为别的哲学可以不要科学

---

❶ 黄枬森主编：《马克思主义哲学体系的当代构建》上册，人民出版社2011年版，第68页。

化，但马克思主义哲学要科学化，因为它给自己提出的任务是改造客观世界。对于这一解读，我们相信黄先生是不完全赞成的，因为黄先生考虑的是哲学科学化，而不仅仅是马克思主义哲学的科学化。对于哲学应当成为一门科学的问题，除了上面已提到的哲学就是哲学史、哲学研究善与美的质疑性观点外，还有别的质疑性观点，其中主要的一个看法，就是认为哲学不是实证的，而是思辨的，思辨的东西不存在实践检验的问题，因此哲学不可能成为科学。黄先生则认为，这种观点是似是而非的。实际上，哲学命题不是纯思辨的，它最终还是实证的，也就是说，哲学命题归根到底是要经过实践检验的。这当然不是说用一次实践、两次实践、多次实践就能证明它或者否定它，而是要用整个人类的实践来检验它。与此同时，黄先生还指出，把科学直接理解为实证科学并不准确，例如数学就不是实证科学、理论物理学则更多地依靠数学和逻辑推理，但是，尽管如此，我们都不能否认它们都是科学。不仅如此，更进一步说，即便是实证科学，也不完全是实证的，而是实证和思辨的统一。"可以说，一切科学归根到底都是建立在实践及其经验材料的基础上，也都离不开逻辑思维，它们在一定程度上都是实证的，也在一定程度上是思辨的。既没有纯粹实证的科学，也没有纯粹思辨的科学。实证与非实证的区别只有相对的意义。作为一门科学，哲学与其他科学一样具有实证性和思辨性。"❶应当说，黄先生的这个论断是很有说服力的。

黄先生还进一步认为，马克思主义哲学对科学性的追求，其实就是哲学学科的科学性建设，当这个任务真正实现时，在哲学前面的"马克思主义"这个定语其实可以不要。在众多要坚持和发展马克思主义哲学的呼声中，黄先生的这个理解颇具哲学大心，超越了学派的局限，体现了他所主张的哲学研究是以民族性的形式、时代性的内容去求索具有人类普遍性的问题的哲学良知，很好地回答了哲学怎样科学发展的问题。对于这一点，黄先生在2012年为纪念北京大学哲学系百年系庆所撰"更加自觉地走哲学学科的科学建设之路"一文，作了明确的阐述。他指出，我国关于硕士博士研究生培养的"学科专业目录"中，其

---

❶ 黄枬森：《哲学的科学之路》，北京师范大学出版社2005年版，第9页。

他学科的第一个二级学科基本上都是与一级学科同名，其任务是要研究该学科的一般理论，如政治学的第一个二级学科是政治学理论，法学的第一个二级学科是法学理论，还有社会学、民族学等等。唯独哲学学科的第一个二级学科是马克思主义哲学，它似乎不是研究哲学的一般理论，而是研究一个流派；而其后的7个二级学科也没有一般哲学理论，"这样，一般的哲学理论不见了、失踪了，哲学成了集合名词"。"在中国第一个哲学系百年大庆之际，我想提出一个建议：全系8个二级学科都应该走学科建设的科学之路，即以对象为出发点，按对象的要求来构建更加真实、更加完整、更加严密的科学体系。""这个问题涉及北大哲学系发展的百年大计、千年大计，所以在建系百年大庆中提出来，言简意深，言难达意，是耶非耶，均所企盼。"❶

随着改革开放和思想解放的不断深入和全面推进，在中国哲学界，一切传统理念都被重新审视，对何谓哲学、何谓马克思主义哲学成为众说纷纭的话题，求新、求异思维成为主流志趣。但与此同时，对原有理论的科学性不加分析、一概否定的倾向也日趋严重。历史发展中虽然难免矫枉过正现象，但这种动荡性若摆动太大，则会使社会发展付出不必要的"折腾"代价，有些折腾甚至会导致长达若干年的民族灾难。世界上一些国家的政治剧变就与其在哲学思想上被某种西化理念所折腾相关。中国的改革开放在思想理论上保持了继承发展的路子，其实质内涵就是马克思主义理论的科学性没有被全然否定。这首先有赖于党中央在政治上正确掌舵，同时也与学术上有黄先生这样一批不怕被斥为保守的冷静的"求实者"密切相关。可以说，黄枬森命题为捍卫党的实事求是思想路线提供了学理基础，为继承和弘扬党的优良哲学传统提供了智力支持，饱含着他对中华民族哲学自我构建和中华民族伟大复兴的理论自信。

黄枬森的精神魅力和黄枬森命题意义都非常重大。现粗浅梳理这两份遗产，以表达对黄枬森先生的深切缅怀和纪念。

（袁吉富，中共北京市委党校教授，哲学博士；李凯林，中国政法大学人文学院哲学系教授，博士生导师）

---

❶《北京大学校报》2012年10月27日。

黄枬森与辩证唯物主义

袁吉富

众所周知，改革开放以来，中国马克思主义哲学的学术研究呈现多样化的局面，而辩证唯物主义则成为多样化中的一极。不仅如此，辩证唯物主义甚至成为了其他马克思主义哲学学术流派攻击的对象，对它进行质疑乃至批判也成为了其他马克思主义哲学学术流派发展的重要方式。在这种境遇下，黄枬森先生坚执辩证唯物主义体系的科学价值和当代价值，自觉肩负起坚持和发展辩证唯物主义的使命，使得当代中国的辩证唯物主义深深烙上了他本人的印记。因而，研究黄枬森先生与当代中国的辩证唯物主义的关系，就成为一件具有重要学术价值的事业。

一、对马克思主义哲学与辩证唯物主义关系的看法

究竟什么是马克思主义哲学？这是在当代远没有解决的问题。从国内外学界的研究状况看，问题的答案有几十种之多。不过，总体上有三大主要类型。第一类认为马克思主义哲学就是辩证唯物主义和历史唯物主义，简称辩证唯物主义；第二类认为是实践唯物主义；第三类认为是人学。黄枬森先生属第一类观点的主张者，他坚持认为辩证唯物主义是正宗的马克思主义哲学，是马克思主义哲学的科学形态。为捍卫这个观点，黄先生艰苦思索，取得了重要学术成果。

首先，从研究的对象上看，辩证唯物主义强调研究整个世界及其一般规律，这种看法符合哲学的本性。

在黄先生看来，哲学既然是一门学科，就意味着它必定有自己的研究对象。那么，如何理解哲学的研究对象呢？通过历史的和逻辑的考察，黄先生认

为，尽管哲学的对象有前后的变化，但是，多样性中有统一性或一致性，变化当中有不变性或稳定性。这种统一性规定了哲学之为哲学，这种不变性也规定了哲学之为哲学。这个统一的或不变的东西就是一切哲学都不能回避的东西，即，"研究整体的世界及其一般规律"是一切哲学的共同点，"一切哲学之所以叫作哲学都因为其中包含本体论，一切哲学家之所以叫作哲学家都因为他们有本体论思想"。❶黄先生还认为，上述说法并不意味着哲学仅仅研究整个世界的一般规律，实际上，哲学目前是一个学科群，它有许多对象，而且这些对象是分层次的。但是，哲学学科群中"有一个核心，即哲学本身，其余都是部门哲学。这个核心就是哲学的哲学，简称哲学。……中国哲学家称之为道学、玄学、理学，亚里士多德称之为形而上学、第一哲学，后来的西方哲学家称之为形而上学、本体论（存在论），马克思主义称之为世界观或宇宙观。这些称呼虽然很不相同，其理解更有分歧，但有一个共同之处，即认为哲学要研究的是最大的整体、最普遍的东西、最根本的东西"❷。

在黄先生看来，把哲学的研究对象作上述定位，就能够把哲学和其他科学从对象的角度上区分开来。在这个问题上，黄先生强调了研究宇宙整体的可行性。针对一些同志所认为的整体的宇宙是无法加以研究的观点，黄先生认为，这种观点是不能成立的。因为科学都要研究相应的整体，这些整体在宇宙中就是局部。如果对宇宙不能作整体研究，对局部也就不能作整体研究，那么，由此一来任何科学都不能成立了。与此同时，黄先生还强调了对研究对象与研究方式进行区分的重要性。在他看来，哲学家是人，哲学家是借助于我们的认识能力和实践能力研究世界的，换句话说，哲学家是通过人与世界的关系来研究世界的，但这仅仅意味着哲学家研究世界之为世界具有相应的方式，并不意味着这一相应的方式就是哲学的根本研究对象。

通过上述考察，黄先生认为，尽管马克思主义哲学界存在着多个流派，但只有辩证唯物主义把整个世界及其一般规律作为研究对象，从这一点上讲，辩证唯物主义的做法是最符合哲学本性的做法，自然它也就最能代表马克思主义

---

❶ 《黄枬森自选集》，重庆出版社1999年版，第26页。
❷ 黄枬森：《哲学的科学之路——马克思主义哲学的科学体系研究》，北京师范大学出版社2005年版，第79页。

哲学本身。

其次，辩证唯物主义力图把哲学建设成为一门科学，这种做法也体现了哲学的学科本性。

在黄先生看来，哲学既然是一门学科，那么，科学性就是它最根本的学科本性。辩证唯物主义强调要把哲学当作一门科学来建设，体现着哲学的这一根本属性，因而最能体现马克思主义哲学的真精神，最能代表马克思主义哲学本身。

黄先生认为："马克思主义哲学的创立是欧洲哲学史上的革命变革，它使哲学从众说纷纭、莫衷一是的状况进入了作为一门科学来建设的阶段。"❶这不是说黄先生的上述论断忽视了哲学史上诸多大哲学家把哲学当作一门科学来建设的抱负和努力，而是说他认为只有辩证唯物主义才真正做到了按照科学的一般原则来建设哲学的要求。在他看来，一门学问或知识要成为科学，应当具备四个条件：第一，要有一个明确的对象；第二，要有一系列正确的原理、判断和命题；第三，这些原理、判断和命题构成一个逻辑体系；❷第四，得到"专业工作者的承认"。❸对于前三个条件，辩证唯物主义能够满足，对于第四个条件，辩证唯物主义和其他任何社会科学一样还一时难以满足。但是，只要满足了前三个条件，辩证唯物主义的科学性就能够得到根本保证。因而，从总体上看，辩证唯物主义具有把自身作为一门科学来建设的理论品质。

对于马克思主义哲学应当成为一门科学的问题，不少学者提出了争辩，其中主要的一个观点是认为哲学不是实证的，而是思辨的，思辨的东西不存在实践检验的问题，因此马克思主义哲学不可能成为科学。黄先生则认为，这种观点是似是而非的。实际上，哲学命题不是纯思辨的，它最终还是实证的，也就是说，哲学命题归根到底是要经过实践检验的。这当然不是说用一次实践、两次实践、多次实践就能证明它或者否定它，而是要用整个人类的实践来检验它。与此同时，黄先生还指出，把科学直接理解为实证科学并不准确，例如数

---

❶《黄枬森自选集》，重庆出版社1999年版，第141页。
❷ 黄枬森：《哲学的科学之路》，北京师范大学出版社2005年版，序言第2页。
❸ 黄枬森：《哲学的科学之路》，北京师范大学出版社2005年版，第81页。

学就不是实证科学、理论物理学则更多地依靠数学和逻辑推理,但是,尽管如此,我们都不能否认它们都是科学。不仅如此,更进一步说,即便是实证科学,也不完全是实证的,而是实证和思辨的统一。"可以说,一切科学归根到底都是建立在实践及其经验材料的基础上,也都离不开逻辑思维,它们在一定程度上都是实证的,也在一定程度上是思辨的。既没有纯粹实证的科学,也没有纯粹思辨的科学。实证与非实证的区别只有相对的意义。作为一门科学,哲学与其他科学一样具有实证性和思辨性。"❶应当说,黄先生的这个论断是很有说服力的。

第三,马克思主义哲学发展史上的大量事实表明,马克思主义哲学就是辩证唯物主义和历史唯物主义。

目前理论界的一些同志认为,现在的辩证唯物主义和历史唯物主义体系源于恩格斯,它没有准确地反映出马克思主义哲学的真精神,并与马克思的哲学观存在着较大距离。这些同志还进一步认为,现在的辩证唯物主义和历史唯物主义体系是以20世纪30年代斯大林的《辩证唯物主义和历史唯物主义》为范本形成的,该体系不仅不能反映出马克思主义哲学的整体面貌和特征,而且有不少基本内容如"物质第一性"问题还停留在"前马克思主义"的水平上。

对于上述看法,黄先生指出:首先,确切地说,辩证唯物主义和历史唯物主义体系源于恩格斯,完成于1938年斯大林写作《辩证唯物主义和历史唯物主义》前的20世纪30年代的苏联哲学家。因此,认为辩证唯物主义和历史唯物主义体系是以斯大林的《辩证唯物主义和历史唯物主义》为范本形成的说法并不成立。实际上,我们后来写的教科书不是根据斯大林的体系即联共党史四章二节的体系,而是根据四章二节以前的苏联体系,这也是李达、艾思奇、毛泽东他们所学的那个体系。这个体系与斯大林的体系的差别是很大的。因此,不能说我们后来的辩证唯物主义和历史唯物主义体系是斯大林模式,这不符合历史事实。❷其次,现在的辩证唯物主义和历史唯物主义体系中的核心观点如物质本体论、客观辩证法、反映论的观点等虽然是恩格斯首先具体论证的,但有充分的证据表明,马克思对这些观点是同意和坚持的,也就是说,我们没有理由

---

❶ 黄枬森:《哲学的科学之路》,北京师范大学出版社2005年版,第9页。
❷ 参见黄枬森:《关于马克思主义哲学体系的构想》,载《北京行政学院学报》2006年第2期,第34—35页。

说它们处于"前马克思主义"的水平。[1]

还有一些同志则认为,科学史或人类认识史只是从前的理论被后来的理论不断取代的历史,有鉴于此,即便我们承认辩证唯物主义的合理性,我们同时也要承认,辩证唯物主义也会经历一个被取代的过程。对于上述观点,黄先生不以为然。在他看来,科学史上的大量事实说明,一种理论一旦被实践证明大体上是正确的,其存在的合理性就不会被否定。即便将来出现新的更好的学说,也只不过意味着旧的理论的适用范围被限制了,而旧理论自身的合理因素也必定会被吸收到更好的学说之中。他指出:"在科学史中出现的理论可以分为两类,一类是根本错误的,即使能流行于一时,迟早会被推翻,永远停留在历史博物馆;一类是科学的,由于实践和时代的变化,这种理论也会发生相应的变化,但不会被推翻,其中的错误成分会被修正或剔除,其中真理的成分会成为某门科学的现实成分而活跃于人类的理论活动的当代形态之中。那种认为科学不过是未被证伪的理论取代已被证伪的理论的观点是虚无主义的观点。"[2]

二、对现行的辩证唯物主义与历史唯物主义体系的评价

这里所说的现行的辩证唯物主义与历史唯物主义体系,指的是在黄先生将要设计出来的新体系前的体系。关于对该体系的评价问题,黄先生让人值得注意的有两点思想。第一点是,这个体系是目前唯一的一个相对科学的、相对成熟的马克思主义哲学体系,至今在中国乃至世界还没有第二个能够取代它的更加科学、更加成熟的体系。当然,黄先生也注意到了近年来一些同志提出的实践唯物主义体系,但他认为,这个体系还很不成熟,而且在信奉实践唯物主义的同志中间争议很多,同时也无法与辩证唯物主义和历史唯物主义体系相比。至于说别的体系,黄先生认为基本上都是个人的体系,很难说是马克思主义哲学这门学科的体系。

对于黄先生的上述思想,我的理解是,现行的辩证唯物主义和历史唯物主义体系的精神实质和思维方式总的看来是应当坚持和继承的。从精神实质层面

---

[1] 参见黄枬森:《哲学的科学之路》,北京师范大学出版社 2005 年版,第 74—77 页。
[2] 参见黄枬森:《哲学的科学之路》,北京师范大学出版社 2005 年版,第 66 页。

看，我们必须认可马克思主义哲学是唯物主义的同时也是辩证的哲学。从思维方式的层面看，我们必须坚持本体论思维方式的优先地位。在黄先生看来，"所谓本体论的思维方式不外乎是把研究对象作为真实存在来思维"的方式，"任何科学显然都离不开这种思维方式，甚至可以说任何正常人在其实践过程中、生活过程中，也离不开这种思维方式"❶。他还指出，唯物主义的本体论的思维方式是任何正常人的思维方式，也是科学的思维方式。而现代科学仍然还在合理地使用本体论的思维方式，因为现代科学并未否定外部世界的客观实在性，也并未否定科学认识的客观性。现代科学否定的是形而上学的本体论思维方式，即反对寻找某种最后的绝对的东西，反对否定实践的重要作用，否定建构永世不变的绝对真理的理论体系。黄先生还认为，一些人所谓的实践论思维方式是"把一切现象看作是离不开实践的，从一定意义上讲是实践的产物"❷。这种思维方式的适用范围是有限的，它只适用于人的实践能够作用的领域。"因此，本体论思维方式的普适性是最普遍的，而实践论思维方式的普适性是有限的，今天我们决不能以实践论的思维方式取代本体论思维方式，而只能在研究和改造地球上的现象时在本体论思维上加上实践论思维方式，二者决不是对立的，而是在一定条件下互补的。"❸显然，在黄先生那里，本体论的思维方式是具有优先地位的，它完全可以统摄实践的思维方式。而他所说的二者的互补，只是为了强调实践的思维方式的重要性。

在对现行的辩证唯物主义和历史唯物主义体系评价上第二个值得注意的思想是，黄先生并不认为现行的辩证唯物主义体系就已经完善了，恰恰相反，在他看来，随着自然科学、社会科学以及人类实践的进展，辩证唯物主义体系必须有一个形态上的现代转换，而要完成这种转换，就必须认识清楚现行体系的缺陷。黄先生认为，现行的辩证唯物主义和历史唯物主义体系有诸多不完善之处，主要表现在如下几个方面。

一是在组成部分方面具有不明确性和遗漏。在黄先生看来，现行体系实际上主要讲了三块内容，即世界观、认识论、历史观。其中，在唯物主义和辩证

---

❶ 黄枬森：《哲学的科学之路》，北京师范大学出版社2005年版，第117页。
❷ 黄枬森：《哲学的科学之路》，北京师范大学出版社2005年版，第117页。
❸ 黄枬森：《哲学的科学之路》，北京师范大学出版社2005年版，第118页。

法相结合构成宇宙观、世界观的问题上，现行体系把二者分开来讲的做法，极易引起唯物论只是理论，辩证法只是方法的误解；在讲世界观的问题上，把认识论作为一个部分来讲，使得认识论没有从世界观中相对区分出来，这也是一个问题。更为严重的是，现行体系缺少方法论、实践论、人论、价值论等内容，使其体系结构上存在着较大的遗漏。

二是在内容方面存在着一系列问题。首先是实践在世界观中的地位问题，这在原来的体系中不清楚，或处理得不妥当。原来的体系是在认识论中讲实践，这显然是不合适的，因为实践首先不是认识论范畴，而是历史观范畴。其次的一个问题是对一般规律的概括也不清楚。在现行体系中，原理、规律、范畴之间的关系不明确，例如关于原理是不是规律的问题、关于范畴之间的辩证关系是不是规律的问题就没讲或讲得不清楚，这就在一定程度上导致了人们对马克思主义哲学中所提到的规律的简单化理解。第三是受历史条件的制约，许多范畴、原理现在看来还需要用新鲜材料予以新的说明和新的发展。

三是在体系的构成方面存在一些问题。黄先生认为，从大的方面讲，现行体系在历史唯物主义前面讲认识论，甚至在辩证法前面就讲认识论，这不合适。此外，在一些具体的安排上，也有许多问题，例如辩证法的范畴应如何安排，三个基本规律应如何安排，都值得推敲。❶

三、对辩证唯物主义的主要贡献

在《在哲学的科学之路》一书的后记中，黄先生这样描述了他近30年来的研究历程："自改革开放以来，我写了不少文章，千言万语，可以归结为这句话：把哲学作为一门科学来建设。"❷在这个过程中，黄先生对辩证唯物主义作了诸多丰富和发展。

首先，对本体论与认识论的关系作了独到的阐释。

本体论与认识论的关系问题除了字面上的含义外，还在逻辑上进而蕴藏着本体论与实践论、人的存在论的关系问题。对这个问题的回答不同，所得出的

---

❶ 参见黄枬森：《关于马克思主义哲学体系的构想》，载《北京行政学院学报》2006年第2期，第35—37页。
❷ 黄枬森：《哲学的科学之路》，北京师范大学出版社2005年版，第420页。

什么是马克思主义哲学的结论就不同。因而这个问题是一个相当重要的哲学基本理论问题。黄先生在这个问题上的主张,鲜明地捍卫了本体论的优先地位,从他自己的角度驳斥了把马克思主义哲学认识论化乃至实践论化、人学化的其他主张。这里我们主要就黄先生关于本体论与认识论的关系作些介绍。

我们知道,在马克思主义经典作家那里,列宁特别强调了辩证法与认识论相同一的思想。在他看来,能否把马克思主义的本体论同时看作马克思主义的认识论",是"问题的实质"❶,是关于正确理解马克思主义哲学实质的核心问题。对于列宁的上述思想,黄先生在 20 世纪 70 年代就作了研究,并提出了自己的独到见解。

黄先生认为,列宁所说的辩证法与认识论的同一,指的是二者就是一个东西,但这里的认识论是广义的认识论,与研究认识及其一般规律的狭义的认识论不同。广义的认识论有两层含义,"一个指认识的方法,一个指与认识史相一致的逻辑体系"。"就前一种含义说,所谓本体论就是认识论,是指本体论首先是关于世界的理论,反过来就是认识的方法,或说指导认识的方法。就后一种含义说,所谓本体论就是认识论,是指哲学的逻辑体系与认识史一致,与哲学史一致,即符合认识发展的规律"❷。黄先生还指出,前一层含义的意义在于强调了辩证法(本体论)的认识论功能,或者说指导我们正确地认识世界和改造世界的功能,后一层含义的意义在于告诉了我们一条建构辩证法体系的正确途径,这条途径可以径直称之为辩证法的逻辑与历史的一致。❸

在阐述广义认识论的两层含义时,黄先生还有两个值得关注的思想:第一,把本体论看作认识方法自然是可以的,但这一层含义上的广义认识论"不是科学,而是科学的应用,即哲学的应用。作为一门科学或一种理论,哲学首先是世界观,它用各种原理来反映客观世界及其规律,而且正因为它是客观世界及其规律的正确反映,所以它才能对客观世界有效,才能运用它来指导我们的认识活动、思维活动和实践活动而取得预期的成效。如果撇开它的世界观的

---

❶ 《列宁选集》第 3 卷,人民出版社 1995 年版,第 559 页。
❷ 《黄枬森自选集》,重庆出版社 1999 年版,第 24 页。
❸ 参见黄枬森:《<哲学笔记>与辩证法》,北京出版社 1984 年版,第 52—56 页。

身份，只谈它是认识论或逻辑学，它就变成无源之水，无本之木，而成为一种先验的东西，这种东西是不存在的"❶。第二，虽然辩证法是认识史的概括和总结，但不能由此认为辩证研究的对象就是认识，因为，辩证法是认识史的概括和总结讲的是研究辩证法的途径问题，而不是讲的辩证法的研究对象问题，"二者不能混为一谈"❷。

其次，把马克思主义物质本体论推进到客观存在论的水平。

在一个较长的时期内，马克思主义哲学界的同志们一般都把物质观作为马克思主义哲学的基石，而对何谓物质的问题却思考不够。黄生生至少早在20世纪80年代初就对这个问题作过深入的思考。在他看来，辩证唯物主义现行体系在物质观上的"最主要问题是把物质等同于客观实在"，这就导致了诸多"自相矛盾"，如一方面认为运动、时间、空间等是物质存在的方式，是客观实在的，另一方面却又认为它们"不是物质"。❸这诸多矛盾的出现，概由于我们一方面从客观实在的角度定义物质，另一方面又把物质仅仅看作客观实在中那些属于实体的东西，也就是说，现行体系对物质所下的定义与物质所实指的含义是不一致的。在黄先生看来，应该按照实指的含义来理解物质，这样一来，物质实际上指的就是物质实体。在把物质理解为物质实体后，黄先生又进一步认为，物质不应该是辩证唯物主义的最高范畴，存在或客观存在（客观实在）范畴才是最高范畴。因为存在这个范畴既包括物质，也包括属性，还包括物质之间的关系，它具有最大的普遍性和最高的概括性。❹有鉴于此，在黄先生那里，马克思主义哲学的本体论不应当是物质本体论，而应当是客观存在论。

可以看出，把存在概念引入辩证唯物主义体系之后，就有效地解决了原有体系中的逻辑矛盾，也使我们跳出了原有体系所自觉不自觉地导致的实体性思维方式的窠臼，同时还开辟了一条有效地吸收哲学史上诸多本体论哲学的合理内容的渠道，这是具有较大理论意义的。

第三，对辩证唯物主义的首要的基本的观点进行了明确的回答。

---

❶ 黄枬森：《<哲学笔记>与辩证法》，北京出版社1984年版，第60页。
❷ 黄枬森：《<哲学笔记>与辩证法》，北京出版社1984年版，第59页。
❸ 《黄枬森自选集》，重庆出版社1999年版，第65页。
❹ 参见黄枬森：《<哲学笔记>与辩证法》，北京出版社1984年版，第102—104页。

马克思主义哲学的首要的和基本的观点是什么？这是近年来马克思主义哲学界争论的一个焦点问题。一些学者坚持认为马克思主义哲学的首要的基本的观点是物质的观点，一些学者认为是实践的观点，还有一些学者则认为是人的观点。黄先生对这个问题作过长时间的思考。这种思考是针对认为实践的观点是马克思主义哲学的首要的基本的观点的主张进行的。开始他认为马克思主义哲学的首要的和基本的观点包括多个观点。在1996年发表的"论实践论在马克思主义哲学中的地位"一文中，黄先生认为马克思主义哲学的首要的和基本的观点包括"客观实在的观点或物质的观点，然后还有联系的观点、运动的观点、矛盾的观点等，只有进入社会领域，实践才能扮演首要观点的角色"[1]。在1998年发表的"必须坚持辩证唯物主义"一文中，黄先生认为"唯物主义"是马克思主义哲学的首要的基本观点。[2]在写于2000年，发表于2001年的"关于马克思主义哲学的若干问题"一文中，他又指出："在整个马克思主义哲学范围内，实践观点无疑是基本观点之一，至于说到首要观点，那就要让位于唯物观点和辩证观点了。"[3]在2001年发表于《求是》杂志的一篇访谈文章中，黄先生又认为，马克思主义哲学的首要的基本的观点是"客观实在的观点或物质的观点。只有进入社会领域，实践才能扮演首要观点的角色"[4]。到此为止，黄先生把他关于马克思主义哲学的首要的基本的观点确定下来了，这就是客观实在或客观存在的观点。

黄先生还认为，所谓客观存在的观点就是讲求科学的观点。"马克思主义哲学的首要的基本特点应该是它的科学性，它的实践性必须以其科学性为前提。是否是科学，这是马克思主义哲学首先要明确的问题。"[5]

第四，对辩证唯物主义的人的理论进行了创造性的研究，取得了重要的研究成果。

早在20世纪80年代初，黄先生就通过对马克思《关于费尔巴哈的提纲》第

---

[1] 《黄枬森自选集》，重庆出版社1999年版，第316页。
[2] 《黄枬森自选集》，重庆出版社1999年版，第340页。
[3] 黄枬森：《哲学的科学之路》，北京师范大学出版社2005年版，第34页。
[4] 黄枬森：《哲学的科学之路》，北京师范大学出版社2005年版，序言第6页。
[5] 黄枬森：《哲学的科学之路》，北京师范大学出版社2005年版，第128页。

6条"人的本质不是单个人所固有的抽象物,在其现实性上,它是一切社会关系的总和"❶的研读,提出不能把人的本质简单地理解为社会关系的总和的观点,提出实践活动是人的本质,社会性只是人的本质的根本属性的观点,从而把马克思的观点和恩格斯的劳动创造人的观点一致起来。这个观点影响甚大,不仅为辩证唯物主义研究人的问题提供了重要的基础,而且在事实上为当代中国马克思主义哲学界的实践唯物主义流派和人学流派提供了重要的立足基石。当然,在这个问题上,黄先生与实践唯物主义流派和人学流派的观点不同的地方在于,他一方面主张必须充分重视人和人的实践的作用,另一方面又主张在承认世界客观存在的唯物主义基础上谈人和人的世界。显然,黄先生的观点与实践唯物主义流派和人学流派的观点具有根本性的区别。

黄先生不仅鲜明地提出了人的本质是人的社会性的实践活动的观点,而且还把人的本质与人性、人的属性区分开来,认为人的本质是最根本的人性,或者说是人的最根本的属性,人性则是人的区别于动物的根本属性,人的属性包括的范围更广,它泛指的是人的一切特性。三者形成了层次关系。其中,人的本质是人的一切其他的属性的酵母,后者都是在人的本质的基础上生成并发展起来的。黄先生的这种理路,为辩证唯物主义人学合理地整合哲学史上的各种人性论观点提供了基础,也使辩证唯物主义对人的问题的探讨真正立足在世界人学研究史的基础上。

黄先生还对人的发展规律等问题进行了深入的研究,提出了人的发展的七大规律的观点。这些规律分别是:(1)人类社会以及个体的人的形成和发展是一个过程;(2)人的实践能力是不断增长的;(3)随着生产力和人类实践能力的不断发展,人的平均必要劳动时间在日益缩短,人的自由时间在日益增加;(4)随着人类社会的发展,人的主体地位,从而人的主体性即自觉性在日益增强,而自发性、盲目性在日益减少;个体的人随着年龄的增加,也会出现这种情况;(5)人的自然存在(人体)是人的意识的自然基础,但决定人的意识的内容是人的自然环境、社会环境和社会存在(实践活动、社会因素和各种

---

❶《马克思恩格斯选集》第1卷,人民出版社1995年版,第56页。

社会关系），在此基础上，人的意识本身具有相对独立性，即有继承性和历史性，并对存在发挥着或大或小的反作用；（6）随着人类社会的发展，随着人民群众的作用的扩大与加强，杰出个人的作用在日益减弱；（7）随着人类社会的发展，随着各地区交往的发展，人际关系在日益扩大、加深、多样化、复杂化，并出现了日益加强的多样化和复杂化的人际关系网络。❶应当说，黄先生对人的发展的七大规律的揭示，大大深化了人们对人的问题的认识。

第五，对马克思主义哲学新体系进行了创造性的构想。❷

通过多年运思，黄先生目前已经搭起马克思主义哲学新体系的框架，并正在从事建构马克思主义哲学新体系的细节性工作。

在黄先生看来，这个体系的建构方法根本上就是逻辑与历史相一致的方法。具体来说，逻辑首先是与客观的历史相一致；如果有些东西没有客观的历史可言，那就要与认识的历史一致。他还进一步认为，把逻辑与历史相统一的原则再加以通俗化，就是从抽象到具体，从简单到复杂的原则。他认为，新辩证唯物主义体系无论是大的结构安排，还是小的原理顺序的安排，都应当遵从这个原则。

在新辩证唯物主义体系的对象问题上，他认为应当分三大层次处理。第一个层次是整个宇宙，整个世界。第二个层次是人类社会，人类社会可分为人类社会和人。第三个层次是人的精神活动，或者说精神领域，其中主要是认识、价值、方法。可以说，这三大层次的设计是黄先生根据他对马克思主义哲学研究的逻辑和现状的理解而安排出来的。

根据对马克思主义哲学研究对象的理解，黄先生把新辩证唯物主义体系设计为六大组成部分，即宇宙观或世界观、历史观、人学、认识论、价值论、方法论。他还进一步认为，由上述六大部分构成的新体系并不是要囊括所有哲学部门，只是包括了他所认为的关键的哲学部门。有一些很重要的领域和问题，如伦理学、美学、宗教学等，由于它们已作为相对独立的学科出现了，而且研究已相当深入了，黄先生就没有把它包括在这个体系里面。还有一些领域，例如

---

❶ 参见《黄枬森自选集》，学习出版社2005年版，第370—371页。
❷ 参见黄枬森：《关于马克思主义哲学体系的构想》，载《北京行政学院学报》2006年第2期，第37—38页。

精神哲学，也很重要，因为它是研究认识论、价值论、方法论的元理论，但由于没有考虑成熟，黄先生也就没有纳入到他所设计的新体系中。

关于新体系的基本原理，黄先生认为应该分层次，并认为应该根据相应层次的现代科学所提供的那些带有一般性的科学原理，概括出每个部门中一般性的哲学原理。与此同时，它还特别强调要关注新的原理，因为这些原理更加具有针对性和时代性。

黄先生还强调指出，建构一个马克思主义哲学新的科学体系的工作不是一个人可以完成的，而是一项长期的艰苦的集体工作。他真切地希望，一代一代的马克思主义哲学工作者能够把这项工作坚持下去，使之不断臻于完善。

应当说，黄先生对于马克思主义哲学新体系的构想具有很强的逻辑自洽性，也把中国的辩证唯物主义推向了一个新高度。

（袁吉富，中共北京市委党校教授，哲学博士）

中 篇
教师精神的当代楷模

师生情谊，相知深深

——忆黄枬森先生

许全兴

尊敬的著名哲学家黄枬森先生走了，走得很突然，出乎意外。在 2010 年 10 月哲学系为汪子嵩先生、张世英先生和黄枬森先生三位九秩哲人的祝寿会上，在 2011 年 8 月开的由黄先生主持的《马克思主义哲学创新研究》（四部五册）的出版座谈会上，在 2012 年 10 月的北京大学哲学系百年系庆大会上，黄先生虽已过九旬，但给人的气象依然精神矍铄，壮心不已，为建构马克思主义哲学的科学体系而奋斗不息。先生著作等身，桃李天下，享有盛誉，但我感到他并未满足，对马克思主义哲学的现状忧虑多于喜悦，给人以壮志未酬的印象。先生驾鹤仙逝，我感到很突然，也很悲痛。

我是在 1 月 21 日中午在食堂吃饭时得知黄先生住西苑医院的。他的学生韩庆祥教授的爱人在西苑医院工作，我在当晚打电话给韩老师询问黄先生的情况。他先说因工作忙，忘了告诉我黄老师住院的事，表示歉意，然后简单谈了黄老师的病情，说总的状况不好，已住重症监护病房，明天下午三点开始探视。第二天下午三点多，我到病室时已有一二十人在排队等候探视，其中有中央党校的李公天教授夫妇，有北大哲学系的谢龙教授、陈志尚教授等，更多的则是先生的学生陈新权、康健、李凯林等，有我认识的，有知而叫不出名字的，自然也有不认识的。李公是黄先生的同乡，中学同学，年长黄先生一岁，两家关系密切。李公已行动不便，需要有人陪着进重症室，我与李公同一单位，有所交往，自然由我陪进。在一个约十二三平方米的病房，放了三张病床，十分拥挤。黄先生的床在靠窗，先生戴着呼吸罩，插有管子，已无意识，无法交流。李公与我只能怀着沉重的心情，静静地俯身看望先生，默默地祈盼先生能转危为安，康复如常。因等候的人多，不到1分钟，护理人员就催促我们退出。当我们来到电梯口时，见到坐在轮椅上的师母刘苏老师，李公夫妇和我一起问候、宽慰刘老师，希望她多保重身体。在离开住院大楼时，我们遇到北大周其凤校长和哲学系主任王博教授和书记尚新建教授等，他们在等候教育部长袁贵仁，说话间小车快到跟前。我们匆匆告辞诸位领导，由李凯林教授驾车送我们回中央党校。在车上，我们感到种种迹象表明黄先生危在旦夕，很难度过这一关，心中悲伤得很。

26日上午，哲学系办公室的同志电话告诉我，黄枬森先生在24日晚已去世，从今日起，哲学系在四院设灵堂供大家吊唁，以表哀思之情。26日下午去北大四院吊唁致哀。在去之前，我以中国现代哲学史研究会名誉会长的名义用电子信箱给北大黄先生治丧办公室和哲学系办公室发了"沉痛悼念黄枬森先生逝世唁函"。唁函全文如下：

北京大学黄枬森先生治丧办公室转黄枬森先生家属：

惊悉我国著名哲学家、哲学教育家、我尊敬的老师黄枬森先生因病不幸仙逝，这是我国哲学界的重大损失。我谨代表中国现代哲学史研究会对黄枬森先生的逝世表示沉痛哀悼，请家属节哀保重！

黄枬森先生毕生致力于哲学研究，是我国马克思主义哲学史和人学这两学科的主要开创者和建设者，是著名的马克思主义哲学史家和马克思主义人学家，贡献巨大，享有盛誉，无出其右者。

黄枬森先生始终致力于把马克思主义哲学作为一门科学进行建设。在耄耋之年，为建立科学的马克思主义哲学体系殚精竭虑，鞠躬尽瘁，在马克思主义哲学百花园中独成一家，令人敬仰钦佩。

黄枬森先生关注中国特色社会主义文化建设，在文化学和文化建设方面成果甚多，提出了诸多独到和具有现实意义的见解。

黄枬森先生追求真理，坚持真理，锐意创新，永不满足。先生的治学为人和学风文风堪称学界典范，是我国哲学界的一面旗帜。先生治学为人的精神深深地影响着我。

黄枬森先生治学为人的精神永存!

中国现代哲学史研究会名誉会长许全兴

2013年1月26日

短短唁函,怎能表达对黄先生的无限哀思。

黄先生走了,他的治学为人的精神给我很深的影响,有些事令我难以忘怀。

我当学生时,黄先生是我的授课老师;"文化大革命"结束后一段时间里,先生任副系主任、系主任,是我的领导;先生卸任系主任后,在学术上始终是我的尊敬的师长和前辈,得到他的帮助和鼓励。我不善交往,无特别的事,不去打扰领导和名人。所以我在北大哲学系学习、工作前后近33年,竟一次也没有登门向先生求教拜访过。这并不是与先生有什么隔膜,我对哲学系的其他领导也一样,主要是怕麻烦先生、浪费先生宝贵的时间,所以有事尽可能在办公室办妥。倒是我调离北大、到中央党校后曾去朗润园先生府上数次,或问候请教,或送书指正。可以说,我与先生虽熟识、相知,先生给我很大的帮助和鼓励,但先生留给我的只是如远处看人似的大略印象和感受深的师生情谊。

听黄先生讲《哲学笔记》

我首次接触黄先生,受他的教育,是1962年听他讲列宁《哲学笔记》课。我1959年入北大哲学系,遇上1958年后教育调整的好时机,恢复了正常的教育秩序,学习气氛甚浓。当时哲学系办系的指导思想是"一体两翼","一体"是马克思主义哲学,"两翼"是中国哲学史和西方哲学史,再加上美学、逻辑学、自然辩证法等辅助课。马克思主义哲学的学习除上原理课之外,主要是学原著,开设有毛泽东著作选读和马列著作选读。《哲学笔记》是在《反杜林论》、《费尔巴哈论》、《唯物主义和经验批判主义》等之后学的,由黄先生讲授。作为学生,又不是党员,因此,我对哲学系教师内部的矛盾,1957年反右、1959年的反右倾等情况全然不知。我们只知黄老师是当时系的资料编译室的老师,带领着张翼星等老师搞列宁《哲学笔记》注译,学问好,外文好,对他在1958年后受不公正的处分并不知晓。《哲学笔记》是马列著作中最难学的,自然也是最难教的。先生讲一学期，每周两次，四学时。先生的授课留给我的印象有以下几点。

一是课前发讲义。那时的毛泽东著作选读和马列著作选读，主要读原著，老师只讲课，不发讲义（自然辩证法教研室集体编著了《自然辩证法》注释的讲义，铅印，似在先生讲课之后）。先生在课前印发打印的讲义，大大方便了读书学习。虽然讲义的纸质不甚好，灰而粗糙，但我把它作为学习《哲学笔记》的珍贵参考材料保存了20多年，直到1984年正式出版《〈哲学笔记〉与辩证法》一书后才不再保留。

二是先生结合列宁同第二国际修正主义的斗争，详细地讲解了《哲学笔记》的写作背景，这对深入理解《哲学笔记》的思想极有帮助。

三是讲课逻辑性强，条分缕析，资料丰富，重点处讲得很细，黑格尔原意是什么，列宁写的批语是什么意思，为什么这么写，今天有什么意义，娓娓道来，十分清晰。

四是敢讲自己的观点。事隔50多年，先生讲课的许多具体内容自然都忘了，但有一点却一直深深刻印在我的脑海中，那就是先生在讲同一性时特别讲了"对立面互相包含"的观点。在全班的课堂讨论会上，同学之间对先生的观点发生了争论，有赞成的，也有不赞成的。正是这一争论给我留下印记。在当时看，这一观点与恩格斯讲的"对立面互相渗透"相一致，没有什么特别之处。但在事后看、今天看，先生在那时特别讲"对立面互相包含"的观点是有风险的，要有勇气，弄不好会被扣上修正主义的矛盾调和论的帽子。这反映了黄先生的独立思考精神。他不仅有自己的见解，而且敢于讲自己的见解。这就增加了我对先生独立人格的敬重。

黄先生的课引起了我对《哲学笔记》的浓厚兴趣。虽然囊中羞涩，但我还是买了一本漆布面的精装《列宁全集》第38卷（《哲学笔记》卷）。"文革"期间，我从系资料室借了俄文本的38卷与中译本对照着细读，一方面学习列宁丰富深邃的思想，另一方又提高了自己阅读俄文的能力。受先生的影响，在研读过程中曾写作了《列宁是怎样提出辩证法的核心和实质的》一文。"文革"结束后，该文经修改在《光明日报》上发表。这是我发表的第一篇论文。因系里分配我在毛泽东哲学思想教研室工作，对《哲学笔记》的研究只能作罢，失去了向先生进一步请教《哲学笔记》的机会。

一致"海选"黄先生当系主任

黄先生留给我很深印象的一件事是1981年哲学系换届时一致选举先生为系主任。

"文革"结束后，黄先生不公正的错误处分得到纠正，恢复党籍，1979年任系副主任，当时的系主任是"文革"后复出的原校党委副书记、著名哲学家冯定教授。冯老在"文革"中受迫害，年事已高，身体甚差，系行政工作实际上由先生主持。他与党总支书记朱德生先生都是教学、科研的出类拔萃者，内行办系，很快就把系的教学、科研从"文革"非正常的混乱局面引上正轨并适应新的形势有所发展。他们两位在工作中配合默契，办事公道，作风正派，宽厚待人，在处理矛盾、执行政策上实事求是，合情合理，从而把"文革"中的重灾区、"是非窝"转变为全系同志和谐相处、心往一处想、劲往一处使、专心致志搞教学和科研的新哲学系。系的这种前所未有的好形势突出反映在1981年的换届选举上。

1981年冯定先生提出不再当系主任。如何产生系新一届的领导人？系领导提出充分发扬民主，实行现在所说的"海选"。哲学系的全体老师、工作人员的名字都打印在一张十六开纸的选票上，也就是说每人都是候选人，又是选举者、投票人。选举结果，第一次投票就一致选出黄先生为系主任，同时也一次性投票选出朱德生先生等为系的其他领导人。这种选举方式有点史无前例。选举的结果是对黄先生、朱先生等领导工作的充分肯定。这种选举、换届方式在北大其他系是否实行过，没有了解，但就哲学系而言则是空前的。遗憾的这也是绝后的，因为这是唯一的一次，以后再未采用。此次换届选举印象极深，说明黄先生不仅学问做得好，而且领导有方，工作好，为人好，能团结人。

有学派，无宗派

"文革"结束后，思想解放，百花齐放，百家争鸣，马克思主义哲学内部逐渐形成了不同的学派。其中主要有三派：以北京大学黄枬森教授为代表的辩证唯物主义派；以中国人民大学肖前教授为代表的实践唯物主义派；以吉林大学高清海教授为代表的类哲学派。黄、肖、高三位著名教授的学术观点既有一致的方面，求同存异，共同承担国家课题，编著国家重点项目《马克思主义哲学原理》（肖前为主编，黄枬森、陈晏清为副主编，高清海、陶德麟等为编委）；又有重要的不同，各自执著自己的见解和风格，形成各自的学派。三位教授都是我尊敬的前辈，对肖、高两位也熟识，有一点交往。在有些学术会上，有时三位先生同聚，更多的是两位先生同会。三位先生为人处世也各有鲜明个性，有的有棱有角，有的有棱无角，黄先生则无棱无角，圆融温存。我感到他们之间虽然个性不同，学术相异，争论切磋，但这并不妨碍他们之间私人友谊甚好。他们互相敬重，互相关心，一起问候闲聊，一起参观考察，一起观赏美景，一起合影留念，旁人看来甚为融洽。我很赞赏这种有学派而无宗派的学术风范，钦佩三位大家的大智和大度。我始终认为，学界应有学派，但不能有宗派，和而不同，这有利于学术的繁荣发展。

在与黄先生一起工作、相处、交往过程中，我深深感到先生无利己之心，为人真诚，有儒雅风度，宽厚仁爱，平等待人，一视同仁，不分亲疏。我有幸参加过黄先生主编的"三卷本"和"八卷本"的马克思主义哲学史中国部分的编写工作，也参加过他领导的中国马克思主义哲学史学会和中国人学学会的一些活动。在先生的领导下，我未曾听到过在编写工作和学会活动中存在不团结、闹纠纷的问题，我和同仁都感到大家合作共事，心情舒畅，出成果，出人才，推动学术发展。

总之，在"有学派而无宗派"这一点上，黄先生是学界典范，值得学界同仁学习，以克服形形色色的宗派现象。

坚持真理，献身马克思主义哲学的精神

改革开放以来，思想解放，百家争鸣，马克思主义哲学研究成果丰硕，令人欣喜，这是一方面。另一方面，国际和国内正发生深刻的大变革，马克思主义哲学面临着严峻的挑战和危机，令人堪忧。如何迎接挑战，化危为机，推进

马克思主义哲学的发展、创新,这是每个马克思主义哲学工作者所关切的重大问题。在同黄先生交往中,我深感先生对发展马克思主义哲学有着强烈的忧患意识和崇高的使命感。为此,先生在耄耋之年,依然活跃在理论前沿,笔耕不辍,成果迭出,为坚持、发展和创新马克思主义哲学奋力不止。更令我感动的是,先生用近十年的时间带病主持《马克思主义哲学体系的坚持、发展与创新》国家重点课题,出版了四部五卷的《马克思主义哲学创新研究》。

当我收到先生送我的皇皇巨著后深深地为黄先生献身马克思主义哲学的精神所感动。对一位年近九旬的哲学家来讲,要主持和完成上述国家重点课题,需要有一种献身马克思主义哲学的崇高精神,有一种坚忍不拔的顽强意志。没有崇高精神和顽强意志的人,没有献身于马克思主义哲学使命感的人,是不会在古稀之年去申报和主持这样重大的研究课题的。先生献身马克思主义哲学的这种崇高的精神是《马克思主义哲学创新研究》成果的首要价值所在,值得我和每一位马克思主义哲学工作者和理论工作者学习。

在我的老师辈的哲学家中,一生献身于哲学的大家甚多。他们在各自的领域取得了卓著的成就,有的还建立了融合中西哲学、富有个性的自家哲学体系,为当代中国哲学的发展作出了重要贡献。他们的学术成就和献身哲学的精神,为我所钦佩和学习。黄先生的显著特点是:一生执著马克思主义哲学,一生献身于马克思主义哲学。这是黄先生最可贵的精神。作为一个共产党员,一个马克思主义哲学工作者,我坦率地承认,我对先生献身马克思主义哲学的精神更有一种格外的钦佩之情。2006年,在北大哲学系为庆贺先生八十五华诞而召开的小型学术讨论会上,时任中国辩证唯物主义学会会长、中共中共党校原副校长杨春贵教授说了一句至今犹在耳边的话:"黄枬森先生是中国哲学界的一面旗帜。"杨会长的这一评价得到与会者的赞同,实至名归。

师生之谊,殷殷情深

黄先生是我敬重的老师、领导,德高望重的学界前辈。先生真诚无私,提携后学。我与先生无私交,也从未因个人私事打扰过先生。但我在工作、科研方面感受到先生对我的关爱、支持和鼓励,师生之谊,殷殷情深。

"文革"结束后,原有的辩证唯物主义和历史唯物主义教研室一分为三:马克思主义哲学原理教研室、马克思主义哲学史教研室和毛泽东哲学思想教研室。我分在毛泽东哲学思想教研室,任室党支部书记、副主任,主任为宋一秀先生,另一副主任为张文儒先生。当时教育部的规定,毛泽东哲学思想是哲学专业本科生的必修课。全教研室的同志在宋先生的领导下,和衷共济、齐心协力开好毛泽东哲学思想课,编著《毛泽东哲学思想概论》。北大哲学系的毛泽东哲学思想的教学、科研在当时的诸大学、研究机构中是数得着的强者。从开始研究毛泽东哲学思想之时起,我就认为,不应孤立地研究毛泽东哲学思想,而应把它同马克思主义哲学在中国的传播发展史和中国现代哲学史的研究结合起来,只有这样才能对毛泽东哲学思想的形成、发展和基本精神有深入的、全面的把握。从全国看,对马克思主义哲学在中国的传播发展史和中国现代哲学史的研究已提到议事日程上,但无设置独立的教研机构。当时的研究者分属不同的教研室,各有优长和不足。中国哲学史教研室的研究者把中国现代哲学史看成是传统意义上的中国哲学史的继续,他们的兴趣和重点是现代哲学史中的非马克思主义哲学,而鲜有顾及马克思主义哲学在中国的传播发展。而原来从事马克思主义哲学的研究者的兴趣和重点则在马克思主义哲学在中国的传播发展史,鲜有顾及现代哲学史中的非马克思主义哲学。基于这种状况,我提议成立中国现代哲学教研室,将毛泽东哲学思想研究与中国马克思主义哲学发展史、传统的中国现代哲学史研究结合起来,以克服研究中的片面性,但保留毛泽东哲学思想研究室,一个实体两块牌子。在课程设置上,为避免毛泽东哲学思想概论和马克思主义哲学原理的交叉重复,将毛泽东哲学思想概论课改为中国现代哲学史课。中国现代哲学史课的教学内容则以马克思主义哲学在中国的传播发展为主线,以毛泽东哲学思想的形成发展作为重点,处理好马克思主义哲学与非马克思主义哲学之间的关系,防止片面性。在教育部把毛泽东哲学思想概论规定为必修课的情况下,这样做是有风险的。黄先生和其他系领导支持和接受了我们的意见,这充分反映了黄先生坚持解放思想、实事求是的精神。这一变化在当时研究毛泽东哲学思想的同行中曾引起议论、质疑。但往后的事实证明我们改变是正确的。1985年，毛泽东哲学思想教研室改建为中国现代哲学教研室，因众所周知的原因，宋先生不再担任室主任，但他的教学、科研一切如常，无任何变化。我任室主任兼党支部书记，张文儒先生继续任室副主任。这样做的结果，不仅没有削弱毛泽东哲学思想的研究，而是把它放在更深厚的基础上，提升了研究水平。北大哲学系依然是全国毛泽东哲学思想研究的重镇，而同时又在中国马克思主义哲学发展史和中国现代哲学史研究上取得显著成果。其中由教研室承担完成的两项国家社科基金项目《中国现代哲学史》（许全兴、陈战难、宋一秀著）、《毛泽东与中国现代化》（张文儒主编）。宋一秀、许全兴、陈战难三人参与黄先生主编的马哲史三卷本和八卷本工作（宋是三卷本的主编之一和八卷本五、六分卷的主编之一）。

就我个人而言，我调到中央党校后黄先生对我的科研工作依然给予大力支持和热情鼓励。1992年，我承担了国家社科基金项目"毛泽东晚年哲学研究"课题（该课题在北大时已基本完成），1993年毛泽东诞辰前出版了《毛泽东晚年的理论与实践》一书。黄先生是该项目鉴定专家组的组长，先生在肯定拙著有四个特点的同时，中肯指出其中的不足（如社会主义社会基本矛盾、关于认识论和辩证法的评论不够深入或还可商榷）。先生对拙作肯定有加，"总的说来，本书是一本可读性强、有理论深度、有高度现实意义的专著，是有关毛泽东研究著作中佼佼者"。

1996年，由中国当代出版社编辑默明哲先生的提议出版了《为毛泽东辩护》一书，这是我研究毛泽东的论文集。黄先生在当年12月26日（毛泽东的诞生日）的《人民日报》理论版发表了《〈为毛泽东辩护〉简评》，同日上海《新民晚报》在"早新闻选"版以《〈为毛泽东辩护〉一书出版》为题全文刊登先生写的《简评》。事后得知，《简评》是默先生约请黄先生写的，发表后，订数大增，随即告罄，出版社曾加印数次以满足读者之需要。1997年黄先生又写了《意识形态性和科学性的高度统一——读许全兴的〈为毛泽东辩护〉》（《马克思主义研究》1997年第2期）和《关于毛泽东的六本别具特色的书》（《高校理论战线》1997年第3期）。后一篇是为拙著和在当代中国出版社出版的有关毛泽东研究的《毛泽东与现代化》（张文儒主编）、《毛泽东方法论导论》（李景源主编）等写的评介。先生对每本书都有十分简要的评论，但对拙著则"多说几句"，将《意识形态性和科学性的高度统一》文中的主要内容写入，其文字占全篇的一半左右，表示了先生对拙著的看重和厚爱。先生在书评中介绍了拙著七方面的内容和本人研究毛泽东时遵循的四个指导性原则后写道："我与作者有师生之谊，后又共事近30年。他的性格和文风颇具特色。他的党性是鲜明而坚定的，又喜欢独立思考，只要有真凭实据，他是敢想敢说的。这次系统地翻阅了他的这本论文集，感到确实文如其人，人如其文。他明确提出的这几条原则❶，可以说是他几十年从事理论工作的经验总结，也可以是说他孜孜以求的理论目标，当然会在论文集中体现出来。"先生，知我者也，我与先生的心是相通的。黄先生最后指出："本书涉及毛泽东及其实践和理论的很多方面，独立地提出了许多富有自己特点而又有充分根据的观点，是一本可读性很强的书。相信它的出版可以推动和深化理论界对毛泽东的研究。"（《意识形态性和科学性的高度统一》）先生大力推介《为毛泽东辩护》最根本的是出于先生对毛泽东、毛泽东思想的卫护，自然其中也有先生对学生的提携之意，这是学生内心感受到的。

2003年春，我初步完成了国家社科基金项目《毛泽东与孔夫子——马克思主义中国化个案研究》的写作。为保证书稿质量，我请黄先生审阅打印书稿。先生虽已过8旬，但还在繁忙之中抽出时间认真进行审读，认为以本书为题材的"这样的著作在我国似乎还没有出现过"，"从中学习了很多东西"。先生写了两页审稿意见，从五个方面加以肯定，也提出了具体修改意见。先生指出："总起来看，这本书最资料翔实、立论客观公允、分析深入透彻、立论独特新颖的高水平学术专著，是我国研究毛泽东思想与中国传统文化的关系的上乘之作，具有重要的理论价值与实际意义。"这是先生又一次对学生的肯定和鼓励。该书由人民出版作为《百年后的毛泽东》丛书在毛泽东诞生一百周年之际出版。

2004年岁末，《北京日报》（12月27日）"理论周刊"整版刊登由龚育之先生、黄枬森先生等八位著名学者的《2004年名家案头书》。黄先生开列的案头书有6本，依次为：中共中央文献研究编的《毛泽东传》（1949—1976）和《邓小

---

❶ 即：1、站在党和人民立场上说话；2、从历史高度权衡毛泽东；3、坚持实事求是的科学态度；4、立足现实，着现未来，力求创新。

平年谱》、冯景源著的《人类境遇与历史时空——马克思"人类学笔记"和"历史学笔记"》、拙著《为毛泽东辩护》和《毛泽东与孔夫子》、肖前主编的《马克思主义哲学原理》(按:黄枬森、陈晏清为副主编、1994年中国人民大学出版)。先生开列的 6 本案头书反映先生对马克思主义理论、毛泽东思想和邓小平理论的坚定的信念和高度重视。先生将学生的两本拙著列入案头书反映了先生的不拘一格、虚心好学的态度,也是对学生的奖掖。

  黄先生对我在工作和科研上的支持、爱护和鼓励远不止这些。我对先生始终心存感激之情,但我从未向先生说过感谢、感激一类的话语。这是我对先生的终生愧疚,虽然先生毋须这一类话语。得到先生提携的学生、后进甚多,我只不过是其中之一。

  我们正生活在大变革的时代。与时代相适应,马克思主义哲学亦正处于自我革命之中。多年来,我一直提倡"马克思主义哲学自我革命",2009 年完成了国家社科基金项目的相关课题,出版了《马克思主义哲学自我革命》一书。黄先生在临终前感到:"从整个马哲界看来,主要还是坚持,发展不够。"(见陈志尚:《追记黄老师和我最后一次谈话》)。先生晚年对马克思主义哲学现状的忧虑我亦深有同感。近几年,我套用王夫之的"六经责我开生面"的话,提出"马列责我开生面",以增强创新马克思主义哲学的自觉性和使命感。我将在有生之年继续先生未竟之事业,为坚持和发展马克思主义哲学尽绵薄之力,以不辱时代的使命。

  黄枬森先生走了,但先生的治学为人精神永存!

(许全兴,中共中央党校教授,研究生院原院长,中国现代哲学史研究会名誉会长)

不懈探索真理　永存学者风范

——悼念黄楠森教授

余少波

1978年11月，在北京召开的全国真理标准讨论会上，我认识了黄楠森教授。他在大会上的发言，给我留下深刻印象。他坚定支持"实践是检验真理的唯一标准"的观点，同时又从学理的角度指出，不可忽视原有科学理论知识的作用，还要懂得实践对真理的检验是一个过程。实际上，"文革"前后，我已拜读过黄老师主编的《列宁<哲学笔记>注释》(油印稿)，略知他在哲学研究方面的高深造诣及其不幸际遇。1981年12月，我参加了在厦门大学举行的"全国研究《哲学笔记》学术会议"。我和北师大研究生同学陈敬泰（山西大学教师，后调回福建省委党校任教），有幸陪黄老师从北京出发经福州到厦门开会。从此，开始了我同黄楠森教授30多年的友谊！

1981年春至1982年春，北师大哲学系受教育部委托，举办全国师范院校教师"马哲原著"进修班（一年制），招了30多位学员，由我所在马哲原著教研室具体负责拟定教学计划并实施。除了《反杜林论（哲学编）》、《费尔巴哈论》、《家庭、私有制和国家起源》以及《唯物主义和经验批判主义》这几本大家较熟悉的原著，我们选了学员较少接触过的马克思早期著作《1844年经济学哲学手稿》，马克思恩格斯合著之《神圣家族》、《德意志意识形态》，还选了列宁的《哲学笔记》。这几本难懂的原著，我们专门聘请校外名家来讲授。我到北京大学哲学系找到黄老师。他复出工作后，校内外请他讲课的单位很多，任务繁重。听我说明来意之后，黄老师毫不犹豫，欣然同意。只要求在安排讲课时间集中些，不要同他原有讲课计划冲突。我心里非常高兴和感激。尔后十几次讲课（每次三课时），都是我接送和作陪。这就加深了我对黄老师学养和学风的真切的了解。

大师已仙逝，其杰出理论贡献和优良学者风范永存！下面，回忆几件令人难忘的往事，聊表我之悼念和敬意。

"辩证法要素"十六条

上世纪 50 年代，我在北师大当哲学研究生时，已读过列宁哲学笔记。《黑格尔<逻辑学>一书摘要》是该笔记重要内容。其中有一个约 500 字片段，是列宁摘录黑格尔关于逻辑学方法的观点之后，作了创造性的改造和发挥，是列宁在《哲学笔记》中一个重要的理论创新。通常都叫"辩证法十六要素"。黄老师在长期研究列宁哲学思想，又对列宁手稿仔细辨认基础上，提出了他自己的独特见解。在"文革"后发表有关文章与讲课中，他指出：不应该用前面那样的"通称"来表述。这样容易使人误解为列宁把辩证法要素（实即规律、范畴）归纳为十六条！

黄老师在对进修班学员讲课时，详细分析了十六条是怎样提出来的。列宁先是把黑格尔所说"既是分析的又是综合的判断的环节"，即"辩证法的环节"，引申为三个方面的规定；然后，进一步引申出后面十六条。这十六条的提出也分为三段，先是头七条，它实际已提出了辩证法体系雏形。接着列宁在一个方框中强调对立统一是辩证法的核心。后面九条是对前面七条的补充与说明。他条理分明地说清楚列宁思想的形成过程，很有说服力。

黄老师强调指出，辩证法（规律，范畴)不是十六条，也不是像有人所说仅仅是三条(三大规律)或四条(四个特征)。按照列宁的思考，它是有很多要素的，随着实践和认识发展，这些要素会不断增加。黄老师的学术观点，对长期受教条主义束缚，思想刚刚解放的中青年教师，起着"振聋发聩"的作用；同时又启迪他们应该怎样把马克思主义哲学作为科学来进行研究与宣传。

辩证法、认识论、逻辑学"三者同一"

这是列宁在《哲学笔记》中创造性发挥的另一个重要思想。过去，大学哲学教师一般都懂得，对于马克思主义哲学说来，世界观与方法论是一致的，要掌握它的"立场、观点和方法"。黄老师讲课，着重讲了辩证法、认识论、逻辑学"三者同一"问题。除了介绍这个问题的思想来源，与马克思、恩格斯哲学思想的关系，特别说明它关系到马克思主义哲学的基本性质和其对传统哲学的根本变革的重大问题。针对当时学界有不同的看法，黄老师着重阐释自己的独特观点。他指出，有的学者以为列宁的意思是存在三门学科，即辩证法(本体论)、认识论和逻辑学（方法论），马克思把这三门科学应用于《资本论》研究之中；有的学者则认为三门学科是包涵的关系：辩证法反映最普遍规律，而认识论是特殊规律，即人们认识规律，而逻辑学仅仅为思维形式的辩证规律。但是，他认为，以上两种理解都不符合列宁的本意。

黄老师引证《哲学笔记》中黑格尔的有关论述与列宁的批语之后，强调说：按照黑格尔和列宁的看法，三者同一是指三者是同一门哲学科学的三个方面、三种性质。当然，黑格尔是在唯心主义基础上来说明的；而列宁依据马克思恩格斯的思想，则是从唯物主义基础上并以社会实践为"中介"来概括现代哲学的性质和功能的，从而说明马克思主义哲学与旧哲学的根本区别及其革命变革。它告诉我们，辩证法作为关于客观世界的一般规律的科学是世界观（"本体论"——注，黄老师认为用"世界观"比之旧哲学用"本体论"确切）；而作为关于人类认识史的总结或作为关于人类认识规律的科学就是认识论；作为关于思维的规律的科学就是逻辑学。黄老师进一步发挥说，在列宁看来，在形式上马克思的《资本论》和黑格尔的《逻辑学》是一致的，都体现了三者的"同一"。但是，其基础是不一样的。由于基础根本不同，黑格尔的《逻辑学》是思辨哲学，靠纯粹逻辑推演来建立；而马克思的《资本论》，是从资本主义生产方式出发，"在每一步分析中，都用事实即用实践来检验"。唯有按照列宁在《哲学笔记》中这种创新性理解，才能真正掌握现代唯物主义哲学的真谛，并把辩证唯物主义当作一门有完整体系的科学来建设。根据这种理解，黄老师不赞成把"辩证逻辑"作一门学科来构建(参见黄楠森：《列宁的<哲学笔记>对马克思主义哲学的重大发展》，载《中国社会科学》1980 年第 6 期；或见《<哲学笔记>与辩证法》第 2 章，北京出版社 1984 年版)。

哲学现代化与科学化

1985年春,我从北师大哲学系调来华南师范大学哲学研究所工作。其时,广东学者得"改革开放先行一步"之良好环境,思想比较开放、活跃。广东哲学学会、中山大学哲学系、华南师大哲学所的领导和哲学工作者,正在筹办《现代哲学》杂志,倡导马克思主义哲学现代化!我有幸参与这项工作。然而对"哲学现代化"问题,学界有不同的声音,有的同志甚至认为,提出"马克思主义哲学现代化"就是错误的!我们非常重视北京哲学界专家的意见,1985年10月,在《现代哲学》创刊号上,就有黄楠森、肖前、赵凤歧等教授的文章。黄老师认为哲学是"时代精神的精华",马克思主义哲学当然要随着时代前进。在我国现代化过程,提出"马克思主义哲学现代化"是可以成立的,它的意思同"坚持和发展马克思主义哲学"是一致的。依据自己致力于建设辩证唯物主义科学体系的构思,黄教授特别谈到:像任何学科一样,当它处在"前科学"阶段是谈不到"现代化"的;马克思主义哲学使哲学超越了"前科学",进入了科学的阶段,从此就能够沿着科学方向,与时代不断前进!这些看法,无疑支持了全国首家地方学会哲学专业杂志的顺利创刊与发展。

到了晚年,黄楠森在回顾他推进马克思主义哲学——辩证唯物主义科学体系建设的工作时写道:"我同哲学打交道,至今已整整70年。关于哲学的科学体系我有过许多想法,其中有三点我认为至关重要:一是必须坚持世界观在哲学中的核心地位。自古以来,世界观一直被视为第一哲学,但在现代西方哲学中它却被排斥,被否定,这一思潮在我国也甚为流行。在我看来,世界观尤其是科学的世界观是不能否定的,否定了科学的世界观,不仅哲学会被否定,一切科学也会被否定,认识史将不再是科学史。二是科学的哲学,除了包括世界观而外,还应包括若干部门哲学。这是因为对整个世界的综合研究必须有几个主要部门的综合研究为基础,因此,除辩证唯物主义世界观之外,还有自然辩证法、历史唯物主义和认识论。我认为这是不够的,近年来提出还应增加人学、价值论和方法论。三是实践是马克思主义哲学的根本特征之一,但它之所以能够成功地指导实践,是因为它是科学的。马克思主义所说的实践是自觉的有规律性原理指导的实践,不是盲目的由唯心主义或形而上学指导的实践。"(引自黄楠森:《我怎样走上哲学的科学之路》,载《光明日报》2010年3月23日)

"异化"、人道主义与人学

据我拜读黄楠森教授的论著,以及私下向他请教、同他交谈,觉得他对"异化"范畴理解,有个较大的变化过程。他精通西方哲学史,对黑格尔著作有深入研究。最初,他把"异化"看成"否定之否定"的一个环节,同"对立面转化"、"矛盾的转化"一样,具有普遍性。在1983年《哲学研究》第4期发表的文章《关于人的理论的若干问题》中,他主张"异化"范畴有三个层次,上面谈的是最普遍的层次。其次是主体产生出反对自己的异己力量。再次是对剩余价值的剥削(即"劳动异化")。可是,当国家主流意识形态发起批判"资产阶级人道主义"和"异化论"之后,他的看法发生急剧变化。

在1984年的一篇很有影响的文章中,黄楠森教授作了"自我批评",并说道:"有同志批评我自相矛盾,因为我滥用了异化概念。这就促使我进一步学习,思考,对这个问题有了新的认识。"(引自黄楠森:《关于人道主义和异化理论的几个问题》,见《人道主义和异化问题研究》,北京大学出版社1985年6月版)要而言之,他认为,在哲学史上"异化"概念含义确有三个层次。但"异化"不是一个科学的概念。马克思提出的"劳动异化"也不是一个科学的概念,是马克思唯物主义历史观形成前一个"过渡性"概念。他认为,无论是费尔巴哈、早期马克思讲到"人的异化",是指"人性异化"或"人的本质的异化"。黄老师认为,在有了唯物主义历史观之后,没有必要用"异化"来说明某些社会现象,包括说明人的本性的变化,说明社会主义社会发生的一些实际问题。

至于同"人的异化"直接联系的"人道主义问题",黄楠森认为:对人道主义不能笼统否定,也不能笼统肯定,应具体分析。其历史观方面应予否定,其价值观方面应予肯定。他还明确表态,赞同胡乔木同志的主张,人道主义有两个不同方面的含义。"一个是作为世界观和历史观;一个是作为伦理原则和道德规范。这两个方面有联系，又有区别。"他们认为，作为世界观、历史观，人道主义是唯心主义的，与马克思主义辩证唯物主义的世界观和唯物主义历史观完全对立，必须彻底否定；只有作为伦理观和道德规范方面的人道主义，马克思主义才可加以批判继承，这就是作为道德原则的"社会主义人道主义"。关于"异化"与"人道主义"问题的争论，差不多过去30年了，在理论界、学术界分歧仍十分严重。当然，作为一个复杂的理论、学术问题，黄老师的看法也是"一家之言"，我相信随着社会实践与科学研究的发展，终究会取得共识的。照我的观察，黄楠森教授后来开拓"人学"的研究，并取得许多理论成果，表明他对人性、人道、人权以至人的自由与全面发展的规律性，都有新的认识！

经过30多年来哲学界许多同志的努力，中国马哲史学科终于走向成熟；对辩证唯物主义作为严整科学体系的探索，也有很多研究成果。作为大家公认的一位领军人物的黄楠森老师，依然是学术界不懈探索真理、勇敢创新的战士。在年近90岁时，他又踏进马克思主义哲学研究中的"人学"领域，组织全国性研讨会，编写《人学词典》，组建北京大学人学研究中心，成立中国人学学会……为建立中国马克思主义人学学科更加忙碌。黄楠森成为开拓马克思主义哲学一个新的领域的旗手。

热心支持学术团体　　努力培养年轻学者

就我本人接触到的，黄楠森教授在全国各种哲学社会科学学术团体的活动中，从没有什么"门户之见"，从不"排斥异己"，而是非常热心支持各种学术团体，引导它们开展有益的学术活动。"文革"前，在高等学校马克思主义哲学专业课的教学中，除了开设"辩证唯物主义历史唯物主义"（简称"原理"课），就开设了"马克思主义哲学原著选读"（简称"原著"课）。在"文革"后期招生复课时，少数高校哲学系开设过"马克思主义哲学史"（或其"专题"课）。粉碎"四人帮"后，在拨乱反正过程，高校马列哲学教师与社会科学研究院、所的同仁们，热情高涨，在党的宣传部门与教育部有关职能部门支持下，在20世纪80年代初先后成立了"中国辩证唯物主义学会"、"中国历史唯物主义学会"、

"中国马哲史学会"等学术团体。因许多高校哲学专业、政治理论教育专业和党校有关专业开设了马列原著课，其中恩格斯的名著《反杜林论》，在 1980 年夏教育部在武汉召开教材会议的编写计划中，指定由北京师范大学施德福、武汉大学朱传启、山东大学李武林和北京师范大学余少波负责。1980 年冬，在济南山东大学开过研讨会；1981 年秋，在西安陕西师大开研讨会时有几十所大学专科院校和部分党校教师参加。有同志建议并成立了"全国《反杜林论》研究会"。由中国人民大学哲学系乐燕平教授任会长，北京师范大学施德福、武汉大学朱传启、山东大学李武林、北京师范大学余少波和黑龙江大学曹林等为副会长。研究会挂靠在黑大哲学系，曹林是该系负责人，为常务副会长。事后，我们向教育部文科教材办公室主任季啸风同志汇报；又聘请了著名理论家、《反杜林论》翻译者吴黎平同志和中国马哲史学会会长黄楠森同志任研究会顾问。黄老师非常支持研究会成立，不但具体指导我们如何开展工作，而且很好地协调了中国马哲史学会和我会的关系。

1983 年夏，研究会在黑龙江大学召开《反杜林论》第三次研讨会，并举办了讲习班，还出版了研究论文集。以后，多次举行研讨会，对推进马克思主义哲学原著的研究与教学工作起了一定作用。1988 年，由于形势发展要求，在厦门大学召开的全体会议上，更名为中国恩格斯思想研究会，选举黄楠森教授为会长。2008 年秋经有关部门批准，更名为中国马克思恩格斯研究会，挂靠在中共中央编译局。由时任该局局长韦建桦任会长，聘请黄老师为名誉会长，吸收了许多年轻马克思主义研究者和教师参加该会，继续为推进马克思主义中国化开展工作。

1985 年春，我到广州后参加广东哲学学会、广东马哲史研究会工作。黄教授对我们省的哲学研究及学术活动也非常支持。我粗略统计，几乎每隔一两年就在广州、深圳、珠海、东莞、江门等地举办学术会议。如 1986 年秋关于人的哲学问题与人道主义研讨会、1988 年冬关于马克思主义哲学体系研讨会、1992 年秋关于恩格斯哲学思想学术讨论会、1994 年春关于市场经济与价值观念研讨会、1995 年夏当代社会主义问题研讨会、1996 年春当代马克思主义与中国跨世纪发展战略研讨会、2001 年秋关于马克思主义哲学史与哲学原理方法论研讨会等。这些会议分别由中国马哲史学会、中国辩证唯物主义学会、中国社会主义辩证法研究会、全国恩格斯思想研究会等牵头,与广东省社科联、广东哲学学会、广东马哲史研究会、中山大学哲学系和马克思主义哲学研究所、华南师范大学哲学所等联合召开的。这些活动活跃了广东和全国各地马克思主义的理论研究,推动了马克思主义中国化事业。

去年,在北京大学哲学系 100 周年庆典上黄楠森教授获得"北京大学哲学教育终身成就奖",是当之无愧的。他从事哲学教育 60 多年来,不但在全国最高学府——北京大学直接传道、授业、解惑,培养了一大批优秀学生,造就了很多现在已成为学术带头人的硕士博士;而且通过各种学术团体的种种活动,影响了全国各地一大批学者和教师。我本人十分感谢黄老师的热情帮助和指导,我手头保存一份自己在 1981 年 11 月参加列宁《哲学笔记》研讨会提交的论文,上面有黄老师亲笔签名和多处中肯的旁批。会后,他告诉我文章优点和不足,由于他的鼓励,该文修改后在《北京师范大学学报》发表,我时年 45 岁,当时算是较年轻的副教授。受黄老师启迪,我在 1986 年出版了著作《唯物辩证法史话》(30 万字),是我评为教授的代表作之一。黄楠森老师不懈探索真理,坚持真理,为真理而奋斗的精神;诚恳敬业,宽厚待人,为人民教育献身的行为,永远鼓舞我们前进!

(余少波,华南师范大学哲学研究所教授)

慈心千古

——感念黄楠森老师

张永昌

1月26日，我如常在案前展阅《光明日报》，先看到当版左上角黄楠森老师的大幅照片，心中兴起；未料，续见照片下"逝世"二字，心中一惊，便热泪盈眶，对身旁老伴欲语而难言。我老伴也默默阅读了这篇《耘马哲，育人杰》的沉痛报道，敬意溢于言表。

我在北大哲学系学习期间，尽管黄老师从未给我们上过一次课，但他真诚宽厚、沉思稳健的气质和严谨治学、埋头求索的精神，像无声无形的气场感染着我们。当年，我是一个曾处于挨整泥潭中挣扎的无名后生，学而无术，尚无颜面求见任何老师，更无胆量拜访当时也处境不好的黄老师，便只好存敬于心，在公共场合看见了，心头热热，默默祝福。

改革开放后，我庆幸归口到哲学教学岗位，经年，受国家教委委托主编全国师专政教专业《马克思主义哲学原理》。书成后，我想娘不嫌儿丑，便大胆寄给黄老师批评。不料数日后，黄老师就拙著的整体结构、立意论述、行文语言、理论联系实际等方面的些微新处，都充分予以肯定，并发表于《光明日报》予以推荐。黄老师俯首热语，甘为学生铺路搭桥的无私师情，令我深深体验到，名门长辈提携后辈的满腔真诚，使我感到无比温暖，鼓舞了我的从教自信心，给了我争优的力量。

我退休后同黄老师还有过两次笔墨交往。我喜欢哲学同诗神的结合，对北大和北大哲学系的感恩情愫，便凝结成了抒情长诗《未名湖之歌》。师不嫌生拙，我又大胆向黄老师汇报，黄老师不仅给我复信，充分肯定，热情鼓励，还分别推荐给了《北京大学》校刊和《北大人》。此后，我收到了节选《未名湖之歌》的《北京大学》校刊。第二次是我针对学界燕国材等人的混乱情商论和林崇德的片面表面智力论所写的论文《智力心理活动的矛盾结构论要》，寄给黄老师以兹汇报。这次虽未收到黄老师一句回话，但却先收到了《北京大学学报》的用稿信，后便收到了刊发拙作的《北京大学学报》样本，一字未改。我同黄老师如上交往，从未谋面，黄老师便信任关怀有加，于百忙中处处尽心尽力提携帮助，真是胸怀如海，心细如丝，浴后有淋，结果无声，令我终生难忘，感激不尽。

前几年，我从有关媒体记下了黄老师的生日。2011年11月，黄老师90华诞之际，我想前去祝寿，但一转念，黄老师那么多杰出学术精英，足以满壁生辉；而我这个默默无闻的笨鸟，不能给老师增光，反会遭人笑话，还是不去的好，便在心里遥祝恩师健康长寿，以继续为马哲大旗增光添彩。

我之今天有黄老师的关心和帮助。今将两朵幽菊——《精英归位壮险峰》和《我爱山海林》，捧献给黄老师，以表达一个弱势后生对黄老师的敬仰和怀念。黄老师，你提笔开创马哲新境界，畅抒追求情怀；着墨凝结人学新学科，稳铸沉思志趣。黄老师，你的思想在书里书外展延着，你的为人为学在学生心里活跃着。黄老师，慈心千古，一路走好！

（张永昌，北大哲学系1956级学生）

清明时节缅怀一代宗师——黄枬森

曹林　　马云鹏

今天，我们怀着敬仰与思念的心情来参加黄枬森老师的追思会。

我们与黄枬森老师相识于20世纪80年代，相处共事起于90年代初，由于全国《反杜林论》研究会挂靠单位由黑龙江大学转到北京大学、秘书处设在北方工业大学。这时，黄枬森老师接任中国人民大学乐燕平老师的会长职务。从此，全国《反杜林论》研究会更名为中国恩格斯思想研究会。直到2000年，因黄老师年纪已高，不再担任会长职务，而继任研究会名誉会长。从2002年起，研究会又更名为中国马克思恩格斯研究会。

这期间我们俩人作为研究会副会长、秘书长，同黄枬森老师相识共事20多年，现将我们所见、所闻和所感，谈四点感悟。

第一，黄枬森老师既有理论的坚定性，又能与时俱进，使理论永葆青春活力。

我们知道，黄老师一直坚持辩证唯物主义和历史唯物主义的世界观、方法论，突出理论的实践意义。他又能随着时代的脚步，结合实际，不断丰富发展辩证唯物主义和历史唯物主义理论内容、结构体系，使马克思主义哲学原理结构体系与时俱进，增强了理论活力与实践价值。

第二，黄枬森老师一生为人为学品德高尚，平易近人。

多年来，在与他相处共事中，我们感到他与人交往不分老少，不论学术地位高低，也不论学术观点异同，都能一视同仁平等相待，坦诚交流，和谐相处，共乐融之。其可谓"人生交契无老少，谈心何必先同调"的大师风范。

第三，黄枬森老师长期以来，特别是在他担任研究会会长期间，关注理论队伍的培养建设，尤其关爱青年学者的成长。

每当我们举办全国性理论研讨会，他主张将与会学者研究成果的普遍交流同重点难点理论专家报告相结合。有时他亲自作学术报告，这样既为与会同志创造了相互交流、相互学习、共同提高的平台，又突出了重点难点和现实问题，使研讨会点面结合，从而推进了理论研究的深度、广度，使理论研讨会成为培养提高理论队伍成长的重要阵地。特别是对那些学术求友于他的学者，尤其是青年同志，他都能热心关怀，尽力相助，还亲自为一些同志审书稿、写序言等。正因如此，一些同志对黄老师的关爱、友情、帮助，永不忘怀，把黄老师看作是良师益友，以此激励自己健康成长。

第四，黄枬森老师在理论研究中，关注现实问题的研究，注重理论与现实的结合，在推进马克思主义中国化的进程中作出了重大贡献。

我们研究会从20世纪90年代开始，在黄枬森会长主导下，突出了对中国现实问题的研究，特别突出了马克思主义与中国特色社会主义理论研究。先后确定《科学历史观与改革》、《唯物史观与科学社会主义》、《科学社会主义与中国特色社会主义》等专题研究项目。先后在江西庐山举办了《唯物史观与科学社会主义》研讨会，并在北方工业大学举办了《唯物史观与改革若干问题》讲习。尔后又在新疆、张家界、郑州、哈尔滨、黑龙江，举办了一系列有关中国特色社会主义理论研讨会。所有这些理论研究活动，都彰显了黄枬森老师在推进马克思主义中国化进程中作出的重要贡献。

今天，我们对黄枬森老师的追思、缅怀，就是因为他的一生既是马克思主义理论研究的一面旗帜，又是理论界一座丰碑。我们学习他，就要学习继承并发扬他对事业的无私奉献精神、理论研究的求真务实精神和关心人帮助人的仁爱之心，以及他为人为学的高尚品德，并以此来激励我们在实际工作作出更大贡献，以告慰永远离开我们的黄枬森老师！

（曹林，黑龙江大学教授；马云鹏，北京工业大学教授）

我与黄楠森老师的二三事

徐梦秋

黄老师走了,一位宽厚、谦和、严谨、深邃的学界泰斗永远离开我们了。痛惜之余,回想起老人家生前对我的关爱和提携,丝丝暖意涌上心头。

1983年,时任厦大哲学系副主任的商英伟老师,嘱我写一篇文章,寄到北大哲学系,说是北大哲学系系主任黄楠森教授给他来信,征集参加拟在北京召开的纪念列宁逝世六十周年暨列宁哲学思想学术研讨会的论文。那时,我是厦大哲学系的助教,花了好几个月时间写了题为《试论研究唯物辩证法的根本方法》一文。文章提出的问题是:如果说唯物辩证法为其他学科提供基本的研究方法,那么研究辩证法本身的方法是什么?或者说,应该用什么样的方法来研究唯物辩证法。现在看来,当时我所提出的是"用什么样的方法来研究本身就具有方法论意义的哲学"这样一个问题。文章经北大哲学系的专家评审入选。1984年春节过后,我借来军大衣和毛靴,登上了北去的火车。在这之前,我没出过省,连火车也没坐过。现在,我坐上了风驰电掣的列车,而且是要去我从小就向往的圣地北京,那份憧憬、激动的心情,至今难以言表。到了北京的第二天上午,参加了开幕式。这次大会很隆重,开幕式是在全国政协大礼堂举行的。在开幕式上,我见到了大名鼎鼎如雷贯耳的老一辈哲学家杨献珍和吴黎平,也见到了我仰慕已久的黄楠森老师。这次大会有几个专题报告,其中有两个报告的主讲人是非常年轻的学者,一个是北京大学哲学系的首届博士生王东,还有一个是中国社会科学院哲学所的助理研究员李鹏程。报告的题目分别是"关于列宁的八个哲学笔记本"和"国外的列宁学研究"。这两个报告应该是黄楠森老师安排的,令我们这些学术信息闭塞的京外听众进入到列宁哲学研究的前沿。当年的学术界,百废待兴,朝气蓬勃,与现今的论资排辈、暮气沉沉全然不同。这种气象当然是与黄老师这样的前辈提携后生、奖掖新人分不开的。大会的第三天上午分组讨论。我分在《哲学笔记》这一组,与黄老师同组。我可能是参加会议的代表中年纪最小、资历最浅的一个,所以我带着一种学习、受教的心情,坐在后排洗耳恭听,并认真地做着笔记。上半场快结束的时候,老师们基本讲完了,我也鼓起勇气,谈了两个问题,一个是我提交会议的论文所谈的问题,另一个是《哲学笔记》中谈得比较多的辩证思维的形式与内容统一的问题。在我发言的时候,黄老师比较注意,还把我的论文从他面前的一叠论文中抽出来,浏览了一下。我说完后,黄老师发言,对我的意见有所肯定,进而谈了他对辩证法和辩证逻辑的区别的看法。他说,对立统一规律等三个规律是唯物辩证法的基本规律,也是辩证思维的基本规律,因此要把辩证法与辩证逻辑区分开来是有难度的。中场休息的时候,黄老师叫住了我,问了我的一些情况,然后让我做准备,明天下午到大会闭幕式上发言。到大会闭幕式上发言?我简直不敢相信自己的耳朵。这是建国以来首届全国列宁哲学思想学术研讨会,参加会议的都是多年研究列宁哲学思想的前辈学者,让我这样一个二十几岁的小助教到闭幕式上去发言,简直是不可思议的事情,但黄老师确实就是这样安排的。在第二天下午的闭幕式上,原志愿军总政委、解放军政治学院政委李唯一等两位老师发言后,我就战战兢兢地上了台,谈了我在小组讨论会上说的两个问题。在当时这两个问题还是比较新颖的,因而现场反应比较好。会后,李鹏程等几位学者找到我,交换了意见,我也和黄老师的开门弟子王东兄成了终生的朋友。我发言的内容写进了会议简报,我至今仍保留着。今天,为了写这篇回忆,我把它翻出来,看着这份纸张已经泛黄的简报,回想起30年前的那一幕,感慨万千,心理充满了对黄老师的无限感激之情。

北京大学是中国的学术圣地,《北京大学学报》是这一圣地的学术成果的重要载体。上个世纪八九十年代,能在这个刊物上发表论文是一件很荣幸的事情。1993年,针对国内外许多学者贬斥恩格斯为机械反映论者的种种观点,根据多年的积累和思考,我写了一篇长文《恩格斯的认识主体性思想论纲》。经反复修改后,我把它投给了《北京大学学报》,同时也给黄老师寄了一份,并附信一封，因为黄老师是当时《北京大学学报》哲社版的主编，而且是马克思主义哲学史领域的权威，文章能否发表最后应由他老人家拍板。经过了长久的等待，这篇文章终于在《北京大学学报》1995年第6期发表了。黄老师没有给我回信，我也没有直接听到黄老师对这篇文章的评价，但这篇文章的责任编辑李淑珍后来告诉我，黄老师对这篇文章给予较高的评价。那个时候，我只是个副教授，《北京大学学报》是我心目中最权威的学术刊物之一，我只是抱着试试看的心情投过去，没想到第一次投稿就发表了。即使是在年近花甲的今天，想起这件事，我仍然很兴奋，那种成就感至今仍激励着我。没有黄老师的肯定和支持，就不可能有这篇文章在《北京大学学报》上的发表。

1992年，中国恩格斯研究会成立，我应邀参加了成立大会。会议期间，拟任副会长的武汉大学教授朱传启老师告诉我，已跟拟任会长的黄楠森老师商定，把我列入理事候选人名单。当年我37岁，如果当选，应该是研究会中最年轻的理事。但是，后来提供给各位代表的候选人名单里没有我的名字，据说是一位高校的副校长把这个名额弄给别人了。尽管我没有当上这个全国性学会的理事，但是朱传启、黄楠森两位父辈学者奖掖后进的恩情，我是永远铭记在心的。

黄老师一生著作等身。我非常认真地研读过他的三部著作，一部是《<哲学笔记>注释》，另一部是《<哲学笔记>与辩证法》，还有一部是《哲学的足迹》。黄老师的著述，的确是文如其人。读他的书就像和他老人家对话，听他把自己长年研究的心得体会，实实在在、深入浅出地娓娓道来，如沐春风。联想到现今马哲界的一些所谓专著，装腔作势，故弄玄虚，以其昏昏，使人昭昭，用一些谁都不明白的语言，讲一些谁都知道的常识，更觉得诚实的学风、质朴的文风之可贵。黄老师的文章，温润宜人、朴实严谨、清清楚楚、明明白白，有条有理、有根有据，平实中不时提出发人深省的问题和见解。例如，当年学界通常认为唯物辩证法是关于一般辩证法的学问，其下还有三个分支：自然辩证法、历史辩证法、思维辩证法。黄老师认为，历史辩证法有自己独有的规律，即生产力和生产关系矛盾运动的规律、经济基础和上层建筑矛盾运动的规律，因此历史辩证法或唯物史观与一般辩证法的区分是很明显的。而自然界是按照唯物辩证法的三个基本规律运动的，思维也是按照辩证法三个规律运行的。这样一来，自然界本身的一般规律是什么，思维领域的一般规律是什么，如何与唯物辩证法的一般规律区别开来，就是一个有待深入探讨和阐明的问题。因此，如何把唯物辩证法与自然辩证法及思维辩证法区分开来也是一个值得深入思考的问题。由此我们可以发现，黄老师一直在思考唯物辩证法的体系及其各个组成部分的特点与关系这一重大问题。遗憾的是，现在马克思主义哲学领域的学者们，大多不关注马克思主义的辩证法，辩证的方法、《资本论》的逻辑几近失传。黄老师还深入地细致地思考过唯物辩证法的一系列范畴的排序和相互关系问题，从中可以看出他对德国古典哲学尤其是黑格尔的大逻辑、小逻辑浸淫多年，功力深厚。有几年，我在思考康德关于时空的二律背反的问题时，有一个关键环节一直没弄明白，查阅了专门研究康德的一些学者们的著述，也还没有搞清楚。后来，我偶尔读到了《<哲学笔记>注释》的有关段落，一下子就明白了。从此，我对黄老师更是佩服得五体投地。

从第一次见到黄老师到现在已近30年。黄老师驾鹤西去，我亦两鬓斑白。回首往事，历历在目，心潮起伏，感慨万千。衷心祝愿黄老师，在天之灵祥和快乐，道德文章发扬光大！

（徐梦秋，厦门大学资深教授，哲学系原主任）

缅怀黄枬森先生：谦谦君子道德文章

牟博

黄枬森先生是我父亲和家庭的老朋友，我自幼尊称他为"黄伯伯"。另一方面，我现在也是在哲学研究这个学术领域里，对同一学术领域里所敬重的长者敬称为"先生"，虽然彼此具体专业领域听来较"远"（黄先生专攻马克思主义哲学和马克思主义哲学史，而我的专业领域侧重于分析哲学和语言哲学等）。在这篇短文的第一部分，我从个人家庭角度缅怀作为谦谦君子的黄伯伯；在第二部分，我从哲学同道角度追思我在道德文章上都很敬重的黄枬森先生。

一

黄伯伯和我父亲（牟安世）是 70 年的老朋友。他们都来自四川自贡市富顺县；他们都是在幼年时期经历过熟读四书五经、专注于"之乎者也矣焉哉"的私塾教育；他们毕业于同一初中、同时考入同一高中又同时进而在 1939 年考入自贡市私立蜀光中学高中班；他们都是在 1942 年同时考入昆明西南联大的同学；他们都曾在西南联大和随后北大期间追求社会进步、参加学运的热血青年，虽然大学毕业后黄伯伯留校做党的地下工作，我父亲则去了解放区；他们都甘于清贫、诚心专心做学问，有着共同的"谦谦君子"品性；作为科班出身的党内知识分子，他们也都是不管顺境逆境、不论当什么官有什么名号，学术研究专心做学问始终是他们的至爱和最终安身立命之地：黄伯伯早期扛鼎之作《<哲学笔记>注释》是在其一生中最困难的时期潜心治学研究的结晶，而我父亲的早期几部奠定其学术成就的中国近代史专著是他 20 世纪 50 年代初调去中国科学院党委担任政务工作之余利用晚间和节假日时间继续专攻学术写就的。我看到过，他们发自内心的最欢愉时刻莫过于赠送、交流彼此新近学术研究成果和回顾以往共同岁月经历之时。

在抹去他们人生表层浮华（什么这个称号那个奖诸如此类的过眼浮云）之后，我们会发现，透过上述共同经历和认同所折射出的一些更深层、彼此真正珍视的共同东西；它们构成彼此历史的一些经久不衰的价值积淀、映衬着彼此的人生沉浮；正是这些更深层的东西使他们在深层思想神交上彼此难以割舍。而这些东西，深刻凝聚在他们人生交汇点上那些只言片语和举手投足间。

2006年我父亲病重住院后短暂居家治疗；在他再次住院前，黄伯伯专程来我家探望。他们双方都预感到，可能以后再也没有这样叙谈的机会了，这恐怕是他们最后一次这样像正常人般地站立走动道别了。我父亲坚持要下楼送黄先生；结果执手泪别了一程又一程；当时黄伯伯的女婿霍保德先生陪同来我家，见到此情此景很感动，赋诗记之：

> 浓浓老友意，依依故交情。
> 几番执手送，数次热泪盈。
> 同窗七十载，友谊万千重。
> 今日此为别，何时再相逢？❶

我父亲2006年6月临去世前已处于昏迷状态，偶尔苏醒过来时也几乎不说话；黄伯伯和李公天伯伯去协和医院看望，我父亲见到他们清晰呼唤了一声"枬森"后就又昏迷过去。而对于我，这声呼唤把我的思路带回几十年前我父亲带我哥哥（牟溥）和我专程从城里王府井东厂去北大中关园探望当时还处于"倒霉"期的黄伯伯。当时，我们在一栋栋外表上看大同小异的平房加园地的房舍间来回兜了好几道圈子，好不容易才找到他家；还没敲门进屋，我父亲便像小孩子般迫不及待地高声呼唤"黄君、黄君"，完全没有他们那个年纪和身份的人似乎应有的矜持。随后，他们谈书论道，自得其乐。那时，他们各自的大环境都令人不愉快、都要应付一些外界纷扰，但他们一进入书籍和学问的境界，便"忘乎所以"、"返璞归真"。❷

---

❶ 引自《牟安世先生纪念文集》，中华书局2008年年版，第186页。
❷ 关于他们交往的其他相关方面，有兴趣的读者可参看黄先生和李公天先生为上述文集合作撰写的两篇追思

我想，也正是这些更深层的东西使黄伯伯2011年在他九十诞辰之际、除了"官方"台面上为他举办的活动之外，他很在乎亲朋好友间的一番聚会。他亲自给我母亲（于拔）打了两次电话邀请她和我哥哥务必前来相聚。其时，我在国外由于教学任务，无法和他们一起分享这一温馨感人的时刻。这之后，我一直想有个机会一方面探望黄伯伯，另一方面也就一些下面要论及的学术问题与先生好好聊一聊。2012年我在国内时的研究生导师涂纪亮先生突然去世[1]，我隐约有个预感：如果我不及时趁年底回国时探望黄先生，很可能下次就见不到了；结果一"语"成谶。我原来计划好要利用2012年底2013年初回国时探望黄伯伯，因处理临时出现的一些较紧迫事情，打乱了原有计划；当时想几个月后我还有一个学术交流机会回国，不妨那时再去看望他。结果今年一月我刚返回美国不到一周就惊闻黄先生去世噩耗，一时懊悔、沉痛、感慨交集。

今年六月上旬回国开会后，我去看望黄伯伯夫人刘苏阿姨，她在谈到黄伯伯最近几年的繁忙工作对他的健康影响时说，在临去世前几年，他太忙了，因有些事情不得不由他出面来协调处理。作为对国内马克思主义哲学研究态势有一些了解的哲学同道，我明白刘阿姨的意思。说到这里，我想转换话题视角，从哲学同道的角度谈谈我在道德文章上都很敬重的黄枬森先生。

二

黄先生出于真诚的人生信念和深厚的哲学兴趣毕生专攻马克思主义哲学和马克思主义哲学史的学术研究，潜心学术，成绩斐然。对于我们每一个从懂事起经历过"文化大革命"、参加过马列原著五本书的政治学习，而后又在20世纪70年代末80年代初在大学至少认真上过马克思主义哲学原理课程的学人来说，对于马克思主义哲学及作为其方法论背景的黑格尔哲学并不陌生；应该说，在这种意义上，我们都在某种程度上是黄先生在学术上的知音。十分难得

文章："从《义和团抵抗列强瓜分史》看牟安世的史学研究指导思想"（第109—121页）和"七十年的深厚友谊—亲切怀念牟安世"（第179—187页）。

[1] 参看牟博："涂纪亮先生逝世周年追思祭"，载于《哲学中国网》(http://www.philosophy.org.cn) "外国哲学"部分（2013年4月24日）。

的是，黄先生不仅马克思主义哲学（史）学术研究精湛，而且以其谦谦君子品性毕生身体力行马克思主义哲学所蕴含的道德期盼，由此形成的学术声誉和人格上的整合力和号召力，使得在马克思主义哲学研究事业的一些重大集体项目和机构运作中，领导协调非他莫属。（这便是为什么前面说到，黄先生夫人在谈到黄先生最近几年的繁忙工作对他的健康影响时说，在临去世前几年他太忙了，因为有些事情不得不由他出面协调处理。）可以说，特别是在马克思主义哲学若干年来被形形色色人物以不同方式损坏声誉的情况下，黄先生的道德文章尤其难能可贵：熟悉国内马克思主义哲学研究状况的哲学界同道有口皆碑。

我在1982年初大学数学专业毕业后转换专业领域走进哲学这道门后，按照今天这样一种方式发展，在某种程度上与黄枬森先生在我早期哲学研究生涯一个主要阶段的引领有关。这说来话长。1977年底高考，我填报志愿本为人文学科；但按照当时一些特殊招生政策，解放军工程技术学院在考生不知情的情况下，根据我高考数学成绩等把我"截流"到其数学专业。1982年初本科毕业时，所在学校鉴于我在人文社会科学方面的基础把我留在属同一系统的解放军外语学院政治理论教研室任职哲学教员；由于我此时尚未从"形式"上得到哲学专业系统教育，学校支持我去地方高校哲学系进修哲学。但是，由于当时军队院校没有纳入教育部进修教师培训计划的申请系统；我们只能直接联系地方高校哲学系。时任北大哲学系主任的黄先生考虑到军队系统院校当时的这种特殊情况，接受我参加1982—1983学年"高校哲学教师进修班"的申请。虽然教育学历上讲究头尾学位（本科学位教育和终端博士学位）、我本人也很珍视自己四年本科数学专业学习和在美国七年攻读哲学专业博士学位的历程，不过掐头去尾，1982—1983学年在北大哲学系的系统性学习，对于我较为全面地掌握哲学专业基础知识（参加了记录成绩在案的六门哲学专业课考试）成效是明显的：第二年，我同时通过中国社会科学院哲学研究所从社会直接招收科研人员的考试（笔试加面试）和通过全国研究生统考以84级总分第一的成绩考入中国社会科学院研究生院哲学系。我在这里说这些的目的不是要自夸，我想说的是，黄先生当年的引领及上述一学年的"恶补"无疑对我走进哲学这道门后如何走和走多远起到了实质性推动作用；如果说30年来我在（国内和海外）哲学界做过一些有意义的建设性工作，这也算是从我个人专业角度在这方面可以告慰作为哲学家和哲学教育家的黄枬森先生在天之灵的事情。（当然，如果当年不去北大哲学系，我当时会去另外一所地方高校哲学系进修哲学；结果会有多大差别不得而知，因个人历史在现实世界无法重复。虽然我们可以从克里普克可能世界语义学角度理论一番，但现实世界中的因果关系所造就的个人整体身份构成，应是我们在现实世界中从本体论角度作评价的一个主要出发点。）

由于知识背景、学术兴趣以及一些众所周知的因素，我本人在哲学研究中的学术领域不是马克思主义哲学，而是侧重于分析哲学、语言哲学和当代哲学研究的一些领域（以及随后的中国哲学和比较哲学研究）。但是，这并不妨碍我无论是在国内读硕士研究生、随后在中国社科院哲学研究所工作期间，还是在美国攻读博士学位及随后在美国大学任教期间（特别是近十年以来），我关注马克思主义哲学的发展。这一方面是由于马克思主义哲学和我所侧重的哲学研究领域有共同关注的一些根本性哲学问题；另一方面是由于：特别是近十年以来，随着作为一种跨传统哲学视野和哲学方法论的比较哲学研究的兴起和发展，我努力从元方法论层面思考不同哲学进路的建设性交锋—交融是如何可能的（how the constructive engagement of distinct approaches is possible）这一问题。而我本人对马克思主义哲学在中国发展的关注与黄先生的毕生学术追求（会）有某种程度的交汇，这主要体现在下述两方面。

一方面，在近年来我在海外所主持或撰写的有关中国哲学（史）的研究项目中，我强调马克思主义哲学在中国的发展是中国哲学发展史当代阶段的一个重要哲学运动；对于纠正海外关于中国哲学研究中忽略马克思主义哲学运动在中国哲学发展当代阶段的作用和贡献的现状，做了一些工作。例如，在为英国 Routledge 出版社主编的《中国哲学史》(*History of Chinese Philosophy*, 2009) 一书中，在其"现代中国哲学：从晚清至二十一世纪"部分，专门设有一章论述"辩证唯物主义在中国的发展"。我在几年前看望黄先生时向他谈到过我在这方面的一些工作；而黄先生谈到马克思主义哲学在中国的发展时强调了艾思奇在马克思主义哲学中国化过程中所起的重要作用。当时为英国爱丁堡大学出版社撰写的《中国哲学概要》(*Chinese Philosophy A-Z*, 2009/2010) 一书正在修改过程中，与黄先生这次谈话后，除了"马克思主义哲学"(Marxist philosophy)、"辩证唯物主义及其在中国的发展"(dialectical materialism and its development in China)、"历史唯物主义"(historical materialism)、"在中国现代哲学中对知识问题的马克思主义哲学进路"(Marxist approach to knowledge in modern Chinese philosophy)、"毛泽东"(Mao，Ze-dong)这些与马克思主义哲学在中国的发展（作为中国哲学发展当代阶段的重要思想运动之一）相关的原有条目之外，我又增加了"艾思奇"(Ai，Si-qi)这一条目（将其作为马克思主义哲学中国化这一当代中国哲学重要思想历程的代表性人物）。

另一方面，在相继主持开展了几项从比较哲学视野处理的集体性研究项目[1]之后，我开始进一步思考马克思主义哲学传统和其他哲学传统（譬如说，分析哲学传统，中国古代哲学中有代表性的哲学传统如道家哲学传统）的建设性交锋—交融是如何可能的问题。对此，过去十年来已经有了相对成熟的一般性元方法论方面的理论准备。[2]的确，从比较哲学视野看，对于不同的（曾经或当下辉煌的）哲学传统和处理哲学问题的不同哲学进路，我们既要仰视又要俯视。所谓"仰视"，是指（譬如说）看到和正面评价他们抓住研究对象某些方面的合格视角取向(eligible methodological perspectives)及其互补性，建设性地汲取其（可能具备的）在如何处理不同视角取向之间关系方面的适当的方法性引导原则(methodological guiding principles)；所谓"仰视"，不是无批判的"盲"视，而是"俯视"中的"仰视"。而所谓"俯视"，既不是轻视也不是无视或敌视，而是从更高和更广阔的视野来看：譬如说，既看到其视角取向的合格性，又要看到其处理对象局部方面所带有的有限性；认识到其可能具有的不适当的方法性引导原则。因而，无论仰视还是俯视，都要求我们从更高和更广阔的比较哲学视野来看。那么，同样的方法论考虑是否也应当适用于马克思主义哲学传统

---

[1] 参看牟博 (Bo Mou) 主编：《两条通往智慧之路：中国哲学传统与分析哲学传统》(*Two Roads to Wisdom——Chinese and Analytic Philosophical Traditions*，Open Court，2001)、《戴维森哲学与中国哲学》(*Davidson's Philosophy and Chinese Philosophy*；Brill，2006)、《塞尔哲学与中国哲学》(*Searle's Philosophy and Chinese Philosophy*；Brill，2008)和《分析哲学进路与"大陆"哲学进路的建设性交锋—交融：从比较哲学视野看看》(*Constructive Engagement of Analytic and Continental Approaches in Philosophy: From the Vantage Point of Comparative Philosophy*；Brill，2013)。

[2] 除了前注所列文献中对这个问题作出深入理论讨论的英文文章之外，本作者有若干此作出比较通俗易懂解释的中文专题文章，参看牟博："关于哲学研究的比较哲学方法"，载于《中国社会科学报》第375期（2012年11月5日）；牟博："反思哲学探索中的不同进路"，载于《社会科学报》（上海）第1374期（2013年8月15日）。

呢？我想，答案是肯定的：我们既需要在上述含义上"仰视"马克思主义哲学，也同时需要在上述含义上"俯视"马克思主义哲学，因为马克思主义哲学本身既不是教条也不是自我封闭的；其就具体问题的视角取向和看待不同视角取向之间关系的方法性引导原则（包括考察马克思、恩格斯、列宁等马克思主义经典思想家本人在文本中的具体论断）都是在哲学语境中可以进行批评性讨论的。在这种程度上，我个人认为，马克思主义哲学研究要真正发展，一个重要切入点是我们现在所强调的哲学上的"比较哲学"方法。从比较哲学的视野来看，至少对于很多通过哲学解释而在深入反思层次上所共同关注的问题和共同研究对象上，马克思主义哲学传统和其他哲学传统（譬如说，分析哲学传统，中国古代哲学中有代表性的哲学传统如道家哲学传统）可以在不同进路的两个层面上建设性交锋—交融（即就具体问题的视角取向层面和看待不同视角取向之间关系的方法性引导原则层面）。这种对话、批评讨论和建设性交锋—交融可以建立在它们实际上共同承诺的一些根本性的和相互关联的共同规范基础上：譬如说，相同世界规范 [the same-world norm，即我们可以谈论同一对象的不同方面或者说就相同对象而"众说纷纭"，而不是这些"众说纷纭"造就出不同的对象从而导致绝对相对主义（"anything goes"）]；又譬如说，真理追求规范 [the truth-pursuit norm，即哲学探索的战略目标是追求真理]。（当然，有人会从内容或语义上对两者提出异议；对于一些似是而非、部分地出于误解的异议，已有成熟理论资源处理，这里不赘述）。

诸如此类的话题和思路是我准备与黄先生在我原来计划于今年一月上旬看望他时交流讨论的内容。虽然黄先生走得突然，我没有机会和他就这些问题像所计划的那样，在他那诚恳、循循善诱的川音相伴下直面讨论，但是，从我对黄先生的谦谦君子道德文章的了解、从他一生以追求真理为己任而强调发展马克思主义哲学注重"科学性"的视野来看，如果黄先生九泉下有知，我相信，就这些问题的诸多方面而论，我们在交流讨论中会是"心有灵犀一点通"的。

（牟博 [MOU, Bo]，美国加州圣荷塞州立大学 [San Jose State University] 哲学系教授、国际哲学杂志《比较哲学》[*Comparative Philosophy*] 主编）

哲学大师的风骨、境界与情怀

郝立新

2013年1月24日,黄楠森教授永远地离开了我们。作为当代中国最著名和德高望众的马克思主义哲学家之一,黄老是推动马克思主义哲学中国化的杰出代表。他的离世是我国哲学界的重大损失。中国失去了一位伟大的智者,我们晚辈失去了敬爱的导师。每每想起与黄老在一起的点点滴滴,都让我内心久久难以平静。

我在上大学本科和研究生时,就拜读过黄老的许多大作,为他在马克思主义哲学史和马克思主义哲学理论体系等方面研究的精深造诣和深刻见解所敬佩。第一次近距离接触到黄老,是在1989年9月我的博士学位论文答辩会上。从1984年起我师从敬爱的导师陈先达教授攻读硕士和博士学位,经常听他提起黄老,并感受到他对黄老的敬重。黄老担任了博士学位论文答辩委员会主席,我有幸得到黄老的当面指教。特别是后来在北京市教工委安排下,我入选北京市哲学学科带头人,黄先生被指定为我的指导老师,北京市专门为我们举行了拜师会。此后,我多次聆听过他的亲切教诲。我常常为他深邃的思想、勤奋的精神和高尚的人格所折服。

2008年春,在黄老88岁高龄时,我与他商定好并作了安排,准备让亲人陪同他乘车重走他当年参加抗日战争时亲自驾车走过的滇缅公路,并到腾冲访问艾思奇的故乡,以圆他的一个梦。一切准备就绪,在动身的头一天,黄老在昆明参加我们主办的一个学术研讨会,不顾年事已高,坚持在台下坐了一个上午,认真听取代表发言,以致腰病复发,十分遗憾地放弃了访问艾思奇故居的计划。我在为黄先生虚怀若谷、抱病参会的精神感动之余,也为自己没能照顾好先生让他圆自己的一个梦而感到内疚和遗憾。不过，他后来委托我把他的著作献给艾思奇故居纪念馆，我完成了他的夙愿。由此，我们可以看出黄老敬业的精神和谦逊的作风。

2011年11月，中国人民大学哲学院迎来了55周年院庆。黄老作为上世纪50年代在人民大学学习过的老校友，在百忙之中应邀给我们发来了他亲笔用楷书写的贺词，对人大哲学院的教育成就作了高度评价，全院师生备受鼓舞。此外，黄老还应邀为由我主编的《哲学家》（2011年专辑为院庆特刊）赐稿，表现出黄老一贯的热情与平和，同时，也给我们留下了一笔值得永远珍藏的宝贵财富。

2012年10月，在北京大学哲学系百年庆典上，黄老荣获终身哲学成就奖。我恰好作为兄弟哲学院系的代表，与黄老同坐在主席台上，我起身向他表示诚挚的祝贺和崇高的敬意。想不到这竟然是我与黄老生前的最后一次相聚。

最令人难忘和肃然起敬的是，黄老作为马克思主义哲学研究的大师，辛勤耕耘，殚精竭虑，毕生为推动马克思主义哲学中国化事业作出了不可磨灭的卓越贡献。

2001年11月29日和2006年12月9日，北京大学先后举办过"21世纪哲学创新暨庆祝黄楠森教授八十华诞学术研讨会"和"马克思主义哲学体系创新与马克思主义哲学史研究——庆贺黄楠森先生八十五华诞学术研讨会"。2010年10月10日，北大又举办了"感谢与祝福：汪子嵩、张世英、黄枬森三老九秩百人学术研讨会"。学界同仁曾就黄老的哲学思想以及马克思主义哲学创新与体系建构等问题展开深入研讨。他秉持坚定的学术信仰，倡导马克思主义哲学综合创新，始终笔耕不辍，具有包容的学术襟怀。他主编的《马克思主义哲学史》与他撰写的对列宁《哲学笔记》的解读著作在学界产生重要影响，他的学术名著《哲学的科学之路》与《哲学的科学化》近年来引起学界热烈讨论。关于"马克思主义哲学是不是科学"等问题的争鸣使学界重审"哲学"和"科学"的原初语境、话语变迁与内在规定，思索辩证唯物主义和历史唯物主义的学术价值，形成了中国马克思主义哲学界的学术热点。

传播马克思主义哲学的科学精神，建构马克思主义哲学体系，是黄老晚年最重要的学术工作。曾在西南联大学习物理学的他强调哲学与自然科学一致，认为必须坚持辩证唯物主义，反对抽象思辨。作为中国马克思主义哲学史学会名誉会长、中国人学学会名誉会长、中国马克思恩格斯研究会名誉会长、北京市哲学会名誉会长，他曾在很多重要学术会议上发表辩证唯物主义新见，细致地讲解建构马克思主义哲学科学体系的必要性与可能性，多次重申哲学研究是从非科学走向科学的道理，提倡在坚持辩证唯物主义和历史唯物主义基本原理的基础上推动马克思主义哲学创新，推动马克思主义人学学科创建与发展。创新的基础是对马克思主义哲学史的娴熟把握，创新的着力点是马克思主义哲学研究对象的进一步明确以及对辩证唯物主义原理与时俱进的丰富和完善，建构与当今时代的发展水平相称的马克思主义哲学体系，使之视野广阔、逻辑严密。

作为当代中国马克思主义哲学界前辈，黄老"治学宽广，待人宽厚，脾气宽和"，他对后学的关心细致入微。他坚持辩证唯物主义世界观的理论品格令人称道，"无私者无畏，无畏者才敢于突破、敢于创新"[1]。他将历史观、实践论、认识论、人学、价值论纳入辩证唯物主义体系，认为从一定意义上说现代化就是科学化，和谐社会就是科学精神主导的社会。他在中国特色社会主义文化理论、邓小平理论的哲学基础等方面的论述丰富了辩证唯物主义体系，推动了中国化马克思主义哲学的发展。

此外，年逾 90 的黄老还曾在北京大学主持召开了"哲学观问题"学术研讨会，与会学者就哲学是什么、哲学有没有共同的研究对象、哲学与科学的关系、哲学的社会功能、哲学的出路以及哲学的源流等经典的哲学问题再次进行深入探讨。他在会上强调，马克思主义哲学是关于自然、社会和思维发展最一般规律的科学，是科学的世界观和方法论。使辩证唯物主义理论科学化、体系化，并为其增添与时俱进的时代内涵，他的马克思主义哲学观及其理论阐释引人深思。

总之，黄先生做人的风骨、做事的境界与做学问的情怀影响深远，他倡导的"哲学的科学化"等学术命题值得中国学界深入反思，他求真务实的治学精神对后辈学人身体力行地呈现马克思主义哲学的中国气派和中国特色具有久远

---

[1] 李响：《无私者无畏——记北大哲学系教授黄楠森》，载《北京大学校报》2007 年 1 月 2 日。

的启示意义。今天，我们共同回顾黄先生的学术历程，对深入理解并彰显马克思主义哲学的中国风格，审视中国马克思主义哲学理论与时俱进的学术路标，推动马克思主义哲学中国化、时代化、大众化，具有重要的理论意义与现实价值。

黄老师，您安息吧，您的音容笑貌、谆谆教诲永远留存在我们心里。

（郝立新，中国人民大学哲学学院教授、院长，校长助理）

对一位思想家的敬意

——纪念黄枬森先生

鉴传今

学术史上有一种并非罕见的现象是：有些学者，我们只能谈论他的学问，却难以谈论他的为人；而另一些学者，我们只能谈论他的为人，却难以谈论他的学问。黄枬森先生不是这样，他是少有的我们既可谈论他的学问又可谈论他的为人的人。他一生笃志问学，谦和宽厚，道德文章均称士林翘楚，有口皆碑。如今黄枬森先生离世而去，我们今后恐怕再也见不到这样的先生了。

我第一次见到黄枬森先生是 20 多年前。那是 10 月末的一个下午，天气已经很冷，但北京大学哲学系的一间办公室里却热闹非凡：一大群人围着一位老者正在热烈地讨论学术。那时北京大学的马克思主义哲学还当盛年，那一大群人是马克思主义哲学史专业的老师和研究生，那位老者就是黄枬森先生，简朴、谦和，全如常人一般。记得那天的议题和苏联有关。很多人意气风发，侃侃而谈，黄枬森先生却一直坐着，安静、沉着，也很坚定。他很少说话，只是在别人说到某个问题时他才很一般性地插话，说明那个概念或问题俄语里是怎么说的。此后，我又在很多不同的场合，多次见到过黄枬森先生，但每一次我觉得他都像我第一次见到他时那样，简朴、谦和、安静、沉着，全如常人一般。他朴实无华，从来不"装"，是什么就是什么。很多熟悉他或见过他的人都有这种共同的感受，这是他独特人格魅力中最为动人的要素之一。由于工作关系，我遇到过各种各样、大大小小的学者，但我觉得像黄枬森先生这样的人品，在学者群体中如果不是绝无仅有的，那也是非常不多见的。在"装"风日盛的当代，这更是难能可贵的。黄枬森先生为世人所称道的另一个方面是他的虚怀若谷。如果用"宽"来形容黄枬森先生的特点，那可以说是宽厚、宽容、宽广。他从来没有门户之见，对任何人都能够真诚、宽厚相待。他从来都是平和、认真地听取别人意见和观点，决不自以为是；对于别人的批评，他也总是虚心、认真地对待，从不武断拒绝，锱铢必较。但对于自己认定的观点，他也真诚坚持，不会摇摆或放弃。在当代学林中，他得算是遭受质疑或批评最多的大学者之一，但是对于来自任何一方的任何质疑或批评他都能够正确对待。许多有识之士大加感叹，忧心学术界较少或不能正视学术批评。对由于某种世故和圆滑而正在变得越来越脆弱的学术界来说，黄枬森先生的所作所为应当是一笔十分丰富的遗产。

黄枬森先生不仅为人令人敬仰，为学也为人称道。他是世界知名马克思主义哲学家，在马克思主义哲学的诸多领域进行过探索，他的许多工作都是开拓性的。

在马克思主义哲学研究中，黄枬森先生长期致力于马克思主义哲学新体系、新形态的建构工作，对于马克思主义唯物辩证法的研究贡献最著。他潜心研究，独树一帜，认为马克思主义哲学是科学，他一向坚持的观点是："实践是马克思主义哲学的根本特征之一，但它之所以能够成功地指导实践，是因为它是科学的。"可以毫不夸张地说，黄枬森先生的工作澄清了人们对一些哲学基本原理的模糊认识，坚持了马克思主义的真理，对建构马克思主义哲学新体系、新形态作出了有益探索和重要贡献。在这一方面，黄枬森先生的观点也受到一些质疑或批评，但他坚定不移，学术界很熟悉的一句话是："我还是那个观点，你们要我说，我就再说一遍。"这句在许多不同场合的开场白，成了黄枬森先生的一种标志。这并不意味着黄枬森先生保守，因为他从来都不是保守的人，这只说明他的一种坚定信念，那就是追求真理："我不在乎人们说我'左'还是'右'，我只坚持我所追求的真理。"这一点相当重要。由于经济文化的发展，各种思潮混然杂存，知识界的分化正在加强，许多人改变了观点，许多人甚至放弃了立场，"真理"正在成为一种操作或某种似是而非或某种悬而未决的东西。在这种状况下，信念的纯洁和立场的坚定，就不仅仅是一种个人操守，而更是社会发展的一种要素或条件。

在马克思主义哲学史和马克思主义人学的研究方面,黄枬森先生都堪称奠基人。为建立马克思主义哲学史学科,黄枬森先生进行了大量开拓性工作,先后主编《马克思主义哲学史》3卷本、8卷本,并承担了《中国大百科全书》哲学卷马克思主义哲学史学科的主编工作,填补了我国在马克思主义哲学史研究方面的许多空白。黄枬森先生是马克思主义人学最早的研究者之一,组织成立"中国人学研究会"。在研究和建构马克思主义人学的同时,黄枬森先生还较早从事人权问题的研究,主编《西方人权学说》,为当代人权问题的研究和观念的确立提供了思想资源。

黄枬森先生不仅注重理论探索,而且也注重用马克思主义理论解决实践发展中的问题,他十分重视马克思主义中国化的研究和推进。从上个世纪80年代以来,黄枬森先生就倡导并力行邓小平理论研究,在邓小平理论的来源和哲学基础以及社会主义市场经济的哲学基础的研究方面作出了许多独特的贡献。黄枬森先生还是最早关注文化问题的学者之一。随着改革开放的深入和经济全球化的发展,文化问题日益突出,他主编的《有中国特色社会主义文化建设研究》,对于如何认识文化的本质、如何总结我们在文化建设上的得失、如何建设中国特色社会主义文化和如何应对国际竞争中文化方面的挑战等重大问题,提出了许多建设性意见。所有这些,都将成为中华民族伟大复兴的理论资源而载入史册。

黄枬森先生一生为马克思主义哲学的发展和中华民族的发展作出许多重要贡献,它将成为中华民族记忆的一个部分,永远存留。正如诗人臧克家所言:有的人活着,他已死了;有的人死了,他还活着。黄枬森先生的精神将永远活着!

谨以此文纪念黄枬森先生。

(鉴传今,哲学博士,中国社会科学院哲学所研究员,《哲学研究》编辑部主任)

九十仍在征途今却远行

——追忆恩师黄枬森先生

徐春

2013年1月24日,以92岁高龄的老迈之躯仍为马克思主义哲学学科的建设和发展殚精竭虑的著名哲学家黄枬森先生被病魔阻断了思考,永远离开了我们。2月1日是我们和他做最后告别,送他远行的日子,望着先生依然安祥、平和的面庞,我们有着难以言说的不舍,但又觉得老先生远离了尘世的喧嚣,进入了终极沉思的最高境界。

我1988年进入北大哲学系师从黄枬森先生攻读博士学位的时候,他已是接近古稀之年的老人。1991年我被留在北大哲学系马克思主义哲学史教研室工作,此后20多年一直在他身边工作,是和他接触最多的弟子之一,经常听到他的教诲。对我来说,黄先生是导师,也是同事,更是慈父,我亲历了他晚年对推动人学学科和马克思主义哲学学科的建设和发展所做出的不懈努力,他对我的教育和影响也是终生的。

黄枬森先生晚年致力于人学学科的建立和发展,他始终认为建立人学学科是非常必要的,应该把人学作为基础学科来完善,并在全国率先推动这门学科的建立和发展。1991年成立北京大学人学研究中心,他任主任,我留校工作任秘书,他同陈志尚教授一道多次举办人学研讨班。当时人学中心还聘请了北大内外各学科的专家、学者担任研究员,从不同角度探讨有关人学问题。从1996年开始,他就倡议推动成立中国人学学会,经过不懈努力,2002年中国人学学会作为国家一级学会终于得以成立。1997年4月召开了全国首届人学研讨会,从那时起,针对中国现代化事业的发展所出现的理论需要和现实需要,人学基本理论、人权、人的价值、人的素质、人的发展、人的现代化等问题也成为理论研究的热点问题，我们每年都举行一次全国性的人学理论研讨会，系统研究一些人学问题并出版人学研究论文集在全国发行。从此，中国理论界人学研究的队伍也开始不断扩大。

中国人学学会成立后，每年都要召开几次会长办公会议通报有关工作进展情况，黄先生每次都参加会议，耐心听取各方面建议，他和大家平等讨论人学学会的工作计划、发展方向，有时还特意从家里带来自己存放多时的老酒与大家共同分享。他声称自己已经离休了，不应担任任何职务，只应以社会贤达的身份出席各种会议，那种谦逊和豁达让人觉得他和大家没有任何距离。

2011年11月29日，适逢黄枬森先生90华诞。这一天虽是冬日，却无严寒，由中国马克思恩格斯研究会、中国人学学会、北京大学哲学系、21世纪哲学创新论坛等单位联合举办的"马克思与辩证唯物主义理论研讨会暨北京大学马克思主义哲学研究中心成立仪式、《黄枬森文集》首发仪式"在英杰交流中心新闻发布厅举行。在研讨会开幕式上，黄枬森先生以其清晰敏捷的思维，平缓的语速作了主旨报告。他认为，哲学社会科学是文化中的重要组成部分，如果其中的哲学社会科学不强，中国难以成为文化强国。哲学工作者应该对我国社会主义文化大发展大繁荣作出自己的贡献，高校的哲学教师则应以哲学的学科建设作为我国哲学自强的突破口，要研究基本理论和解决现实问题。对于马克思主义哲学的学科建设而言，当前仍旧存在一些根本问题没有得到很好的解决，诸如哲学的性质、哲学是否是科学、辩证唯物主义是否是马克思的哲学等。他提出，我们应该对马克思主义哲学、对辩证唯物主义有信心，继续研究它，提高其科学性，丰富发展其理论体系。这种信心不是盲目的，而是有经典根据、实践根据、科学根据的。对于这种有充分根据的东西，我们要有自信。没有自信，就不可能有自强。永远跟着别人跑，不可能跑出一个哲学强国。参加会议的学者无不惊叹，黄先生以其90高龄仍活跃在学术前沿，关心中国文化发展走向，敏锐提出建设文化强国，必先树立文化自信，尤其是哲学自信问题。

改革开放以来，马克思主义哲学研究思想解放，百家争鸣，成果丰硕，令人欣喜，这是一方面。另一方面，面对国际和国内深刻变革的大形势，马克思主义哲学面临着严峻的挑战和危机，令人堪忧。如何迎接挑战，化危为机，推进马克思主义哲学的发展、创新，这是每个马克思主义哲学工作者所关切的重大问题。北京大学是马克思主义在中国传播的发源地，具有悠久的马克思主义理论研究传统。"五四"新文化运动中，李大钊、陈独秀成立"马克思研究会"，最早开设唯物史观课程。新中国建立后，北京大学一直是马克思主义哲学教学、研究和宣传的重要阵地，冯定教授等对马克思主义哲学学科建设起了重要的组织、推动作用。1978年以来，黄枬森教授等开创了马克思主义哲学史学科，1991年黄枬森、陈志尚教授开创了马克思主义人学研究，1995年以来赵光武教授开创了现代科学与哲学研究，一批中青年学者做出了杰出的工作，使北京大学成为坚持、发展和创新辩证唯物主义与历史唯物主义的重要阵地。但是，与国内同行相比，近年来这一学科在研究方向、研究力量上显得相对分散，难以形成规模效应和整体优势。为了进一步弘扬北大马克思主义研究的优良传统，保持马克思主义哲学作为北大优势学科的发展态势，加强马克思主义哲学各研究方向的研究力量，增强马克思主义哲学的科学性、时代性和中国特色，黄先生以90高龄主动请缨创立马克思主义哲学研究中心，正是对发展马克思主义哲学的强烈忧患意识和崇高的使命感，成为他耄耋之年志在千里、壮心不已的精神动力。这是北京大学学科建设中的一个奇迹，也是中国马克思主义哲学学科发展中的一件大事。

  2012年的3月2日正是春寒料峭之时，第29期马克思主义哲学创新论坛在哲学系会议室举行，主题是"马克思哲学观与当代新问题"，邀请黄枬森先生主讲马克思哲学观，同时还召开了马克思主义哲学研究中心成立以来第二次会议。黄枬森先生以其91岁高龄系统讲授了哲学观的几个有争议的问题，诸如哲学与时代、哲学能否成为科学、哲学与哲学史的关系等问题。他还根据自己的亲身经历谈了辩证唯物主义和历史唯物主义究竟是不是斯大林哲学，是不是斯大林的体系问题。他说，辩证唯物主义和历史唯物主义这个体系是20世纪30年代苏联哲学家根据马克思、恩格斯以及其他马克思主义哲学家的观点在长期研究过程中逐渐形成的，起码有一二十年的时间。当然斯大林是赞成这个体系的，但是它不是斯大林体系，不是斯大林创立的。可以说，在解放以前斯大林的哲学思想在中国没有什么影响,尽管他的政治影响很大,但没有人专门讲他的哲学研究,这件事我是很清楚的。在苏联开始对斯大林个人崇拜后,苏联后来的哲学教科书都按照斯大林的体系编写。这个体系就是把苏联哲学家30年代的体系加以简化,可以说许多地方是做根本性的过滤或者删除,尤其基本原理都有改动,原来的那个体系,当然也作了些改变。解放以后,斯大林哲学体系在中国流行过。中国很多学者,包括年轻学者,甚至包括一些年老的学者,异口同声地就说,20年代的那个体系是斯大林创建的,这个事实不是这样的。黄先生说,我是1951年到人大去学习的,当时我已经30岁了,我已经在30年代受过苏联原来哲学体系的影响,我熟悉这是哪个体系,后来在人大的学习大致学的就是斯大林的体系。

这次讲座黄先生做了两个小时的系统发言,条分缕析地给我们阐述了他长期思考的几个哲学基础问题,同时他也把自己70多年的学术经历,特别是50年代到改革开放前的这一段学术经历仔细回顾了一下。这次讲座黄先生做了非常充分细致的案头准备工作,我当时就感觉到黄先生似乎在拼尽力气,在他有生之年用他的亲身经历澄清学术史实。他当时已患前列腺癌近10年,身体健康指标均在下滑,长时间讲课几乎未喝水,他的病情使他外出活动不敢多喝水,怕带来去卫生间的不便。这是他生命中的最后一堂课,他在公开场合给我们留下了学术嘱托,这就是要依据历史和事实把马克思主义哲学作为一门科学来建设和发展。

黄先生是一个工作没有止息的人。只要他身体能够胜任,他的事业就永无停止,而他的人生观、价值观从来都是君子荡荡,真正体现了自强不息、厚德载物的美德。我记得按照当时的政策,1995年黄先生74岁时就离休了,但是他依然关心教研室的各项工作,特别是马克思主义哲学的学科建设;他依然按照党员标准严格要求自己,按时认真参加组织生活。他说,他虽然人离休了,但还是党员,还要参加党的活动。记得有一次期末过民主生活会,要求大家总结一年来的工作情况、思想状态。我们每个人都沉默良久不知从何说起,是黄先生首先打破沉寂,带头实事求是客观地总结自己一年来的身体状况、工作状况和思想状况。他还把自己写的两首诗读给大家听,作为他的思想写照。多少年来，我们听他的学术观点，读他的学术文章，从未见他写过诗，我觉得这两首诗是黄先生对他一生的概括和总结，也是他晚年心境的真实写照，当时就把这两首诗记录了下来。

其一

人生满百又何为，苦辣酸甜我自知。
书山跋涉分真假，哲海浮沉辨是非。
中圣西贤徒古奥，马恩列毛得精微。
终身探索全无悔，宇宙人生两有之。

其二

初闻朋辈成新鬼，不禁涕泪满衣裳。
再闻朋辈成新鬼，昂首望天心暗伤。
三闻朋辈成新鬼，庭前踯躅意彷徨。
多闻朋辈成新鬼，始知生死本平常。
人生满百终须死，莫把时光论短长。
历史长河难阻挡，但求无悔活一场。

在座的老师们看到黄先生如此坦诚地表露心曲，无不身受感动。大家相继对自己的工作情况、个人想法做了实事求是、开诚布公的总结，并且真诚地做了批评与自我批评。它让我再次感受到黄先生的坦荡胸襟和高尚情操。

90多年的漫漫旅途，黄先生探索真理矢志不渝，几经人生沉浮，几经大浪淘沙，他没有说过违心的话，做过违心的事，面对人生道路曾经遇到的坎坷他几乎没有向我们提起过，似乎什么都没有发生过，面对理论界对他的一些误解，他也淡然处之。他是本着科学求实的态度研究马克思主义、理解重大学术问题，他的观点是他长期深入思考的结果，而不是受某种政治倾向左右，这正是他在中国哲坛长生不老、备受尊敬的缘由。黄枬森先生以其毕生精力在知识和信仰的交汇处始终如一地研究马克思主义哲学，无怨无悔，这在今天的燕园弥足珍贵，为后辈学人树立了崇高的典范。

（徐春，北京大学哲学系副教授，中国人学学会秘书长）

悼恩师黄枏森先生

徐碧辉

大师离去，巨人弃世，还剩下什么可以期待？

倾尽太平洋，无法表达我的震惊与悲痛。脑子里纷纷的，全是您的音容笑貌。20多年来，每一次见您，您的身姿，您的步态，您的微笑，您的言语，这一切犹在目前。您怎么可以，怎么可以就这么离开我？

在我心目中，您一直都是不老的。虽然，近年来，您的步履变得迟缓，身姿不再挺拔，可每每与您交谈，您的思维始终是明晰的，您的意识始终是清醒的，您始终充满着对世界对人生的理性的思考，始终坚守着自己的一贯信念。每一次看望您，每一次跟您交谈，您的信念，让我鼓舞，也让我自惭，更催我奋进，促我自醒。跟您相处越久，越能感受到您那深广如大海、巍峨如高山的人格魅力。"仰之弥高，钻之弥坚。瞻之在前，忽焉在后。夫子循循然善诱人，博我以文，约我以礼，欲罢不能。既竭吾才，如有所立卓尔，虽欲从之，末由也已。"颜回叹孔子之文，也正是我对您的感叹。"夫千里之远，不足以举其大；千仞之高，不足以极其深。"这也正是我心目中的您的形象。无论处逆境还是顺境，无论作为一个平凡的教师还是一位理论的权威，您始终淡然，恬然，自然，把握着一个真实的自己。而您那持之以恒的信仰、忠信笃行的实践精神，那从容直面世事、淡然而坚定的持守，亦长久地、深远地浸染我，影响我，陶冶我。

也许是距离太近，更多的时候，您在我心目中更像一位亲近的长者。甚至，在20年的时光浸染中，骨子里，意识深处，早已把您当成父亲。父亲的慈祥，父亲的严肃，父亲的期待，父亲的关爱。所有这些，都能从您身上发现。每一次与您相见，都是那么温暖，那么愉快。您每有新著，都会送我一本。我是您的学生，而您的题名却总是称我为"碧辉同志"。您的虚怀若谷，谦虚谨慎，哪怕在这样的细节中也体现出来。

写到这里，我已哽咽难言。敬爱的老师，您为何如此匆匆离去？我身处万里之外，无法亲自到您的灵前上一炷香，向您献上一束花，便以这些文字来表达一点我对您的思念，怀念，想念。

无论多么的不舍，我也已无法挽留您。无论我多么的不想道别，却也不得不说"永别了"。老师，您一路走好。作为您的弟子，我永远怀念您！

2013年1月25日星期五于美国缅因大学

（徐碧辉，中国社会科学院哲学所研究员，中国美学学会秘书长）

黄枬森先生与《北京大学学报》

刘曙光

黄枬森先生无疑是北京大学的骄傲。他不仅是北京大学哲学系的骄傲，也是《北京大学学报》（哲学社会科学版）的骄傲。先生作为当代中国著名的哲学家、哲学史家、哲学教育家，已广为大家所熟知。可是，对先生与《北京大学学报》的渊源或许知之者并不多。在近60年的时间里，先生与《北京大学学报》的关系，用他自己的话说，是"有三重身份：读者、作者和编者"，他与学报是"同呼吸、共命运、共同成长和前进的"。❶作为作者，他以精品力作为学报添砖加瓦、增光添彩；作为编者，他以高度的政治责任感和巨大的学术影响力为学报排忧解难、掌舵导航。先生走了，但他以自己一生的心血，用学术和学报，为自己建造了两座丰碑。

一

先生说，从《学报》诞生之日起，自己就是它的忠实读者，不断地从中获取所需的各种新鲜的学术信息；从《学报》诞生之日起，自己就成了它的坚定的作者。的确，先生经常给学报惠赐名篇佳作，为学报增光添彩。据不完全统计，除了"文革"十年外，先生每年都会在学报发表一篇文章，有的年份甚至是两篇。即使到了晚年，也是如此，可谓是生命不息、赐稿不止。透过这些文章，我们可以窥见先生和《学报》乃至整个中国知识分子近60年来所共同走过的学术足迹，可以感受到先生"思维之活跃"与"用力之勤"；分析这些文章研究的主题，我们可以真正体味到先生的"治学之宽"和"功力之深"。

---

❶ 黄枬森：《同呼吸共命运的五十年》，载《北京大学学报》2005年第5期。

最为难能可贵的是，先生虽然 60 多年专门从事马克思主义哲学的教学与研究工作，但他决不囿于一门一派，而是强调古今中外学术思想的融会贯通和综合创新，这不仅表现在他与其他各领域的学者联系紧密、表现在他所承担的国家重点社科基金项目总是吸纳从事中国哲学、西方哲学和科学哲学研究的学者参加，而且，从他自己发表在《学报》上的研究成果也可见一斑。或许，这与他早年所接受的中国传统文化教育以及在大学期间"醉心于西方哲学，绝大部分时间用于学习西方哲学和外语"❶有关。先生认为，马克思主义哲学体系要创新，就必须与现时代、与现代科学、与中西方哲学结成联盟。他的这种学术视野，对于当前马克思主义哲学的研究走出困境是极有借鉴和启发作用的。

1955 年《北京大学学报》创刊，其中，就刊登了金岳霖、汪子嵩、张世英和黄枬森四位先生共同撰写的文章《批判胡适实用主义哲学——实用主义是反理性的盲目行动的主观唯心论哲学》。尽管文章的内容有以政治代替学术之嫌，但也在一定程度上反映了当时整个学术界的思想风貌。

《北京大学学报》上，有奠定先生学术地位的代表作。如，20 世纪 60 年代，先生关于列宁《辩证法的要素》的独创性的理解，就是在这里首发的：1963 年第 6 期《列宁如何批判地继承黑格尔的辩证法》，1964 年第 2 期《读列宁辩证法十六要素》。

改革开放以后，先生更是迎来了学术研究的黄金时期，硕果累累，在《北京大学学报》发表了一系列坚持和发展马克思主义哲学的文章。其中，绝大部分是对马克思主义哲学基本理论的坚持和发展。如，1979 年第 2 期《马克思主义哲学的重大发展——纪念列宁〈唯物主义和经验批判主义〉发表七十周年》；1979 年第 3 期《社会实践是检验认识的真理性的唯一标准》（与陈志尚、张翼星等合作）；1981 年第 1 期《一个涉及多方面基本理论的问题——重提真理的阶级性问题》（与陈志尚合作）；1982 年第 5 期《试评人的本质的异化》；1987 年第 1 期《西方马克思主义与人道主义》；1988 年第 1 期《论人和自然的关系》（与赵光武合作）；1991 年第 4 期《社会主义道路是历史的选择》；1992 年第 1 期发

---

❶ 黄枬森：《我和哲学》，2012 年 12 月 27 日未完稿。

表《关于主体性和实践的几个问题》等。也有一些是对前辈学者的学术反思。如，1980年第4期《评1964年对冯定<共产主义人生观>的批评》；1994年第6期《对冯友兰先生抽象继承法的重新认识》；2005年第3期《张岱年先生与马克思主义哲学》等。

先生在1998年第2期《北京大学学报》上刊载的《必须坚持辩证唯物主义》一文，荣获中宣部"五个一工程"论文奖。这是我校出版物第一次获此奖项。

先生晚年也是退而不休，老当益壮，厚积薄发，笔耕不辍。代表作有：2001年第2期《辩证唯物主义只会被发展而不会被消解》；2005年第5期《论哲学研究的对象》；2007年第5期《关于科学发展观和构建社会主义和谐社会理论的哲学思考》；2008年第5期《黑格尔与经典作家论哲学体系的逻辑展开》；2010年第1期《关于人道主义和异化问题的讨论》；2011年第5期《也谈哲学就是哲学史的含义和意义》等文章。很荣幸，我是这些文章的责任编辑。这些文章大多数在《新华文摘》、《中国社会科学文摘》、《高等学校学术文摘》等刊物上全文转载。这些都为《北京大学学报》赢得了荣誉，扩大了学报的社会影响力。

可是，在荣誉和利益面前，先生总是退让，想到的总是别人。他谦虚地说自己"是在《学报》的支持和帮助下不断成长的"。若干年前《北京大学学报》募集到一笔捐赠，作为优秀论文的奖励基金，每两至三年评选一次"北京大学学报优秀论文奖"。以先生的佳作名篇，入选优秀论文是当之无愧的。可是，作为编委会主任，在前面八届的评选中，黄先生总是想着把机会让给别人，希望能更多地调动其他作者的积极性，坚持自己的论文不参加评选。直到2012年第九届优秀论文奖的评选中，因为黄先生已不再担任编委会主任，他才满怀感激地接受了大家评选的结果。

二

80年代初期，先生开始成为《北京大学学报》的编委，1987—1990年担任《北京大学学报》副主编，1991—1994年担任主编❶，1994—2010年春天担任编

---

❶ 当时的主编、副主编相当于后来的编委会主任、副主任，负责实际编辑工作的还是编辑部的同志。

委会主任。黄枬森先生担任编委会主任,并不是挂一个虚名,从一开始他就是求真务实、真抓实干。说起先生与《北京大学学报》的缘起,这里还有个鲜为人知的小故事。

20世纪80年代初期,时任北大主管文科工作的副校长朱德熙先生非常重视北大学报,非常重视编委会对学报的咨询、监督和指导作用。他亲自担任学报主编,学报编委会的成员也都由他选定。除了挑选一般编委外,他还特别挑选了黄枬森、厉以宁、金开诚三位著名学者协助他管理学报,担任学报副主编。朱德熙副校长把几位副主编和学报编辑部的负责同志邀请到他家里,一同商讨学报的办刊宗旨、组稿计划和稿酬标准等。后来,厉以宁先生由于校内外事务较多,无暇过问学报工作;金开诚先生因工作需要调离北大,学报的工作也是心有余而力不足。朱德熙副校长委托的主管学报工作的重任,自然而然地就落到了黄枬森先生一个人头上。

从那时起,北大主管文科工作的副校长换了一任又一任,而黄先生却一直担当替文科副校长主管学报的重任,几十年如一日。黄先生不负重托,利用他的威望、学识和影响,以学术大家的胸襟和气度,关心和指导学报工作。

黄先生对编辑部的同志从来都是轻言细语、和颜悦色,给人如沐春风之感。不与他打交道的人是难以体会到他待人"平等"和"宽厚"的意境的。

先生家住在朗润园,我们去他家中汇报工作,有时候他会在一楼门口迎接;我们告辞的时候,有时候他会执意送到一楼门口。送他审阅的稿件,我们请他写完审读意见后打电话我们过去取,可是,大多数情况下,他会亲自送到编辑部,从一开始骑自行车,到后来蹬三轮车。实在来不了的时候,他会请他女婿代送过来。很多次,望着先生多少有点踉踉跄跄的背影,我们有说不出的感动。

先生审稿宽严相济。一方面,坚守"循思想自由原则,取兼容并包主义"的北大传统,倡导"海纳百川"、"和而不同",不以一派一别或自己的喜好作为判断文章优劣的标准,即使与自己观点不同的论文,只要能言之有理、持之有据,他认为都是可以发表的。正如南朝的文学大家刘勰所说的"无私于轻重,不偏于憎爱,然后能平理若衡,照辞如镜矣"。另一方面,他也非常讲原则,有底线,外柔内刚,旗帜鲜明,丝毫不隐瞒自己的观点。倡导优良学风和文风,反对论文写作过程中的晦涩文字或生造词句;坚持公平、公正原则,反对拉关系走后门。

先生非常认真地审阅送审的每一篇论文,尤其是定稿后的清样。对于每一期清样,先生会以高度的政治敏感性和宽广的学术视野非常认真地审阅、把关,并写出审稿意见。编辑部也很尊重先生的意见,总是根据他的建议修改或调整稿件,从而保证了学报正确的办刊方向和舆论导向。

如,2009年11月对学报第6期清样,先生写了整整两页审读意见,批评也很尖锐。特别是对一篇纪念五四运动的文章,他认为内容似乎是在阐明"五四"的丰富性,但事实上是在重提过去反对学生运动的主要借口——耽误学业,《北京大学学报》不能这样去纪念"五四"。黄先生写道:"谁否认过学生入学的主要目的是学习、学校的主要工作是教学呢?谁主张过学生应该天天上街游行示威呢?问题是:刀枪已架到我们脖子上,难道我们不应该起来反抗么?……此文发表出去,说不定会引起轩然大波。"根据黄先生的审读意见,我们马上撤换了稿件。

先生身为学报编委会主任,在学术界声名卓著,因此,许多稿件都是直接寄送给他本人的。但他从来不向编辑部推荐稿件,一律转给编辑部处理。他还特意告诉我:"凡是我转来的稿件,都按照编辑部的审稿程序办理,不需要任何照顾。"

先生桃李满天下,很多学生在学术界也很有建树,而且有的是享有盛名的学者。有时候,他们直接投给编辑部的稿件我也会请先生审稿,先生并不因为作者是自己的学生、因为作者的盛名而放低要求。如,2006年7月我把一篇关于马克思主义人学的稿件送请先生审阅,过了两星期,先生给我回信,写了整整一页的审阅意见,指出"作者一开头对马克思主义哲学作了一个总的概括,这个概括就有片面性。恩格斯把马克思一生的理论贡献概括为两点,第一点就是他的哲学贡献,即唯物史观。唯物史观诚然包括了人的哲学,但把人的哲学夸大为马克思的整个哲学就片面了"。在信的末尾,他还很客气地说:"由于最近身体不适,回信晚了,十分抱歉,请谅。"其实,应该说抱歉的是我们,先生那么大年龄,不免年老体衰,而我们还时不时去麻烦他。

先生时不时利用他在学术界的感召力和凝聚力来为学报组约稿件和笔谈，如 1990 年第 1 期，他组约了"人学问题研究"笔谈，作者除了他本人外，还有陈先达、赵家祥、陈志尚、夏甄陶、袁贵仁、朱德生、王锐生、靳辉明和施德福等校内外哲学界的著名学者。

2007 年第 6 期，先生承担的国家社会科学基金重点项目《马克思主义哲学体系的坚持、发展与创新研究》已基本完成初稿，在此基础上，先生组织了"马克思主义哲学体系创新笔谈"。参与笔谈的作者除黄先生本人外，还有赵敦华、孙熙国、曾国屏、王东等知名学者。这组笔谈对马克思主义哲学的学科建设、对推动马克思主义哲学的发展具有重要意义。

2009 年，由于年事已高，精力不济，本着对学报高度负责的精神，先生多次向学校领导提出辞去编委会主任职务。他对我们说："我年龄大了，有些力不从心，难以组织和发动编委的作用，不能因为我耽误了学报的发展。"经过慎重的考虑，最终学校同意了先生的请求。从此，厉以宁先生又从黄枬森先生手中接过了学报这副重担。

正是由于有黄先生这样的大学者的指导，学报学术水平不断提高，为海内外学者所瞩目。1995 年，入选新闻出版署举办的首届全国期刊评奖。2001 年入选新闻出版总署"中国期刊展"最高层次"社科双高期刊"。2003 年 11 月，入选首批教育部名刊建设工程。2005 年，连续荣获三届国家期刊奖。2009 年《北京大学学报》荣获"新中国 60 年有影响力的期刊"称号。2012 年 6 月，入选第一批国家社科基金资助期刊。

北大学报这些成绩的取得，都是与黄先生的辛勤劳动分不开的。可以说，学报的发展，黄先生功不可灭。

三

我在外地学习和工作的时候，就已久仰黄先生的大名，熟读了先生的许多论著，有的还作为教材学习过，如，《马克思主义哲学史》、《<哲学笔记>注释》等。1997 年秋天有幸来北大哲学系师从赵家祥先生，也有幸认识了黄枬森先生。按辈分论，黄先生是赵先生的老师，也就是我的"师爷"。在读博士期间，与先生交往不多。由于年龄问题，当时黄先生已不再单独开课，我们只能在学术研讨会或个别讨论课上，聆听到先生的发言。

毕业以后，由于工作关系，与黄先生的联系渐渐密切起来。

首先，来学报工作就与先生有直接关系。2000年6月，博士毕业之际，我联系去了中国社会科学院。《北京大学学报》虽然一直人手很少，一直没有哲学编辑，一直给学校打报告想进人，可是，直到当年毕业生都已基本分配工作，学校的进人指标才落实下来。因为找不到合适人选，当时的学报负责人请我导师赵家祥先生推荐，赵先生便问我愿不愿意去学报。我回答说，虽然很留念北大的学术环境和学术氛围，但我毕竟已到社科院马列所报到，而且教研室领导都已找我谈话，改派的希望不大。如果学报出面，能把改派的事情办成，那我就同意回北大。果然，学报去和社科院交涉的时候，社科院不愿意放人，因为他们也严重缺编，当年的进人计划也还远没有完成。最后，作为学报编委会主任的黄枬森先生出面了，他挨个给社科院马列所的几个领导打电话，告诉他们北京大学学报编辑队伍的现状，已严重青黄不接，希望他们能给予理解和支持。因为黄先生德高望重，又是前辈和老师，马列所的几位领导这才同意进行调剂。这样，我就成了来学报工作的第一个博士。

先生总是以其渊博的知识诲人不倦。记得我刚来学报的时候，有一次，和他谈到人名用繁体还是简体的问题，他说一般要尊重历史、尊重作者，繁体字、异体字可以保留。他举例说，他的名字中"枬"最好不要写成"枬"，因为他的身份证上就写作"枬"，如果简化了，领稿酬等就有可能会遇到麻烦。当然，如果有的电脑中没有这个繁体字，使用简体也是可以的。后来，我在《咬文嚼字》上读到一篇文章，谈到姓名中的繁体字、异体字不要简化，很有感触。

有时候，先生会和我一起商讨组稿计划，特别是哲学方面的选题。一些学术研讨会他也会通知我参加，看能否在会上组发一两篇论文。

先生不仅关心我的工作，而且也很关心我的学习。每次出了新书，他总是认认真真题签后送给我。先生承担的有的课题，也吸纳我参加。编辑先生的论文的过程中，有什么不懂的问题，他也总是不厌其烦地解答。

先生乐于帮助别人,却总不愿意给别人添一丁点儿的麻烦。我们在筹备第九届学报优秀论文颁奖时,因为先生是编委会顾问和论文获奖者,程郁缀主编安排我在颁奖当天开车去请黄先生参加。可是,当我给黄先生打电话时,他却说现在身体大不如以前,已不能行走,要坐轮椅,办一个会方方面面的事情很多,他就不来给大家添麻烦了,临了他还不忘要我代他向编辑部的同志问好和表示谢意。

有的学者指出,先生继承了北京大学李大钊、冯定等开创的马克思主义哲学中国化的优良传统,北京大学的马克思主义研究,从李大钊到冯定到黄枬森是一脉相承的。的确,先生对李大钊的学问和人品都很敬重,也把李大钊作为自己学习的楷模。2007年,先生曾送给我一副他亲笔书写的李大钊的对联"铁肩担道义,妙手著文章",还特意注明"四月二十八日为李大钊烈士英勇就义八十周年纪念日,录此联与刘曙光同志共勉"。先生送我这副对联,意在勉励我办学报要关注社会的发展和民族的命运,弘扬正气和主旋律,自身要做到"政治强、业务精、作风正"。"铁肩担道义,妙手著文章",是李大钊的述志和写照,是黄先生一生的真实写照,也是我们办刊人须臾不能忘记的座右铭。

高山仰止,景行行止。虽不能至,然心向往之。先生的道德文章,是我们学报人永远的榜样。"弘扬民主与科学传统,为实现世界一流大学目标,繁荣哲学社会科学学术事业作出进一步贡献"[1],这是黄先生对《学报》的希望,也是我们不懈努力的目标。

(刘曙光,哲学博士,《北京大学学报》副主编)

---

[1] 学报创刊50周年时,黄枬森先生给学报的题词。

怀念黄枬森先生

杨学功

黄枬森先生是中国当代著名哲学家、哲学史家、哲学教育家，中国马克思主义哲学史学科和人学学科的开创者，他的逝世是我国哲学界的重大损失。1月24日晚惊悉黄先生辞世的噩耗，回想多年来我与他的交往，思绪翻滚不能自己。仅以这篇短文，表达对黄先生的深深怀念。

我上本科期间（1980—1984年）就读过黄先生的书，特别是他参加撰写和定稿的我国第一部公开出版的马哲史教材《马克思主义哲学史稿》（人民出版社1981年版），他与庄福龄先生主编的《马克思主义哲学史教学资料选编》（上、中、下册，北京大学出版社1984年版），以及他主编的《〈哲学笔记〉注释》（北京大学出版社1981年版）和他的专著《〈哲学笔记〉与辩证法》（北京出版社1984年版），还读过他发表的不少关于真理标准和人学理论的论文，知道他是四川老乡，但当时并不认识。1987年我到中国人民大学攻读硕士学位，看到他的第一部文集《哲学的足迹》（中国社会科学出版社1987年版），这本书汇集了他1978—1985年期间所发表的30多篇重要论文。同年，他与施德福、宋一秀主编的《马克思主义哲学史》三卷本也出版了（北京大学出版社1987年版）。现在可以看出，这些著述，特别是《马克思主义哲学史教学资料选编》和《马克思主义哲学史》三卷本以及《〈哲学笔记〉注释》等，都是马哲学科的基本建设，也是初学者最重要的基础读物。我想凡是与我有过相似学习经历的人都会有相同的体会。

我第一次见到黄先生是在1989年。那年的夏天，他出席现任中国人民大学哲学院院长郝立新教授的博士论文答辩并担任答辩委员会主席。我记得是在学八楼的一个会议室举行的答辩,我慕名去听了那次答辩,终于见到仰慕已久的黄先生。他讲话时浓郁的四川口音让我感到特别亲切,留下了深刻的印象。

1990年硕士毕业后,由于受原单位一纸契约的限制,我不得不离开北京,一走就是八年。20世纪90年代以后,由于现实逻辑和学术研究自身逻辑的双重作用,我国马克思主义理论界开始分化,情况趋于复杂。黄先生以70岁的高龄仍然活跃在理论战线上,他和庄福龄、林利主编的《马克思主义哲学史》八卷本也终于在1996年全部出齐了。我还经常看到他的大块理论文章在重要报刊上发表,但没有机会再见面。

直到2000年北京大学马克思主义文献研究中心成立,以及2001年北大举办的"21世纪哲学创新暨庆祝黄枬森教授八十华诞"学术研讨会,我才又见到黄先生。此时我在中国社会科学院研究生院已经博士毕业了。2002年在上海复旦大学参加"第二届马克思哲学论坛",我有幸再次与黄先生见面,并向他请教过"本体论"问题。2004年调北大工作后,由于老乡关系,特别是由于参加他主持的国家社科基金重点项目和北京市社会科学理论著作出版基金重点资助项目"马克思主义哲学体系的坚持、发展与创新研究",我经常拜访黄先生。有时碰到自己想不通或觉得委屈的事情,我也愿意跟他谈谈心。我们还一起出去开过几次会,比如2005年在南京大学举办的"《德意志意识形态》的文献学研究及其当代价值暨第二届广松涉与马克思主义哲学国际学术研讨会"。在这个过程中,我逐渐对黄先生有了更多的理解和认知。

记得在庆祝黄先生八十华诞学术研讨会上,一位前辈学者曾用四句话来概括黄先生的风格——"平和的心态,平等的态度,平实的文风,平缓的作风"。我与黄先生的交往中对此感同身受。下面就结合自己的体认,谈谈我所认识的黄先生。

首先,平和的心态。黄先生给人的印象是,他总有一颗平和淡定的心。无论是顺境还是逆境,他都处之泰然。顺境时不骄狂,逆境时不气馁。这是他给我的最深刻印象。我从来没见过他发脾气,更没见过他颐指气使。即使是遇到不称心的人和不顺心的事,他也从不抱怨。在今天这个功利甚至市侩的时代,我们很难保持一颗平和的心,总是心潮难平。所以我很愿意与黄先生交流,每次跟他谈话，都能使自己安定下来。这是我要向黄先生学习的第一点。

其次，平等的态度。黄先生是我国马克思主义哲学界德高望重的前辈，论年龄相当于我的爷爷辈，论资历、成就和地位，更是有霄壤之别。但他总是以平等的态度待人，从来不居高临下，盛气凌人。特别是在学术问题上，他倡导自由和平等的讨论，反对以势压人。即使是对自己不赞同的观点，他也总是摆事实讲道理，不给别人扣帽子。在这方面我有深切的体会，因为在一些问题特别是哲学观和"本体论"问题上，我与黄先生有不同的看法。在课题研究过程中，他跟我进行过多次长时间的谈话，交换彼此见解，但黄先生并没有强迫我接受他的观点。我所承担的一章，初稿写了10多万字。定稿的时候我正在韩国访学，据说当时有人提出，杨学功的观点与我们不同，他的稿子不能用。但是黄先生并没有采取这种态度，他多次征求我的意见，并且亲自动笔对相关内容作了大量修改。我曾看过他写在纸上的密密麻麻的修改稿，有些地方完全是重写。所以这一章的作者是我们共同署名的，他坚持要把我署在前面，我再三表示这样不妥，他也仍然坚持。

我曾看过黄先生在《人民论坛》上发表的一篇谈"和而不同"的文章，我认为这就是他对待不同的学术观点，之所以能够采取平等和宽容的态度的理论根据。进而言之，我认为黄先生的这种态度体现了蔡元培先生奠定的"思想自由，兼容并包"的北大精神。这种精神非常值得我们继承弘扬。联想到现在理论界的一些人，他们因为不赞同黄先生的观点，就杀气腾腾讲重话，甚至蛮横无理要黄先生向他们道歉，我觉得黄先生的态度体现了真正的学者的襟怀，而那些不理解他甚至要他道歉的人，倒是离这种境界差得很远。

黄先生曾多次跟我谈过，做一个学者就要有追求真理的精神，不能把学术作为追求个人利益的手段。我非常赞同并且深受黄先生这种观点的影响。据我理解，一个有勇气追求真理的人，首先应该讲真话，也就是古人所说的"修辞立其诚"。固然，一个讲真话的人不一定就达到了真理，但是可以肯定，不讲真话的人将永远与真理无缘。如果利害之心压倒了是非之心，学术研究就会异化或者变形。黄先生就是一个敢于讲真话的人，也是一个追求真理的人，即使为此付出代价，他也在所不惜。20世纪50年代他曾因为讲真话，在反右运动中被开除党籍。即使是改革开放新时期,他也因为讲真话而受人误解,但他从来没有放弃自己的追求。不过,他又从来不以"真理在手"、"唯我独马"自居。我从来不隐瞒自己与黄先生在某些观点上的分歧,也是与他的鼓励和支持分不开的。人性是有弱点的,每个人自然都希望别人赞同自己的观点,能像黄先生这样对待不同的观点,才体现了真学者的真胸怀。话说回来,虽然在哲学观和"本体论"问题上我与黄先生有不同的看法,但是在关于马克思主义哲学的很多具体观点上,我与黄先生又是一致的,比如反对"实践本体论",不赞成人道主义历史观,反对以价值的特殊性否定价值的普遍性(普世价值)等。

再次,"平实的文风"和"平缓的作风"。关于"平实的文风",凡是认真读过黄先生著述的人都不难体会,这里就不展开谈了。我想说的是,与理论界一些人"以高深文简易"的佶屈聱牙的文风相比,黄先生这种平实的文风才是真正的高境界,要达到这种境界是很不容易的。至于"平缓的作风",我觉得在这个普遍忙碌的时代,对我们这些忙忙碌碌的人,也是非常值得学习的。黄先生自己做事情非常守时间,也非常有效率。但是在学术合作中,他从来不催,只是给一个大致的时间表,让你自己自主安排。实在不能按时完成,拖一拖他也不计较。

最后,"不光自己干事,更要团结大家一起干事"。我不清楚这是不是黄先生的原话,但这个意识他是一直有的,并且是身体力行坚持这样做的。他曾多次对我谈过,比个人出成果更重要的是学科的发展,能带动学科的发展,即使牺牲一点个人的时间,也是值得的。他从来不"单打独干",不搞"个人英雄主义",更不把学科作为谋取个人私利的工具。从主编《马克思主义哲学史教学资料选编》《马克思主义哲学史》三卷本、八卷本、新一卷本,到主持"马克思主义哲学创新研究"丛书(共四卷,人民出版社 2011 年版),他总是组织大家一起干。"大家好才是真的好",这句话也许最能诠释黄先生的处事为人。我有时难免因为承担公共事务耽误自己学术研究的时间而烦恼,黄先生的这种精神也非常值得我学习。

哲人其萎,风范长存!

痛悼黄公（外一联）

由物理转哲学尊马列开创学科著作等身一代宗师
从联大到北大寻理想奉行主义信念坚贞后人楷模

立德立功立言千古不朽
为人为师为学万世流芳

——晚辈杨学功敬挽

（杨学功，哲学博士，北京大学哲学系教授）

追思仁哲黄枬森教授：
他温暖的善意鼓励了我

徐瑄

我本是北京大学哲学系 87 级研究生（曾用名徐秀娥），在校时听过黄老先生的课。真正和黄老先生有密切接触，是 2007 年 3、4 月期间，我请黄老为我的一篇马克思主义论文写推荐信。我从广州飞到北京黄老家，拜访讨教了黄老几次。他老人家给我温暖而善意的鼓励和支持，给我留下了永久的记忆。我深深地怀念这位仁慈的哲学家。

我是 2005 年起从知识产权法哲学转入"马克思主义作为一个整体"的理论研究。读了黄枬森教授的《哲学的科学之路：马克思主义哲学的科学体系研究》欣喜地发现，黄老先生追问马克思主义作为一个整体应该有一个科学体系，正是我开始投入研究的主题。2007 年春，我带着我的论文《财产权及其交互性——马克思和科斯发现了什么》，略带控制不住的狂妄和自信，专程去北京拜访了黄老。

记得 2007 年 3、4 月的某个日子，我通过谢龙教授讨到了黄老家的电话和地址，约了我研究生班的同学胡欣——当时她在人民日报理论部，她也刚好请黄先生做个访谈，一起到了黄老家。记得我当时很兴奋，好像控制不住自己的激情，把自己对马克思研究的"发现"眉飞色舞地、连比带划地讲给黄先生听。记忆中，好像我讲得很大声，又快又急促，还很开心，说着说着就忘了自己是谁，也忘了对面是谁，沉浸在自己描述的意境里。我说，我发现了马克思主义其实是"这样一个整体"等，我还比划了一个太极图，表示"这样一个整体"是有个形状的等。黄老先生一直无语静静听，很久。胡欣提醒我打住，我才想起自己对面是黄老先生，一位 87 岁的哲学家，我太冒犯了，很不好意思，很怕他发火。他老人家沉静地微笑着，不急着打断我，也没有显示不耐烦或不高兴，反而温暖地笑着，鼓励我讲。见我停了下来，他老人家笑笑说，你进步很快。你把稿子留下来，我看看，再写给你。后来，再去黄老家时，黄老对我说，我看完了，没有写审稿意见。他说，你的文章我读了不是很懂，特别是科斯经济学部分，马克思主义作为一个整体应该包括经济学和法学，但我不懂的地方不能给你写。我当时很感动老人家的诚实，也非常失落。没有他的承认和鼓励，我怎么继续研究下去？

离开他家后，我冷静了下来：如果我写的马克思主义，连黄老都看不懂，我离研究马克思主义有多远还用说吗？黄老没有批评我，鼓励我继续。但他用他谦逊平和的态度告诉我，研究马克思主义不能用太多激情而要靠严格学术考证。我心里默默地和黄老对话，我一定会投入更严肃而严谨的文本考证研究，争取在更高的哲学境界上和他对话，进行真正的沟通和交流。

从此，我投入研究更努力，希望能够再和黄老对话，希望有一天得到他老人家的认可。这个信念一直激励着我。他老人家温暖的善意也鼓励了我，我觉得，认真回应老人家的追问，是非常有意义的，让他老人家温和地夸赞我进步是一件很开心的事儿。

今年初提交申报长江学者，在我的学术陈述部分，我讲到要回应黄枬森老先生的呼吁，下决心把马克思主义作为一个整体的逻辑体系纳入我的研究计划。研究计划提交了出去后，本想再去北京找黄老并告诉他，我准备投入下半生一心一意从事马克思主义作为一个整体的科学体系探究了。不想，1 月 25 日和徐春老师通电话问候黄老时，她告诉我，黄先生去世了。我很震惊，迅速安排了一下从广州赶来，参加了他的追思会。在追思会上，我看到他一辈子的朋友、战友和同事，我的那些老师们、著名的老教授们，都八十几岁的人了，个个伤心落泪，那么真诚地缅怀黄老先生的离世，我的心痛痛的感觉。他老人家离去时，知道有个叫徐瑄的学生正等着他的批评和教诲，很需要他温暖的鼓励吗？

黄老先生离去了，因了和他老人家对话和精神交往的缘故，继续追问马克思主义作为一个整体的科学体系似乎成了我和黄老的生死之约，是我摆脱不了的命运。然而，这个念头足以令我窒息。我审慎地感到，这应该不是我一个小女子能够承担的责任。这个足以告慰黄枬森老人家及一代代共产党人的这么艰巨的理论任务，不是需要千千万万个共产党人、马克思主义理论家一起来回应黄枬森老先生的呼吁，寻找马克思主义科学体系的真理性回答吗？我能够为此贡献什么？

（徐瑄，又名徐秀娥，暨南大学法学院/知识产权学院副院长，教授、博士生导师）

永远的丰碑

——怀念黄枬森老师

李少军

一　仁者寿

黄老师走了,以92岁高龄走在北京冬日的灰霾里,离春天的到来就差11天。

2013年1月25日清晨,我去学校计算中心参加今年硕士研究生政治理论课入学考试阅卷,在入口处遇见王强,他忧伤地告诉我:黄枬森老师昨天走了。我自语道:怎么会呢?刚住院没几天,怎么就走了!他说:学校已下正式通知。这时我明白了,黄老师真的离开了我们,不能和大家一起欣赏今年的春色。从此刻起,我的心情像灰霾笼罩的北京——晦暗不明。

为了排解内心的晦暗不明,我几次到四院哲学系灵堂,鲜花上方悬挂着黄老师的遗像,遗像充满慈祥。抬头望见他柔和的目光,他的目光带来极大抚慰,身心松快许多,犹如他活着时,一次次为我们破解内心困惑,为我们解决学术难题,为我们驱散思想迷雾。2月1日,在八宝山与黄老师最后告别,他躺在鲜花翠柏中,鲜红的党旗覆盖在身上。在音乐声里,在泪光中,黄老师永远离开了我们:离开了他终身热爱的哲学和教育事业;离开了他的亲人和朋友;离开了他的同事和学生;离开了他生活、学习和工作70年的北京大学,离开了这个曾把他推向人生高峰、又曾让他跌入谷底的地方。在未名湖畔、在教室里、在校园里、在会场上,在这个世上,我们再也见不到他。但是在他的著作里、在我们的心里、在我们的梦里,我们与黄老师在一起思考、对话和游耍。他的著作不朽,他的思想不朽,他的风范不朽,黄枬森老师永远活在我们心中。

我一直期待黄老师长寿，像期待父母长寿一样。

2012年10月26日上午，哲学系举行建系百周年纪念大会，黄老师在主席台上与3000多名系友共庆哲学系生日。那天黄老师带着手杖，与其他三位老师接受哲学系颁发的"哲学教育终身成就奖"，这是我第一次在公开场面见黄老师带手杖，毕竟是91岁的老人了。但三个小时大会，黄老师未曾离开。那时我脑海又浮现一个念头：黄老师能突破百岁关口，我在内心祝福他成为百岁老人。

我期待黄老师长寿。第一次有这样的想法是在他80岁时，21世纪第一年即2001年。那年春天，谢龙老师主持召开关于"纪念冯定诞辰百年"筹备会。在筹备会上，黄老师发言认为：冯定贡献很大，但对他的研究和宣传不够，由北大发起召开全国纪念冯定学术研讨会十分必要。筹备会决定2002年冯定百年诞辰时召开研讨会并出版纪念文集。会议结束已到中午，谢龙老师安排与会人员在百周年纪念堂北侧"师生缘"就餐，他有为黄老师祝寿之意，因为今年黄老师刚好80岁。席间，大家祝黄老师长寿，我也希望并祝愿黄老师不仅是马克思主义哲学领军人物，而且是这支队伍健康长寿的榜样。从事马克思主义哲学研究的同志与从事中国哲学、西方哲学同道相比较，长寿的同志不多，像艾思奇、高光等同志英年早逝。黄老师已经80岁，但精神和身体尚健，有望成为长寿老人。第二年春天，冯定纪念会如期在北大召开，并出版了张岱年题写书名的《平凡真理非凡的求索》一书。

在此后的日子里，黄老师多次讲到：冯定对马克思主义哲学贡献巨大，但我们对他研究和宣传不够。事实确也如此，在协助谢龙老师筹备冯定纪念会期间，我到学校档案馆查阅冯定相关资料，深感冯定是一位学者和战士，而无论作为学者，还是作为战士，后人的认识都不足。

黄老师对先人记挂，显示他有仁者之心！认识黄老师的人都认为他为人宽厚，也许是这种仁者之心，使黄老师长寿，生命到92岁高龄才安息！

二 丰碑

2012年4月北京大学马克思主义学院将迎来20周年院庆，受学院委托，我主持编写《北京大学与马克思主义理论教育》一书时，经过对历史梳理和现实考察发现：马克思主义在北京大学已有近百年历史，在北大近百年的马克思主义理论教育史上有三座里程碑，他们是李大钊、冯定和黄枬森。

李大钊（1889.10——1927.4）1917年11月聘为北京大学教授，1918年底，他在北大秘密组织马克思学说研究会，1920年3月，他指导邓中夏等人成立中国最早学习和研究马克思主义团体——北京大学马克思学说研究会。1920年秋，李大钊先后在北大史学、经济、政治各系讲授唯物史观研究、社会主义史、社会主义和社会运动等课程，前后达七年。这标志着马克思主义作为课程进入中国大学课堂，在世界上，李大钊是仅晚于意大利拉布里奥拉把马克思主义引入高校课堂的又一代表人物。李大钊是中国马克思主义的先驱，是中国共产党创始人，他在北大点燃马克思主义火炬，马克思主义由此传遍中国大地并成燎原之势。直至今日，马克思主义在北京大学、在中国薪火相传并成为党和国家指导思想。他是北京大学马克思主义理论教育第一座里程碑。

冯定（1902.9——1983.10）1925年在上海商务印书馆加入中国共产党，1927年大革命失败后，前往莫斯科中山大学学习马克思主义。抗战期间在新四军工作，解放后任华东局宣传部副部长，1955年冯定成为首批中国科学院233名学部委员之一，1957年由毛泽东提名调北京大学哲学系任教授，后任系主任、党委副书记、副校长。冯定的贡献在于：首先是他的《平凡真理》，这是继艾思奇《大众哲学》（1935年出版）之后，又一部马克思主义哲学大众化的杰作。此书1948年在大连出第一版，1950年6月上海三联书店出第二版，到1980年共重印十一次，发行近50万册，是中国五六十年代最流行的马克思主义哲学读本，直至今天仍然放射真理光芒。其次，冯定对个体生命的意义和价值从马克思主义哲学高度作了深入研究。1937年他出版《青年应当怎样修养》，1956年出版《共产主义人生观》，1964年出版《人生漫谈》。在30年时间里，冯定一次次研究和阐述个体生命意义和价值并取得突出成果，这在马克思主义发展史上具有重要理论意义，西方马克思主义批评马克思主义存在一个人学空场，实际上指的就是马克思主义对个体生命意义和价值没有形成自己理论，冯定的这一工作，从理论和实践上对西方马克思主义的指责作出一定程度的回答。在新的历史条件下，这个问题仍是当今中国马克思主义者面临挑战的重大问题，必须深入研究并取得具有说服力成果。对此冯定开辟了一条道路，树立了榜样。第三是冯定为哲学系制定了"一体两翼"办系方针（马克思主义哲学为体，西方哲学和中国哲学为两翼），这一方针为哲学系健康发展奠定坚实思想基础，改革开放后，黄枬森任系主任，这一思想得到发扬光大。第四是作为校领导冯定使马克思主义理论教育在北大走向学术化、正规化和普及化。作为中国学者，冯定培养了第一批马克思主义哲学硕士研究生。由于"文革"冲击，冯定在北大未能展其才，但是这动摇不了他成为北京大学马克思主义理论教育的第二座里程碑地位。

黄枬森（1921.11——2013.1）1942年在昆明考入西南联大物理系，一年后转入哲学系，抗战期间投笔从戎，参加中国远征军，赴印度受训，抗战结束复学，1948年大学毕业前夕加入中国共产党，后读研究生，研究康德哲学。1949年任北大政治理论课教师，1950年任哲学系助教，开始讲授马克思主义哲学，直至生命结束，时间长达60余年。在60余年的教学科研中，黄枬森取得杰出成绩。首先是，他对马克思主义经典著作研究和教学取得重要成果，尤其是他主编的《〈哲学笔记〉注释》具有国际水平，获得苏联同行高度评价，一代代中国学人通过他的书而读懂列宁这部深奥著作。其次是，他在中国领导并建立了马克思主义哲学史学科，他主编的《马克思主义哲学史》（三卷本、八卷本、一卷本）奠定马克思主义哲学史学科基础，尤其是八卷本，达到了国际一流水平。第三是，他开创并推动人学学科的形成与发展，他主编《人学理论与历史》受到国内学者重视。第四是他始终坚持和发展辩证唯物主义和历史唯物主义，他主编的《马克思主义哲学创新研究》（四卷本）把马克思主义哲学原理推向新的高度。第五是，他对文化和社会问题研究取得突出成绩。第六是，他为马克思主义理论学科建立和发展奠定基础。他培养出新中国第一批马克思主义哲学博士，为中国社会主义建设培养大批人才。黄枬森是北京大学马克思主义理论教育第三座里程碑。

李大钊、冯定和黄枬森，他们成为北京大学马克思主义理论教育百年史上三座丰碑。第一，他们有悲天悯人的博大胸怀，深得马克思主义是关于无产阶级和广大劳动人民解放学说精髓；第二，他们都有独立思考、不畏权势、追求真理的独立人格；第三，他们具有求实创新的精神和能力，以自己的创新成果丰富和发展马克思主义；第四，他们以自己学术创新成果培育青年，使马克思主义在北京大学、在中国薪火相传。他们做到了"铁肩担道义，妙手著文章"。对于他们的伟绩，不是用笔写在纸上，用键盘敲到电脑里，而要用锤子和錾子铭刻在岩石上，因为他们事业不朽！

三 风范

对于我来说，李大钊和冯定是听说过没见过的前辈，只能从他们的著作和事迹中去接近他们、认识他们，从他们的书里吸取智慧和力量。黄枬森老师呢，我与他交往20年，在他教育下，在北京大学马克思主义园地里生活、学习和工作20年。如今他走了，这块园地失去照料它的一流园丁。而在这块园地继续耕耘的我，又怎能忘记老园丁的身影？阵阵春风刮过，北京十分难得的春雨春雪已飘落几次，春风吹开了迎春花、樱花、桃花和玉兰花，在雨水的滋润下，树枝吐出新绿。清明节越来越近，此时对故人的怀念也更加强烈，往事自然呈现。

黄枬森老师是我博士论文答辩委员会主席。我们马克思主义哲学专业博士生的经典著作选读课要学习一年。那一年，每周三下午三节课黄老师都与我们在一起，从未缺席过，这是黄老师参与上的最后一届博士生课。这门课程有四位老师八位学生，四位老师是黄枬森、赵光武、赵家祥和施德福老师。黄老师从年龄、资历和学问都是尊者，但他以平等身份与大家在一起，每次带一本很厚笔记本，学生发言他也会记笔记，同学在他面前没有任何压力，大家畅所欲言，错误观点、幼稚想法都讲出来，老师们给予指点。第一学期快结束，辞旧迎新时刻到了，约定一个晚上时间，老师和学生一起迎接新年到来，黄老师从家里带来许多糖果糕点，同学和老师都很开心。师兄们说：这是黄老师多年的习惯。第二学期结束已是夏天，最后一次课老师们提前下课，四位老师带着八位同学去未名湖留影。那时相机不普及，黄老师带来相机，领着大家在湖畔边讲解边一起留影。记得我们从一教小路下去，到现在陈守仁中心，黄老师介绍说：这里以前是校医院。那天阳光灿烂，天高而远，湖平而静，老师和学生着夏装，年轻而精神。照片还在影集里，黄老师却离开了。

我与黄老师有过一次远行。2004年春天，我们俩一起去绍兴参加全国人学学会年会，那时我留校任教已经六个年头。陈志尚老师提前到绍兴做会议准备，他委托我负责陪同黄老师，因为黄老师已经83岁，确实需要一个年轻人同行。我去买票时，黄老师特意提醒，他身份证上"枬"电脑打不出，就用"楠"，买票很顺利，电脑字库能出"枬"了。出发那天，我到朗润园接黄老师，他在家收好东西，一看他的行李就知道黄老师出门不用担心，上了出租车就去首都机场，飞机正点，下午到杭州笕桥机场，乘会议中巴到绍兴。

一路平安，我也高兴。其实，黄老师不需要特殊照顾，他身体健康精神饱满，一路给我讲了不少生活小常识，如飞机上乘务员发零食，黄老师告诉我，飞机上气压有变化，这会让耳不舒服，咀嚼坚果就解决问题。黄老师一口乡音（四川话）我听着很顺当，因为是独处我也就讲云南方言。黄老师在昆明上西南联大，听到云南话，他对云南的兴趣来了，记得他说：在联大他参加远征军，到印度受训，主要是学习汽车驾驶，我插话说：你能在滇缅公路开车，穿越怒江峡谷，你的车技厉害。他说：当时可以，解放后再也没有开过汽车，但驾驶证现在还保留着。会议期间，组织大家参观鲁迅故居、蔡元培故居和会稽山兰亭，这些活动黄老师都参加。游会稽山兰亭那天，我们俩坐在流水边休息，他说：当年王羲之他们就坐在流水边，杯里倒上酒，把杯放在流水上，酒杯漂到谁面前停下，谁就喝酒。《兰亭序》写的"流觞曲水"就这个意思，这就是魏晋风度。黄老师一说，我对魏晋风度的理解加深了。会议结束，我们俩直接回北京，没有在杭州停留。现在回想，有些遗憾，当时应该邀黄老师一起游西湖。如果有来生，只能下辈子找机会与黄老师游西湖了。

这次与黄老师出门远行，我发现黄老师不仅宽厚慈祥，而且他十分坚强，他的骨头很硬，像千斤顶一样能撑起巨大压力。我也理解为何反右运动中他被开除党籍也不能动摇：他对马克思主义真理的追求和坚定的信念。也许正如列宁所说：马克思主义理论"对世界各国社会主义者所具有的不可遏止的吸引力，就在于它把严格的和高度的科学性（它是社会科学的最新成果）同革命性结合起来，并且不仅仅是因为学说的创始人兼有学者和革命家的品格而偶然地结合起来，而是把二者内在地和不可分割地结合在这个理论本身中"。这是问题的一面，黄老师坚强的性格使他逆流而上，在马克思主义研究中取得一流成果。

2011年教师节前夕，孙熙国书记带着马克思主义学院几位教师拜访黄老师，我也参加拜访。黄老师主编的四卷本《马克思主义哲学创新研究》出版不久，他用纸包好写上我的名字送给我，我很感动。但那天的谈话有些沉重，我说：黄老师，我有一个不成熟的想法，我觉得马克思主义在北京大学快100年了，从学术角度看，它在北大没有完全站住脚。黄老师有些激动，他说：正因为如此，我才给党中央写信，我都90多岁，跳出来了。我们一起努力，哲学系是半边天，马克思主义学院是半边天，大家团结在一起，一个问题一个问题研究，拿出扎扎实实的东西。黄老师90岁披挂上阵，在北京大学挂出"北京大学马克思主义哲学研究中心"牌子，他在中心作了第一次学术演讲。现在他走了，真是：出师未捷身先死，长使英雄泪满襟！

清明的脚步越来越近，过几天就迎来黄老师逝世的第一个清明节。在此，我写下以上文字，表达学生对老师的怀念！

先辈们安息！黄老师安息吧！

2013年清明节前夕于燕北园

（李少军，北京大学马克思主义学院教授，博士生导师）

黄先生印象小忆

宇文利

黄枬森先生是我国著名的哲学家和哲学教育家,其令人高山仰止的人格与风范是学人们公认的。作为晚辈,我远不具备为先生写纪念文章的资格和荣幸。但万幸的是,由于工作关系,我与黄先生有过虽然不多但印象深刻的交往,成就了我缅思这位可敬前辈的真实记忆。还有,2012年年末,也是由于一次偶然的机缘,我得以与黄先生的两位弟子及哲学界几位师长同程出差,在一起相处了两周多的时间,而当时恰恰是黄先生病重住院、临终前治疗的关键时期。出差途中,同行的师长们因为牵挂黄先生住院治疗情况,因此言语之中便多了很多关于黄先生的话题,使我对这位既陌生而又熟悉的尊长了解得更多了,对此前先生留在我心中的印象也更清晰和深刻了许多。行程中,先生的弟子们牵挂恩师的病情,每天都要打电话或发短信询问先生的境况。每有远隔万里传去的信息,一行人必是抛开其他话题,静默地倾听,少不了长吁短叹,但更多的是发自内心的祝愿;行程中每停留一处,也必会想办法走入清静圣洁之地,为先生燃烛祈福。车上车下,餐前餐后,几个人每聚在一起时便总要相互打问一下黄先生的病情。人总是这样,心有所系时便会格外关心,而心有触动便更能感同身受,大家都期盼着先生能够闯过那一关!

然而,先生还是驭鹤西行了。虽然没有机会侍学左右,但却因为那份珍贵的记忆,虽然没有频繁的声息相通,但却因为这份遥远的"近距离",促使我不能堕于慵懒、怯于执笔,反而让我不得不去追忆与先生接触的点滴,缅怀先生的高贵人格。

从2002年起,我一直在教育部人文社科重点研究基地北京大学邓小平理论研究中心（已更名为北京大学中国特色社会主义理论体系研究中心）做助理工作，最早接触黄先生也就是从那个时候开始的。这个中心是一个跨学科、跨院系的综合性的学术研究单位，中心的研究员多是来自校内外科学社会主义、马克思主义和中共党史研究领域内的著名专家学者。从中心成立之初起，黄先生就是中心的资深研究员。他资格老、学问大、人品好，没有丝毫的架子，从来不以老资格示人，慈祥、谦和、温文尔雅的气度一直都让大家折服。

2002年是中心成立几近十周年的年份，也是中心被批准成为教育部文科重点基地的第二年。基地建设有了过去近十年的积累，又有了新的荣誉所带来的鼓励，中心成员们都很振奋，目标明确，干劲也十足。在我的记忆中，那时以及接下来的几年中，中心经常召集各种不同类型的会议，既有年度性的大规模的全国学术会议，也有结合时政命题或基地建设组织的中型论坛，更多的是各种小型的专题研讨会、课题论证会和成果交流会。那时开会的频度很高，几乎每个月都有会议，有一段时间甚至隔上十天半月就有一次会议。我因为担任着助理工作，天天待在中心，因此便常常打电话给中心的研究员们，请他们参加会议，有时也协助去传递或索要文件。每次给黄先生打电话通知会议或请教其他事情，他都很愉快地答应，即便会议上要讨论的课题并不是由他主持的，但只要身体和时间允许，他都会早早地骑着自行车来开会，很少推脱和拒绝。因此，每当说到参会情况时，中心的工作人员都有一个共识：黄先生年龄最大，是最有资格和最有理由不一定到会的人，但恰恰相反，先生每次都到会，他从来没有理由，也不找任何理由缺席。

在我的印象中，每次参加中心的会议，黄先生也都会发言，从来不把自己当摆设，更不摆老资格，这是他的人格和责任感使然。他的发言似乎总是简明扼要、直奔主题，从不拖泥带水，也没有愤懑、忧虑、埋怨等不良情绪。在我们的心目中，黄先生总是那样的温和，那样的谦虚，那样的平静，那样的笑容可掬。他似乎有着一种超凡的定力，不仅自己始终精笃安定，也常常能够使看见他的人静下来。我常偷偷地想，这得需要多大的修为才能达到这样的境界啊！实在说，我不知道这修为的高度，但知道黄先生是好人，是有着超乎寻常的生命力和生活阅历的老人，他的仁和与静笃，一定是在经历了太多的起起伏伏、坎坎坷坷后对人生的至深参悟。

平素的交往，留下的是比较模糊的记忆。但有一次面谈，却让我真实地领略了先生的人格与学品。2006年的春天，我受某出版社的委托组织编写一本政论小册子。交完初稿后，出版社的负责人打来电话，告诉我他们已经邀请了黄先生帮助审看一下稿件，并让我几天后去听听先生的审稿意见。记得那是一个下午课后，等我赶到位于朗润园的先生的家中时，天色已经近晚了，敲开门，说明来意，黄先生便热情地把我让进他的书房，请我坐下，又让家人拿来一杯水，让我先喝口水，喘口气。之后，先生便拿出一叠厚厚的书稿，我接过来一看，上面密密麻麻地写满了批注。我知道那是先生的审阅意见，登时觉得羞愧难当，也有些胆怯，内心忐忑不安，不知道先生会说些什么。

先生慢慢地开口了，他微笑着说，小宇同志，你别紧张。我看过了书稿，写得挺不错的。我对书稿的主题研究不深，抱着学习的态度，写了几条想法，不知道对不对，和你商量商量。请你不要以我的看法为标准答案，我的看法你觉得有道理就采纳，没有道理的就不要采纳。同一个理论问题，可以有不同的解释角度，我们交流一下最好，不能认同的看法可以再继续探索。

先生的一番话，让我放松了很多。后来，我斗胆向先生谈了编排书的结构和内容时的想法，也就一些具体观点请教了先生的修改意见。匆匆的见面结束了，走出先生的家门，我的心情感觉得了从未有过的舒畅。按照先生提出的意见，我后来又认真地修改了书稿。等到书出版时，先生又专门为书写了序言。他在序言中用称赞的口吻介绍了书的主旨和内容，对书的视野、观点和适用度都作了好评。其实，我深深地知道，由于时间仓促和水平所限，那本书连我自己都能看到很多瑕疵，但是先生没有苛求，也没有批评。或许，他根本就不会苛求。他所做的，就是创造条件，让别人朝着向好向上向前的方向走。我理解，他是用鼓励让我们年轻的一代建立信心，找到理论自信，好让我们更好地投身学术中，更好地发展。

先生的宽厚、儒雅与谦逊，是有口皆碑的。这种感觉，不光是在学术中人之间如此，在所有人眼里也都是如此。多年前，我的夫人刘英曾在北京大学校医院工作，她很早以前就曾经听我说到过黄先生，但一直没有见过先生的面。2006年的一天，先生到医院体检看病，碰巧到了刘英所在的诊室。开始时，刘英并不知道他就是黄先生，在诊治过程中，她发现老先生特别配合，从问诊到用药，先生都是彬彬有礼的，和一些人的颐指气使、傲慢不逊、满口抱怨完全不同。后来，刘英知道了这就是黄先生，就和先生多聊了几句，提到了对先生的敬意与仰慕。黄先生连忙摆摆手，说自己不过是一个年长的退休教师而已。回家后，刘英兴奋地告诉我："今天特别高兴，见到了黄先生。先生虽然是个大专家，但就和刚刚入职的年轻人一样谨慎、讲礼节。他特别慈祥、恬静，而且还特别特别地谦虚，一点儿也没有架子。"此后不久，我夫人调离了北大校医院到新单位上班了。一晃七八年过去了，2012年农历年年底，当得知黄先生离世的消息时，她又和我说起了多年前和黄先生的那次见面，说着说着，她难过地哭了……

（宇文利，哲学博士，北京大学马克思主义学院副教授）

三代师生的哲学情缘

成龙

听到黄枬森老师去世的消息,我把他的书再次翻出来,重新拜读这位世纪老人的著作,发现《<哲学笔记>注释》一书的购买日期竟是 1986 年 9 月 25 日。那时我只有 20 多岁,才开始学哲学。虽然对黄老师的书当时并没有读懂,但那时我已特别关注黄老师的研究动向。一旦发现黄老师发表的文章,都要刻意读上两三遍。由于对黄老师的敬重,随后也就认识了我的导师王东老师。那时,王东老师作为黄老师的开门弟子,是中国自己培养的最早的哲学博士,每每看到王东老师在《北京大学学报》、《中国社会科学》等刊物发表的文章,仰慕的心情,就会油然而生。2000 年 9 月,我有幸考取了王东老师的博士生,圆了我的博士梦。也因为在北京大学学习,便有了更多与黄枬森老师接触的机会,也结下了三代师生的哲学情缘。

开学不久,黄老师给我们这一届博士生做关于人学研究的报告。其时,马克思主义人学还在形成之中,很多人并不赞成人学的提法,认为人学的提法过于宽泛,又有哪一门学问不是人学呢?我很想知道黄老师对这个问题的看法。黄老师讲课时,结合国内外研究提出的挑战问题,娓娓道来,所举的事例特别生动,让人感到既简单又深刻。其中的一个问题是:动物保护主义者反对人类中心主义,要求给动物和人类同等的权力。黄老师指出:要求人类完全禁止杀掳动物,恐怕做不到。你可以不杀珍稀动物,但是否连一只鸡都不能杀、不能吃,给鸡和人一样的权力,恐怕不行。动物有生命,植物也是有生命的。你不杀动物可以,但连植物也不能吃,人类就无法生存了。人类永远是地球的中心。黄老师讲课的声音并不大,和蔼可亲,没有一点架子。这个讲座是由杨河老师主持的，文理科的博士生在一起，有几百人之多，主要是请国内著名专家学者讲他们的思想和治学经验。平时的课堂大家都会窃窃私语，动辄就要和人进行辩论，可黄老师讲课时，教室里十分的安静。

在北京大学学习期间，有幸曾多次和黄枬森老师在一起开会。那时，辩证唯物主义受到来自各个方面的质疑和挑战，几乎与斯大林主义画上了等号，成了僵化、保守的代名词。黄枬森老师一直在坚守着辩证唯物主义的阵地。能不能守得住，我心里一直在嘀咕，不知他会怎样应对。但每次见他发言，总是从容不迫，既实在，又有很强的逻辑。黄枬森老师多次强调：辩证唯物主义所说的"物质"，是辩证的物质，是运动的，不是静止的。辩证唯物主义是尊重人的主体地位的，马克思主义哲学本质上是"人学"。辩证唯物主义的体系是苏联20、30年代形成的，其基内容包括：唯物论、辩证法、认识论、历史唯物主义。这个框架在30年代就传入中国，被一些先进的中国人所借鉴，形成了中国特色的哲学体系。斯大林主义是1938年以后形成的，统治马克思主义哲学界十余年，斯大林逝世后，就被人们所抛弃，重新恢复了20、30年代的体系。辩证唯物主义的许多原理确实是恩格斯提出来的，不是马克思提出来的，但二人的基本思路是完全一致的。听了黄枬森老师的分析，以前的疑虑顿时消散。中国解放后所犯的错误，诚然与哲学讲得不够透彻有着深层的联系，但更多的是体制和封建专制主义遗毒的影响。"文革"结束后，邓小平开展真理标准大讨论，他所要恢复的正是辩证唯物主义最基本的道理。不是辩证唯物主义错误，而是"文革"完全背离了辩证唯物主义。哲学家不仅要研究马克思主义的基本原理，更应研究哲学与政治结合的关系，防止哲学变成政治的婢女，甚至为了政治目的而刻意曲解、篡改马克思主义的理论。

2001年11月29日，是黄枬森老师80华诞。北京大学为之举办庆祝大会，主题是"21世纪哲学创新暨庆祝黄枬森教授80华诞"学术研讨会。会议开得十分隆重，教育部、中宣部、中央党校、中央编译局、中国社会科学院、北京大学、中国人民大学、北京师范大学、北京市委党校、复旦大学、山西大学等单位组织了祝寿团，共有150余人参加了庆祝会。教育部副部长袁贵仁、北京大学校长许智宏、中央党校副校长王伟光、中央编译局局长韦建桦、北京大学哲学系主任赵敦华等人分别致辞。与会专家、学者纷纷发言，高度评价黄老师的学术成就和为人师表的学术风范，同时展望哲学未来创新的方向。会议的庞大阵容，各位领导和专家学者的发言，让我对黄枬森老师感到更加神秘：黄枬森凭什么受到这么多人如此的敬重啊？那时，黄枬森老师正在搞马克思主义哲学的形态建设，我为会议提交的论文是《本体论：马克思主义哲学形态建设的一种选择》。会后，我写了一篇综述文章，发表在《哲学研究》2002年第1期，被数家刊物转载，引起一定范围的关注。

  2003年6月，作为黄枬森老师的再传弟子，我和李宏伟、黄皖毅三人顺利通过了论文答辩，即将奔赴各自的单位工作。王东老师向黄枬森老师汇报了我们几个人的情况。那天，阳光特别明媚，下午3时许，黄枬森老师骑着一辆加重自行车来到未名湖畔，和我们一起照相，为我们送行，留下了让我终生难忘的照片。2007年4月29日，我和王东老师一起去黄枬森老师家看望黄老师，给黄老师献了花。黄老师的精神特别好，穿着汗衫，谈笑风生。我向黄枬森老师请教几个研究中的问题，并向他汇报了在广东工作的情况，他非常高兴。他说广东是个好地方，广东人思想灵活，做事实在。邓小平把改革开放的第一枚"棋子"落在广东，这是有着非常深刻道理的。一听我们想和他照相，黄老师立即起身，去内间换了正装。黄老师的女婿帮我们拍了照。这是三代师生在一起手拉手的一张珍贵照片。张翼星老师曾说：黄老师一般不笑，若有笑，则只是微笑而已，不会大笑。照片里的黄老师笑得特别甜美。2011年7月，我到北京参加由中央八部委联合主办召开的"庆祝中国共产党成立90周年理论研讨会"。会后我和王东老师再次去看望黄枬森老师。其时，黄老师已是91岁高龄，看上去比以前微有发胖，但精神仍然健好。我向他呈上我的新作《海外马克思主义中国化理论研究》，请他批评指正，并请他有空时到广东去讲学。黄老师高兴地答应了。临行时，黄老师题词赠给我他新出版的大作《哲学的科学化：黄枬森自选集》，勉励我继续努力，出更多的成果，并送我们到门口。没想到，这竟是和黄老师的最后一别！

  黄枬森老师一生勤奋不已，成果卓著，他的学术成就，他的为人，他做事的风格，国内学界、政界早已闻名。我在北京上学时，遇到一摆地摊卖书的小老头,谈起黄枬森的书和他的事迹,讲得头头是道,兴高采烈。我一直在想,看上去十分朴实淡然、没有一点架子的黄枬森为什么能够赢得那么多人的崇敬,他的奥秘到底在哪里?从黄枬森老师本人的叙述及周围人们的评价来看,可能的原因主要是黄枬森具有以下几种特别的才干、精神和品德。

首先是他严于律己、宽以待人的君子风度。黄枬森虽然对自己严格要求,一丝不苟,但对学生、同事却十分谦和、宽容,从来没丝毫盛气凌人、唯我独尊的气势。有的学生研究领域超出他的范围,他能宽容;有的学生出现了过失,他能宽容;有的学生发表了不同的学术观点,他能宽容;有的学生甚至言辞激烈、有些失礼,他也能宽容。张翼星老师称黄枬森老师是具备"三宽"的老好人:宽广、宽容、宽厚。知识宽广,功底深厚;学术宽容,胸襟开阔;待人宽厚,乐于助人。这些高尚的品德,使黄枬森老师具备了一种特别的人格感召力和凝聚力,能够把众多的知识分子团结在他的周围。中国古代的智慧老人老子曾说:"天长地久。天地所以能长且久者,以其不自生,故能长生。是以圣人后其身而身先,外其身而身存。以其无私,故能成其私。"(第7章)黄枬森老师的风范,再次印证了老子的人生哲理。

其次是他开拓进取、永不自满的创新精神。纵观黄枬森老师的一生,其人生道路并非一帆风顺。但无论逆境还是顺境,他都能坚守自己的阵地,善于发现新的领域。黄老师青年时代是在抗日战争、解放战争的环境下度过的。60年代初,黄枬森被被取消讲课资格,到北京大学哲学系资料室工作。因此,是"文革"的结束,才开启了他开拓创新的航程。50岁的时候,他开拓了马克思主义哲学史新学科;60岁的时候,他开拓中国特色社会主义理论来源与哲学基础研究新领域;70岁的时候,他开创马克思主义人学研究;近80岁的时候,他又开始了中国特色社会主义文化研究的新探索。2011年,90岁高龄的黄枬森还主编出版了《马克思主义哲学体系的当代建构》,总计115万字。最近,习近平总书记在中央党校讲话,要求全党学习、学习、再学习,实践、实践、再实践。并指出:在农耕时代,人们只需要读几年书就可以用一辈子;在工业时代,人们读十几年书就可以用一辈子;在今天,只有终生学习,才能满足实践的需要。黄枬森老师不仅是一位学者,而且是一位优秀的共产党员,他用他真实的行动,践行了"活到老,学到老"的格言,树立了"生命不息,战斗不止"的共产党人形象,体现了马克思主义哲学的无限魅力。

再次是他带领团队、联合攻关的领导才干。黄枬森一生不仅自己刻苦钻研,功底扎实,视野广阔,具有对时代的独到敏锐的觉察,因而写出了多部引领前沿的哲学专著,而且善于带领团队,集体攻关,完成了多部集体创新的成果。比如,《马克思主义哲学史》八卷本的编写,从 1983 年到 1996 年,共动员了全国 10 多个单位、50 多位学者,历时 13 年,长达 400 万言,先后获得"五个一工程奖"、吴玉章奖、首届国家社会科学基金项目优秀成果一等奖等三项国家级大奖。能够把这么多的学者动员起来,团结一心,高质量地完成学术研究,这是黄枬森最了不起的本领之一。再比如,对列宁《哲学笔记》的研究,不仅写出了他本人的《<哲学笔记>注释》、《<哲学笔记>与辩证法》两部专著,还指导王东老师完成了《哲学笔记》的博士论文《辩证法科学体系的"列宁构想"》,支持张翼星老师完成了国家"八五"重点项目《列宁哲学思想的历史命运》。还有对马克思主义人学的开拓,今天已经形成一个庞大的全国性的研究队伍。黄枬森脚下生风,走到哪里,哪里就能带出一支队伍。这一点,不是所有的学者都能做到的!

(成龙,哲学博士,中共广东省委党校马克思主义理论教研部主任,教授)

纪念杰出的马克思主义哲学家黄枬森教授

林锋

2013年1月25日下午,我从北京大学同事李少军教授那里惊悉黄枬森教授病逝的噩耗,迟迟不肯相信,沉默许久,十分伤感。我印象中最后一次与黄先生交谈是在一年多前,那时先生主持北大马克思主义哲学研究中心的会议,虽90高龄,仍思维清晰,风采依旧,状态颇佳。此前多次见到黄先生时,亦感觉以先生的健康状况,"百岁健在"不在话下。我清晰地记得,数年前在先生家做客时,我曾提到,自己十分期待能与其他北大同志同庆先生的百岁华诞。当时说这句话时是多么轻松自信,在我看来,这是根本不成问题的,我甚至认为先生有望成为北大最资深的寿星。当时及后来数年,先生的频繁学术活动,给了我足够的信心。当李少军教授那天突然对我说道"黄先生去世,你听说了吗"时,我愣住了,既不相信,也不愿接受这样的现实。之后数日,我在北大与哲学系的官方网站上木然地、重复地看着黄先生逝世的讣告,仍不愿相信,觉得这不像是真的。虽然我不像黄先生的家人那样与之朝夕相处,但始终感觉先生离我们很近,从未远离,我们经常聆听他的学术理念,感受其风采气质,如今先生突然离去,让我们如何适应这种剧烈的变化?在我们看来,先生是北大学术的一部分,是中国哲学界的旗帜、马克思主义理论界的骄傲,我们北大哲学人早就习惯了有这样一位德高望重的标志性人物,他的不辞而别,叫我们情何以堪!

就学术辈分、理论造诣而言,我与黄先生自然相差悬殊。我在厦门大学读本科时,就听说过黄先生的鼎鼎大名,知道他是我国马克思主义哲学理论界数一数二的标志性人物。在当时的我看来,这样的学界泰斗只能仰望,甚至是永远仰视,如能当面交流一次,就像"粉丝"见到偶像一般,定然激动不已,难以自控。后来我考入北大哲学系攻读硕士学位,三年内多次在校园里偶遇黄先生,我竟都缺乏勇气不敢打招呼,原因是,我实在缺乏自信,感觉以自己的低微身份,先生可能根本不会放在眼里,甚至不屑于与我这个陌生的学生说上几句客套话。2005年我再次回到北大哲学系攻读博士学位时,与我同住的一位哲学系博士生告诉我,他在考上博士前就学术问题频繁请教黄先生,作为学界泰斗的先生不厌其烦,对于他这样一位没有哲学专业背景的陌生学子,每次均慷慨赐教解惑,竟不遗余力。我听后极为惊讶,也深感懊悔。原来大名鼎鼎的北大黄枬森教授如此平易近人!为什么我不敢效仿那位博士生呢?原来先生那么容易接近!后来我还得知(根据黄先生家人的描述),对于类似的毫无学术地位的普通哲学爱好者,先生也总是乐于交流,从不拒绝。❶

与黄先生的第一次交流,我永远记得。当时作为北大哲学系王东教授指导的博士生,我与导师及一位同门师妹,一同拜访了黄先生。当时我作为配角,协助导师记录先生对导师新作《马克思学新奠基》的学术评语。主角自然是先生与导师,我的说话机会不多。但与黄先生的短暂交流却带给我极大的幸福感,毕竟,我与学界泰斗黄先生有了第一次学术交流。我记得,导师向先生介绍我时,特意提到我较为支持先生对马克思主义哲学的"辩证唯物主义解读",信仰辩证唯物主义世界观,先生很高兴,还亲自拿点心招待我。我一时受宠若惊,幸福得不知所措。先生认真地问我,为什么赞同他对马克思主义哲学的解读?我紧张地谈了自己平时积累的几点看法,先生频频点头,面带微笑。看来他对我的看法是比较满意的。从这一次交流中,我发现先生确如那位博士生说的那样平易近人、和蔼可亲,不仅如此,我还注意到,先生是个淳朴而认真的人,毫不做作,他不被他人的赞美之词所迷惑,他会用自己的慧眼来判断别人对他的好评究竟是恭维客套之词,还是真心认同。

我充分了解先生的学术思想、学术见解,深刻感受其学术气质、学术精神,是在大量研读他的学术论著之后。读博士以来,除第一次短暂交流外,我还有多

---

❶ 参王蓓:《"燕园学人"黄枬森:哲学之路即人生之路》,北京大学新闻网2013年1月25日。

次与先生的直接学术交往，这同样加深了我对先生的学术思想及学术品格的认识。

客观地说，我并非赞成先生所有的学术观点。比如他对于马克思早期著作的评价，我就不很赞同。在我看来，似乎先生对马克思早期著作的评价偏低。当然，我理解并支持先生对"辩证唯物主义世界观"的坚守，赞成他对马克思哲学的唯物主义本体论基础的肯定，认同他始终强调的"唯物辩证法"在马克思主义哲学中的重要地位。先生晚年提出的"哲学科学化"构想，我同样十分赞成，认为这是一个了不起的学术事业。作为一名在学界地位不高的后学晚辈，或许我对先生学术思想的个人评价不值一提。我不敢信誓旦旦地宣称：我所赞同的黄先生的那些学术观点就完全是正确的，我所不赞成的黄先生的那些学术看法就一定错误无疑。就像研究学术问题难免失误一样，评价他人学术思想也可能发生失误。

但是，我却有足够的、完全的自信断言，在探寻真理的道路上，黄先生是一位伟大的战士，为我们树立了光辉的榜样。不论先生学术得失如何（我个人始终认为，他是我国当代哲学界最杰出、最了不起的学者之一），他都始终驰骋在追寻真理、捍卫真理的疆场上，"为真理而奋斗"是他一生哲学事业的主题。作为一名研究者，他对真理有高度的热忱、最大的忠诚，不论是否学术上的所谓"少数派"，他都不以为然，有人或许认为这是孤芳自赏、清高自大，但这绝不是真正了解作为一名年迈的"战士"的黄先生，绝对没有走进他的精神世界。黄先生介意的，不是他是否是什么"少数派"，而是他是否掌握了或正在接近真理。如果确信掌握的是真理，他不畏惧任何学术批评，始终坚守在"真理"的园地里，哪怕只是孤身一人、不得不单打独斗。从表面上看，似乎黄先生"自负"，实际绝非如此。他忠诚的是真理，而不是所谓的"主流意见"。我相信，如果他意识到自己有学术失误，他会立即修正自己的看法，而如果某些流行意见是错误的，他选择战斗到底，绝不盲从。作为一名后辈，我满怀敬意研读他的学术作品，感受到的他最鲜明的学术品格，就是以真理为最大权威、最高原则，面对谬误绝不妥协，面对真理绝不放弃，不屈不挠，战斗到底！这不仅是一种学术立场，更是一种学术精神、学术气节！

先生走了，再也无法现场领略先生的风采音容，不能当面聆听他的学术教导，这是不能承受的巨大遗憾，不可化解的极大悲伤，但先生的高大形象，永远矗立在晚辈后学的心里。对于我们来说，继承先生的事业，弘扬先生的精神，是对先生最好的纪念。杰出的学者，伟大的战士，黄枬森教授，您的英名和事业将永垂不朽！

（林锋，哲学博士，北京大学马克思主义学院副教授）

用生命书写哲学

——追忆著名哲学家黄枬森先生

李百玲

哲人已逝!

深冬的北京寒穆萧索,惊闻我国著名哲学家、哲学史家、哲学教育家黄枬森先生仙逝的噩耗就在这样一个冬夜,令人心痛不已。经历近一个世纪的风雨,对于哲学更是浸润大半生,峥嵘岁月的练达和哲学精神的陶铸已然深入黄先生的精神风骨。他是当代中国马克思主义哲学界的一面旗帜,一个时代的标志。如今,大师已去,唯余其著作,其文章,其精神思想,令人追忆怀念,唯堪解忧。

黄先生经历幼年中国传统文化的熏陶与浸润,青年投笔从戎的壮志凌云、为国解难,其生都致力于中国的思想文化建设。黄先生历经时代的诸多坎坷与磨难,但困境没有打倒他,反而使其意志弥坚,更为自身增添波澜壮阔的历程,"我只坚持我所追求的真理"。他在改革开放新时期,硕果累累,为新中国的思想理论建设、学科建设与人才培养作出了卓越的贡献。先生自己曾总结道:"1959 年到 1978 年,是我最痛苦的一段时间。但做学问不一定非要很好的条件不可。只要志向坚定,再恶劣的环境也不怕。""我真正做出点事情来,是在 1978 年以后。"❶先生一生著述等身,作为中国马克思主义哲学界的领军人物,在马克思主义哲学史、马克思主义哲学原理、列宁哲学思想、人学、文化研究等方面的贡献集其大成。

黄先生率先展开对列宁《哲学笔记》与辩证法的系统研究。在国内,他对

---

❶ 《黄枬森:我坚信真理》,载《光明日报》2006 年 6 月 11 日第五版。

列宁的这一重要著作进行了前无古人的注解工作,通过深入挖掘列宁哲学遗产,突破苏联模式的历史局限,丰富和发展了唯物辩证法的科学体系。1981年,由他主编的50万字的《〈哲学笔记〉注释》出版,为《哲学笔记》与列宁哲学思想的教学与研究奠定了重要基础,该著作获得1987年国家优秀教材奖。1984年,他总结自己20多年研究列宁《哲学笔记》和辩证唯物主义的成果,发表专著《<哲学笔记>与辩证法》,这一成果不但填补了国内研究的空白,在国际学术界也达到领先水平。苏联《哲学问题》杂志称:"在中国出现了一个以黄枬森为代表的、以完整研究列宁《哲学笔记》与辩证法为主旨的独特学派。"

黄先生倡导建立了马克思主义哲学史学科。他在国内马克思主义哲学史的研究方面做了大量开拓性工作。1987年,由黄先生与施德福、宋一秀主编的《马克思主义哲学史》三卷本计120万字付梓,这是学习马克思主义哲学的必读书,该著作获得1991年国家优秀教材奖。1996年,由黄先生与庄福龄、林利教授主编的《马克思主义哲学史》八卷本400余万字,历时13年完成并出版,它不仅是中国最权威、最全面地研究马克思主义哲学发展史的巨著,而且是世界上最大规模的系统研究马克思主义哲学史的巨作。这部著作先后获得国家"五个一工程"奖、吴玉章奖、首届国家哲学社会科学基金项目优秀成果一等奖。1992年,黄先生受国家教委委托,主持制订了马克思主义哲学史教学大纲,主编了《马克思主义哲学史》一卷本,被确定为国家级重点教材。此外,他还承担了《中国大百科全书》哲学卷马克思主义哲学史学科的主编工作,创办了中国马克思主义哲学史学会,通过这些工作有效地确立了马克思主义哲学史在中国的学科地位,使之成为一门独立的分支学科。

黄先生全面推进了马克思主义哲学原理研究。黄先生坚持和发展马克思主义哲学,致力于建构马克思主义哲学新形态。他经过多年潜心研究,提出了科学系统的哲学观,澄清了人们对哲学基本原理的一些模糊认识,致力于使哲学科学化,推动了马克思主义哲学新体系的构建。1994年出版的《马克思主义哲学原理》一书系统地阐释了他的研究成果,提出了马克思主义哲学体系由世界观、历史观、人学、认识论、价值论、方法论六部分组成,总称为辩证唯物主义。

黄先生积极开创了马克思主义人学学科。上世纪80年代起,黄先生为打破传统哲学"见物不见人"的人学空场，探索并开展马克思主义人学学科的建设。自上世纪 90 年代开始，在黄先生的带领下，北京大学组建了人学研究中心，成立了"中国人学研究会"，召开了人学学术研讨会，出版了《人学词典》、《人学的足迹》、《人学原理》等著作。"从最初的'人性、异化和人道主义'大讨论到相对独立的人学学科建设，从有关人和人性的核心范畴界定到人本身的基本理论研究，从对主体性及其原则的科学论说到人学基本框架的严密设计，他都倾注了极大的研究热情。"❶黄先生不仅是中国人学研究的开拓者和先行者，而且在中国人学界树立了马克思主义的旗帜。

黄先生在文化研究方面贡献卓著。随着中国改革开放进程与社会主义市场经济的发展，文化的重要性与问题日益突出。黄先生以哲学家的使命感敏锐地关注国际国内文化发展，他对社会主义市场经济条件下中国特色社会主义的文化进行了持续研究，发表了许多研究成果，尤以 1999 年出版的《有中国特色社会主义文化研究》为代表。此书以马克思主义为指导，致力于马克思主义中国化，重点研究中国文化现代化与中国特色社会主义文化建设，以及全球化背景下中国文化创新问题。书中所关注的问题都是我们今天必须面对且需持久深入思考的重大问题，具有广泛的影响力。

先生晚年思想活跃，笔耕不缀，硕果频出。从 2001 年开始，他大力倡导哲学理论创新，对马克思主义哲学体系创新提出了独到见解。他于 2011 年推出的三卷本著作《马克思主义哲学创新研究》是中国马克思主义哲学研究最新的重要成果，深刻地为"创新哲学、改变世界"的马克思主义哲学精神作了阐释。在先生 90 岁寿诞之际，由他领膺的北京大学马克思主义哲学研究中心正式成立，先生在马克思主义哲学创新的道路上越走越宽广。

恩格斯曾经说过："即使只是在一个单独的历史事例上发展唯物主义的观点，也是一项要求多年冷静钻研的科学工作，因为很明显，在这里只说空话是无济于事的，只有靠大量的、批判地审查过的、充分地掌握了的历史资料，才能解决这样的任务。"❷黄先生正是用自己多年的实践诠释了经典作家的这一思

---

❶《黄枬森：哲学之路即人生之路》，载《中国教育报》2012 年 1 月 13 日。
❷《马克思恩格斯选集》第 2 卷，人民出版社 1995 年版，第 39 页。

想,他通过自己持续不间断的创新性努力使马克思主义哲学在中国现代思想文化体系中璀璨夺目。他在以上几大领域内成就的取得,都是他多年勤奋钻研、淡泊名利、甘坐冷板凳的结晶,在此过程中也陶铸了他朴实无华、宽厚仁慈的性格特质。许多人即使在某个领域有所成就亦可为人称道或沾沾自喜,难能可贵的是,即使在上述诸多领域都作出了独创性、开拓性、奠基者、领路人的卓越成就,但是先生仍然认为,他并没有所谓自己的哲学思想体系,这就是一个哲学家虚怀若谷的胸怀。

"道德文章千古事"。先生文如其人,气自沉静高华。与先生的几次交往,深深地感受到先生高尚的人格魅力与道德境界。"大音希声,大象无形",先生的道德修养已然深入生命,其一举一动便自然天成地流露出"海纳百川"的崇高境界,常令与其交往的人自然而然地产生"润物细无声"的精神净化。先生为人风光霁月,坦然真诚,温良如玉,也在学术界赢得了"三宽先生"、"一品好人"的美誉。黄先生高尚的道德修养和实事求是的马克思主义学风实为后人楷模,值得我们深入学习。

首先,严谨求实的学风。黄先生一生著述等身,而他的著作都是历经岁月沉淀的结晶,有的是 10 年磨一剑,甚至是 20 年磨一剑的成果。黄先生常对人讲,做学问要拿出证据。他从不说白话和空话,从不信口开河。他的任何研究成果都是建立在他独立认真研究,建立在大量文献资料和缜密逻辑论证的基础之上,经得起任何考验和推敲,这与当前学术界的浮躁之气截然不同,他始终传递正能量,是学术界公认的权威和大家。他用自己的身体力行教导着自己的学生,也影响着一代代学子。

其次,持久坚定的信念。黄先生对真理的执著追求永无止境。他一生致力于哲学研究,致力于哲学的科学化,他在任何公开场合都不吝于阐述自己的学术观点,因为"共产党人不屑于隐瞒自己的观点和意图"[1]。他用自己 60 多年的大量研究成果有力地推动了中国马克思主义哲学发展和创新。先生的开创性努力、创新性思维都是对马克思哲学精神的最好传承,他不断超越自我,不断开

---

[1] 《马克思恩格斯文集》第 2 卷,人民出版社 2009 年版,第 66 页。

拓，使哲学的发展与时代的进步获得更好的契合。在此过程中，他也不断突破自我，带领同仁不断开拓新的研究领域，推动马克思主义哲学的中国化和时代化。

再次，谦和敦厚的胸怀。黄先生的好脾气是学术圈内大家一致公认和推崇的。他的宽厚和涵养不仅表现在他对待不同的学术观点，甚至是尖锐的意见从来都是泰然处之，从不随便批评别人，只有理有据地陈述自己的学术观点；而且表现在他从不搞小圈子、小派别，从不用自己的学术权威强加于人。他对待自己的学生像慈父一样关怀备至，对待不熟识的学者后辈亦是如师益友，从不吝于指点，有求必应。

第四，坚忍不拔的毅力。先生在高岁之年，常要承受病痛的折磨，他都能坦然面对，默默忍受，从不抱怨。更令人钦佩的是，先生以病体之躯，不以为忤，仍是满怀热忱地投入自己的事业之中，无论是作为马克思主义理论研究和建设工程的资深委员参与新世纪的教材建设，还是承担数项国家级课题研究项目，亦或是领衔建立北京大学马克思主义创新基地，他都在持续开拓新的事业，为中国的思想理论建设、大学学科建设和人才培养作出持久的贡献。

近些年来，先生虽然年事已高，但从未淡出过学术界和学术研究，在近几年的学术会议上还常能聆听到先生的高言。我最后一次看见先生是在北京大学哲学系的百年庆典，先生被授予北京大学哲学教育终身成就奖，这是先生一生教书育人、桃李满天下的写照。先生用生命书写哲学，哲学已然融入生命，安身立命之处又随遇而安，堪为一代宗师。

哲人已逝，思想永存！

（李百玲，哲学博士，中央编译局马克思主义研究部副研究员）

寄往天国的卡片

王晓红

2013年1月24日20时35分,一颗伟大的心脏停止了跳动,被誉为"中国哲学界一面旗帜"的黄枬森先生永远地离开了我们。这确实是我们学术界和教育界的重大损失。对于我而言,因为有幸成为北京大学哲学系王东老师的博士,也因而有幸成为了黄先生的徒孙。下面,谨通过追忆与先生不多的几次接触,来表达我对先生的深深缅怀和无限敬意。

因着王东老师以及我的硕士导师韩民青研究员的引荐,我与黄先生有过两次面对面的交流,得以亲沐其恩泽。

第一次是2005年的冬天,也是我刚来到北京大学不久,我的硕士导师、时任山东社会科学院副院长的韩民青研究员嘱我通过王东老师介绍时任《东岳论丛》主编的路士勋和副主编翁惠明拜见黄先生,韩老师本人与黄先生在90年代的时候也有很多的交往与合作,共同编写出版了《人学原理》,之后一直有联系。

那是一个初冬的早晨,太阳刚刚出来,雾气还没有完全散掉,空气中散发着清冷但很好闻的味道。在王东老师的引领下,我们一行四人来到了位于北大朗润园黄先生的家中。先生热情地接待了我们,当时已是84岁高龄的他,精神矍铄,思维灵敏清晰。《东岳论丛》的两位主编与先生进行了亲切的交流,并请先生不吝赐稿。王东老师为我做了引荐,只记得当时我紧张得要命,感觉与大师如此近距离的接触真是三生有幸,生怕自己的言行举止有什么不妥当的地方。先生觉察到了我的紧张和不安,他微笑着凝视着我,用很是亲切的话语询问我的情况,并嘱我好好完成学业。时至今日,我仍然记得先生的那双睿智而不乏慈祥的眼睛。

第二次是第一次见面后不久,我的硕士导师韩民青老师出版了新的著作,托我送给黄先生。天气已入深冬,阳光虽然很明媚,但是凛冽的寒风让人稍有不适。在去往先生家里的路上,我的心情激动澎湃,没想到这么快又有机会见到先生,感觉到周围的一切都是那么美好,连口中呼出的白气都是美妙的。先生一如既往的亲切,他托我对我的硕士导师转达谢意,对于我本人也表示了感谢,并热情邀请我有时间去他家里坐坐。在先生家里待的时间虽然很短,但是先生的谦和、宽厚和淡泊,让我为之深深感怀和敬仰。

　　之后不久,先生托我的师兄单提平转交给了我一本他刚刚出版的新书《哲学的科学之路——马克思主义哲学的科学体系研究》。在书的扉页上,先生写道:"王晓红同志指正!黄枬森 2005.12.6"。收到书时候的心情,我现在仍无法描述。我只不过是北大哲学系学子当中的普通一员,因为导师的缘故才与先生有了短暂的接触,先生竟然赠书给我,且如此谦和地请我"指正"。"治学宽广,待人宽厚,脾气宽和"的三宽先生,确实是名副其实,令人感佩。

　　在北大读书的四年时间里,我也曾多次参加学术研讨会,聆听黄先生的真知灼见。黄先生无论规模多小的研讨会,都会参加,他就像个"小学生"(王东老师语)一样,勤奋学习,总是能发现新问题,敢于突破和创新。先生科学、严谨、求实的治学精神一直激励着我,令我不敢懈怠,努力保持刻苦钻研的精神,为教育事业作出自己应有的贡献。

　　2005年之后的每个新年来临之际,我都会寄给黄先生一张小小的贺卡,以表敬意和祝福。在北大读书的时候,我是直接把贺卡放进先生的信箱的。还记得,先生的信箱是在北大哲学系一楼最东头南侧,每次把卡片放进信箱的那一刻,我都会祈祷先生健康长寿,都感觉自己与先生有了心灵的沟通,得到了先生的教诲和指引。后来工作了,我也有幸成为了一名高校教师,每逢新年我仍会通过邮局将贺卡寄给黄先生。虽然不知道先生是否收到卡片,如果收到是怎样的心情,也不知道先生是否还记得那个与他有过两次短暂沟通的年轻人,但我依然很是幸福地每年寄送着。

　　如今,先生走了,不知身在天国的先生是否还在进行着自己的研究和创作。以后每到新年,我仍会寄给先生卡片,用心寄往天国的卡片上会写满学生的追忆、思念以及对自己的要求，这也是先生对年轻人的教诲："要学会独立思考，不追风，不赶时髦，特别不要抱着功利主义的心态去学习、生活和工作。做研究时要讲求'理论良心'，实事求是，不要花枪，不搞花架子，不哗众取宠，更不能作假，不能剽窃。"

黄先生，一路走好！我们一定会追随您曾经的脚步，继续前进！

（王晓红，哲学博士，中央民族大学马克思主义学院副教授）

追忆黄枏森先生

赵玉兰

从 2006 年考取北大哲学系马克思主义哲学专业博士生以来，黄枏森先生的名字便会经常地出现在我的耳际。说来也荣幸，我的导师王东教授是黄先生培养的第一名博士（也是我国马克思主义哲学专业的第一名博士），与先生情同父子。王老师时常在我们的学术共同体活动中提及黄先生的为学与为人，言语间充满了对恩师的倾慕与敬仰。我们这些后辈学子在为导师的深情讲述感染的同时，亦为黄先生的学识、人品所深深折服，甚至暗自遗憾没能早入北大、亲耳聆听黄先生的教诲。

尽管是黄先生的嫡系徒孙，可是作为一名晚辈，大多数时候我也只是在一些学术活动中远远地观望黄先生，看着他宽和而温暖的微笑，听着他谦逊却坚定的发言，感叹先生在耄耋之年依然身体硬朗、耳聪目明、才思敏捷。一直以来，黄先生于我而言都是一位高高在上、遥不可及的老前辈，我只能在远处默默地仰望他，不求能够接近半分。然而有幸的是，2011 年下半年我有了一次同黄先生近距离接触的机会。

2011 年 8 月，黄先生主编的《马克思主义哲学创新研究》四卷本出版，这可谓是学界的一件盛事。8 月 26 日，北京大学英杰交流中心举行了该书的出版座谈会，国内学界近百位知名学者参加了此次会议，并在会上进行了热烈的讨论与交流。会后，我受命负责会议的录音整理以及综述的写作。9 月下旬，在完成了这两项任务后，我询问王老师，是否需要由他把这些材料转交给黄先生审阅。王老师说，你可以直接把材料送到黄老师家，我会提前跟他说一声。我听后，既激动又紧张。激动的是，终于有机会和我崇敬的师爷爷直接交流了；紧张的是，自己毕竟是晚辈后学，在黄先生那样的大人物面前，该如何举手投足呢？王老师看出了我的心思，笑着说：你不要紧张，黄老师对人是特别好的！

9月29日上午九点左右，我怀着激动的心情给黄先生打了个电话。在电话中，我问先生何时方便，我把会议记录与综述送到他家里。先生说，他每天早上九点左右都方便，让我不妨次日早晨给他送过去。我一听，犹豫了一下。因为我家住在通州，离北大比较远。若是早上前往北大，很难保证能够按时到达。于是，我跟黄先生说，好的，不过我可能会晚到一点，因为家离得稍远些。黄先生便问我，你家住哪里，我说在通州。黄先生说，那可挺远的，若是单为这件事跑一趟北大，不值得。你可以先把综述的电子版发给我，等有事到学校的时候，再顺便把会议记录给我送来，不必专门跑一趟。我听了非常感动，没想到黄先生如此平易近人，处处替人着想。同时，我又后悔自己真是多嘴，为什么要说住在通州、可能迟到之类的话呢？我一个年轻人，早点起床早点出发不就能够按时到了吗？还让先生操心这些琐事。于是，我连忙回答说，没关系，我本来也要去学校办事。那我就按您的意思，先把综述的电子版发过去，明天早上再把会议记录给您送过去。黄老师说好，然后告诉了我他的邮箱地址，便结束了通话。

放下电话，回想着方才对话的内容，我心里一阵温暖。王老师说得没错，黄先生对人真是好啊，他是那么大的一位大家，却如此亲切和蔼，真是让人心生敬意啊！正想着，手机响了，接起来一听，原来是黄先生。先生说，他考虑了一下，为了避免我早晨赶车辛苦，若是我方便，当天下午也可以给他送材料。他下午三点左右有空。我听了，又是一阵感动。这个时间对我来说确实更方便些。于是，我连声说好。

下午三点左右，我到达了北大朗润园。黄先生家的地址是王老师告诉我的，比较好找。我按了门铃，黄先生开了门，热情地让我进去。坐下后，我把材料交给黄先生。他接过来，并没有看，而是询问我的情况。我便跟他简单地说了自己出国留学以及留人大工作的情况。老先生连声说好，并让我把外语和专业都抓起来。我跟先生说，会议记录和综述中有不当的地方请他提意见，我来修改。他说好。我又说，文中他的名字我都打成了"黄楠森"，而不是"黄枬森"，因为五笔输入法中没有找到这个字。黄先生笑着说，没关系的，两个都可以，只是他用"枬"字多一些。说话间，他起身走到书架前，抽出一本书，对我说："这是我新出的一本书，送给你。"我接过来一看，是黄先生著的《人学的科学之路》，2011年3月刚刚出版。翻看了几页后，我说："黄老师，您给我签个名吧。"黄老师像想起来什么似的连忙说好。于是，他拿了支笔，打开扉页，开始写。我在旁边看着。只见他写下"赵玉兰同志"几个字，便顿住了，好像在思考什么。我猜，他可能在想是写"留念"还是什么别的话。几秒后，他继续写了下去，我一看，他直接署了自己的名字"黄枬森赠，2011年9月29日"。然后，他递给我，说："可以吗？"我一看，他写的正是：

赵玉兰同志

黄枬森赠

2011年9月29日

我不由地笑了，说好，好。之后，我又同黄先生简单地聊了几句，便告别离开了。回家后，我又仔细地看了看黄先生题的字，然后把他的书端端正正地摆在了书架上。

在把综述材料交给黄先生的几天后，我一直都没有收到他的回复。我想，先生年纪大了，事务又多，可能无暇顾及这些小事吧。于是我考虑，要不要把它们交给我的导师来审校一下。然而，又过了几天，也就是10月15日上午，黄先生给我打来电话。他说，他把综述的修改稿发给我了，让我上网查一下。并且说，他把文章的第四部分删掉了，新加了一部分，让我看看是否合适。我说行。之后，他又说，建议我把文中的"先生"两字去掉，直接把他称呼为黄枬森。我说，黄老师，这篇文章是我写的，当然要把您称呼为"先生"了，还是保留吧。黄先生呵呵笑了，没说行，也没说不行。

挂了电话，我打开邮箱，看到里面果然有一封黄先生刚刚发来的邮件。打开附件里的修改稿，我仔细一看，不由得又对黄先生增加了一分敬意。原来，我在综述中写了四部分内容：第一，《马克思主义哲学创新研究》这套著作的内容；第二，黄先生在出版座谈会上的发言；第三，与会学者关于该书对马哲体系的构建与创新方面的高度评价；第四，与会学者对黄先生精神的阐释。而在修改稿中，黄先生把第四部分有关他个人学术精神的内容全部删掉了，代之以"这套书的不足和需要进一步研究的问题"。虽然写的会议综述不多，但是就我个人的认识而言，大部分会议综述都是只讲好的，不讲坏的，只谈重大意义，不谈批评建议。而黄先生却本着实事求是、诚实严谨的治学精神，把会议中相关学者专家的中肯建议和意见单辟一个部分原原本本地列了出来，实在让人肃然起敬。话说回来，关于黄枬森精神的那一部分本是我个人最想写也写得最顺畅的部分，因为在整个出版座谈会中，几乎每位学者都会谈到黄先生在为人为学方面的事例、小故事，对他的学识、学风充满了景仰之情。在我看来，这些内容远比一些官话、套话更为实在，也更能表达学界同仁对黄先生发自内心的崇敬。然而，黄先生却把这部分毫不客气地完全删除了。显然，黄先生想要的是推进学术、推进讨论，而不是为自己大唱赞歌。可以说，从黄老师的修改稿中，我看到了老先生淡泊名利、追求真理的执著严谨的科学精神。

遗憾的是，这篇由我起草、黄先生修改的会议综述后来并没有发表，因此，它同黄先生赠与我的那部著作一道成为我手中仅有的来自黄先生本人的珍贵文献。在之后的日子里，由于工作的繁忙，再加上女儿的出世，我未能有时间去联系黄先生，也未能再见他一面。本来想，在今年春节的时候让王老师带着我去拜会先生，而今，这一想法只能成为永生不能实现的憾事。

黄先生已然驾鹤西去，而他毕生所致力于的马克思主义哲学大业如今正处于关键的发展时期。作为他的晚生后辈，直系徒孙，我愿把无尽的难过与遗憾化为绵绵不绝的动力，全身心地投入到我国马克思主义哲学大业的建设之中，也算是告慰黄先生的在天之灵！

黄先生千古！

（赵玉兰，哲学博士，中国人民大学马克思主义学院副教授）

我与黄枬森先生交往中
不可思议的两次因缘

岑孝清

　　我所景仰的哲学家黄枬森先生于 2013 年 1 月 24 日逝世了。就在此约一年前，即 2012 年 2 月 8 日，我收到先生 2 月 6 日从北京发出的特快专递，里面是先生给我一份项目申请书的推荐信，信中写到："岑孝清与我有十几年的交往，经历坎坷，学习研究十分刻苦，终于有成，打下了比较坚实的学术功底和哲学基础。"那时我流泪了，许多天里心情都没能平静下来。是的，我与先生的交往确有殊胜因缘和独特意义。

　　1989 年，高中时，我产生了解决三个问题的梦想：宇宙是什么？何以会有日月变换和春秋荣枯？社会是什么？何以会有盛衰兴废和贫富差距？人是什么？何以会有生死予夺和悲欢离合？随即，在自觉的阅读中，以为这三个问题是由哲学解决的，于是立志成为哲学家，并愿意为此终身孤寂求索。这个梦想一直左右着我。

　　1999 年 12 月 12 日至 2001 年 12 月 12 日，我在佛学研究所学习，本意是钻研佛教哲学。期间，2001 年 4 月初，张岱年先生 92 华诞前夕，我因景仰张先生，于是冒昧给黄枬森先生写了封信，并给黄先生汇去 92 元钱，说希望代为买一束鲜花向张先生问候：生日快乐。4 月 25 日，我收到黄先生 4 月 23 日从北京汇回的 92 元钱，汇款单的附言说："我年事已高，无力代劳，原款退回。收到后回一电话：010-62752319。"我一下子才意识到自己的幼稚和唐突！三天后我给黄先生回电话，很内疚地向先生道歉，然而先生没有丝毫责备之意，问到的是我的学习情况，先生的声音是那么亲切淳和，我流泪了。当时，先生已近杖朝之年！至今，我仍然为那一幼稚举动而羞愧。此前，我从没见过先生，更没有交往，只在陈志尚教授那里听说过先生，知道先生是陈教授的老师，而对于先生的思想的印象也只存在于肖前教授主编的《辩证唯物主义原理》中。后来，到11月底，在陈志尚教授的帮助下，我前往北京大学参加了"21世纪马克思主义哲学创新暨黄枬森教授八十华诞"学术研讨会。我第一次登门拜访了黄先生，得到先生的鼓励。那天，除了荣幸与先生留影外，还和先生的夫人刘苏老前辈合影了。记得刘老前辈总是笑盈盈的，很慈祥，我犹如在亲人身边一样温暖和幸福。直到后来我读到了出版的《我们心中的任继愈》（2010年4月）中的文章时，才知道刘老前辈曾经长期担任过任继愈先生的学术助手，随即还知道是她整理了任先生1982—1985年在北京大学哲学系宗教学专业课上的讲课录音，也就是后来出版的《任继愈宗教论集》（2010年7月）中的任先生的《宗教学讲义》。读到这份讲义时，我不但有一种相见恨晚的感觉，更产生一种与黄老先生夫妇有不可思议因缘的感觉。因为，晚生我拿的是宗教学专业文凭。2001年11底的北京之行，还满足了我心中的夙愿，得以有机会登门拜访了张岱年先生。

2001年与黄老先生的这一因缘，改变了我心中中国马克思主义学者的精神形象，开启了我对马克思主义哲学的执著追求思路。此前，我头脑中所想象的"至人"、"圣人"、"智者"、"觉者"、"哲人"、"境界者"之类的形象，以及对于哲学的那种朦胧感知，都只出现在中国传统思想的文化境域中，出现在西方思想的文化境域中。此后，我自觉地逐步地树立起了马克思主义的哲学观。在往后的日子里，我从先生的言行和著述中受到的鼓舞和得到的启发就很多了。其中，给我的思想带来飞跃的一次因缘也是因为听了先生的讲课。那是2007年暑假，我参加了"第三届全国人学师资高级培训班"后面几天的课，曾听先生在课堂上讲到这样一个意思：我们应当注意刚出版的《钱学森书信》，钱老关于现代科学技术体系的思想对我们马克思主义哲学体系建设，以及人学思想的发展应当是很有启发的。先生的这个意思我一直记着，2009年我博士毕业参加工作后不久，便买来了《钱学森书信选》（2008年6月），通过阅读，我的思想提高到了科学性的层面。

2001年以后，我就没有登门拜访过黄先生了。因为我总有这么一个想法，我的事再大在先生那里也只是小事,先生已经是耄耋之年了,老人家的时间应当属于重要的国家大事,老人家的精力应当属于研精覃思的哲学创新。只是,不由自主地,我常常会在心中以宗教信徒般的虔诚礼拜着先生。每年 11 月 29 日,我都会给先生的家里打电话,祝老人家生日快乐,直到 2010 年。而平时,每过几天,我总会到网络上搜索先生的行踪。先生一有新作,我都会很欣喜,第一时间买来或找来,如获至宝,随时翻阅,如《更完整严密构建马克思主义哲学体系的必要性与可行性》(2007)、《人学的科学之路》(2011 年 3 月)、《黄枬森文集》(2011 年 11 月)。先生是中国人学学会的名誉会长,先生出席的会议,能去时我是不会落下的,带着朝圣般的心情。在会上,我能见到先生身影,能听到先生说话,能向先生打招呼。记得最愉悦的心情是一次在北大开完一个小型学术研讨会后,自己单独推着轮椅上的先生前往餐厅的短暂时光。我感觉到,自己心中对先生及先生科学世界的这种如同宗教般虔诚的信念,在当下的现实生活和工作中不能少,否则自己定会倒下。于是,我有意识地去呵护和巩固自己的这种信念,这就是我 2012 年申请一项青年课题的主要原因。由于课题学术的相关和重要,于是我想找黄先生为推荐人。心中确是很犹豫的,先生时过年迈呀!2 月 4 日,我还是把课题申请书发到了先生的电子邮箱里。2 月 5 日给先生打了电话,先生说这些天没能看邮件,等查阅邮件后再与我联系。第二天,先生就给我回了电话,说可以给我写推荐信并用特快寄来,叫我不必到北京家里来了,那样会给我添麻烦和有路费负担。但是,我怎能失去这样一次面见先生的机会呢?我无论如何是要见先生一面的!接到特快专递后的第二天,我仍然飞到了北京。2 月 10 日,我到了先生的家里,这是我第二次登门拜访先生!先生的精神看起来不错,我心中乐观地想,先生当可寿臻期颐。先生问起了我的生活,认真地与我谈起钱学森院士的现代科学技术体系和大成智慧思想,还有他近期给上海交大一个会议写的论文。说着说着,陈志尚教授打来电话,说是找我。我知道,我得赶快告别先生,陈教授曾提醒过我,先生近来身体不好!我记得自己是带着一些哲学问题去的,但在听先生说话的过程中,我竟然感悟到了心中那些问题的答案。也许,在智者身上产生的如沐春风的气氛中,人是很容易开悟的吧;在由智者创造的一箪食而不改其乐的精神家园里,蒙昧者的心灵是容易开化的吧。这些,就是佛家所说的不可思议因缘?这是我最后一次见到先生!

后来知道课题没得到立项时,我倒不觉得意外,因为自己的学术条件有限。只是犹豫着要不要打个电话,告诉先生一下,但又想这不过是小事,何必打扰先生。还想,找机会再见先生一面,亲耳聆听先生关于哲学研究对象问题的见解,而不是什么所谓的课题。电话便一直没打,这样做是不是没有尊重先生?我为此自责着。如今,这一愿望再也不能实现了!这一心迹也不能在先生面前表白了!先生去世后,我看到了先生家人的一些回忆文字,才知道2012年元旦的第二天起,先生就重病缠身。由此,我在想,是什么样不可思议的因缘,使得这位年近92岁高龄的老人,为着一个无名的年轻人,面对电脑屏幕,打开邮件,写下了近350字的推荐信。而且将信件打印出来,签上字,再用大信封装上,在封面上整整齐齐地写了地址、邮编、姓名、手机号、落款等所有收件人和发件人的详细信息;最后,将这个大信封装到中国邮政的特快专递信封里;而且,我看得出来,特快专递信封上的字迹也是先生写的!我还想,又是什么样的一种不可思议因缘,使得这位德高望重的哲学界前辈,在顽强地将生命的最后余力献给创建北京大学马克思主义哲学学科的宝贵时间里,还要接见一位默默无闻的少数民族后生!这一切,真的是不可思议么?!

初次见先生时,先生为我写下了"锲而不舍,必有所成"。最后一次见先生时,先生为我写下了"继续努力,必有大成"。我想,在先生的交往中,一定有许许多多的人,得到过先生如同对我这样的关心和帮助,得到过先生如同对我这样的鼓励和鞭策,先生就是这样平常、朴实、自然地践行着"助人为乐、与人为善"的古训。先生举起马克思主义哲学科学化的旗帜,开创着哲学科学化的道路,并为此殚精竭虑,默默奉献,油干灯灭,先生就是这样塑造了一种"哲人无己"的当代哲学家精神。这些,就是那所谓的不可思议之因缘吧。

若干年前,苏联《共产党人》杂志曾指出,"通过黄枬森教授和其他一些人的努力,实际上在中国学界形成了一个探索列宁辩证法思想的完整学派。"今天,我想,先生在中国开创的哲学科学化道路,不仅有中国意义,也当有世界意义。高山仰止,景行行止。先生亲笔留给晚生的文字是可数的,有限的。然而，先生留给后学的哲学和精神却是不可数的，无限的。先生的文字，将永远鼓舞着我，激励着我，鞭策着我。先生的哲学和精神，将永远是我创造哲学社会科学知识的财富和力量。

（岑孝清，布依族，浙江师范大学学者）

我主要是在那里沉思*

——黄枬森教授问学访谈记

钟永新

【笔者按】 黄枬森（1921.11.29～2013.01.24），四川省富顺县人，1942年毕业于四川省自贡市蜀光中学，曾就读于西南联大物理系、哲学系，当代著名哲学家、哲学史家、哲学教育家，中国马克思主义哲学史学科和人学学科的开创者，北京大学资深教授，2012年获得"北京大学哲学教育终身成就奖"。

为表达对黄老的纪念追思，特整理完成黄枬森教晚年里，接受的来自故乡的文化学术访谈，是为《黄枬森教授问学访谈记》。

拜访北京大学黄枬森教授谈话录

时间：2012年8月21日

地点：北京大学朗润园黄枬森家中

访者：钟永新

关于故乡关于蜀光

钟永新：黄教授好，这是我在《中国社会科学报》上写的自贡会馆系列，请您惠存指正。

黄枬森：好，我看过社科报，你给的还是今年新的啊。

钟永新：最近好久回过自贡？

黄枬森：我都好几年没有回过四川了，自贡以前回去的时候多些，最近大概2003年回去过，蜀光有年办校庆邀请我，我也没有去成，那个时候我还跑得

---

* 本谈话录黄枬森教授未审阅。

动就比较忙，也是到处跑，现在呢，倒是比较闲了，但我又跑不动了，没办法，哎！

有个《天下自贡人》不知道你看过没有？分上下集，上集是讲的我的过去，下集讲的是我的现在，包括我的学生对我的介绍。

我想问下，你的专业是什么，学的是什么？

钟永新：我的专业是美术设计。

黄枬森：那你会画画吗？

钟永新：会画一些。

黄枬森：那你现在改行了？

钟永新：没有，我在社科网做美术设计，然后呢，爱好读书，喜欢文化，就选些我尊重的老先生和名学者访谈。

黄枬森：你是自贡哪的人呀？

钟永新：我是从湖北麻城移民到四川自流井的，祖居大来井，现在沿滩。

黄枬森：哦，我夫人就是自贡市区的人，住在灯杆坝，一会儿留下你的联系方式，我会抄在本子上。

钟永新：最近还参与北京蜀光校友会的活动吗？《蜀光人物》(四)正在征稿，能否写下您？

黄枬森：现在少出去，因为天气热，行动比较困难，这是矮楼，没有电梯，想上楼下楼都比较困难，现在一般的会，我都不怎么参加了。蜀光校友会过去我是一直参加的，这两年我也不参加了。你参加过校友会没有？《校友通讯录》上有没得你的名字啊？

钟永新：没有我的名字，我只是在蜀光补习过。

黄枬森：哦，只要是在蜀光工作过、学习过都算是校友。北京的校友会办了快30年，现在是谭志君在负责，以前是易明初，再以前就是张思敬，再之前是我。我是第一届会长，创立的时候我做了几年的会长，后来大家推选张思敬当会长，张思敬当得比较长，易明初也很长，谭志君是最近一两年，还比较短。你也可以参加校友会嘛，《蜀光人物》上可能我的文章最多了（呵呵）。校友会的活动我现在参加不了了，但我和校友会经常有联系。

您可以写下我的最新研究成果，电视台来采播的都好几个，还有些报纸、杂志，我女儿的电脑里都有，你需要什么，我可以叫她传些给你，人民网有我的专栏，有些书上都有，我的文章大部分在网上都可以看见。《蜀光人物》过去介绍过我，所以再写的话，这个最新成果可能还没有写过。专栏上面也登些比较短有普遍性的文章，如关于四川地震的思考，但去年那本书没有采用。这套新书，我这里没有现成的，我们系里还有，我给他们说了再拿几部过来，还没有拿来，我这里的都送完了，就不能送给你了。

钟永新：今年 5 月我去宜宾学院四川思想家研究中心开会，您做过《思想家》的主编，请问还记得这个思想家中心吗？

黄枬森：我最近没跟他们联系了，但我把我所有出版、主编的书都送他们了，这个研究中心现在主要的任务是搜集四川历代思想家的著作，有本《思想家》杂志，前两期我还是主编，给他们写了序言,后来跟我联系的同志调走了。他们开成立大会，希望我去，我倒是想去，但没去成，想别的时间去，那里有个唐君毅研究所，是以此为基础就扩大了影响。

关于哲学关于创新

钟永新：能否介绍一下您哲学研究的最新成果？

黄枬森：去年不知道你注意到没有，我有个成果出版，你们有个社科报记者叫陈静，是第一个来报道的，就这本书采访过我，后来《人民日报》《光明日报》《中国教育报》都来采访过，我广泛地谈了下我的经历和一些看法。这个成果叫《马克思主义哲学创新研究》，一共五本书，整个项目是我主持，最主要的那本由我主编，以前没有出过。这个项目搞了 10 年，后来还开了次研讨会。全书的篇幅比较大，有二三百万字，一共四部五本，我这本将近一百万字，书名叫《马克思主义哲学体系的当代构建》。第二本是《时代精神与马克思主义哲学创新》，由北京大学王东教授主编，王东是我的第一个博士研究生，现在也退休了；第三本是《现代科学技术与马克思主义哲学创新》，由清华大学曾国屏教授主编，他是搞自然辩证法的；第四本是《中西哲学的当代研究与马克思主义哲学创新》，主编是哲学系原主任赵敦华和孙熙国教授，这三本都是讲几个重要的问题和马克思主义哲学创新的关系，我的这本《马克思主义哲学体系的当代构建》讲我所提出来的一个创新的马克思主义哲学体系，或者形态，所以书特别厚，分成两本，都是集体写的，没有讲整个书我是主编，只说了我是编委会主任。

我是用中性笔先写成纸稿，没有用电脑写作，我还没有达到那个水平，然后我女儿输入到电脑里，以前我也打一点，但很慢，人老了，就越慢，所以我就懒得打了，所以你发伊妹儿，我可以收看，但是我不会给你发伊妹儿，可以让我女儿给你发，她是个报纸编辑，全靠电脑工作，我看电脑就是伊妹儿和几个主要网站，但没有详细地看，也没有那么多时间去看。

钟永新：这么重大的成果是怎么写的？您有无什么读书秘诀？

黄枬森：我读书也没有什么秘诀，过去七八十岁的时候，我还出去跑跑，现在主要还是在那里沉思，自己在那里想，资料就是靠报纸杂志，另外有些内部资料，有别人给我的，有我自己去找的，另外有必要的时候，我叫我女儿在电脑上给我查一下。

钟永新：那请问您现在怎么安排工作时间的？

黄枬森：现在我还差不多保持每天4小时，每次只能工作1个多小时，早上工作一会儿，下午工作一会儿，晚上不工作，就完全休息了，因为晚上一工作我就打瞌睡，我们工作无非就是看书，也不是看闲书呵，不是看玩的书呵，然后就是写。

关于联大关于对话

钟永新：您当年在西南联大读书时有何师资特点，学物理的时候和杨振宁同学过么？后来参军怎么样，去打仗没有？

黄枬森：在西南联大读书的时候，师资力量是最强的，杨振宁的爸爸也是联大数学系的教授，学物理的时候，杨振宁的年龄不比我大，可能还小一点，但是我上学晚，他上学早，我有很长时间去读私塾了。我在上联大的时候，杨振宁就已经是研究生了，虽然我们的年龄差不多，可能我还比他大一点点。

参军那会儿，我的同学王蜀龙是去做了翻译，我是知识青年从军，没有打过仗，主要去学开汽车，有篇回忆录，是我女儿帮助写的，已经交给卢从义了，说准备放在《蜀光人物》第四集，专门讲的那次参军活动。

钟永新：能否回顾介绍一下 2011 年和张世英、杜维明教授进行的"中、西、马"对话？您对"和而不同"如何理解？

黄枬森：这次对话在《江海学刊》上把我们三人的发言都刊登了，三个人各谈各的，我主要还是谈马克思主义哲学。

我认为"和而不同"这个提法不很确切，孔子讲"和而不同"，有他的特殊含义，但是我说不能说"不同"，不能把"同和异"割裂。我的看法是如果没有"同"的话，也"和"不了，所以你不能说"和而不同"，"和"但是"不同"。孔子的意思原来是这样，就是不必一定让它"同"，但是也可以达到"和"，"和"就是"不同"的一种协调，他这个说法当然是对的。但是如果是一般的讲"和"，但是"不同"，没有"共同"，如果这样理解就不对了，这就牵扯到"同与异"的辩证法问题，"异"要达到"和"，还是要有"同"。所以我认为它第一个阶段是"求同存异"，"求同存异"是比较初级的，进一步要达到"和"。因为"求同存异"，那么这就可以协调"不同"，通过这个"同"来协调"不同"从而达到"和"。我过去专门有篇文章讲"同和异"的辩证关系，同时通过这个辩证关系怎么达到"和"，我认为应该这样来讲，有本杂志叫《学习与研究》，是国务院一个发展委员会的杂志，我给它写过篇文章，就讲了"同与异"的概念关系。

钟永新：2012 年是北京大学哲学系建系 100 年，请问如何看待北大的哲学 100 年？北大哲学系和西南联大哲学系有何关联？

黄枬森：北大哲学 100 年的思考，我还没有写，这个活动他们今年一直在搞，有很多学术活动和讲座都纳入系庆，10 月份还要搞个很大的纪念活动。北大哲学系的历史当然也包括西南联大哲学系了，联大当时有三个学校的哲学系，我后来到了北大，是联大解散以后，让大家任意选择，我就选了北大，像冯友兰、金岳霖到清华去了，1952 年院系调整又回到北大，后来冯友兰始终没走，一直在北大，金岳霖就到社科院去了。

关于照片关于诗歌

钟永新：墙上这几幅您的照片拍得还不错，是谁拍得啊？还有点艺术照的感觉。

黄枬森：这是我们夫妇两人在湖边上照的，是我女儿拍得，艺术照是我外孙女去年拍得，她在搞影视，所以喜欢拍得艺术些。

钟永新：墙壁上何成武老师给您写的这个诗还不错，可以拍下吗？

黄枬森：可以啊，何成武是我的连襟，是我姨妹的丈夫，四川邻水人，《自贡日报》还给他发表了。

钟永新：那他是位诗人？

黄枬森：不是，他就是喜欢凑几句而已，是个计算机研究所的所长，你看他像个诗人吗？（呵呵）

朗润园访谈小记

2012年8月夏末，我专程赴北京大学拜访故乡前辈老学者黄枬森教授，出发前特意带了若干有关自贡的文献资料。穿过静谧的朗润园，10点整，我准时来到一栋平易的北大公寓，黄老已在家等候多时，进门后，正面一排书柜营造得极富书卷气，客厅里最显眼的是黄老的一幅艺术照，以及他和夫人刘苏在湖畔椅上休憩的侧影照。

算起来我是第二次见到黄老，2010年他以近90岁高龄，在北大二教举办《马哲何以成为科学？》的学术讲座，当时我还去听过，讲座浅显，条理清楚，而后他与学生师友交谈答疑，氛围温馨亲切。

再次见到黄老，一时有点语塞，于是从他最新的科研成果谈起，黄老给我详细描述了《马克思主义哲学创新研究》丛书的由来、内容和意义所在，并谈到为何会关注此课题的研究。一位90多岁的老学者，还在主持并完成这样有开创性和思想性的理论著作真让人感叹。当我问他是如何研究时，黄老说他自己基本以沉思为主，同时每天要坚持工作大概4小时。

接着说到北京蜀光校友会往事，作为第一任会长，他负起了联络职责，并问我是否也在校友册里，我说没有，我只是在蜀光补习过。黄老说，只要在蜀光学习工作过的都应该列入，这让我颇有些感慨，昔年我只是在自贡富台山顶，在一些蜀光退休老教师举办的补习班读过，加之弟弟钟三系蜀光中学高中毕业，久闻蜀中许多趣闻轶事，也间接而知蜀光诸多历史人文传统。

而后黄老回忆了他在西南联大的读书岁月，以及当时参军的美好回忆，说这段往事已写成文章发给了《蜀光人物》编辑组。

谈到去年那场"中、西、马"对话时，黄老说，三人各谈各的，全部发言已刊登在《江海学刊》上，可以看到，然后讲述了他对"和而不同"的理解，思维极为敏捷，我反而有些跟不上。

2012年时逢有"中国哲学家的摇篮"之称的北大哲学系建系100年，在西南联大解散后黄枬森教授就选择去了北大，然后就一直在北大哲学系工作，开创了中国马哲史的研究，我也借此祝贺他在北大坚守耕耘、桃李满天下的教育贡献。

不知不觉一个多小时过去了，黄老和我既谈学术思考，又讲生活往事，包括对自贡故乡发展建设的关心，还说已把自己所有著作都捐献了一套给四川思想家研究中心，支持其资料建设，此外黄老说他对电脑新技术也不陌生，会收取伊妹儿，有时也会去浏览网站，但不会发伊妹儿。

拜访结束后，这个小记感觉没写好，始终未能完稿，黄老在电话那边表示了理解，还让我多保重身体。我有些惭愧，因为本来黄老还说，想看看做美术设计的我，会否写得有艺术感。

龙年中秋之际，我给黄老发去了个快递，装载有月饼、合影相片和自贡特产，因快递北大校内不能进去，最后由他女儿去南门取回来，黄老收到后很是高兴，还专门给我打电话表示感谢，说相片很珍贵，特别提到那袋自贡牛肉干，很开心的样子。10月我回自贡参加盐文化研讨会，其间还致电问候黄老，祝他重阳节快乐。

2013年癸巳元宵节，我又专程去北京西郊大有庄看望拜访黄老一生的挚友李公天教授，他给我详细讲述了他和黄老在自贡大山铺一起读私塾、在蜀光中学求学思考、在北京参与读书会讨论的美好岁月，表达了对好友的深深怀念，并对我的黄枬森教授访谈录提了许多宝贵意见。李公天夫人容老师还介绍说，黄老夫人刘苏在整理黄枬森日记时，发现他写的很多古典诗词，正准备整理手书出来以汇成纪念册。

回想和黄老交流的这段经历，是我人生的一次思考体验，通过拜访前辈学者，感受大家风采，也得到自己治学思考的收益，从而更有前进创新的动力。

2012年10月初稿

2013年2月定稿

（钟永新，社科网美术设计）

下 篇
大爱无疆的家国情怀

一滴泪

刘苏

2013年1月21日，枞森病情恶化，神志昏迷。我心急如焚地赶到医院——

我亲爱的枞森
　　戴着呼吸器
　　静静地紧闭双眼
　　　是沉思？
　　　还是太累在沉睡？

我坐在病床边
　　一手抚摸着你的头
　　　额头滚热
　　一手握着你的手
　　　手肿大而温软

我忍着心疼，忍着泪
　　俯在你耳边轻轻地说——
　　　枞森，我来了
　　　我看你来了
　　　我好想你啊
　　　我等你回家！
　　　我知道
　　　你很坚强
　　　你一定能战胜病魔
　　　回到你心爱的家
　　　我等你！
　　　家在等你！

我望着你，抚摸着你
　　　　你的手微微地动了
　　　　眼角溢出了
　　　　　　一滴泪
　　　　这晶莹的泪
　　　　　　宝贵的泪
　　　　蕴含了多少深情
　　　　　　多少挚爱
　　　　　　多少追求
　　　　　　多少不舍啊……

　　这滴泪
　　　　永远镌刻在我心里
　　　　　陪伴我
　　　　　温暖我
　　　　　给我生活的勇气

（刘苏，黄枬森夫人，中国社会科学院世界宗教研究所助理研究员）

永恒的时刻

——2013 年 1 月 24 日 20 时 35 分

刘苏

最最亲爱的枬森走了
 到那遥远的天边
  追寻那永无止境
  美丽崇高的梦想

最最亲爱的枬森走了
 留下那永恒的时刻
  将一生一世的幸福，欢乐，美好
  凝聚在那永不磨灭的瞬间

想念你
追随你
 到那遥远的天边
 在那美丽的梦境
 永远和你携手同在

（刘苏，黄枬森夫人，中国社会科学院世界宗教研究所助理研究员）

父亲永远活在我们心中

黄丹

今天是 2013 年春节,在举国上下合家欢乐的时刻,我更加想念我的父亲黄枬森。

昨晚,我们和妈妈一起吃年夜饭时,妈妈在父亲生前吃饭常坐的桌前也放上了一副碗筷。妈妈虽然很伤感,但她很坚强。妈妈致辞,说老爸在遥远的那边注视着我们,陪伴着我们,护卫着我们。她祝全家在新的一年里健康、平安、快乐、幸福。

这是这么多年来父亲第一次没和家人一起过年,也是大妹出国 26 年以来第一次回国内过年,但她恰恰是因父亲离开回国奔丧而回来的,其中滋味难以言表。

2012 年 12 月 28 日,父亲因心律失常(频繁出现房颤),血压很低,咳嗽,全身乏力而去住院治疗。经过几天调理,父亲已有好转。可是后来,伴着北京阴霾天气的加重,他的情况却急转直下,出现严重肺部感染而抢救无效,于 2013 年 1 月 24 日 20:35 离开我们而去。

回想起儿时我们的家,是那么温馨、幸福。虽然那时物质不是那么丰富,也时常有一些政治运动,但这并没有影响到儿时的我们,我们一家依然其乐融融。爸爸妈妈在休息的日子会带着我们去公园,去的最多的公园就是颐和园。我们在颐和园爬山、划船,夏天也在那儿游泳。当然,北大优美景色的校园,也成为我们最喜欢的"公园"。

我们还经常看电影,看话剧。北大的大饭厅、五道口工人俱乐部都是我们经常去的地方。爸爸非常爱看歌剧和舞蹈,记得我们在五道口工人俱乐部看过郭兰英主演的歌剧《小二黑结婚》，还在天桥剧场看李光曦主演的歌剧《货郎与小姐》，以及苏联功勋演员乌兰诺娃主演的芭蕾舞剧《天鹅湖》，即使演出结束乘公交车很不方便，但爸爸对观看这些演出仍乐此不疲。

爸爸还是我们三姐妹的游泳教练，虽然爸爸的泳姿不太好，但我们这些徒弟在他的传授下，都早早地学会了游泳，对于这一点，爸爸很为得意。我们学游泳的开蒙是在北大的红湖游泳池，渐渐长大以后，京密运河、颐和园都是我们经常游泳的地方。

那时，我们家的主要交通工具就是自行车。在我们小时候，爸爸有辆倒轮闸的28男车，我坐在前大梁的小座儿上，妈妈坐在后车架上，再抱着妹妹，我们一家人就这样出行。后来有了小妹，她便坐在前面，我和大妹就挤着坐在后车架上。上面这张照片，是我坐在前面，后面是邻居张伯伯的女儿。

想起儿时的我们，无论父亲多么繁忙，抑或正遭受何种压力，每晚临睡前，我们都会围在爸爸身旁，小妹坐在他的膝上，我

和大妹坐在两旁的小板凳上，听他讲《西游记》《水浒》《三国演义》……我们

的古典文学知识就是在父亲略带乡音的述说中启蒙的。

爸爸还有一个爱好,就是摄影。我们小时候的许多照片都出自父亲之手。但爸爸并没有照相机,每次出门去玩儿,爸爸就去向朋友或邻居借。上面这张照片就是他的得意之作。相反,那时他自己的照片却不太多。照了照片之后,有时他请系里的同事冲印照片,他还把洗出的照片送给亲友。

别人看到我们姐妹三人都穿得漂漂亮亮,其实,我们的许多衣服都是妈妈亲手一针一线缝制的,毛衣更是她亲手所织(这张照片就是)。妈妈是出名的巧手,能用各色旧毛线为我们编织出漂亮的毛衣。那时家里的生活并不富裕,但是爸爸妈妈仍然要把我们的生活安排得丰富多彩。

我们住的中关园的平房,每家房前都有一个挺大的院子。妈妈在院子里种了许多花,最多的是月季花,还有二月兰、玉簪花等,而爸爸却比较实惠,他种的葡萄远近闻名,每年春天把埋在土里的葡萄藤挖出来,再搭葡萄架、剪枝,都是爸爸亲历亲为,我们顶多打打下手,捆捆枝条,到夏秋葡萄成熟之时,葡萄多得我们一家都吃不完,便成为向左邻右舍的馈赠之品。而到了三年困难时期,妈妈不得不让爸爸从院子里开辟了一小块地来种庄稼。我们在里面种下了玉米、向日葵、花生,还有辣椒、小白菜、丝瓜等。秋天,收获玉米、刨花生、晒辣椒都是我们高兴干的事。

爸爸虽然工作很忙,对我们的学习却抓得很紧。我们有时有不会做的数学题,他不是直接讲这道题,而是举一反三,旁征博引,让我们避开解题过程中陷入的死胡同,从另一个角度解题。而爸爸备课、写论文却总是在晚上九点半我们睡觉以后。有时我们半夜起来时,还看见爸爸在伏案工作。

那年,营养不良的我因患麻疹导致肺炎而发起高烧,是父亲毅然卷起衣袖，伸出臂膀，让他带着抗体的鲜血流入我的身体。我上初一时，有一天下午放学时下起了大雨，我正在着急，爸爸冒着大雨给我送来了雨衣，我一看，他的衣服都被淋湿了，此时同学们都投出了羡慕的目光。还有我和妹妹在山西插队的日子，无论父亲是在北大蹲牛棚，还是在江西鲤鱼洲插秧苗，只要能够写信，那一封封饱含深情的家书，给我们混沌的日子开启了一道希望的大门。

更是在我们插队七年前途渺茫的时刻，父亲冒着冬日的严寒，因没有买到车票，在除夕夜才从北京出发，带着高中数理化课本，还有妈妈的嘱托，历时20多个小时的长途列车，又步行10余里地，来村里看望我们，给我们鼓劲。当我们知道父亲为了多给我们留下一点儿钱，不顾54岁病弱之躯而不睡卧铺时，我们心中的痛真是无以言表。

也不知为什么，我对儿时的事儿记得十分清楚，近年来的事却模糊得很，难道这是因为我也老了的缘故吗？退休以后，我又和父亲接触多了起来，我和妹妹一起帮助父亲整理书稿，录入稿件，校对文章，编辑文集。我渐渐对父亲的学术研究、教学育人方面有了一些了解。

父亲从上世纪60年代就开始了对列宁《哲学笔记》的研究，从而树立起他对《哲学笔记》研究的权威地位。在马克思主义哲学史和马克思主义人学的研究方面，他先后主编的《马克思主义哲学史》三卷本、八卷本，更具有这一学科的奠基作用。父亲还是马克思主义人学最早的研究者之一，他主编的《人学理论与历史》三卷本，为当代人权问题的研究和观念的确立提供了思想资源。特别是父亲在80岁之后，又以"十年磨一剑"的精神，带领学术团队潜心研究，编写出版了《马克思主义哲学体系的当代构建》四卷本，为真正构建起真实完整严密的马克思主义哲学的科学体系付出了艰辛的努力。父亲主编的《有中国特色社会主义文化建设研究》，对于认识文化的本质、建设中国特色社会主义文化等重大问题提出了许多建设性意见。

虽然父亲的头脑依然特别清晰，一点也不像八九十岁的耄耋老人，但父亲的脊背渐渐佝偻，身体也日趋衰弱，我时常在心里想，父亲老了，父亲难道真的老了？我不敢往下想，我害怕往下想。以至于这次父亲住院之后，他的突然病情加重，我们却一点心理准备都没有。

这是2012年11月10日我们和父亲在一起拍摄的最后一张照片，这张照片是应发小的要求而拍摄的。真要感谢他们，要不然我们的心中会更加遗憾。

在1月24日那个悲伤的日子，父亲离开了我们，离开了他眷恋的亲人、朋友、学生……离开了他孜孜探寻的真理，离开了他耿耿追求的事业，离开了他无限热爱的祖国，也离开了魂牵梦系的家乡。他离开了我们，永远离开了我们……但父亲永远活在我们心中！

2013年2月10日

（黄丹，黄枬森先生的大女儿）

清明缅怀

黄 丹

今天是清明节。以前，我对于清明节的感受并不太深。但因为今年1月24日父亲的去世，使我在这个缅怀先人的时刻彻夜难眠。昨天，参加北京大学哲学系召开的"当代中国哲学家黄枬森先生追思会"，父亲的领导、同事、同学、朋友、学生参加了追思会。大家追忆了父亲的许多往事，还有的人因为不在北京，不能亲临会场，便提前发来了追思文章。这些饱含深情的文字和语言，生动地讲述了他们心中的黄老师、黄先生，还有老黄……这许许多多的故事，有的我知道一些，但大多数都是我不曾了解、不可能知道的。尤其是父亲在学术上的追求，特别是父亲在对马克思主义哲学理论的创新方面，我更是了解得太少。现在我记录讲述父亲为人、为学、为师、为友的几段故事，以作为对父亲的怀念。

致力学术　团结共事

父亲从1983年到1996年，一直在致力于编写《马克思主义哲学史》8卷本（主编是黄枬森、庄福龄、林利）。北京出版社的编审岳民英说，这13年，她与父亲的接触最多。她说，这8卷本的编辑过程也是父亲着眼于整个马克思主义哲学史的教学科研队伍建设的过程。这套书的编者来自全国10余所大学和科研单位，总人数有五六十人。从总课题的设立，分卷内容的设定，初稿的讨论，章、回、目、节的定位，大大小小的会议开了无数次，父亲除了自己分管的部分以外，还要负责全书各卷的人员配备，以及全书的科学性、史料性、整体统一性等。全套书的每一章、每一节、每一段，甚至每个标题、每个字词、每个标点符号，父亲都仔细认真地阅读。如果发现写得不好的地方、不正确的地方，除了在统稿会上指出外，他还直接找该部分的作者修改，有时他则亲自修改。这套 8 卷本，有洋洋洒洒 430 余万字，父亲审读、阅改了 3 遍。岳民英说，她实实在在地佩服父亲的治学精神以及他的统筹协调能力和团结同志的能力。因为，要完成这样一部巨著，哪个环节都是不能出问题的。同为主编的庄福龄教授在《啃老黄》的文章里说："在学术观点上，老黄有自己的一套看法，但做主编又多方面倾听意见，善与人同，不固执己见。旗帜鲜明，总是寻找适当的表达方式，适当的话语，使多方面的同志便于接受，便于团结共事。"庄福龄说："教材建设、学科建设和理论建设是彼此联系相互渗透的。作为主要负责人之一的黄枬森同志在马克思主义传播史中的地位及其大量的成果是一定会与历史共存，永远为后人怀念的！"

这部著作成功出版，并先后获得十余个奖项，其中国家大奖有三项："五个一工程"奖、吴玉章奖金、首届国家哲学社会科学基金优秀成果一等奖。

仗义执言　书生意气

大家都说父亲是个平和平淡的人，他轻易不会发脾气，即使有了不同意见，也是在认真听取后，再循循善诱地以理服人。但如果遇到原则问题，父亲绝不会妥协、姑息。且不说反右时他会在内部会议上仗义执言，为一些言论作辩解；也不说他为了一个学有所长而政见不同的学生的工作分配而多方奔走，据理力争。这里就说他在为朋友的事情而打抱不平的一件事。

哲学系聂锦芳教授说，有一个同志原是从北大调走的，黄先生对他的业务水平十分了解。因黄先生曾攻读过"康德三大批判"著作的德文原著和英译本，深知其晦涩艰深的难度，看到这套十分难译的德文原著由这个同志与他人共同翻译出版后很高兴，但他又发现全书译本与三个单行本相关部分的译文完全一致，可署名方式却不一致的问题。后来没想到，这个译者为提携学生，从第一编译者变成了校者，导致世事难料、处境尴尬的事情发生。黄先生在给这位同志的《回眸》一书写序言时就对此事仗义执言，他说：按照一般的理解，一本译作是译者完成翻译后交校者校正，不能说"译者"和"校者"合作翻译。而此套书的译者和校者的关系自始至终是一个合译的过程，中译本是合作翻译的成果。不仅如此，从翻译过程、工作分量、作用大小来看，"校者"显然起了主要的作用。"我认为此书的署名未能反映翻译的真实过程。我还认为署名不仅是一种权利，而且是一种责任，是不能马虎从事的。"聂锦芳说，黄先生完全是出以公心才这么说的。

鞠躬尽瘁　死而后已

在生命的最后两三年，父亲不顾年迈体弱，以 90 高龄与一些同志一道创立了北京大学马克思主义哲学研究中心，并出任主任（不是虚名），这在许多人都是不可想象的事。2011 年底，他们还承担了教育部哲学社会科学研究重大委托项目《马克思主义哲学基本理论与现实问题研究》，力图让哲学基础理论研究工作掀开新的篇章。

就在中共十八大会议召开后，父亲高兴地看到，中央更加重视理论创新，十八大报告提出"全党要坚定这样的道路自信、理论自信、制度自信"，父亲认为中央精神为自己今后的学科建设指出了方向。从（2012 年）11 月 16 日起连续数天父亲都在思考十八大报告精神，他在 19 日的日记中写道："'建设哲学社会科学的理论体系'使我受到极大鼓舞，我十几年来一直在从事此事。"他不顾 92 岁高龄，亲自参加北京大学党委召开的学习十八大报告的讨论会，并在会上作了将近 45 分钟的专题发言，为马克思主义哲学的学科建设鼓与呼。

北京大学哲学系陈志尚教授与父亲共事多年，他撰文回忆了他与父亲在 2013 年元旦的一席谈话。其实，这次谈话是父亲最后一次与人长谈，可以说，也是父亲对他的工作、对他念兹在兹的马哲事业的临终遗言！父亲脑子里想的全是他的工作，他的学术研究，他还有许多未尽的事业，还有他即将进行的课题研究《马克思主义哲学观》，还有他关于自己一生的总结——未完成的手稿《我和哲学》……

在追思会上，妹妹黄萱代表我们家人发言，她本来写了回忆文章《父亲的信念为全家洒满阳光》，但在开会前一晚，父亲的学生希望她能说说父亲最后的心愿。她说：父亲一生中完成了三大工程：第一个大工程是上世纪60年代的《哲学笔记》注释和研究；第二大工程是上世纪八九十年代的《马哲史》8卷本；第三大工程是在他80岁至90岁之间，用10年时间完成了马克思主义哲学创新研究。就在我们大家都以为他会休息一下，写一写他计划多年却无暇动笔的属于他个人的哲思文章时，他却开始了另一个跋涉——北京大学马克思主义哲学学科的建设，并且为此殚精竭虑到最后一刻。

黄萱曾翻看过父亲的日记，在父亲生命的最后一年——2012年，从元旦第二天，到他重病缠身的年底，共有17篇日记直接谈到北京大学马哲中心——马哲学科建设问题，还有许多篇是关于马哲的学术思考。原本日记是很私密的文字，写日记的人并没想过要拿来公开，但是，为了准确传达父亲的心愿，妹妹选读了父亲日记中的有关部分。

从父亲的日记中可以看出，他为了北京大学马哲中心的建设，花费了很多时间、精力，其中不乏"俟河之清，人寿几何"、"深夜想及，遂致无眠"等语句，难掩焦虑、急切之情。在后半年，父亲的日记越来越多地被他的病痛占据了篇幅，可以看出，父亲一直在顽强地与疾病做着斗争，他曾在一篇日记中说："生命之火已在慢慢地逐渐熄灭，用外力使它更旺盛地燃烧起来，这不是加快消耗它的储备，使它更早地油干灯灭吗？"虽然明知如此，父亲在他生命的最后时段，仍丝毫没有犹疑彷徨，他的学生、他的同事都有一种明显的感觉，他好像更加执著，好像在追赶着什么。我们现在明白了，他是为了尽可能多一点实现他的心愿而在与死神争夺着时间。

父亲的日记感动了参加追思会的所有人，许多父亲生前的同事、朋友、学生以及中青年学者纷纷表示，要学习黄先生的精神，继承黄先生的遗志，尽忠职守，勤奋工作，不断探索，勇于创新，把黄先生开创的学科建设好，发展好。

（黄丹，黄枬森先生的大女儿）

人生满百又何为

——一个哲学家的生死观

黄频频

我的父亲黄枬森走了，在他92岁的高龄之时，永远地离开了我们。我们全家非常悲伤，尤其是我母亲悲恸欲绝。

按说父亲也算是高寿，回天乏力，我们又有何求呢？

我哭父亲，是因为我常年漂泊在外，父亲为我操碎了心。现在我的孩子大了，却是"树欲静而风不止，子欲养而亲不待"。我为他在最后的日子走得太过仓促而哀叹；我为他有太多的想法没来得及表述而遗憾；我为他已经计划而尚未开始着墨的一本有益于普通老百姓的书《生活中的哲学》胎死腹中而扼腕叹息。

也许，和我一样，除了对他的热爱、对他的眷恋，人们的伤痛还在于：就在三个月前他才出席了北大哲学系的百年庆典，在会上他端坐了三个小时；就在两个月前，他还出席了十八大研讨会，在会上曾作了长达45分钟的发言；就在一个月前他在住院后还与同事商讨研究长达几个小时。人们以常理推断，当一个人的头脑还十分清晰时，他的寿数应当未尽。可是像我父亲这样的哲人，他只能是生命不息，思考、工作不止。的确，在他入院前的最后一天，他刚刚开始《我和哲学》的写作，仅仅写了4页，成了他的绝笔。父亲的好友，美学家杨辛先生给父亲写的挽联"春蚕吐丝尽，玉锦流芳长"，是他一生最好的写照。

是啊，人们对这位九秩老学者期待太多。

在为他守灵的那一个星期，我亲眼看到他的弟子、他的学生、他的崇拜者在他的遗像前长跪不起，痛哭失声。哭拜自己的亲生父母也不过如此了，此情此景带给我的震动难以言表。看着父亲安详的遗像，我在想，一个伟大的哲学家带着满腹经纶和一生荣辱毁誉终于能够彻底地休息了。爸爸，您安息吧。

作为他的女儿，我这几十年来远离他的身边，每次见到他或在电话里，总有说不完的家常话，但是我对他又有多少真正的了解呢？

父亲生前我们从来未同他谈起过生死话题。仅有的一次还是在十年浩劫结束之后，在一次聊天时，他说到，在那是非颠倒、黑白难辨的岁月里，住在牛棚时他也曾有过生不如死的念头。他说使他坚持下来的是我们，是我们的妈妈。后来我常常想，那些年有多少邻居、多少朋友的父母不堪其辱走上绝路，有多少专家学者被迫害致死。我们家虽然像所有其他家庭一样分散到天南地北，但是毕竟我们还有一个完整的家，这是何其幸运啊！是的，在那些年代，父亲有我们是他的幸运，我们有父亲更是我们的幸运。

父亲教学研究笔耕不辍70年，一生著作等身，可以算作高产作家。除了在那个人们不能用自己的头脑思考的年代父亲违心写过批孔的文章——这却使他内心十分不安，日后做了忏悔并撰文改正——在改革开放后，父亲所作的一系列研究都是忠于他自己的思考，从未写过违心的文章。

不为人们所知的是，父亲在教学、研究、写作之余还写过六七十篇诗词，有些诗是他在外出的路上，坐在火车、汽车上写就的。在他生前曾约定由我母亲用毛笔楷书抄写，印制成册送给亲人朋友赏玩。在他走后，这件事成了我母亲克服哀伤的动力，我相信她会完成父亲的遗愿。

我央求母亲找出几篇老爸的遗诗来先睹为快，却从这几首诗中窥探到父亲的人生观与生死观。

我抄录其中两首诗如下：

1）1995年6月24日晨起偶得：

    人生满百又何为，苦辣酸甜我自知。
    书山跋涉分真假，哲海浮沉辨是非。
    中圣西贤徒古奥，马恩列毛得精微。
    终身探索全无悔，宇宙人生两有之。

2）1995年8月31日惊闻挚友刘克果病逝：

> 初闻朋辈成新鬼，不禁涕泪满襟裳。
> 再闻朋辈成新鬼，昂首望天心暗伤。
> 三闻朋辈成新鬼，庭前踯躅意彷徨。
> 多闻朋辈成新鬼，始知生死本平常。
> 人生满百终须死，莫把时光论短长。
> 历史长河难阻挡，但求无悔活一场。

从这两首诗中，我看到父亲在70多岁时已把生死看作了平常事，早已超然度外。我又从记忆的缝隙里回想起父亲曾经对我说过："人生七十古来稀，我过了七十以后活着的每一天都是赚来的。"我终于了解了父亲，在他人生的最后20年，他是以只争朝夕的精神把他的光亮撒向人间。所以他从不故步自封，在将近古稀之年还能踏进人学的新领域，引领同僚创出一片"人学"的新天地。

我父亲不可能在他的晚年享受生活，颐养天年。他早已给自己订下了远大的目标，一辈子不可能写完的书，一辈子不可能实现的计划，他是人生有涯，治学无涯。虽然他永远地离开了他深深眷恋的家庭、他的同事学生、他的书斋、他热爱的人生，但是他的精神永存。他做到了"但求无悔活一场"，他活得精彩！

亲爱的爸爸，愿您在天国永远地安息吧！

（黄频频，黄枬森先生的二女儿）

父亲的信念为全家洒满阳光

黄萱

我们家是个快乐的大家庭，一向都是三代同堂——早先是外婆、父母和我们姐妹三人，外婆去世后两年，我有了女儿，仍然是三代同堂。

四川人向来以高声大嗓著称，我们姐妹三个凑在一起总是毫无顾忌地高声谈笑，看到父亲做学问也不避讳，因为他从不因正在工作而限制我们的天性。对此父亲常常自诩他有不怕吵的特殊功力，说这本事是他当西南联大学生时在茶馆里读书练出来的。

我们的童年是充满快乐的。在我的记忆里，父亲常帮外婆和妈妈下厨，南方的炒菜，北方的面食，虽然那年月缺肉少油，他却能花样翻新让我们吃得有滋有味。父亲很会使用铁锹、钳子等工具，他会修自行车，常帮母亲侍弄花草，还手把手教我挖菜窖、绑篱笆、种小白菜、修剪葡萄藤……最大的工程是唐山地震后带着我脱土坯盖"防震棚"，这间土坯房在接下来的两三年里成了我的卧室。那时候唯一由他独自包揽的活计，是为了省钱自己绑墩布，由于是用我们穿破的袜子、秋裤绑的，不经用，几乎每个月都要打散重新绑一次。父亲五音不全，不擅长唱歌，但是却喜好体育，他教会了我们游泳、滑冰、打乒乓、下象棋、打桥牌……

多年之后回头再看，我才意识到父亲维持这个家庭的快乐有多么不容易。从我年幼时起父亲就屡遭政治打击，反右时他被剥夺党籍、剥夺讲课的权力；"文革"时他被当作"漏网右派"，抄家、陪斗、关牛棚、下干校。母亲由于受他牵连很早就失去工作，家庭的经济状况一直很窘迫，两个姐姐去农村插队后更是雪上加霜。即使在这些时期，父亲也没有唉声叹气，更没有怨天尤人，种种委屈与失意并没有被他带到生活中来。

是父亲把愁苦、怨愤隐藏起来了吗？我不这么认为。在我们家，父亲奉行的是平等、民主的精神，父母就像我们的朋友，在父母面前我们可以畅所欲言，无话不谈，家庭事务也是人人参与，并不因为我们当时年龄还小而有事瞒着我们，家里的经济是公开的，父母受政治冲击的历史也是公开的，多年的共同生活使我能敏感地发现父母哪怕微小的情绪变化。我确信，父亲的平静与乐观发自内心。

改革开放之后，父亲忙起来了，一场接着一场的学术大论辩固然令他投入了很大精力，系主任的行政工作也为他平添了不少烦恼。不说别的，改革开放之初国家在职称、工资、住房等方面对百姓的欠账太多，僧多粥少，要做到公平公正，何其之难！但是他仍然没有牢骚和抱怨。政治动荡年月在他的心里就好像一本翻过去的旧日历，他面对的是一篇篇等待他书写的新未来。

有的时候，我们也曾悄悄地猜想，父亲这般阳光的心态是不是在别人眼里有些傻？他冒着生命危险参加革命，加入地下党，共产党领导的翻天覆地的革命却剥夺了他祖上的家产；反右时期他在党内讨论会上满怀真诚的发言在今天看来全都是真知灼见，却使他在生命中最年富力强的 20 年成为不堪回首的蹉跎岁月；上世纪 80 年代末苏东解体，中国学术界弥漫着马克思主义哲学不过是政治、辩证唯物主义体系早已过时的指责，可是他却始终坚守着马克思主义哲学是科学、辩证唯物主义不能被否定的底线一步不退。父亲到底是为了什么？

这十几年来，我帮他录入文稿，记录整理传记和学术自传，从他一篇篇的文字当中，我体会到父亲走上革命道路，以马克思主义哲学为终生事业，是他根据自己的亲身经历以及观察思考作出的理性选择。正如父亲在他人生最后一篇未完成的文章《我和哲学》中所讲述的：

我出生于一个秀才家庭，从小父亲便把我送到私塾学习。中国传统文化中表面上没有哲学这门学问，但实际上其中充满了对普遍的终极知识的追寻和严密的系统的思考，而这就是哲学或哲学的因素。小学毕业后我又在父亲的私塾中学习了一年半，平时阅读儒家典籍和史书，周末写一篇几百字的论说文或史论，题目多选自阅读书籍，如《若夫为不善，非才之罪也》、《刘邦项羽成败论》等，这无疑培养了我乐于理论思考的兴趣。在大学期间，我醉心于西方哲学，绝大部分时间用于学习西方哲学和外语（英、德、法语）。读研究生时，师从郑昕教授研究康德哲学。抗日胜利后，特别是西南联大三校复员后，国内社会矛盾日趋尖锐，学生运动风起云涌，我在学生运动中阅读了不少马克思主义理论著作，包括经典作家的哲学著作，日益信服马克思主义及其哲学的真理性和重要指导意义。

父亲在文中的第一个小标题就是："我认为我之所以成为一个马克思主义哲学专业工作者，是中国社会的发展和我个人志趣互相选择的结果。"

父亲从不孤立地看待自己和家庭的遭遇，他总是把个人的遭遇放在整个社会乃至整个世界的大背景下来考量。在家里聊天时，他曾不止一次地对我说过，他坚信马克思主义哲学——辩证唯物主义是科学的、正确的。中国人民选择了马克思主义，才摆脱了积贫积弱任世界列强宰割的悲惨境地，站了起来。过去几十年党所犯的错误不是坚持马克思主义哲学指导的结果，恰恰相反，是违背了马克思主义哲学指导才引出的恶果。虽然我们国家一直存在着的各种各样的矛盾和问题，常常令人忧心忡忡，但这并不等于我们要选择西方的道路，因为在资本主义制度下，全球的几大根本性矛盾——掠夺、战争，以及掠夺与战争所导致的贫穷，是解决不了的。有些人认为美国的穷人都有福利保障，马克思生活的时代那种资本对工人的血汗剥削早已过去了，可是把眼光放在全球背景下再来看，这种血汗剥削的表现形式跨过了国界，全球化了，变成了发达国家对发展中国家的剥削与掠夺。站在这种宏观的视角下，他个人的遭遇算什么呢？那只是历史造成的，他今天的全部努力，就是要使得我们的党、我们国家的社会主义现代化建设，能够坚持以马克思主义为指导思想，能够坚持以辩证唯物主义为哲学基础，少走弯路，不再犯曾经的错误，也不重蹈苏东的覆辙。

正是父亲的坚定信念，使得他不论面对什么样的挫折，都能淡然处之，始终拥有阳光心态，并深深地影响着全家人。

我们家和邻居比起来、和朋友比起来，家庭成员的经历更坎坷，经济也更拮据，但是在聊天当中，父亲的心态却是最平和的。他会与大家分享信息，会一起讨论重大问题，却从不抱怨。他有时会不无担心地跟我说，如果总走不出政治动荡年月带给我们的阴影，生活中怎么会快乐？

　　父亲不仅自己身体力行，也教育我们积极面对人生。"文革"期间我的第一份工作很不理想，看不到前途，这让我十分苦闷。记得那天他特意推着自行车送我去单位，边走边和我聊。父亲对我说："一个人不怕身处逆境，就怕在逆境中自暴自弃。当你无法选择自身所处的环境时，就要设法改造环境，让环境朝着有利的方向发展。"父亲那天的话塑造了我一生的人生基调。那年我18岁，在此后的40年里，我经历过许多人生坎坷，包括下岗失业，包括严重眼疾，但我不会让自己停留在怨愤当中，而是通过脚踏实地的努力，去改变自己的命运。我的两个姐姐生活境遇比我差很多，她们在山西农村插队7年，吃过很多苦。她们也是在父亲鼓励下，通过自己的不懈努力，先后考上了大专院校，成为各自领域的专业人才……

　　亲爱的父亲——黄枬森匆匆地走了，他没有给我们留下任何产业，所遗存款也仅仅可以帮助母亲补贴家用。但是他却留下了摞起来2米多高的著作，装满一书橱的手稿、笔记，再就是堆满几间屋的哲学书籍。这些天，我一边含泪整理着他的书桌、书柜，一边默默地想，父亲留给我们最多、最有价值的，其实是他的精神遗产——他的坚定信念，他的阳光心态。

（黄萱，黄枬森先生的三女儿）

父亲的最大心愿

——在北京大学
"当代中国哲学家黄枬森追思会"上
代表亲属的发言

黄萱

尊敬的领导、尊敬的学者、朋友们：

本来我今天是准备了回忆我父亲生平往事的文章，但是就在昨晚，我和父亲的学生谈起父亲时，他说，你们是最了解你父亲的心思的，你能不能跟大家说说他的生前的最大心愿是什么？这让我陷入了沉思。

父亲用他生命的最后十年，完成了马克思主义哲学创新研究，这是他一生中的第三大工程。第一个大工程是上世纪 60 年代的《〈哲学笔记〉注释》，第二大工程是上世纪八九十年代的《马哲史》8 卷本。就在我们大家都以为他会休息一下，写一写他计划多年却无暇动笔的属于他个人的哲思文章时，他却开始了另一个跋涉——北京大学马克思主义哲学学科的建设，并且为此殚精竭虑到最后一刻。

我想，最能表达父亲心愿的，当然是父亲自己。除了正式的报告文件外，他有没有留下相关的笔记？我记起整理父亲的笔记手稿时，曾翻看过他的日记。父亲的日记不是写在日记本上，而是写在台历上的。由于台历空间有限，所以父亲是有感才记，有时几天无字，有时一天写上几页，整本台历密密麻麻写满字迹，并无空隙。我仔细检视他的日记，在他生命的最后一年——2012 年，从元旦第二天，到他重病缠身的年底，他共有 17 篇日记直接谈到这个问题，还有许多篇是关于马哲学科的思考。原本日记是很私密的文字，写日记的人并没想过要拿来公开，但是我想，要准确传达我父亲的心愿，最好的办法就是听听他的心声，我母亲和姐姐也同意我的想法，今天，我就不再读我写的纪念文章了，反正已经有复印稿发给了大家。我现在就把父亲在2012年里陆续写就的短短的17篇日记中的主要内容读给大家，就当是我父亲又一次站在讲台上和大家交谈吧。

1月2日：

查阅《北京大学关于加强马克思主义哲学学科建设的报告》(2011年3月18日)，最后提出了6项具体措施：（1）将马哲学科列入我校重点发展领域；（2）组建马哲研究中心，并报教育部重点研究基地；（3）3年内引进4—5名高层次人才，戴帽下达职称编制；（4）未来5年每年投入50万元用于学科建设和发展；（5）确保使用面积达到200米^2（指办公面积）；（6）扩大博士研究生名额一倍（从2人到4人）。已落实仅为：（1）中心已成立，但为虚体；（2）拨下启动费20万元，不足50万，也不是建设经费；（3）教育部已批准委托科研项目经费80万元。时间已逝去9个多月，俟河之清，人寿几何？

1月3日：

徐春已同核心小组谈好，定5日上午在我家开会，床上思考了3个议题：（1）核心小组的组成与分工；（2）中心目前主要工作是落实学校的承诺；（3）主要讨论重大项目的设计与研究人员的落实。

1月4日：

中心主任办公会在家召开，主要讨论重大专项落实问题。原想进行调研报告困难甚大，决定停止。哲学观由我负责具体化，马克思人学思想由陈志尚负责，中国化由马院负责具体化。另外还有一些子课题。还议论了副主任名单。

1月15日：

去年元旦上书各级领导，一年来围绕马哲中心的建立可以说是波涛起伏，有大喜，有深忧；有高潮，有低谷。今天虽说不是低谷，但前进道路坎坷不平，困难重重。

1月21日：

党委办突然通知朱善璐书记要来看望我，他原说年后来的，今天提前来了。系党委书记尚新建陪他一道来。他们是那样热情。言及已收到我的信，我特别强调马哲学科的地位在哲学，它是哲学的二级学科之一，不是马克思主义的二级学科之一，借以说明在哲学系设马哲为北大重点学科之必要。同时强调办公用房和高职称队伍的必要。他当即令秘书记下我的要求。他并将他的秘书衣××的电话和他的手机号码给了我。我想我以后当多找衣秘书，通过他转达我的要求。

2月20日：

王东和徐春商定了在3、4、5三个月各举行一次论坛，少数人参加，分别由黄、陈、郭准备；3月中旬召开一次落实科研项目的会。

2月23日：

定于下星期五召开哲学论坛，由我作《马克思主义哲学观》的主题发言。我认为哲学观的主要问题有三：一、哲学的本质，二、哲学在各种系统中的地位，三、哲学对人类社会发展的作用。而所谓马克思主义哲学观，其核心标准不是人而是事实。马哲观是科学，不是教义。

2月28日：

下月2日召开哲学论坛，讨论马克思主义哲学观，拟谈一下几点：（1）一方面是论坛，同时也是科研项目子课题；（2）哲学观应包括以下内容：哲学的本质、哲学的位置和哲学的作用；（3）哲学观的重要问题是时代哲学、马哲、辩证唯物主义、历史唯物主义等4个问题，后三者也是争论不休的问题。

3月2日：

参加马哲论坛（29日）也是中心第二次会议。由我做主要发言。我讲了马克思主义哲学观的4个问题：哲学与时代、哲学、马哲、辩证唯物主义历史唯物主义。王东主持。聂锦芳、赵光武、杨学功作了发言。

3月11日：

党委书记的衣秘书通知我，明日朱书记约我下午2时见面，我通知了王东和陈志尚，考虑明日谈什么。我拟谈4点：（1）马克思主义哲学目前面临的严峻形势；（2）去年元旦王东和我上书各级领导，呼吁采取有力措施支持马哲的学科建设，以及刘延东批示支持并得到学校的热烈响应，并提出六项具体措施的情况；（3）目前的困难和急需解决的问题；（4）我个人的进退。明日上午我们三人将商量一下谈些什么，怎么谈。希望能有实际进展。

3月12日：

如约同王东一起会见朱善璐，在座的还有杨河、刘伟、李强、衣秘书。我首先谈了我的4点想法，然后杨河、刘伟、李强相继发言，朱善璐最后讲话。整个过程都比较热情、积极，表现了对马哲学科的支持。

8月9日：

王东、徐春来谈工作。谈了几点：（1）形势对辩证唯物主义不妙，整个社会对它采取敬而远之的态度，就像过去人们对祖宗牌子一样。在此情况下，我们只能一面等待，一面坚持研究与发展，相信真理不会被埋没。（2）抓紧中心的科研项目的落实，埋首把项目研究好，争取两三年内做出比较成功的成果。现在只定了两个子课题，争取再定下三四个课题。课题定了后再商量经费分配。（3）把学术性活动开展起来，活跃大家的思想，能够围绕马哲的学科建设写出一些好文章。凡是以中心的名义发表的文章给予一定的奖励。

8月24日：

读今日《社科报》上的文章《心灵哲学用科学精神审视心灵》，谈到心灵哲学已成为西方最流行哲学，取代了语言哲学的地位。反思北大哲学系在新世纪渐失其特色，令人感慨良多。上世纪北大曾以马哲史享誉全国，但90年代以来，抓不住制高点。上世纪还抓住过人学，后来价值论，我曾提出哲学的第三层次是精神哲学或意识哲学，但北大无人研究。马哲学科建设是一永恒的制高点，与北大地位相称，应紧紧抓住。

9月20日：

14日马哲中心召开理论研讨会，由郭建宁报告《马哲中国化的理论前沿》谈了10个问题（见笔记本），对这个问题的研究很有启发。主要问题是：马克思主义的内容很多，马克思主义中国化是不是意味着它的一切内容都要中国化？中国化有没有深度不同，有没有层次之分？是不是一定要提马哲中国化、经济中国化？

此外，父亲9月8日的日记是关于哲学系百年系庆他准备的发言提纲，这篇日记是他在这一年里写的最长的一篇日记，共写满了5页，在日记末尾他提出的建议中说："在中国第一个哲学系系庆百年之际，我想提出来的是：全系8个二级学科都应走科学之路。"并谈了具体的理由，最后他写道："我认为这个问题涉及北大哲学系发展的百年大计、千年大计。"

从 11 月 16 日起连续数天父亲都在思考十八大报告精神,他在 19 日的日记中写道:"'建设哲学社会科学的理论体系'使我受到极大鼓舞,我十几年来一直在从事此事。"

父亲的日记在后半年越来越多地被他的病痛占据了篇幅,可以看出,父亲一直在顽强地与疾病作着斗争,他曾在一篇日记中说:"生命之火已在慢慢的逐渐熄灭,用外力使它更旺盛地燃烧起来,这不是加快消耗它的储备,使它更早地油干灯灭吗?"虽然明知如此,父亲在他生命的最后时段,仍丝毫没有犹疑彷徨,他的学生、他的同事都有一种明显的感觉,他好像更加执著,好像在追赶着什么。我们现在明白了,他是为了尽可能多一点实现他的心愿而在与死神争夺着时间。

我们希望,我们盼望,我们也相信,他未尽的事业,在座的各位一定能继续下去。

谢谢大家!

(黄萱,黄枬森先生的三女儿)

我与哲学家阿公

霍霜霜

听到一个带着浓重四川口音的有些沙哑的嗓音在跟客人讨论"马克思主义……"什么的,声音就在耳边,很近很亲切,是阿公!我这才发现自己不知为什么正坐在阿公所坐的沙发脚下的地上。一时很激动,抬眼想看他,却只来得及瞥到他银白的鬓发,就醒了。梦醒后却发现自己正站在雪地里,远处是妈妈陪在坐轮椅的阿婆身边,突然意识到自己其实还在梦中,却无论如何醒不过来。我想跑过去告诉妈妈我见到阿公了,又怕阿婆伤心,只好小心翼翼地拉着妈妈避开,来到一个角落里,可是话到嘴边却无论如何说不出来了,似乎全身上下都被一种沉重的悲伤僵住。我很想醒来,可是连手指头都动不了。我憋足全身的力气奋力地甩了甩头——终于睁眼看到了自己屋里的天花板。墙上的钟哒哒地走着,下午2点10分。醒来第一件事是放声大哭,也好,终于哭出来了。

阿公是2013年1月24日20点35分去世的。到今天2月5日,已经有将近两个星期的时间了。阿婆和妈妈备受打击,我心目中的妈妈一向有着男人一般的坚忍性格,可是这次却脆弱得像个孩子。记得13号北京阴霾来袭的那天,阿公突然毫无征兆地肺部感染、病情急转直下的时候,我害怕得不知所措,给在医院里陪护的妈妈打电话,手机里却传来妈妈烦躁的声音:"现在还不是哭的时候。"我突然就明白了,在这件事上,家里的每一个人都比我更有资格脆弱、伤心、痛苦,因为她们是阿公的妻子、女儿,而我只是最小的孙女。从此,在家里我再也没有当着她们任何一个人的面流过眼泪。

阿公的最后一程是全家在他的病床边一起陪他走完的。当时我和妈妈最早赶到医院,破格被允许在非探望时间进入ICU(重症监护病房),陪伴在阿公床前。阿婆腿有骨折，行动不便，大姨说会开车带她和姐姐过来。我眼看着阿公的血氧指数从 70 一路下跌，每闪烁一次就降低一点。阿公平时就有耳背的毛病，我们只好大声地跟他说话，求他等等阿婆，再努力多等一下。医生不断地给他注射强心针，注射的频率越来越快。我知道这一定让阿公很痛苦，可是如果阿公就这样走了，阿婆一定会抱憾终生，一辈子呵护照顾阿婆的阿公也不会走得安心。终于，姐姐推着阿婆的轮椅冲进了病房。我看见被阿婆拥在怀里的阿公，他的眼角渗出了一滴眼泪。没过多久，大夫说阿公已经没有心脏的自主收缩压了，现在的心率血压指数等生命体征都是刚才那30剂高纯度强心针的后续作用。这表示他的灵魂已经提前离开了，只是离开的那一刻太过寻常，以至于我们谁都没有意识到。我只注意到那一滴泪，渐渐地干了。十几分钟后，留在人间的躯体才完全失去了光泽，竟变得不像了。

　　同病房里被一扇屏风隔开，还躺着位满身插管的病重的老太太，神智清醒地望了我好久，一直听着身边混乱的一切。我忘不了她眼神里的无助和恐惧。

　　接下来的日子就是繁忙地操办后事。我参与了能参与的每一件事，每为阿公多做一点点事情，就觉得稍微好过一点。家里客厅的一角支起了简单的灵位，没有灵牌，只有一张我从前为阿公照的大照片和鲜花美果，背后是一整书架阿公的著述。北大哲学系的灵堂更是布置得庄重肃穆，吊唁的人络绎不绝，也有一进门就扑倒在地痛哭不止的。遗体告别仪式的诸项事宜也都筹备得差不多后，只剩下让人感觉很漫长的等待。于是，我开始学习西哲了。

　　阿公是马哲界的泰斗人物。可是从小受学校灌输式教育荼毒的我，对政治老师教的马哲已经深恶痛绝了。记得有一次我拿着政治课的一份马哲题考卷去问阿公，其中一道选择题我为什么错了。我已经问过了老师，可她还是讲得稀里糊涂的，怎么都不能让我信服，后来她居然干脆说，你就这么记住就可以啦。阿公看了看题目叹了口气摇摇头说，唉，是你们老师的答案错了。我当时很高兴，可是也有点沮丧，因为再正确的答案，在老师那里也拿不回分。而背题，从来不是我的长项。高考时语数外成绩都飙得极高，包含了政治科目的文综却惨惨地砸到了泥里。大学基本上就撒欢了，马哲思修❶什么的基本上是上课从来不听，考前狂背一通，考后全部扔掉。

我现在开始学习西哲，是因为马哲的根源来自于西方哲学。我想知道92岁的阿公孜孜不倦，直到住院前还在奋笔疾书，写了满满四页纸的未完稿《我与哲学》，他到底是在追求什么。我也知道真正的学术精神决不是盲从，如果阿公的理论我未经思考就全盘接收，他也一定不会高兴的。所以我只是想看看通过对西方哲学史的学习，马哲能不能最终说服我。

也不知为什么，这些天只有在读哲学的时候，我才能静得下心来。因为最近总不想睡觉，就常常在半夜读书，同时做笔记，总是到凌晨五点困倦不堪才去睡。我看到先哲们常常讨论躯体与灵魂的关系，我第一次对这样的话题有这么切肤的感触。德谟克利特说人在死去的时候，灵魂原子就会飞散开来，不复存在。而柏拉图说人有着不朽的灵魂。普罗提诺说上帝在世界的一端发出光，那照耀着灵魂的光芒逐渐减弱，直到物质的另一端完全湮没……我喜欢这里的每一个描述，可还不能相信任何一个。我原来有点像泛神论者，觉得神寓于万事万物之中，却又掌控着万事万物。而随着这些天学习西哲，我开始趋向不可知论，怀疑一切。也许以后，我慢慢就会有属于自己的信念吧。即便最后我还是成不了一个彻底的唯物主义者，我相信宽厚开明的阿公也不会生气的。

今天，2月5日中午1点吃过饭，经过数天熬夜的我已经疲惫不堪，终于倒回床上。当我脱离梦中梦醒来时，雪后的天色似乎渐晴，因为拉拢的深色窗帘竟也往屋里投射进一些暖暖的光线。我一把拉开窗帘，外面的光陡然倾泻进屋里。我心中突然惊觉，也许方才在头顶耳边听起来那么真切的阿公的声音是真的呢，我希望是真的。可是现在，这么亮堂堂的房间，恐怕他已经走了。

我喜欢《通灵男孩诺曼》❷里的一个场景，诺曼坐在地毯上边吃零食边看电视，而去世的奶奶的灵魂微笑地飘在他身后的沙发上打着毛线，只有诺曼知道奶奶是存在的。我不知道该相信什么。如果灵魂在人死去后不再存在的话，阿公笃信科学的信仰便得到了证实。可是如果灵魂存在的话，我的心里却会感到

---

❶ 马克思主义哲学、思想修养课。
❷ 美国电影。

宽慰很多。我想，大概只有把灵魂解释成他在世时不懈探求的学术精神和高尚的人格才能化解这个两难局面吧，这样的话，只要我继承下去，他就会永远微笑地注视着我。

（霍霜霜，黄枬森先生的外孙女，黄萱的女儿）

他还有一个遗愿

李公天

黄枬森老友毕生勤学，忘我工作，直到病危，还孜孜不息，终于完成了他对马克思主义科学体系设想的研究。

枬森在蜀光中学读高中时，受到王冶秋老师的陶冶，引起他学习哲学的兴趣。在西南联大学习时，又受到郑昕、冯友兰、闻一多等诸位老师的影响，奠定了他渴望研究哲学的浓厚兴趣。解放战争结束，新中国成立了，枬森在北京大学哲学系研究生毕业后留校工作，直接为在北大哲学系兼课的艾思奇同志当助手。特别是1952年，全国大学院系调整后，国内很多的哲学老师集中到了北京大学哲学系，真是群英荟萃、盛况空前，也是枬森的绝好学习机会。

1956年，枬森同志临时借调到中共中央政治研究室（以下简称"中央政研室"），准备参加编写反对苏修赫鲁晓夫的教科书。1957年中央政研室大鸣大放时，枬森讲了："三反、五反、肃反、镇反……我都赞成，但由于预订了指标，要求达到，非要完成不可，不是实事求是，我不赞成。"这些话本来是爱护党的正确言论，却中了"阳谋"，按当时运动的精神，北大哲学系报请上级党委，拟给予枬森"留党察看两年"处分。中共北京市委书记认为黄枬森的错误思想系统，在重大的政策性问题上都与党中央有原则分歧（当时是中央政治研究室提出了一系列问题，动员大家鸣放的——本文作者注）。因此不能留在党内，可以不戴右派帽子。于是北大党委奉命把枬森开除出党了。北大党总支只能不让枬森进课堂讲课，分配他在哲学系负责资料室工作。当时哲学系许多中了"阳谋"者或被认定为有资产阶级思想的哲学教师都集中到了哲学系资料室工作。这些学有专长又勤奋的教师，仍然埋头钻研，和枬森一起编译了不少马、恩、列、斯、毛等文章中提到的外国哲学家的作品。枏森编写的列宁《〈哲学笔记〉注释》就是在这里完成的。

1978年在党中央胡耀邦同志的主持下，大规模平反冤假错案，枏森的冤案终于得到完全平反，恢复了党籍党龄。可以说，不管是受屈辱的年月，还是恢复名誉之后，枏森一直以一个共产党员的信念在默默地工作，在尽力作贡献，在师生间努力宣传正能量，勤奋著书立说，作出了广为人知的重要贡献。在这里，我就不赘述了。

去年底，在枏森病重期间，我到他家里探望，他对我说起，一直忙于工作的研究，现在总算告一段落，可以安排时间研究整理老父亲的长短文章、诗词歌赋、琴棋书画、信函往来。可惜年纪大了，又病倒了，真是力不从心！当时，我只安慰他安心养病，待病好之后，再动员黄老身边生活过、学习过的知情人，找到亲朋后代中的知情人，一起来完成这项有意义的事情。

枏森离开我们9个月了，他的一生是充实的，他的贡献是有目共睹的，他永远活在我们心中，他的遗愿是有价值的，让我们大家尽心尽力去努力完成吧！

枏森的父亲黄文杰老人，是清朝末年没有废除科举时考中秀才的人。其才华横溢，诗词、文章、书法、绘画俱佳，我们家乡的人视之为文豪。宣统皇帝逊位后，黄老先生曾在成都任过当局的幕僚。不久返回故里以教书为业。黄老先生为人低调，不惹是非，但眼光敏锐，心里亮堂。对时政有自己的观点，对军阀割据、横征暴敛、税款预征几十年等恨之入骨，深恶痛绝。黄老先生平时手不释卷，闲暇时也写字、画画，都自成一体，卓尔不群。他对历史很熟悉，记得很多典故。与人交谈，滔滔不绝。因此，整理19世纪末20世纪初这位老知识分子的一些生活往事、诸多趣闻、他人感受，对我们今天记录和认识中国近现代的知识分子的发展历程，理解怎么从老一代发展传承到我们这一代，中间经历过哪些曲折、扬弃、发展，可以接受哪些经验教训，是很有价值的。

我少年时有幸与枏森同时作为黄老先生的学生。我现在还记得黄老先生时常教诲我们："教书读书要得法，得益须于无字处，金针度予细心人。"比如他讲到苏秦问其嫂为何对自己"前倨而后恭"，其嫂答曰："后来以子位尊而多金。"黄老先生告诉我们司马迁写苏秦最初游说六国不成，退而"头悬梁、锥刺股",再去游说,合纵成功,佩六国相印,显赫一时。黄老先生告诉我们司马迁在这里不是表扬苏秦,而是说他是一个追逐个人名利的小人。

又如,当年黄老先生给我们讲解史学家司马迁所作《报任少卿书》(此信对当时司马迁自己下狱受刑经过和著书的志愿叙述颇详),黄老先生说:"这篇文章表面上是叙述司马迁自己忠而见疑,因替投降匈奴的李陵辩解,得罪下狱,受腐刑,辱及先人。实际上通篇是为了揭露当朝汉武帝刻薄寡恩。李陵受汉武帝之命,率步卒五千之众,对匈奴十万之军,然犹斩将牵旗,追奔逐北。三军用命,斩其枭帅。李陵立了大功,而匈奴惨败后,举国兴师,单于亲自率军十万,又去包围李陵。李的疲兵再战,一以当千,死伤积野,余不满百。李陵不愿白白死去,欲仿范蠡不殉会稽之耻,先投降,伺机再归汉。而汉武帝严厉谴责李陵叛变降敌,对为李陵说公道话的司马迁处以腐刑,并刑及家属。在那个年代,不可能直接指责皇帝,司马迁用这种摆事实的手笔,让读者、让后人体会到当朝皇帝的刻薄寡恩。

黄老先生教导我们的这种读书方法,对我们众多学生、后人,受益良多。枬森的侄儿黄力生(过去曾为中央劳动部干部,现居四川自贡市自井区)和枬森,我们同是黄老先生的学生,他还在黄老先生身边长大,一定有很多体会和记忆。黄老先生众多学生、亲友,大家能把自己的感受,不拘形式地说出来、写出来,把零星的资料汇总、梳理后,就是很好的研究资料。

这件好事,关键在于有几位年富力强的能人牵头,组成合力,尽力实现枬森生前这个有价值的遗愿。

(李公天,中共中央党校哲学教研室教授,博士生导师)

怀念二哥黄枬森

黄述桓

1947年春节，我们家比以往任何一年过春节，都要热闹和喜庆得多，因为二哥早早就从西南联大回家来了。父亲往年画窗芯纸，画的都是山水，只有黑白两色，今年特意画成花卉，五颜六色的，糊在窗子中间，整个房间都显得温馨一些。母亲在厨房里帮忙杀过年鸡，不是一只，而是两只。三姐贪婪地拔着公鸡尾巴上的羽毛，拿去插她的毽子，忙得不亦乐乎。二哥跟三哥写对联，我给他们牵纸，写完了，我就提糨糊、拿刷子，跟着他们去各个房间张贴，都贴完了，才在堂屋两边的大柱子贴上最大的一幅，上面写的是：

民主挺好

自由最棒

因为堂屋面对天井，没有门楣，所以没有楣批。

这幅有着强烈政治诉求，带有浓重北方语气的对联，惹得一家人都站在天井里看，但没人说话。我这时才10岁，还不知道民主自由为何物，只想到有了民主自由，父亲就不会像从前那样，经常打骂我们了。

父亲就在堂屋，对联上写的什么，他早看见了，好像无动于衷，仍然在整理他的书桌。父亲年轻时是满清的秀才，在县上做过几年小官，曾步行去紫禁城叩见过满清皇帝，为一位黄族抗暴姑娘请来圣旨，建起了烈女牌坊，很受当地士绅的尊敬。后在军中任文职，走遍了西南三省，年过花甲以后，在本地坐馆教黄氏子弟读书，信奉"黄荆棍儿底下出好人"的信条（打骂教育），同时开堂坐诊，给乡人看病。这时，父亲已是古稀之年，见儿子们贴出这样的对联，虽然有些扎眼，但无大碍，知道是二哥的主意。二哥是他最爱的儿子，只好装作没有看见。

对联毕竟是贴在家里，只有亲朋好友来家时才能看到。

那时，抗日战争胜利不久，各高校正忙着修葺被战争破坏的房屋，完善各种教学设施，就给学生放假，让他们早早回家来了。富顺县城里就集聚有十来个这样的学生，他们豪情满怀，忧国忧民，渴望着建立一个民主自由的国家。他们有很多话要说，要按照民主自由的方式表达自己的意见。他们常常聚在川大学生马义揆家的花厅里，高谈阔论，慷慨陈词，情到深处就放声高唱《解放区的天是明朗的天》、《茶馆小调》这些歌曲。在这样的氛围中，创办石印小报《民主生活三日刊》的动议就自然而然地提出来了。经过讨论，热情参与的6个人，共同推选马义揆为三日刊的社长，下设编辑、发行、财务等。二哥是主笔，大部分文章都出自他的手。

办刊物的资金拟定大家筹集，但真正能拿得出钱来的人很少，实际上大部分资金都是马义揆出的，连他们的工作场地都设在马家花园的花厅。社长嘛，应该出大力气，参与的人私下都这样认为。马义揆的父亲马洛生，是县参议员，一个哥哥是县财政科长，另一个哥哥是县警察局巡官，这样的家庭不缺钱。马义揆用钱也豪爽，很少提资金的事，这不但让三日刊在资金上有了支撑，而且在政治上也可能得到一点点保护。这一点，大家心知肚明。而事实远非这样，据马义揆夫人回忆，马义揆办这个刊物，曾多次受到父兄的训斥和警告，他只是不说而已。

《民主生活三日刊》的出版，可以说是相当顺畅的。

晚年的二哥，非常希望回富顺去找《民主生活三日刊》的原件。他们一共出了十多期，每期若是一百张，足有一千张之多，哪怕找到一张也好呀。说了很多次，终因年事已高，一直未能成行。2012年5月15日，我专程去富顺为他寻找三日刊。县委宣传部、党史办的同志非常支持，《富顺宣传》的刘安农同志一直陪着我去找。他们说，这个刊物在当时的富顺影响很大，我们也在竭力寻找，可惜年辰太久了，又没有一个指向，一时难以奏效。我看他们现有的关于三日刊的资料，都是一般的说明文章，没有细节，无法在其中获取线索。后来几经周折，才找到一位看过这个刊物的老同志，已经80多岁了，他说他当时还是一个在校学生，刊物一来，大家都抢着看，很对学生们的胃口，那种热烈激动的感受还记得，具体的内容却很模糊了。今年，我有幸找到马家的后人，一个个都是七老八十的了。我跟他们说起这份刊物，他们就眉飞色舞，滔滔不绝，但内容则多是他们幺爸（马义搂）跟他的同学（同辈学子）在他家花厅议论、唱歌的情景，以及他们家的后人，如何看着这份刊物，唱着他们唱的那些歌，在解放初期走进了革命队伍的故事。

事情还真是如此。二哥他们刚刚离家回校去不久，三哥的魂就像被二哥勾走了一样，背着父亲，跟母亲要来一些盘缠，抛妻别子，一个人悄悄去了北平。经二哥介绍，又去了河北泊头镇（泊头市），在那里参加学习，同时加入了中国共产党，过后受党组织派遣，回到富顺工作，迎接解放。解放以后，三哥参加了征粮剿匪，时任县公安局侦察股长。那是一场民匪难分、战线不明，稍有不慎就会被扮作农民的土匪夺去生命的残酷战争，为巩固新生的人民政权，尽了自己绵薄之力。从前的三哥可不是这样，有点放荡不羁，常做一些出格的事，让父亲头疼，但在泊头加入共产党回来之后，简直变了一个人，思想上有了明确的政治方向，行为上变得勇敢忠诚，严于律己。那是一个多么好的年代啊，催人上进，引人向善！我跟三姐也是一样，才十三四岁就去当了解放军，一去就很习惯那种军旅生活。

在二哥回富顺之前，我们家，以及整个富顺城，都是非常封闭、古旧、死寂的。就是那份三日刊，好像在县城的上空，搅了一个通天大窟窿，让民主自由的风吹了进来，把一座县城都吹活了。

但是没过多久，富顺县当局就开始镇压《民主生活三日刊》了！刊物被抄没，搞发行的邹良杰（音）被拘捕，读者被追查，二哥被列入了县上的黑名单。来势汹汹，人心惶惶！

我们四兄妹上面还有个大哥，是我们前面一个母亲生的。大哥早年去读黄埔军校（第八期）时，留下一个儿子在家中，到1947年已有20来岁了。名义上，我们家有120石谷子的田土（约48亩），实际上只有90石谷子的收入，有30石是大哥遗弃的那个大嫂的陪奁（这30石收入归大嫂），加上父亲看病的脉理（诊费）收入，供一个儿子上大学，供全家9口人吃穿用，经济上已是捉襟见肘，入不敷出，现在又面临如何给大孙子安排一条出路的问题，父母很是焦心。父亲明白，把大孙子交给大哥，是最省事、也是理所当然的事情。但大哥在儿子出生十多天之后就出走了，接着孩子生母又去世，成了一个孤儿。幸得祖母照料，孩子才得以长大成人，跟他父亲非常隔膜，视如寇仇，要登报跟他父亲脱离父子关系。要让这样的父子相互承认对方，在一起共同生活，几乎是不可能的事。大哥又因为曾经被父亲逐出家门而父子结怨。这样三代人的怨恨，谁能解得开？大哥在黄埔军校毕业后，一直留校任教，前不久放回到四川宜宾团管区任司令，离家很近。如何叫大哥负起做父亲的责任，父亲真不知道如何开口。

现在，二哥遭到富顺当局的逼迫，加上离学校开学的时间也越来越近，就此逃离富顺，顺理成章。但不知道为什么，二哥没有即时返校，而是去了宜宾。我当时年幼，不谙世事，二哥也从未主动讲过这事。现在想来，二哥是主动去宜宾的可能性比较大，一是躲避当局的迫害；二是去找大哥要盘缠；三是他要带大侄子去北方（这可能是他早就想好了的事）；四是站在他的角度去做大哥的工作，要他认了这个儿子。二哥对大哥到底做了些什么工作，怎样做的，只有大哥二哥清楚，但二哥回家来的时候，却带回了一大笔钱，说是大哥给他儿子的！这让父母很是吃惊。二哥又说，他要带大侄子去北平，由他负责给大侄子安排一条适合的出路。对此，父母都有点担心：你都还是个学生，能担负起这个重任吗？二哥没有回应父母的疑问，兀自把钱分作两份，一份用作为他跟大侄子去北平的盘缠，一份留在家里，以备不时之需。父亲的心病，母亲的担忧，就这样轻轻地被二哥化解了，叫人简直不敢相信！

就在二哥带着大侄子走后不久，20年没有回过家的大哥，高高兴兴地回家看父母来了，真是叫人喜出望外。过后不久，大哥又把父母接去宜宾享受天伦之乐，可谓前嫌冰释，皆大欢喜，一家人和好如初。我也跟着父母坐滑竿去了宜宾，感觉很新奇、很好玩。

现在想来，二哥能解开父亲跟大哥的结怨，关键是他直接把大侄子成人的责任，担在了自己的肩上，让大哥跟父亲都没有了相互责难的口实。对二哥来说，则需要勇气，需要责任感，需要同情心。几十年之后，我跟二哥谈到这事时，他淡淡地说："大哥要我留在他身边，给他管事，我才不干呢。"可见，他在宜宾没几天时间，就深得大哥的赏识和信任。只是人各有志，不得不分道扬镳罢了。

2013年1月，已是耄耋老翁的大侄子，在获悉二叔仙逝之时，泣不成声，说没有二叔就没有他的今天，恩同再造啊！其声哀哀，其情切切！叫人动容。

是啊，二哥带着大侄子从富顺到隆昌、到重庆，转坐轮船沿长江东去上海。在上海，二哥去买船票，看守行李的大侄子，居然被人把一口箱子偷跑了。可见，在十里洋场的花花世界里，他是多么不适应，多么不自信啊！然后，他们北上天津，再转北平，纵横数千里，奔波十多天。到了北平之后，二哥就忙着安排他去补习班学习文化，去矫正口吃，名为叔侄，情同兄弟。大侄子从小没有得到父母的爱，祖父又极严厉，成长在孤单寂寞的一人世界中，是二叔把他带出了那个环境，帮助他修补了性格缺陷，找回了生活的信心。二哥在送他走上革命之路的时候，他把自己的名字改为力生，以明自力更生之志，足见他已经找回了自我。

其时，二哥不到30岁，还是个学生，一边读书，一边照顾大侄子，生活很清苦，很忙碌。能够这样做的人恐怕不多。解放以后，力生回到北京工作，上班之外，每逢周日都在二叔家中度过，二婶同样把他视为家人。直到大侄子为了照顾夫妻关系，调回四川，才跟二叔分开。

二哥为大侄子做的这一切，平凡而琐碎。实际上，正是这些平凡琐碎的事，不但完全改变了大侄子的命运，更重要的是，重塑了大侄子的人格，让他在后来的事业上，发挥了自己的聪明才智，为国家做出了自己的贡献。

富顺解放以后，父亲去世，二哥就担起了赡养母亲的责任。20多年中，他每月都按时把钱寄给母亲，直到1968年初母亲辞世。老人家去世前的最后这两年已是"文革"时期，他人在江西干校，每月只能领取生活费，还要供养家小，然而，他自己的生活再艰难，也没有间断过给母亲寄生活费。我们几兄妹都自愧弗如。

二哥走了，永远地走了！我心中有一种莫可名状的悲痛，深沉而绵长。他是我们的兄长，关爱家里每一个人，尽可能地帮助我们。直到他去世前，还在鼓励我、指导我、帮助我写作，让我不敢懈怠。

二哥，走好，我们永远怀念您！

（黄述桓，四川省泸州市长江液压件厂技工学校教师，黄枬森的弟弟）

回忆和展望

王蜀龙

我对枏森最早的印象是 70 多年前他的背影。他和李公天两人坐在课堂最前排正中的座位。教师讲课写黑板时，我们总得张望过他们的肩膀、头顶，才能看见黑板。这课堂是在蜀光中学女生院。（1939 年日本轰炸机炸毁了一部分蜀光中学新建的校舍，以后，一些男生课堂就被迫迁移到女生宿舍一楼。）

另一回忆是法国教堂。从灯杆坝家里到伍家坝校址，我经常路过盐店街旁边的一座天主教堂。我记起好像枏森、公天他们在课外曾去那里向法国神父学法文。当时我们上英文班一周几小时就觉得太烦了，他们还自动地加学法文！此外还有一点心理插曲：教堂门外灰砖高墙上涂有一丈多高的粉白大字"大法国"。自"九一八"事变以来，我们从小学就开始在街上排队喊口号，打倒帝国主义。墙上这"大"字让我十分反感。

我们最后一次聚首是一年前在他的位于北大朗润园的家。半夜里，我、他和我的大妹（刘苏）常坐在一起并肩看电视。巧遇一部《木府风云》连续剧，故事背景是几百年前一个在云南丽江当权、有财有势的纳西族木氏土司世家。虽然这仅是一个娱乐消遣的传奇戏剧，可是在镜头和剧情里我发现好些细节都和我个人经历有很亲切的牵连。回纽约时我带了一套光盘，现在已把 40 集对话一句一句抄下来了，也许哪一天有谁能把它翻译成英文。

《木府风云》有几个外景，都以丽江一座古石桥为主题。2002 年我和枏森都去过丽江，留下不少珍贵的回忆。就在那桥上还有他和旅伴们的合照，包括梅祖彦、冯钟辽等，还有我儿子全家——祖念、韩苏、天龙（时年 3 岁）。在丽江近邻的松赞林寺是一座喇嘛庙。在那里我发现一桩奇事：正殿最后排墙壁上有四大张活佛神像。左起第二张真和我父亲王少苏一模一样。可惜不许拍照。今后如果哪位亲友去那里，可以亲眼看看。

滇缅公路重开，怒江战役告终于 1944 年底。待到 2002 年我们首次重访滇西，已经时隔 58 年。旅伴中不少是联大校友，去丽江之前，我们先去昆明，看到联大从军校友纪念碑及重新油漆过的破旧老课堂。碑上看到了我和枬森还有好些老同学的名字。课堂展览引起很多当年在校日常生活的回忆。

记得大一那年，在陈岱孙讲授的经济课上，突然下起大雨。因为屋顶是简陋的铁皮，雨声震耳，无法继续听讲。陈岱孙慢慢的，故意非常庄严沉重的，在黑板上一笔一笔描出四个尺长大字"停课赏雨"。最近看到一套联大校史幻灯片。有趣吧，这件"史事"由别人也在幻灯片上提到了。

1942 年到 1943 年间，枬森和我们几个蜀光校友在联大生活起居非常密切，包括牟有恒（牟安世）、刘克果（刘放）、华德培（王亚生）、刘镇身、曹贞固（石坚）等。校史幻灯片上提到南屏电影院和文林街茶馆。前者是稀有的奢侈娱乐场所；后者是必需的经常"工作"的地方。图书馆灯太暗，宿舍太拥挤，写信做课业全靠茶馆。

不久前枬森的大女儿写了一段枬森 1944 年离校参加远征军的经历，提到鄢燦然。他不是蜀光校友，是联大我们大一物理系同班，也很亲密。有次开玩笑，他写下 10 个字："14159 二牛唬三虎"，来考问大家那是什么意思。他带着湖南口音说：当然了，这就是数学常数"π"小数点后面的 10 位数字 3.1415926535！他又夸口说他至少能背出 20 多位数。如今，我已从这 10 位数展开下去，能够在 25 分钟之内背出 1000 位数！这不是夸口，我可以和任何人打赌：哪一个数字我弄错了，我奖赏你一元人民币；每一个字都对了，你只赔我一分钱。好吗？遗憾的是再没机会和枬森来玩这个游戏了。

更大的遗憾是再没有机会和枬森多谈谈人学，多得到一点了解。幸好最后分手时他给了我一本《人学词典》，也算是千里之程，从此起步。

（王蜀龙，化学工程博士，美国联合石碳公司计算机中心原经理，佩斯大学教授；黄枬森高中、大学时期同窗好友，黄枬森夫人的哥哥）

附注：

"为他人做好事必须具体做。抽象说做好事是无赖伪君子和谄媚者骗人的鬼话。因为学术和科学只存在于琐碎、有联系的具体事物之中。"1990年间枬森在我家作客，我请他把这几句简单却深有涵义的西方熟语替我译成了上面的中文。

原文如下："To do good for the others, it must be done in particulars. General good is the plea of a scoundrel, hypocrite and flatterer; for arts and science cannot exist but in the organization of minute details."——William Blake, English philosopher(1757–1827)

敬爱的枬森兄,我们永远怀念你!

王美琪

去年底枬森兄带着未完的文稿住进了医院。不料一个多月后他竟然离开了我们。他走得那么急,我真不敢相信这是真的。噩耗传来,我彻夜未眠,陷入了深沉悲痛之中。

枬森兄是我的姐夫,又是我大哥王蜀龙在高中和大学时期的同学和挚友。

枬森兄在蜀光中学学习期间就是品学兼优的好学生。他博学多才,有个"活字典"的外号。这些给我留下较深的印象,为此我很佩服他。

1950年我从老家自贡到北京求学,在北京前后共住了约9年。这期间我的姐姐(刘苏)和枬森兄对我的深切关怀,令我难以忘却。我在北京女一中是住校,星期日我常常去姐姐家。那时姐姐身体不好,当我有一两个星期没去她家,枬森兄就会在繁忙的工作中抽出空来,带些煮鸡蛋、肉丁炒酱,从他的住处中老胡同骑车到北长街女一中来看望我,令我感到那样的亲切和温暖。

1953年我考入北京大学生物系,我的宿舍是在南校门附近的新楼里。星期日我照例抽时间去姐姐家,去看望我的母亲,与家人团聚。在大一、大二年级时,有时星期日我直到夜里九、十点钟才回宿舍,那时候从位于中关园的姐姐家到东校门这段路,路灯很暗,又是弯弯曲曲的小路,枬森兄不放心我一人走夜路,就常骑车搭我回宿舍,让我十分感动。

枬森兄不仅在生活上关心我,当我在学习中遇到困难时他也热情指导,帮助我尽快排除困难。我在大一学物理课,因为未学过微积分,对一些物理概念不理解,老师讲课我也难以听懂,结果在全班第一次物理测验时不及格,心里很着急。枬森兄一边安慰我,一边满腔热忱地为我排忧解难,要我从改进学习方法着手。他教我遇到难懂的课程应做好预习，先找出难点，上课时对这部分要特别专心听讲，课后还要反复地复习，直到弄懂为止。我认真并坚持运用这个方法去学习，逐渐收到了良好的效果。物理课学完时的期终考试我还得了"优"。

我最难忘的是1952年春从家乡传来我敬爱的父亲突然病逝的消息，那时父亲还不满48岁。我母亲有四子两女，我大哥在1943年底读西南联大时参加了远征军，担任援华美军的翻译官，1945年春为接受抗日新任务远赴美国，退伍后就在美留学，随后定居美国；二哥亚辉正要从北大生物系毕业，尚未分配工作；我和大弟弟乃粒都在读高中；小弟弟抗生则刚上初中一年级。只有姐姐一人参加工作成了家，有了孩子。

父亲的去世，使我们全家陷入巨大的悲痛之中。尤其是我的母亲，尚在中年就失去了亲爱的丈夫，抚养孩子和支撑家庭的重担将落在她一人的肩上。

1953年我姐姐回老家自贡接我母亲和小弟弟来京。枞森兄以宽广的胸怀，极其热诚地接待我的母亲和小弟弟住进了他们的小家，共同生活在一起。最初我母亲还有暂时短住的念头，由于枞森兄、姐姐的劝慰和亲切照顾，我母亲才安心住下来。枞森兄对待岳母像对他的亲生母亲一样。每天枞森兄为我母亲冲两瓶热开水放在老人的卧室内备用，冬天我母亲洗澡的水也是他烧好放进浴室。家里人多了，家务事就多了，而我姐姐体弱多病，许多家务事都是他任劳任怨地承担下来，家中总是充满和谐与欢乐的气氛。母亲常对我说："枞森对我像对亲母亲一样，我觉得他比亲儿子还亲（因为其他儿女的工作都不在北京）。三个小孙女天真可爱给我带来了欢乐，看来我选择住在你姐姐和枞森家做对了，这里是我最好的归宿。"

枞森兄侍奉我的母亲数十年如一日，我母亲在这个小家庭中得享天伦之乐，她老人家安然和愉快地度过了幸福的晚年。

"文革"中枞森兄遭遇挫折，受审查，被扣了工资，甚至家里的生活都难以维持。在这艰难的日子里，姐姐、枞森兄与我母亲一家人同舟共济，相依为命渡过了难关。有时我想起这些不禁流泪。

自从枞森兄接待了我母亲和小弟弟后，实际上他们的小家变成了我们的大家庭，它把我们兄弟姐妹紧密地联系在一起，给我们这些异乡游子有了与母亲团聚的场所，感受到家庭的温暖。我女一中的同学都知道我回家最勤，是在北京"有家"的人。

我的二哥王亚辉是很有成就的细胞生物学家，平时难得夸奖一个人。他在世时一有机会就爱和枬森兄畅谈。他曾对我说："枬森兄真是德才兼备的人，不愧为人师表。他不仅是个有成就的哲学家，还能亲自担起家务的重担，这种任劳任怨、尽职尽责的人，真是世上少有。"他的话也反映了我们的心声。

枬森兄离开我们快一年了，他和霭可亲的面容常浮现在我们的眼前。他没有离开我们，永远活在我们的心中。

敬爱的兄长，我们永远怀念你！

（王美琪，中科院上海植物生理研究所副研究员，黄枬森的妻妹）

哲人离世书文在，仍吐清芬留人间

——颂枥森先生

何成武

  黄枥森先生是我的姻兄，也是我的老师。1952—1956年，我在北大哲学系念书期间，他作为主讲老师，给我们上了两年的"马列主义基础"课程。在我至今仍保留的北大考试记分册上，还有他作为主考老师的多次签名。我们成了姻亲之后，接触的机会就更多了。他给人的印象，一直就是朴实无华、待人诚恳而又任劳任怨。印象尤其深刻的是他侍奉岳母（也是我的岳母）如同亲母一般至敬至孝。数十年如一日，直到老人以84岁的高龄辞世。这在一般女婿中并不多见。

  在青年时代，他受当时进步思想和马克思主义影响，两度以身许国：敢冒生命的危险，投笔从戎，投入抗日战场；后来又从事民族解放事业危险的地下党工作。

  步入中年，恰逢那个不堪回首的岁月，他和广大正直的知识分子一样，遭遇了磨难，默默地承受着多重的精神压力，然而他对工作、对同事、对亲友仍然一以贯之地尽职尽责。更难能可贵的是，对于自己当初选择的马克思主义信仰仍然不改初衷。他见缝插针地利用管理系资料室的机会，艰难地从事马克思主义哲学的探索研究。直至粉碎"四人帮"，迎来知识的春天后，他才放开手脚地做学问，在马哲原理、马哲史和人学研究方面获得众所周知的骄人业绩，置身于中国哲学界领军人物行列。苦心人，天不负，经历漫长而艰难的探索之路，他终于踏平坎坷，登临风光无限的山峰。

  对我而言，他是我学习效仿的良师，也是我信赖和亲近的兄长。我有幸部分地见证了他的探索道路,曾为他遭遇挫折而忧伤,也为他事业有成而欢欣。有感于此,在他 90 大寿那年我写了一篇词文《路漫漫其艰难分,恒求索而无悔》,赞颂其品格、风骨和治学精神。今值他辞世周年之际,特抄录于此,以表达对枬森兄的追思和怀念:

蜀中灵秀地,
黄庭有枬森。
秀色关不住,
邻里传俊声。
束发从父读,
家学渊源深。
诗书朗朗诵,
经史谙于心。
伯苓创蜀光,
年少沐公能❶。
同窗遇良朋,
笑谈论纵横。
且喜志同道,
友情结终生。
喜欢数理化,
尤爱广博深。
觉数学尤具体,
乐抽象极无穷。
良师云集校风正,
韶华换得羽毛新。
北方传新论,
负笈出夔门。
倭寇燃战火,

华夏大沉沦。
弯弓射天狼,
青年十万兵。
书生拍案起,
掷笔赴远征。
郁郁密支那,
森森野人峰。
密林枪声急,
泗桥喊杀声。
房血洗却家国恨,
祭我中华魂。
天皇刚伏首,
中原又鏖兵。
四家夸富豪,
百姓水火深。
西斋❷夜聚首,
广场❸怒吼声。
再度身许国,
要反独裁君。
终迎来,
百万战船过江洲,
蒋家王气黯然收。
南京降下白日旗,

---

❶ 著名教育家张伯苓先生对自贡原蜀光中学加以改造,成为"新蜀光",并以"为公增能"为校训。

❷ 北京大学位于沙滩的学生宿舍。
❸ 北京大学民主广场。

北平城头红旗升。
遍地秧歌舞，
民族庆新生。
难得烽火息，
重闻弦歌声。
校园归平静，
百家待争鸣。
不揽世俗事，
不涉政治深，
但向哲丛觅知音。
君本读书人，
墨香慰平生。
灵感似珍珠，
思想值千金。
日日勤拾掇，
凝眉已成文。
坦坦热忱意，
落落平常心。
品节泰山重，
虚名鹅毛轻。
主义虽蒙冤，
信念不沾尘。
最难雏绕膝，
奉母乐天伦。
雄略存高远，
阶级讲斗争。
红墙"四害"动，
平地起风云。
大兴斗批改，

文士复伤情。
茫茫海淀❶路，
惶惶伛偻影。
凄凄鲤鱼❷洲，
嗖嗖荻芦声。
老孺倚门望，
千里断肠音。
终盼得，
清晨喜鹊叫，
风雪夜归人。
寒屋灯光起，
堂前笑语声。
苍天佑中华，
小平扭乾坤。
大学还要办，
科学要振兴。
重续前番业，
再拾旧时文。
月牙新，
人初静，
窗前伴孤灯，
马哲科学路漫漫，
崎岖勇攀登。
勤奋能大智，
平凡出奇勋。
文风贵朴实，
文章如其人。

---

❶ 北京大学位于北京市海淀区海淀镇北侧。
❷ "文革"中的北京大学"五七干校"设在江西鲤鱼州。

但解哲理真深意，
不恋玄华浮躁音。
纵使身清苦，
不悔入斯门。
著述等身齐，
桃李满庭芬。
红楼烟雨，
燕园风雪，
巴山水，
长城月，
问哲人心结：
贫富落差剧，
天人难相谐，
拜金热，

信仰缺。
纵然是——
莺歌燕舞，
高楼林立，
掩不住，
敌酋窥伺，
金瓯仍阙。
夕阳日，
心力竭，
未敢忘忧国。
朗润池旁林深处，
耘马哲，
育人杰。

（何成武，华东计算技术研究所原所长、上海市科学技术协会原副主席）

黄枬森——母校蜀光中学
公能校训的终身践行者

王乃粒

我的大姐夫黄枬森于 1921 年出生在四川省自贡市富顺县的一个书香世家,父亲是一名晚清秀才。在黄枬森三四岁时,父亲就把黄枬森送去上由他亲自主持的私塾。黄枬森在上学时,除了阅读一些儒家典籍和史书外,每逢周末,父亲还要他写一篇几百字的论说文或史话,这便从小培养了他乐于理论思考的兴趣。

1939 年,黄枬森 18 岁时去自贡蜀光中学读高中。1938 年改造创办的新蜀光中学堪称素质教育的楷模。从办校伊始,著名的爱国和进步的教育家张伯苓先生就提出把"公能"作为校训。黄枬森在 70 多年以后为《蜀光人物》文集撰写的一篇文章中把"公能"校训阐述为:

学校培养学生的第一要求,就是把学生培养成具有高尚品德的人,最高的品德就是公德,即把公众利益摆在私利之上。而所谓公众的利益不是指一个小团体的小公,而是社会、国家的利益,乃至全世界、全人类的利益。第二个要求就是把学生培养成有为社会、国家服务的能力的人。因此学生首先要有强健的身体,其次是要有现代科学知识,第三要会运用这些知识于实践。第三个要求就是要把学生培养成自强不息、与时俱进、善于创新的人才。

后来,他又在一篇纪念蜀光中学建校 85 周年的文章中进一步阐述,认为"公能"校训的精神同社会主义全面素质教育的精神是一致的,同社会主义人才标准"德才兼备"、"又红又专"的一般精神是一致的,也是与中国传统的人才标准"进德修业"、"选贤与能"的一般精神是一致的。黄枬森对母校蜀光中学"公能"校训的科学阐述、深刻理解和终生不忘可见一斑。

以公能为校训的蜀光中学近80年来培养出了一大批爱国青年和社会主义革命与建设事业的优秀人才。除大姐夫黄枬森而外，我家兄弟姐妹6人和我的夫人也都曾是蜀光中学的学生，在我们的成长过程中都深受"公能"校训的熏陶，而枬森兄不愧为吾辈中践行"公能"校训的佼佼者和典范。

黄枬森于1939—1942年在蜀光中学上高中时，正值抗日战争和国共第二次合作的高潮时期，中共地下党组织活动十分活跃，一些地下党员教师借机对学生进行了大量的爱国主义和进步思想的教育。其中对黄枬森思想上影响最大的是当时已是共产党员的王冶秋老师（解放后国家文物局首任局长）。后来，据黄枬森回忆："王冶秋老师指导我们读课外书籍，撰写读书笔记，使我终身受益。"也就是在这段时间里，黄枬森在课外阅读了许多鲁迅先生的文章和一些马克思主义哲学著作，如艾思奇的《大众哲学》、潘梓年的《逻辑学与逻辑术》，还有一些苏联哲学家的著作，使他从此知道有一门学问叫哲学，它的任务是揭示宇宙的奥秘和人生的真谛。从此，黄枬森就对哲学，尤其是马克思主义哲学产生了浓厚的兴趣和尊崇之心。

1942年，黄枬森从蜀光中学毕业后考上了设在昆明的西南联大物理系，次年转入他心仪已久的哲学系。1944年，正当黄枬森如饥似渴地埋头于学习西方哲学和几门外语时，"二战"到了最后的关键时刻，但日寇还在疯狂地作垂死挣扎，一直打到了贵阳附近的独山。国家兴亡，匹夫有责。在听了冯友兰、闻一多等著名教授激昂慷慨的参军抗日动员报告后，黄枬森和西南联大的一批同学毅然投笔从戎，挺身报国，参加了远征军，编入汽车团，在印度战区极其艰苦的条件下接受训练，做好执行军事运输任务的准备。1945年，抗日战争胜利后，黄枬森随军返回祖国，但他不愿意参加国民党的青年军随孙立人部队开赴东北打内战，便毅然决然地回到西南联大继续学习哲学，期间积极参加了中共领导的反内战、争民主的学生运动，并于1948年毕业前夕加入了中国共产党，这也可以说是他坚信马克思主义真理的必然归宿。

解放后，黄枬森根据北大哲学系教学发展的需要，从研究西方哲学转为专门从事马克思主义哲学的教学和研究工作，并把马克思主义哲学作为一门科学来研究、来建设、来发展，作为终身无悔、百折不挠的追求。他说过，在学术上"我不在乎别人说我是'左'还是右","我只坚持我追求的真理"。他是这样说,也是这样做的。为了坚持真理,讲真话,黄枬森在反右和"文化大革命"等运动中,受到过极"左"思潮的排挤和打击。为了坚持真理,他也敢于修正自己的错误。在他晚年接受自贡电视台《天下自贡人》摄制组采访时,坦诚地谈到使他感到忏悔的两件事:一是曾违心地写文章批判冯友兰先生的"抽象继承法",二是在"文革"中违心地主持了批判孔子《论语》的写作。后来,他都写了专门的文章对自己的错误作了深刻的检讨,并对被批判者表达了深深的歉意。人非圣贤,孰能无过。在哲学界已成为声名远扬的大师的黄枬森,在他已是八九十岁的高龄时,还能如此严于解剖自己,坚持真理,修正错误,其胸怀之坦荡,人格之高尚,可见一斑。真不愧他的学生们赞扬的那样"学为人师,行为世范"。鉴于黄枬森在学术和教学上取得的杰出成就和他高尚的师德,他于1996年被评为北京大学优秀共产党员标兵,2001年被评为北大的师德模范,这是对他一生最大的褒奖。

纵观黄枬森平凡而光辉的一生,他从一个对哲学的奥秘充满了幻想的中学生,到最终成为我国公认的哲学家、哲学史家和哲学教育家;从一个充满爱国热情和追求进步的青年人,锻炼成一个坚强的共产主义战士。他的成长过程无不受惠于母校蜀光中学"公能"校训的熏陶。为了报答母校给予的恩惠,他和夫人(我的大姐刘苏,也是蜀光中学的毕业生),把他们平时节省下来的一些钱捐赠给母校,建立了"刘苏·黄枬森奖学金",用于资助一些勤奋好学但在经济上困难的学生,帮助他们更好地完成学业,成长为国家和社会的栋梁之才。

(王乃粒,研究员,中科院上海冶金研究所原常务副所长,上海市科协原专职副主席兼党组书记,上海市旅游局原局长)

永存的记忆

王抗生

1953年3月,12岁的我,在四川省自贡市蜀光中学读完初一。由于父亲病逝,大姐刘苏从北京赶来,接我和母亲到北京同住,直到1963年8月,我从北京体育学院(现北京体育大学)毕业,分配到上海工作,才离开大姐家。

我出生在抗战时期,童年在四川度过,记忆比较蒙眬,青少年时在北京求学,生活安定,记忆犹新……

1953年到了北京,这时的我还是一个半大的孩子,对生活中的变故还不在意。由于四川是春季招生,北京是秋季入学,我要插班到初二还要等几个月,只好在家复习功课,准备入学考试。

在家休学这段时间,我学会了骑自行车,枬森兄新买的车却被我摔掉了几块油漆。对此枬森兄一句责怪的话也没有,倒是母亲看不过去,说我把新车弄成这样。学会骑车后,我经常在北大校园内骑来骑去,十分悠闲。后来,经枬森兄多方联系,我又通过了海淀区教育局的文化测试,于1953年9月进入北京十九中初二年级学习,直到1958年7月高中毕业。

1953年,枬森兄给苏联专家做助手,在北大哲学系协助专家培养研究生,讲解马列原著。他这时成天忙忙碌碌,白天工作,晚上回家还要忙家务,一般要到晚上10点钟左右才开始备课,他的书桌就在我的床边。此时,我已做完作业要睡觉了,半夜醒来,只见他低着头,一手握笔,另一只手在用手指捻头发,陷入沉思之中,片刻之后,又文思泉涌,奋笔疾书。早晨我起来一看,书桌上堆了一叠写好的稿纸。

我刚开始在北京读书时,还有些不习惯,文科较好,自己能对付,有时在做数理作业时，遇上难题问枬森兄，他不是针对题目直接解答，而是将这段知识前前后后系统地讲，从理论上做一番梳理，道理懂了，题目自然会做了，但几次以后，我就不敢再问了，怕找他一讲就没完，我还要忙着赶作业呢。以后我改进了学习方法，放学回家后，先复习，后做作业，作业做完了再预习，力求系统连贯地掌握知识，学习成绩提高了，还养成了独立自主的学习习惯，这使我终身受益。

1957年的整风运动，十九中的一些教师一夜间成了右派，不过他们照常上课，仍是我们的老师，师生关系如故。此后，枬森兄也受到冲击，这已是我在北京体育学院学习后的事了。由于上大学，在家时间少了，从表面看，枬森兄和过去没有多大区别，照常忙工作、忙家务，只是没有教书，在北大哲学系编译资料室工作。实际上这段时间他更忙了，专心于列宁《哲学笔记》的研究，在这本书上花了许多功夫，对列宁引用他人的话语要逐一查到出处，对列宁的批注逐字逐句地解读。改革开放后他出版的两部专著《〈哲学笔记〉注释》(主编)和《〈哲学笔记〉与辩证法》(撰写)，就是在这段时间潜心钻研的结果，其中经历的艰难、磨砺，难以言表。

枬森兄有很多终生的朋友，如李公天教授等。我在北京读书期间，公天大哥经常来家坐坐谈谈，每次时间不长，来去匆匆。难能可贵的是，即使政治氛围最紧张、枬森兄处于最困难的时期，他们依然无话不谈，忧国忧民之心亦不稍减。有一次他们在颐和园铜牛附近的亭子里谈了很久，我也在场，对所谈之事虽已记不清楚，但他们彼此关心，鼓励，患难之情，感人至深。

枬森兄尊师爱生可称为楷模，他在上世纪50年代对金岳霖、郑昕等老先生十分尊重，经常去看望他们，从生活上关心照顾他们。对此事我略知一些。听大姐说他90高龄那年身体已经不好了，仍坚持春节去看望郑师母。他教过的学生不计其数，对于来家拜访、探讨学问的学生，或者仅仅是哲学爱好者，不管认识不认识，他都热情接待，有时甚至是放下自己手中的事与他们长谈。

"高尚品德的人，最高的品德是公德，即把公众的利益摆在私利之上，而所谓公众的利益不是一个小团体的小公，而是社会国家的利益，乃至全世界、全人类的利益。"❶这是枬森兄的话,他也是这段话的践行者。

岁月流逝,记忆永存!

(王抗生,体育高级教师,上海浦南中学原副校长,黄枬森夫人的弟弟)

---

❶ 引自黄枬森:《公能——张伯苓教育思想的灵魂》,见《蜀光人物》第2集,四川人民出版社2009年版。

永远的黄二哥

——枻森兄仙逝周年祭

钟文农

当代哲学大师黄枻森的夫人刘苏是我的大表姐，也是我少女时代志趣相投的密友，多年来我习惯称呼枻森兄为黄二哥，且一直用四川话跟他交谈。我读初中一年级时因家庭陡生变故，长时间住在大姐家——迥龙别墅，我们同在一所全国名校读书，同在一张大床上唱歌背唐诗，结下了真挚的友谊。

上世纪50—60年代，我在北京工作时，因交通不便，我和大姐夫妻偶有来往。1957年他俩还参加了我的婚礼，赠送礼品并各自签名，我保存至今以作纪念。自十年前我从大西北迁居北京以来，我与大姐和黄二哥过从甚密，儿时的感情积淀得更深更浓。我视大姐如亲人，视她家如娘家。我经常从居住地通州区辗转乘公交、地铁到北大朗润园去看望他俩，往返4个多小时从不觉累。我和大姐一同回忆少女时代在迥龙别墅共同经历的往事，同黄二哥一起唱校歌，感到其乐融融。每逢节日或重大喜庆（如蜀龙大哥回国探亲或家人生日），他俩必邀我参加聚会。我和大姐经常通电话聊家常致问候，黄二哥生前诗作《宇宙人生两有之》，由年已86岁高龄的大姐以残损的视力书写成碑文，又制作成精美书绢，赠与家人，我有幸获赠一幅，足见大姐待我如姐妹，使我这上无父母下无兄弟姊妹的人倍感亲切和温暖。

由于十年来交往频繁，使我得以近距离观察黄二哥，了解黄二哥工作、生活、处世、为人的方方面面，点点滴滴。随着时光的推移和理解的加深，黄二哥在我心中的形象越来越高大，越来越完美。枻森——宛如参天大树般葱郁、繁茂、挺拔，使我崇敬、仰慕、钦佩！他，是这样的人：

黄二哥是高尚的人。他集光明磊落、正直坦荡、宽容豁达、无欲无求于一身，无私念俗情，淡泊名利，纯净透明，从不说人长短，论人是非。坎坷生涯20余载，从未消沉气馁，怨天尤人，只是默默地、孜孜不倦地学习、求索、耕耘，终至硕果累累。

黄二哥是敬业的人。他毕生从事马克思主义哲学研究，日以继夜思考、探索、撰文，朝朝暮暮手不释卷，带病应邀到各地讲学。他为了自己钟爱的哲学研究及强烈的社会责任感，燃尽最后一缕光，呕尽最后一滴血，直到生命的尽头。

黄二哥是仁爱的人。他对父母以及岳母，孝顺尊敬，关怀备至，赡养终身；对妻子（我的大姐）深情挚爱，相敬如宾，呵护关心，无微不至；对大姐的兄弟姐妹重情重义，如同骨肉之亲；对至亲好友热情诚恳，礼节周到。记得有一次我从北大朗润园回家，到公交车站还有很远一段路，年逾八旬的黄二哥坚持要骑自行车带我出大门，我见他年迈体衰，力拒不受，他仍推着车送我出校门，直到我上了公交车才离去，使我感受到长兄般的关爱和温暖，至今难忘。

黄二哥是谦和的人。由于他研究马克思主义哲学成果不断扩大，他的声望和威望也与日俱增，可谓"声誉传华夏"、"桃李满神州"，但他为人低调、谦逊、从容、淡定，总是以平常心面对一切，无论对待学生、对媒体俱是和颜悦色，轻言细语，从不高谈阔论，自以为是。

这就是黄二哥，永远的黄二哥！斯人已逝，但他在我心中永远是一个完美的人！大写的人！

附黄二哥九十华诞我所作贺寿诗为祭：

天生奇才出儒门，巴山蜀水育枏森。
大器甫成遭霜雪，廿年坎坷未辍耕。
狂飙乍起扫魔群，荡涤霾尘又一春。
老骥伏枥书千卷，当今马哲第一人。

（钟文农，甘肃省京剧团国家一级编剧）

枬森永远活在我们心里

何光耀　袁嘉锴

枬森是我们自贡蜀光中学 1942 级高中三年朝夕相处的同班同学，毕业后数十年间又是交往较多的朋友。他不幸去世快一年了，可是他的音容笑貌常萦绕在我们眼前，他那优秀的思想品质仍铭刻在我们心里，他永远是我们学习的好榜样。

在我们的记忆里，枬森在追求真理、终生奋斗的一生中具有三个突出的优点。

一、勤奋好学，博览群书

我们在高中三年时，正值抗日战争高潮，读书救国是全国教育的指导方针。《满江红》、《流亡三部曲》、《黄河大合唱》、《义勇军进行曲》等抗日救亡歌曲处处传唱，使全国青年热血沸腾，意气风发，斗志昂扬，奋发学习，而一系列的爱国运动更促进青年们树立了读书救国的思想。

当时，经改造扩大的新蜀光中学以"尽心为公，努力增能"为校训。一批从东北、华北及长江下游沦陷区逃亡避难的优秀教师来蜀光任教。他们以耳闻目睹敌人的凶狠残暴及血淋淋的事实言传身教，更增加了我们对日寇的仇恨，激发了我们发奋读书。适逢进校不久，亲身经历新校舍遭日机轰炸，敌机不分昼夜频繁骚扰，更成为鞭策我们努力读书的动力。

枬森勤奋学习，是同学中博览群书的突出代表。除了完成规定的各科学习任务外，他经常到图书馆借阅图书。班上同学常看见他在中午饭后、下午课外活动时间，手捧课外书籍，如饥似渴地学习。

在图书馆里，他阅读范围很广泛，涉及自然科学、社会科学和哲学等各类学科。他读了艾思奇的《大众哲学》，鲁迅的一些作品，也喜欢中外小说。他还喜欢到图书馆阅览室看看报纸，关心抗日新闻，有时也翻看杂志，如《科学》月刊等。

当时英语教材中选择了南开中学英文选读教材活页本，其中一篇是描述可怜的小女孩柯赛提（音）所遭受房东虐待的故事，我们在阅读的时候并不知道文选的出处，没头没尾的，索然寡味。之后不久，他从图书馆借阅了《万有文库丛书》中的《可怜的人》一书，读后，知道了英语教材中的小女孩柯赛提就是这本《可怜的人》一书中所描写的可怜人之一，于是热心地向我们介绍和推荐此书。他概括地向我们介绍了作者、重要人物及一些故事情节，使我们茅塞顿开，理解了教材内容，增加了学习兴趣，分享了他读书的愉快。这样无私、热情、主动地帮助同学在他来说是常事。

为了以后学习国外先进科学技术，他除了努力学好英语外，还选择学习法语。入学不久，他和李公天、牟有恒三人约定于每周末，跟自流井天主教堂的法籍传教士学习法语，一直持续到天主教堂被日机轰炸烧毁，法国传教士避难回国为止。

枬森在蜀光三年的学习中，有了学校的培养，有了良师的教育，有了自己的勤奋学习，为他以后的深造打下了良好基础。

二、治学严谨，创新不断

上世纪 50 年代，我们就从《光明日报》和《中国青年报》上读过他写的关于哲学的普及读物，感觉他的文章通俗易懂，简明扼要。

时隔 20 多年，在真理标准和人道主义与异化的大辩论中，我们才又读到他的论述。总体上感觉，他的文章观点明确、针对性强，层次分明、逻辑性强，有理有据、说服力强。让人心悦诚服，更有独特的见解。

1984 年，我们收到他赠与的新著《〈哲学笔记〉与辩证法》。读后，激发了很大兴趣。这本书的序言一开头："列宁的《哲学笔记》是一本难读的书……"开门见山，点出了读者的心病。接着提出"怎样学习这一本不可不读而又难读的书呢？"提示大家：难读又非读不可，发出非常有力的劝告。据他自述，从上世纪50年代开始，他就曾立下宏愿，终于用了30多年时间，完成了《〈哲学笔记〉注释》及《〈哲学笔记〉与辩证法》两本著作。这两本书的出版是他用心学习、反复思考、严肃负责、呕心沥血的结晶。我们仔细阅读了《〈哲学笔记〉与辩证法》，所受启发很深，许多难读的东西，在他的笔下变得通俗易懂。一些争论难解的问题，经过他的梳理，像层层剥笋，层次清晰，很容易为普通读者所接受。从这个意义上讲，这正是他作为哲学教育家的特点之一。

他把马克思在《资本论》中实际运用的辩证法、恩格斯在《反杜林论》中的唯物辩证法特征、黑格尔的辩证法融为一体，阐明了唯物辩证法的对象、内容和体系，开阔了我们过去限于《辩证唯物主义与历史唯物主义》教科书的视野，似觉心里豁然开朗。该书实际上对我们起到了一次唯物辩证法的普及与宣传教育的作用。

三、乐于助人，利国利民

枬森对长辈彬彬有礼，对亲朋好友和蔼可亲，对学生关心爱护。虽然忙于教学和著述，他还亲自下厨房，能做得一手好川菜，也会包饺子。到了晚年，凡是能自理的事，他仍然是亲自动手。自贡的亲友、同事、老同学凡是托他在北京办事的，他都有求必应，把事办好。如我们在蜀光教书时，曾多次托他在北京购书，他从不厌烦和推脱。从自贡去北京回来的人都说，到黄枬森家去简直是宾至如归。1982年，校友周问华、李家德分别从湖南长沙、四川自贡去北大拜访，中午，枬森亲手做了一盘鲫鱼，色、香、味俱全，刘苏也亲手炒了一盘熘肝尖，滑嫩色鲜，她们吃了赞不绝口。枬森平日生活颇为节俭，却在母校蜀光中学设立了"刘苏（王美瑜）黄枬森奖学金"，帮助贫困学生读书。他的助人为乐在亲友中是有口皆碑的。

枬森的一生不愧为"勤奋学习，努力工作，热爱祖国，热爱人民"。他永远是我们学习的榜样，他永远活在我们心里。

（何光耀、袁嘉锴，曾先后出任四川省自贡市蜀光中学校长）

老会长黄枬森永远活在我们心中

自贡市蜀光中学北京校友会

黄老离开我们转眼已快一年了。我们脑海里呈现的却是他开创蜀光中学北京校友会近30年来的音容笑貌。他没有离开我们，他永远活在我们心中！

黄枬森教授是马克思主义哲学家，他继承、丰富、发展了马克思主义哲学，位居当代马克思主义哲学的至高点。

黄老是伟大的教育家，他培养了一大批国家各方面的栋梁之材。黄老是优秀的中国共产党党员、坚定的共产主义战士，他有坚强的党性、坚定的共产主义信念。在他艰难坎坷的日子里，他坚信我们党犯的错误我们党自己能纠正，仍然坚持真理，忘我地工作。黄老的为人，平易近人，对同志、对朋友、对校友满腔热情，坦率真诚，和蔼可亲，有求必应。黄老的作风，雷厉风行，生活简朴，成就斐然却谦虚谨慎。

我们校友都喜欢同他接触。他像父辈一样慈祥，像兄长一样敢于担当。我们十分敬佩他，他是我们终身学习的楷模。黄老工作十分繁忙，他既忙大事，也从不忘小事。在有的人看来，自贡是一个小地方，蜀光中学只是全国成千上万所中学之一。在黄老看来：自贡是一个生我养我的地方，蜀光中学是我启蒙的学校，"功能"校训照亮了我少年的心灵，指明了我前进的方向，使我终身受益。黄老十分爱家乡，爱蜀光，要无愧于蜀光这个名字，报答不完的家乡恩，报答不完的蜀光情，家乡母校有求必应。在黄老的身上，出处体现着辩证唯物主义和历史唯物主义的世界观和价值观，体现了一个共产主义战士的风范。

创办蜀光中学北京校友会

1984年，当蜀光中学创建60周年校庆之际，他和1942级校友李公天等人，在当时自贡市驻京办事处主任王用光校友的协助下,联络在京校友在紫竹院公园聚会,成立了蜀光中学北京校友会。当场受与会校友们推举,担任了第一届校友会理事会会长。他和副会长李公天以及秘书长等人积极开展校友会活动,使得校友会不断壮大,从开初的几十人发展到几百人,现在已有 900 多人。校友会在他的领导下,本着联络感情、团结互助、发扬校训、服务乡梓的精神,开展得有声有色,形成了一个好的传统。一年一度校庆期间的聚会,是校友们欢快的节日。重唱校歌勾起校友们对青春的回忆,迎接新考进北京各高校的新校友,使校友们感到母校的前进步伐。自贡市领导或驻京办的报告,使校友们对家乡的发展感到鼓舞,北京校友们的先进事迹的介绍,对校友们以莫大的激励,娱乐活动使大家轻松愉快,校园漫步更让人心旷神怡,会上会下各种交流非常活跃。有的年级还在春节前后或节假日聚会,畅叙友情,互相帮助,各尽所能。春节前后,校友会拜会师长,看望病中校友,更增加温暖。这些活动,黄老和理事会班子都尽心组织,亲自参与,形成了良好的传统。1989 年后,黄老改任校友会名誉会长,但他仍然积极参与校友会各项活动。他和大家一起开创的校友会活动形式、精神传统仍得以继续发扬。至今蜀光中学北京校友会仍异常活跃。

黄老还非常关心家乡建设和母校的发展,他在 2000 年秋与北京 10 余位校友接受自贡市委和市政府的邀请返乡参观学习时,与校友们一起对自贡的经济和社会发展、旅游开发及干部培养等方面建言献策。他还推动了他的妻兄旅美校友王蜀龙为蜀光中学捐款设立了"王氏爵玎奖学金",他自己也与同为蜀光校友的妻子一起为学校捐款设立了奖学金。

为编写蜀光中学北京校友会30年工作简况不辞辛劳

2014 年 9 月将是自贡蜀光中学建校 90 周年,也将是蜀光中学北京校友会成立 30 周年,经校友会研究决定,拟整理一个 30 年校友会工作简况作为对母校 90 周年的献礼。整理方法是以每位会长任期为一个阶段,由各届会长分别执笔,然后综合。2011 年 7 月,我到黄老家传达此事,黄老十分高兴,认为这是很有意义的一件事情。黄老说他任会长这一段，手里的资料少，想请第二任会长张思敬代写，需要讨论时由他找地方。我想黄老已91岁高龄，行动不便，出门需坐轮椅，就按黄老说的办了。2011年9月3日上午，我们在北大哲学系108会议室开会。参会的有历任会长、部分副会长和秘书长，现任的中青年副会长和副秘书长等共10人，讨论综合各种意见和建议。散会后大家合影留念。黄老还请大家共进午餐。黄老从上午8点多钟，一直坚持到下午2点。我们大家都感到黄老太累了，劝他早点回家休息。这时黄老还惦着比他大一岁的李公天教授。黄老说，找出租车把李老送到家。细微之处可见黄老处处想到的是别人！

黄老写"序"

2012年7月经多次修改，1984年至2012年5月的简况定稿了。理事会研究决定请黄老为此写序，黄老欣然答应。

9月14日黄老通知谭志君到他家去取。黄老谦逊地说你们再看看还有什么意见。看见黄老十分疲惫地坐在垫高的沙发上，插着导尿管，右腿胯骨旁还挎着一个塑料袋，我忍不住掉下了热泪！我对黄老说，你什么时候安上了导尿管？黄老低声慢慢地回答说快一个月了！我说这多难受，多不方便呀！黄老说，尿不出来，受不了！我听了很心痛，黄老91岁高龄还忍着病痛为校友会撰写序言，可见他对母校、对北京校友会的赤诚之心。

黄老在序中总结了近30年来校友会的工作，他认为办好校友会的主要经验是：

（1）校友们在蜀光学习和工作，受到公能教育和熏陶，形成了"一心为公，努力增能"的思想品质，终身受益，深深怀着对母校的记忆和深厚的感情，正是这种感情，这种思想，激发了校友们对校友会的支持和拥护。

（2）自贡市委、市政府和母校对北京校友会长期以来大力的支持和指导。

（3）理事会，特别是正副会长和正副秘书长及骨干分子公而忘私的热情发挥了关键的作用。

他还对今后校友会应如何更好地发挥作用提出了指导意见：

（1）把在京的几百位基本上没有什么联系的校友逐渐地组织起来，形成了一个由小到大、不断发展的集体，促进校友之间的互相了解、互相交流、互相帮助，并以集体的力量，从事一些对社会有益的活动。

（2）让北京校友能及时了解家乡和母校的发展，获得家乡和母校的支持与指导，使校友会成为母校和北京校友之间的联系桥梁。

（3）对在京年长的、有病的或有困难的校友可多嘘寒问暖，增进校友之间的感情。

黄老在《序》中告诉我们，要正确认识校友会的性质和作用，热情参加校友会的活动，积极做好校友会的工作。

我们没想到这竟是黄老留给北京校友会的最后文字。他给我们留下了最宝贵的精神财富，我们越读越感亲切，越读越感到这篇序就是我们校友会今后工作的指南。

黄老为校友会写《序》的时候，身体状况已严重恶化，不时出现头晕，不得不时常停下几分钟，但是他没时间休息，他还要修订由中央编译出版社正在陆续出版的《黄枬森文集》，还有他准备写的《我和哲学》，文集修订完了，可是《我和哲学》这篇稿还未写完，黄老就倒下了。2013年1月24日晚，黄老的心脏停止了跳动。黄老永远地离开了我们！但是黄老的精神永远鼓舞着我们前进。黄老永远活在我们心中！

（整理人：张思敬，清华大学原副校长、教授，北京蜀光校友会原会长；谭志君，北京紫竹药业原党委书记、高级政工师，北京蜀光校友会会长）

黄枬森教授的"公能"情结

易明初

黄枬森教授 1939—1942 年于四川省自贡市蜀光中学高中二班毕业，三年的"公能"校训教育，伴随着他成长，并贯彻终身，为他一生的哲学研究创造了辉煌，他是蜀光人的骄傲和楷模。他的学术成就名扬全国，影响世界，给后人留下了极其宝贵的精神财富。他的逝世不仅是蜀光人的巨大损失，也是我国哲学界的巨大损失。我为失去了在京共同为蜀光校友会工作近 30 年的兄长而无限悲痛惋惜。

1984 年，借蜀光中学建校 60 周年之际，在黄枬森、李公天、我和校友们的倡议下，创建了蜀光中学北京校友会，记得那一天，60 余名校友第一次聚集在紫竹院公园，选举黄枬森为第一任会长，黄教授说我年富力强，在他的提议下，大家推选我当了秘书长。因会务工作，多少年来，我俩接触密切，相互十分了解，他是我最信任最佩服的兄长，也是我终身学习的榜样。

黄枬森教授鞠躬尽瘁，把一生都献给了党的事业，生命不息，工作不止，直到临终前还完成了蜀光中学北京校友会所委托的为《蜀光中学北京校友会 30 周年活动简况》写《序》的任务。但谁能想到这竟是黄教授留给北京 900 多名校友的绝笔。在《序》中我们感受最深的是他对家乡、母校和校友的深深留恋，这是他给我们留下的一笔宝贵的精神财富。

黄枬森教授的一生称得上是甘当"孺子牛"的一生，在坎坷的生命旅途中，他始终不渝地奋勇向前，从不后退或停止脚步。他对朋友和校友极其真诚，和蔼可亲，有求必应，平易近人，是我们蜀光人中又红又专、德才兼备的典范。

黄枬森教授在蜀光中学高中三年的学习中，受到张伯苓和喻传鉴"允公允能，日新月异"和"尽心为公，努力增能"的熏陶和教育，在黄教授人生观定型的阶段产生了极大的影响。"公能"校训在他的思想深处扎根、开花和结果，成为黄枏森教授一生的精神支柱和做人的核心准则。

回顾近 30 年与黄枏森教授的相处，特别是翻阅和重温了他在《蜀光人物》和《校友通讯》等刊物中所发表的十多篇文章，不难看出文章的重点或核心，几乎都放在了他对"公能"二字的深刻领会和对自身的影响上。其中特别是《要无愧于蜀光这个光辉的名字》、《在喻传鉴校长的思想影响下成长》、《公能——张伯苓教育思想的灵魂》、《公能台的情结》、《允公允能，又红又专》、《韩叔信校长是落实蜀光精神的总工程师》等六篇文章，以他对"公能"和"蜀光精神"的深刻认识，从古到今进行了深入的比较和分析，结合自身的收益，谈了自己的感受以及成长历程。

黄枏森教授认为，张伯苓的"公能"教育思想给我们留下了一份宝贵的精神，后人应加以发扬光大，这是作为一个教育工作者不可推卸的责任，特别是蜀光中学的师生和校友们，作为南开系列学校的成员，责无旁贷。"公能"校训是教育思想的灵魂，如今深入研究张伯苓的思想和实践是完全必要的。黄枏森教授深有感触地说："我在蜀光只生活了短短三年，现在时间已逝去了半个多世纪，蜀光的老师同学的音容笑貌、公能台的高大形象仍历历在目，蜀光精神中的'公能台'永远在蜀光学子中闪闪发光。"黄教授解释道："蜀光的校训'公能'（用今天的话来说就是'德才'），尽管是一个抽象的口号，对于培养学生为公众、为社会而学习的思想仍有一定作用，这种思想使蜀光学生易于接受革命思想和共产主义理想，走上革命道路。在蜀光短短三年的学习生活，其内容是极其丰富的，意义也是极其深远的。其中，最为深刻的是：校训'公能'的思想更充分体现在全部学校生活中，耳濡目染，潜移默化，培养了大量德智体全面发展的人才，使我终生受用，也使我后来选择哲学这门专业的学习和研究有很大关系。"黄教授有今天举世瞩目的成就，能成为一名名副其实的马克思主义者，完全与青少年时代深受"公能"教育有直接关系，使其在一生中坚持走又红又专、德才兼备的道路。

回顾黄枏森教授的一生，其品德是一流的，在我们的心目中，他就是我们校友中德才兼备的模范,他的一生就是对公能精神最好的诠释。黄枬森教授将永远活在我们心中!

(易明初,中国地质科学院地质力学研究所研究员,蜀光中学北京校友会原会长)

补 篇

黄枬森先生逝世

2013—02—01来源：CCTV综合频道《新闻联播》

（北京时间2013年2月1日19：23）主播：本台消息，1月24日，当代著名哲学家、哲学史家、哲学教育家，北京大学教授黄枬森先生因病医治无效，在北京逝世，享年92岁。

北京大学教授黄枬森先生在京逝世

2013—02—02来源：CETV

（北京时间2013年2月2日16：30）主播：2月1号，当代当代著名哲学家、哲学史家、哲学教育家，北京大学教授黄枬森先生的遗体告别仪式在北京八宝山举行。

黄枬森先生自1950年起，在北京大学讲授马克思主义哲学。2012年获得北京大学哲学系哲学教育终身成就奖。由他任编委会主任出版的《人学理论与历史》，包括《人学原理卷》、《西方人学观念史卷》等，受到了国内外学术界的广泛关注。

王东（北京大学哲学系教授）：他实际上是中国教师精神在当代的典型代表，对学生应该说是厚德载物，是诲人不倦，非常包容，用那种真心挚爱对待每一个学生。

徐春（北京大学哲学系副教授）：（黄先生）非常遵从学生的兴趣（研究兴趣），让学生去开拓一个思路，但是对于学生的一个具体教育的时候，他非常严谨。

黄枬森："我只坚持我所追求的真理"

2013—01—29来源：人民日报

1月24日晚8时35分，著名哲学家、北京大学哲学系教授黄枬森，在北京西苑医院静静地走完了92年的人生旅程。

许多学者闻讯唏嘘：先生的离去，使我国马克思主义哲学研究失去一位大家，使我国哲学社会科学领域失去一位"好人"。

国务院学位委员会学科评议组成员、国家社会科学规划领导小组哲学学科评议组成员、中国马克思主义哲学史学会会长、"蔡元培奖"……先生身上的一连串头衔和荣誉，堪称显赫，令人敬仰。而更令人敬仰的，则是他一生取得的学术成就、体现的精神品格。

为学："不合时宜"的坚守

黄枬森一生有许多的故事值得书写。但作为一名学者，他的人生经历却相当简单：把马克思主义哲学作为一门科学来研究、来建设、来发展，是其终身追求。在有的人看来，这多少有些"不合时宜"、"不太灵活"，但这恰恰体现了他对理想信念的执著、对学术立场的坚守。

1939年秋，18岁的黄枬森进入四川省自贡市蜀光中学高中部学习。在那里，他迷上了艾思奇的《大众哲学》。艾思奇关于正确的哲学是真理、唯物论和辩证法就是正确的哲学等观点，引导他走上了革命和进步的道路。

1943年，已成为西南联大物理系学生的黄枬森转入哲学系，广泛涉猎各种哲学流派，尤其是西方哲学。但他思考得最多的，还是马克思主义哲学的科学性问题。

新中国成立后,黄枬森来到北京大学,以研究生身份担任理论课助教。作为马克思主义哲学专业工作者,他进一步坚定了哲学思想有正确与谬误之分、哲学可以成为科学的观点。

上世纪80年代以来,黄枬森的学术工作一直围绕两个方面展开:一是撰写一系列文章阐发马克思主义哲学的科学体系,二是与一些同行一起构建马克思主义哲学体系。《〈哲学笔记〉注释》,《马克思主义哲学史》3卷本、8卷本,《马克思主义哲学原理》,《人学理论与历史》,《马克思主义哲学创新研究》等一批有重大学术影响的研究成果陆续面世,黄枬森也成为享誉中外的马克思主义哲学家。

晚年的黄枬森总结自己70年的哲学研究,特别强调:"实践是马克思主义哲学的根本特征之一,但它之所以能够成功地指导实践,是因为它是科学的。"

为人:"三宽"的"大好人"

平和、朴实,不搞花架子,不哗众取宠,文章如此,为人亦如此。这是黄枬森在人们心目中的形象。

"宽广、宽容、宽厚",北京大学哲学系张翼星教授这样描述;"是个'大好人'",熟悉黄枬森的亲友邻里这样认为。"三宽"的"大好人",堪为黄枬森一生为人的写照。

贯通中国哲学和西方哲学、熟悉自然科学和社会科学,使黄枬森在马克思主义哲学研究方面具备了宽广的视野、深厚的功底。然而,黄枬森丝毫没有盛气凌人、唯我独尊的气势,待人十分谦和、宽容。"有的学生研究领域超出他的范围,他能宽容;有的学生出现了过失,他能宽容;有的学生发表了不同的学术观点,他能宽容;有的学生甚至言辞激烈、有些失礼,他也能宽容。"黄枬森的学生、北京大学哲学系教授王东这样讲述亲身经历和切身感受。

同为黄先生弟子的徐春,曾这样描写作为"大好人"的黄枬森:"我去苏联学习时,他为我准备一些美元以资行程;我结婚时,他和师母送我绸缎被面表示祝贺;我生女儿时,他为我送去一只刚出炉的匈牙利烤鸡……每当我想起这些往事就会感动得流泪,可这在黄先生看来是顺理成章、再正常不过的事了,也许这些生活小事他早就不记得了。"

他不但对学生如此,对其他人也是这样。记者曾多次聆听过黄先生的发言,并多次约请他撰写文章。他的发言总是切中肯綮、娓娓道来,非常具有说服力、感染力;对于不同的意见和观点,他总是耐心倾听,从不自以为是、武断作结。对于记者对他的文章进行的删改,他从来没有表示不满、予以拒绝,而是充分肯定、积极鼓励,不同意的地方也是和颜悦色地提出来,"与你们商榷"。

"我不在乎人们说我'左'还是'右',我只坚持我所追求的真理。"朴实的话语尽显先生的品格和追求。

(记者彭国华)

沉痛悼念黄枬森同志

2013—01—29来源：人民网

中国马克思恩格斯研究会名誉会长（原会长）、北京大学哲学系资深教授黄枬森同志因病医治无效，于2013年1月24日在北京逝世，享年92岁。中国马克思恩格斯研究会的全体同仁怀着万分悲痛的心情，沉痛悼念这位当代中国卓越的马克思主义哲学家、哲学史家和哲学教育家！

黄枬森同志于1921年11月29日出生于四川省富顺县。自幼贞敏，早读私塾，中国古典文化功底深厚。在蜀光中学读书时，他通过阅读艾思奇《大众哲学》等途径，开始接触马克思主义哲学。1942年考入西南联大物理系，1943年转入哲学系学习。期间一度投笔从戎，参加抗日战争。抗战胜利各校复校后，1947年重新投入北京大学哲学系学习，1948年哲学本科毕业后做著名康德研究专家郑昕教授的研究生，同年加入中国共产党。从1950年起，他开始在北京大学讲授马克思主义哲学。1981—1986年任北京大学哲学系主任，2011年任北京大学马克思主义哲学研究中心主任，2012年获得北京大学哲学系哲学教育终身成就奖。他有很多社会兼职，在很长时间里兼任我们研究会负责人。

黄枬森同志是中国马克思恩格斯研究会的杰出领导人。中国马克思恩格斯研究会是挂靠在中共中央编译局的国家一级学会，主要任务是研究马克思恩格斯的生平事业、著作思想，并联系实际研究重大理论和实际问题。该研究会的前身是1982年创立的"《反杜林论》研究会"，主要研究《反杜林论》等经典著作；1992年更名为"中国恩格斯研究会"，研究范围扩大到恩格斯的著作思想和生平事业等；2002年再次更名为"中国马克思恩格斯研究会"，研究范围进一步扩大到马克思恩格斯的著作思想和生平事业。在研究会的整个发展过程中，黄枬森同志都发挥了重要作用。特别是在 1992 年到 2000 年他担任会长期间，积极组织会议，研究课题，培养人才，服务社会，为研究会的建设和发展作出了重大贡献。

在黄枬森同志的带领下，研究会始终坚持正确的办会方向，毫不动摇地坚持辩证唯物主义与历史唯物主义基本原理，深入研究马克思主义经典作家的著作、生平事业和基本理论，同时，大力弘扬理论联系实际的优良学风，努力探索中国特色社会主义哲学基础以及相关的重大理论问题和现实问题，取得了丰硕的思想理论成果。研究会先后在江西庐山、黑龙江黑河、河南郑州、新疆乌鲁木齐等地召开会议，对恩格斯思想与科学社会主义观等问题进行深入探讨，加深了人们对中国特色社会主义的认识，为我国改革开放新时期马克思主义理论的建设作出了积极贡献。

黄枬森同志特别重视培养学术人才。他积极带领研究会的同仁申报各类社会科学基金项目，深入开展课题研究，组织编写各类著作和教材，带领大家一起审稿，出版了不少学术著作，发表了一系列学术论文，有力配合了马克思主义经典著作的教学、研究和普及工作。他特别注重青年人才的培养，经常为青年学者开讲座、作报告，与他们进行思想交流，为他们的学术著作写序言，鼓励和帮助青年学者茁壮成长。许多学界才俊的成长都与黄枬森同志的培养分不开。

黄枬森同志有着高超的领导艺术。他工作作风民主，遇事同大家商量；在利益面前，总是首先想着别人，毫无自私自利之心。他朴实无华，宽厚谦和，与同志们相处融洽。在他的带领下，研究会气氛和谐，欣欣向荣，不断发展，成为研究会成员美好的精神家园。

2000 年，黄枬森同志因年事已高，不再担任研究会会长，而任该会名誉会长。2002 年，中国恩格斯研究会更名为中国马克思恩格斯研究会，他继续任名誉会长。即使如此，他仍然十分关心研究会的发展，经常参加有关会议、活动，发挥着不可替代的作用。

黄枬森同志的道德文章堪称典范。他是一位坚定的马克思主义者。早在抗日战争初期，他就开始接受马克思主义教育。抗战期间，他怀着强烈的爱国热情，积极参加抗日远征军，作为一名特种兵与日寇进行过殊死战斗。抗战胜利后，他积极参加北大地下党组织的爱国民主运动，组织进步学生，学习宣传马克思主义。正是在这一时期，他深深地体会到马克思主义所具有的划时代革命意义，并由此确立起对马克思主义的信仰和共产主义理想信念，并于1948年光荣地加入了中国共产党，成为北京大学为数不多的地下党组织成员。新中国成立后，他通过做苏联哲学专家格奥尔基耶夫的学术助手等，较早地接触了苏联哲学界研究马克思主义哲学史和列宁《哲学笔记》的最新成果，立志从事马克思主义理论事业。从此，马克思主义不仅成为他的信仰，也成为他终生研究和教学的内容。尽管在反右斗争和"文革"中，他曾经受到过不公正的对待，但他对党、对社会主义和共产主义的信仰从未动摇过，对马克思主义的研究和思考从未中断过。即使是在极其艰难的岁月里，他都坚持学习马列，独立思考。改革开放后，他虽已年近花甲，却壮心不已，厚积薄发，迎来了他学术研究的黄金时代，取得累累硕果。他常常满怀深情地说："我的学术研究、学术生命，是从改革开放真正开始的！"

黄枬森同志这种坚定的马克思主义、共产主义理想信念，对祖国和人民的挚爱，是他人生和事业发展的强大动力。正是在这种精神的感召下，他努力学习，刻苦钻研，在马克思主义哲学史、哲学原理、人学研究等领域，都作出了开创性贡献，被公认为我国改革开放新时期马克思主义哲学研究的领军人物，学术思想界坚持与发展马克思主义哲学的一面旗帜。

黄枬森因病逝世

2013—01—26来源：光明日报

本报北京1月25日电（记者王斯敏）1月24日晚，当代著名哲学家、哲学史家、哲学教育家，北京大学哲学社会科学资深教授、哲学系哲学教育终身成就奖获得者黄枬森因病于北京逝世，享年92岁。

"坚持发展马克思主义哲学的一面旗帜，带头倡导马克思主义哲学创新的领军人物"，同行们的评价恰切地概括了黄枬森的学术贡献。上世纪50年代以来，黄枬森在马克思主义哲学史和马克思主义哲学体系创新、人学、文化等研究领域作出了开创性贡献——他是我国马克思主义哲学史学科的开创者、中国马克思主义哲学史学会创始人并长期担任会长职务。上世纪90年代中期，黄枬森和同仁主编的八卷本《马克思主义哲学史》成为马克思主义哲学史研究领域的标志性成果，处于国际领先水平；他是我国马克思主义人学学科的开创者、中国人学学会的创始人并长期担任会长职务；他把马克思主义哲学原理作为一门科学体系进行探索，于91岁高龄之际出版了由他主编的四卷本《马克思主义哲学创新研究》丛书。

据悉，黄枬森遗体告别仪式将于2月1日上午9时在八宝山殡仪馆东礼堂举行。

"耘马哲，育人杰"
——追记著名哲学家黄枬森

2013—01—26来源：光明日报

黄枬森教授走了。

1月24日晚，带着对马克思主义哲学的不舍与热诚，这位92岁的哲学家、哲学史家、哲学教育家溘然长逝。

北京大学朗润园那间稍显逼仄的居所里，依稀能见主人生前留下的痕迹。他最喜坐在客厅窗下的沙发上读书看报，现在，家人移走沙发，摆上桌案，上立先生的大幅照片。照片中的老者儒雅而肃穆，目视下方，仿佛陷入了永恒的哲学沉思。

身后书橱里，满是老人的著作和马克思主义哲学研究书籍；对面照片上，他和夫人并肩坐在浓浓绿荫中，幸福相依，恬然微笑。

"我只坚持我追求的真理"

一个月前，黄枬森住进了医院。多年来，他已饱受多种病症侵扰，这次病发，又是因为对学术研究的"放不下"。

北大马克思主义学院党委书记孙熙国还记得，去年11月20日，他在学校组织的"学习贯彻十八大精神师生座谈会"上见到了黄枬森的身影。这是老人最后一次参加学术活动。

"他最近几年已经很虚弱了，我们劝他尽量不出门。但是每逢他认为重要的学术会议，总要去。"女儿黄萱黯然。

2011年11月，在黄枬森90寿辰之际，北京大学马克思主义哲学研究中心成立。这是他亲自筹划、推动的结果。自此之后，一直退而不休的老人更加忙碌了。

一边谋划中心的运转与发展，一边修改即将出版的《黄枬森文集》最后两卷文稿，老人每天上午总要工作三四个小时。就在病发入院前几天，他又着手写作名为"我和哲学"的长文，全面梳理自己几十年的学术生涯。谁料，刚手书了四页稿纸，便累倒了。

躺在病床上，老人还心系学术，常和来访的师生们一谈就是个把小时。"要把马克思主义哲学学科再向前推进一步，因为它是真理，是一门科学。"

哲学科学化是黄枬森终其一生的理想，也是他为之奋斗一生的事业。

青年时期，黄枬森先醉心西方哲学，后接触马克思主义哲学，并逐渐为后者的魅力所吸引。上世纪50年代，他走上了北京大学马克思主义哲学的教学岗位，对马哲的研究更加深透。

改革开放后，黄枬森迎来"学术黄金期"——以数十年艰辛创建马克思主义哲学史新学科、创办中国马克思主义哲学史学会。此后，马克思主义哲学体系创新、人学研究、文化问题研究……黄枬森不断开拓，硕果累累。就在91岁高龄之际，他还主持编写了四卷本《马克思主义哲学创新研究》丛书，为人生晚境添上一抹壮丽的夕照。

"我只坚持我追求的真理。"每被问及选择马克思主义哲学的缘由，老人总这样说。话语质朴，情怀火热。

"三宽先生"，一生问心无愧

待人处事，黄枬森一向慈和温容，在学术界赢得了"三宽先生"的美誉——"治学宽广，待人宽厚，脾气宽和"。

北大哲学系教授赵家祥对先生的宽和感受深切。"我不仅在学生时期听先生的课，而且毕业后与他搞同一个专业，在同一个教研室，经常得到他的指导和启发。他的渊博学识、严谨学风、宽厚品德使我终生受益。"

"我从事马克思文本、文献研究，黄先生了解其中的艰辛。他曾为我的一项成果写过推荐信,特别为我的治学态度和学术价值鼓呼,令我备感温暖、深受鼓舞。"同在北大哲学系执教的聂锦芳不曾就读于黄枬森门下,却对他提携后学的精神十分感念。

宽和的黄枬森,治学却是极严谨。和学生讨论问题,他常讲一句话:"要敬畏学术。要证明自己的观点,必须拿出证据来。"

中央编译局秘书长杨金海还记得,20年前他写博士论文时,导师黄枬森让他一再修改开题报告,提出不少批评意见。论文二稿出来后,先生不顾身体虚弱认真审读,以致生了一场重病,让他至今歉疚于心。

"黄老指导学生像苏格拉底,在概念、概念指称和意义的逐步廓清过程中,让学生把握马克思主义哲学的分析框架、内在义理和精妙韵味,体悟出马克思主义哲学的价值情感之美、逻辑力量之美和语言风格之美。"河北大学教授宫敬才十分钦佩黄枬森的教学艺术。

而在家人看来,黄枬森是"天底下最好的丈夫和父亲。"夫人刘苏体弱多病,黄枬森便一肩承担起繁重的家务,为她和三个女儿烧饭做菜,无微不至。

"夕阳日,心力竭,未敢忘忧国。朗润池旁林深处,耘马哲,育人杰。"这是老友何成武为黄枬森写下的诗句。今天,林深处已无先生身影,但一颗"耘马哲,育人杰"的壮心,永远火热而光灿!

黄枬森：哲学一半是文科，一半是理科

2013—01—28来源：中国文化报

我们习惯于将哲学与社会科学合称为"哲学社会科学"，而没有将哲学跟自然科学联系起来。同时，也有人主张取消"哲学社会科学"的这个说法，建议改称"人文科学和社会科学"。现在文理分科的结构，就认为哲学从属于文科。而事实上，哲学一半是文科，一半是理科。哲学应当既是人文的、社会的，也是自然的，这样的定位才是准确的，目前的倾向是取消"哲学社会科学"的说法，以"人文社会科学"取而代之。我认为这种主张不妥当。我们将哲学研究所置于中国社会科学院而不是置于中国科学院，我看这种做法也并不合理。由于对哲学的认识不完整、不准确，哲学界就出现了一种流传很广的观点，认为哲学不是科学。

摘自：《马克思主义与现实》2012年第6期

"燕园学人"黄枏森：哲学之路即人生之路

2013—02—01来源：光明网（作者：王蓓）

在黄枏森教授90岁生日时，由他领衔的北京大学马克思主义哲学研究中心成立，《黄枏森文集》首发，他也被称为"中国哲学界一面旗帜"。这不仅是一份厚礼，更是黄先生多年的心血结晶。他和他的学术团队进行的主要哲学创新，即以辩证唯物主义哲学世界观为一条红线，实现辩证唯物主义、历史唯物主义一体化，使马克思主义哲学更好地熔为一块整钢，更好地体现"创新哲学，改变世界"的马克思主义哲学精神实质。

哲学的科学化是黄先生终其一生的理想，也是他奋斗了一生的事业，可以说他的一生都与哲学紧密相连，哲学之路就是他的人生之路。在哲学的精神家园里，有着他的满足与不满足：精神上的富足让他感到满足，而学海无涯同时让他感到无法满足。回顾过去，坚持"板凳宁坐十年冷，文章不写半句空"的黄先生在这条人生路、哲学路上，也曾经历低谷，但曲折没有打倒他，反而让他更加执著于对理想的追求。正如黄先生所言："我不在乎人们说我'左'还是'右'，我只坚持我所追求的真理。"

哲学之路的前奏

黄枏森与哲学结缘的命运，在少年时便现端倪。

自明代起便享有"才子之乡"美誉的四川省富顺县，是黄枏森的故乡。1921年，黄枏森出生在一个富裕的家庭。父亲黄文杰是清末最后一批秀才之一，书画文章颇有名气，以任教私塾为主业，兼做小吏，还是镇上的一位儒医。

在父亲的安排下，黄枏森五六岁便开始读私塾，一读便是五六年。其间，在老师及父亲的指导下，饱览群书。到了10岁，他的文学修养已经颇深，曾以亲身经历写了一首五言古诗，描写几百只船出行的壮观景象以及沿途风光，令其父大加赞赏，认为如果在前朝，能作出此等水平的诗文，已经可以考上秀才了。

1936年春，黄枬森读了两年高小后，父亲被邀请到大山铺乡当私塾老师。黄枬森也随父亲一起去了。在这个特别的私塾里，学生的年龄和水平都比较高，先生教学生读古文，做文章。虽然黄枬森在这里只读了一年半，但这段经历对他影响很大，他开始用哲学的思维方式进行思考。虽然黄枬森自认那时不知哲学为何物，但这种训练培养了他对哲学的兴趣。

这种兴趣在他的高中时代变得更为浓烈。

哲学就是要探索宇宙的奥秘。宇宙是什么？从哪里来？到哪里去？规律如何？这就是世界观。哲学还要探索人生的奥秘。人从哪里来？到哪里去？如何生活才算有意义？这就是人生观。高中时代的黄枬森便开始思考这些哲学的基本问题，并且有一种强烈的愿望想要搞清楚这些问题。慢慢地，哲学成了他的研究志向。

高中时代，黄枬森还研读了一些马克思主义哲学著作，如艾思奇的《大众哲学》、潘梓年的《逻辑学与逻辑术》，以及一些苏联哲学家的著作，开始对马克思主义哲学有了一定兴趣。黄枬森从艾思奇、潘梓年等先生的著述中，悟出了这样一个道理：哲学与自然科学虽分属文、理两个天地，但二者关系其实非常密切，不懂自然科学就不可能真正懂得哲学。研究"新哲学"不能没有物理学的基础。

黄枬森的兴趣正是在"新哲学"方面，在他看来，哲学可以自修，但作为基础的自然科学特别是有基础地位的物理学，靠自己啃书本就不行了。因此，高中时期的黄枬森对物理学非常重视，他用勤奋、刻苦克服了动手能力不足的缺点，加之读小学时打下了一定的理科基础，他取得了所就读的蜀光中学的物理竞赛第一名。1942年，黄枬森考取了有亚洲第一美誉的西南联大物理系。

进入大学后，黄枬森很努力，但成绩中等。他不喜欢实验和繁琐的数据。他意识到自己的强项不在实践而在理论研究。他想，学习物理本不是他的终极目标，是想为将来学习哲学打下自然科学基础，不如干脆及早改学哲学。大学二年级，他便转到哲学系学习。

虽然没能按照原先的设计先读完物理学再转读哲学，但在物理系这一年，可以说是黄枬森通往哲学之路的前奏。他学到了"手脑并用"、"系统思维"、"全局把握"等理科研究技巧。他曾回顾说："我在物理系学习了一年……从实验中得到了科学的锻炼。我经常在反思，我至今坚持不渝地走哲学科学化的道路，恐怕同我受过一年的物理学训练有一定关系。"

从那时起，黄枬森的哲学梦想正式扬帆起航了。

投身马克思主义哲学

1942年，黄枬森已经对学习哲学形成了一些初步想法：不搞中国传统哲学，而是走一条从物理学到哲学之路，即走一条哲学的科学之路，只有这样才能达到自己的目的。

转到哲学系后，他对西方哲学很感兴趣。因此，他在外文上下了不少功夫：英语，不用字典就可以阅读专业类书籍；德语，借助字典可以看书；法语，已经入门。解放后，他还学了俄语。

黄枬森对马克思主义哲学的学习则相对曲折。在西南联大哲学课程中没有马克思主义哲学，也没有一个老师讲到马克思主义哲学，当然更没有老师说马克思主义哲学是科学。抗战胜利后，他选择了北大。北大的情况有些不同，如果有老师在课堂上涉及马克思主义哲学，他就去听课，比如许德珩的《社会学概论》。课下，他就通过参加读书会和自学来学习马克思主义。

那段时期，黄枬森的思想完成了一次质变。"尽管我在进入联大之前，对马克思主义、共产党已略有所知，对国民党的腐败反动也有所认识，但基本上还是一个中间群众。联大民主精神的熏陶使我慢慢地睁开了眼睛。"

抗战胜利之后发生的"一二一事件"，李公朴、闻一多在昆明遭暗杀事件，美军强奸北大女生暴行等更是让他看清了国民党的反动面目，大大影响了他的政治倾向。他在《我所理解的北大精神》一文中写到："我虽然没亲历过抗日战争前北大民主运动的洗礼，就是解放前这短短的六七年，北大的民主思潮也犹如一股炽热的铁流烘烤着我,最后使我熔化进去。"

1946 年的整个暑假里,黄枬森在家乡和一批热血青年合办了一张犀利的石印小报,抨击当地弊政,一个多月后,因受到各方压力停刊。他作为主笔加主编,遭到当局驱逐。当他来到北京大学时,学校的民主运动已经红红火火开展起来了。黄枬森立即投入这全新的生活。他参加了多次学生反内战要民主的活动,还参加了北大地下党外围组织"腊月读书会",在暗地里相互传阅进步书籍。在读书会里,他再度学习了马克思主义哲学著作。

1948 年,黄枬森加入地下党,本来打算去解放区,但组织认为,解放在即,他更应该在北平准备迎接胜利。为了获得合法身份,黄枬森考上北大哲学系的研究生。解放后,他的专业转向马克思主义哲学。

从 1947 年到 1957 年的 10 年时间里,黄枬森在马克思主义哲学方面的研究取得了长足进步和初步成果。

解放初期,我国急需人才开展马克思主义系统教育,就从苏联聘请了几百位专家,进入一些高校,开展对马克思主义的系统教育和研究。黄枬森于 1951 年秋由学校保送到中国人民大学(简称"人大")马克思主义研究生班学习,学习持续了一年半,这让他收获很大。

1953 年春,他中断了在人大的进修,被召回北大为正在北大讲学的苏联哲学专家当助手,协助他们培养研究生。当时,北大还请了一些北京的哲学家来北大办讲座,如艾思奇、胡绳等,他也当过他们的临时助手。正是从那时起,黄枬森逐渐将马克思主义哲学研究视为终身事业。

那几年里,黄枬森还参加了大量的社会活动,参加过许多关于马克思主义的会议,并开始发表文章。从 1954 年到 1958 年,他曾在《光明日报〈哲学副刊〉》当编辑,先后协助金岳霖和郑昕两位主编抓全面工作。这是当时全国唯一的哲学刊物,对于哲学思想的传播和研究起了很大的作用。

苦难显才华

1958 年至 1978 年,是黄枬森人生中最曲折的 20 年。他先是在反右斗争中受到错误打击,被剥夺了讲课的权利,后又在"文化大革命"中受到冲击。

因为在一次会议上的发言,黄枬森于1958年8月被定性为"犯了严重右倾错误",给予"留党察看"两年的处分。1959年春,他又被加重处分、开除党籍。1964年,"四清"运动开始;1966年,"文革"开始。北大哲学系被卷入政治动荡的漩涡中。黄枬森被定为"漏网右派"。1968年,他被恢复了普通革命群众的身份,但直到1978年才恢复党籍。

在这动荡的20年里,黄枬森带着心痛在反思,反思北大、反思中国、反思马克思主义在中国。但是,作为一名坚定的马克思主义者,他从未动摇过对马克思主义的信仰。他性格中的乐观精神使他尽管在如此逆境之中,仍然能够笑对人生、勤奋治学。

1959年,一批被视为"不宜授课"的教师被安排到哲学系资料编译室工作,黄枬森被"清除"出党后担任该室负责人。其间,他开始了对列宁《哲学笔记》的系统梳理和研究。

《哲学笔记》不是一本普通著作,是由列宁的许多笔记编纂而成的。其大部分内容是摘录过去哲学家的言论,列宁在这些摘录的旁边作了批注,多数是三言两语,但包含很多重要且精彩的思想,可这些思想都没有展开,更没有加以系统化。因此,要读懂列宁的《哲学笔记》是比较困难的。上世纪50年代,这本书就已经翻译出全译本,但是没有能真正解决这个问题的辅助读物。

中国人有"注释"的传统。那时大家都有这样一个想法:如果想把《哲学笔记》读懂,就得先把列宁的摘录读懂,但是前人没有做过这样的工作。1960年左右,这项注释工作被黄枬森组织并开展起来。有几个搞西方哲学的老师也在编译室,外语能力较强,于是他们利用图书馆的丰富资源,把相关的书一本本找出来。这样,花了两三年的时间,到上世纪60年代初,这项工作完成了,共50多万字,分为2册,上册曾在内部铅印交流。到了上世纪80年代初,才公开出版。

注释工作进行得相当扎实,对于哲学专业的学生和哲学工作者读懂并进一步研究列宁的《哲学笔记》,起了很好的作用。黄枬森也成为了研究《哲学笔记》的专家。

1962年，哲学系要开《哲学笔记》课程，教师们都不愿意接受这项任务。有人提议由黄枬森来讲，哲学系竟破例同意了。这门课程是给北大哲学系五年级学生讲的，可见其难度。黄枬森连教了3年。《哲学笔记注释》的编写和后来的3年教书经历，对他日后的发展很有作用。列宁的哲学思想研究，也成为北大在马克思主义研究方面的重要特色。

1972年，邓小平复出后，政治氛围发生了变化。周恩来总理认为，学校是对学生进行基本训练的场所，不能把应用与系统学习对立起来，不能需要什么学什么，主张恢复系统学习。趁此良机，黄枬森向哲学系的军工宣队建议集体编写马克思主义哲学史教材，准备在哲学系开设这门课程。该提议得到了批准。黄枬森和几位教师集中到一起开始编写，一年多便写成了初稿（只写到斯大林）。由于有这些准备，北大在改革开放后不久就开出了马哲史课程，成为我国最早开设马哲史课程的高校之一。

1978年，北大开始了平反冤假错案的工作，黄枬森的处分被取消了，党籍得以恢复，党龄也恢复了，并担任了马哲史教研室的主任。正是他在这曲折20年中的勤奋与坚持，为他日后事业的腾飞打下了坚实基础。

致力于哲学科学化

如果说从在哲学系开始读书到1978年是黄枬森从事马克思主义哲学专业工作的第一个阶段，那么另一个阶段当数改革开放后的这30年。1978年，全国展开了真理标准大讨论后，大环境宽松了。在这30年里，他真正对马克思主义哲学进行了比较深入系统的研究，并对马列的哲学思想有所发挥，提出了一些自己的观点。

按照哲学科学化的道路和"哲学是科学"的中心思想，他将自己的研究工作逐步细化，落到实处。他曾把自己一生从事马克思主义哲学研究的工作综合起来，从四个方面进行了总结：马克思主义哲学史、马克思主义哲学原理、人学和文化学。

作为马克思主义哲学史研究的先行者和建设者，黄枬森认为，马克思主义哲学作为一门科学，其思想是在一定历史条件下提出来的，必定会受到某些限制，从而有需要发展、修正或者丰富的地方，应该有一门科学叫马克思主义哲学史，来理清这些思想的发展，来评价历史上提出来的哲学思想的功过是非。他不仅发表了一些有分量的文章、提出了很多有见地的观点，还与庄福龄、林利任主编，历时13年完成了《马克思主义哲学史》8卷，它不仅是中国马克思主义哲学史之最，而且是世界上马克思主义哲学史研究著作之冠，更是中国和世界学术界最系统、最全面地研究马克思主义哲学史的巨作。他在马克思主义哲学史方面的学术成果和他提出的研究原则与方法在国内外学术界产生了广泛影响。苏联《共产党人》杂志在评价中国哲学界的成就时这样写道："通过黄枬森教授和其他一些人的努力，实际上在中国学界形成了一个探索列宁辩证法思想的完整学派。"

他在研究马克思主义哲学原理方面亦有所成就。之前，马克思主义哲学原理在经典作家那里都没有形成一个完整的体系。而黄枬森则有自己的看法：一是对原来的马克思主义哲学体系，他认为应抱一种坚持和发展的态度，既要肯定它的科学性，也要认识到它的局限性。二是提出马克思主义哲学体系由世界观、历史观、人学、认识论、价值论、方法论六部分组成，辩证唯物主义是其总称。三是认为哲学范畴的展开应该从抽象逐渐走向具体，整个体系应按照这个原则来安排。

黄枬森还是中国人学研究的开拓者。黄枬森在67岁以后，呕心沥血10余年，和同事们一起，从零开始在中国创建起了马克思主义人学学科。从最初的"人性、异化和人道主义"大讨论到相对独立的人学学科建设，从有关人和人性的核心范畴界定到人本身的基本理论研究，从对主体性及其原则的科学论说到人学基本框架的严密设计，他都倾注了极大的研究热情。随着中国人学研究经历从无到有再到兴盛的发展历程，黄枬森教授的人学思想也在长年累月的孕育、积累中逐步走向系统化。他不仅是人学研究的开拓者，而且在中国人学界树立了辩证的唯物主义的旗帜。黄枬森还十分关注国际的文明冲突论、文化帝国主义论、国内的文化热、现代新儒学研究及市场经济与人文精神的讨论，他对有中国特色的社会主义文化进行了长时间的深入研究，《有中国特色社会主义文化建设研究》一书是黄枬森及其同事们的一项有意义的科研成果。黄枬森对文化问题进行了多方面、全方位的思考，以科学态度来研究、讨论和建设具有中国特色社会主义的文化理论，这种思考处处贯穿着马克思主义的唯物论和辩证法思想，体现出科学、严谨、求实的治学态度和方法。

不过，总体上来说，黄枬森认为，他并没有所谓的自己的哲学思想体系。马克思主义哲学是一门科学，它和任何科学一样，是集体的事业，是全人类的事业。

师表育后人

2006年时，黄枬森的女儿黄萱说："我父亲10年来每天工作三四个小时，有学术会议邀请，他从不推托。有时我劝他，这么大年纪了，有些小规模的学术会就不要去了，可他却说，就是这样的小型学术会上，大家发言最自由，最容易产生新思想，参加这样的讨论才能学到东西，一定要去。"

他的学生、北大哲学系教授王东曾形容85岁的黄先生为"小学生"。他说："先生每天勤奋学习，总是能发现新问题。"

进入21世纪，黄枬森提出了"马克思主义哲学体系的创新之道"，在撰写文章与学者们交流讨论的基础上，用10年时间，主持完成了由全国哲学界48位专家共同研究的国家重点课题《马克思主义哲学创新研究》。

对于创新，黄枬森有他自己的看法。21世纪中国哲学发展的主导方向既不是自由主义全盘西化论，也不是保守主义儒学复旧论，而是马克思主义中国化的综合创新论。

为什么黄先生至今仍在学术上具有创新能力？他的学生、北大哲学系教授陈志尚这样解释：因为他是个"无私者"，他的头脑从不被名利、得失牵绊，情绪轻松，身心健康，思维灵敏清晰。"这就是所谓'无私者无畏'，无畏者才敢于突破、敢于创新。"

因为黄枬森在学术问题上，最乐于与人讨论，毫不隐晦自己的观点，但又坚持对事不对人，在生活中与不同学派的学者相处融洽，大家称黄枬森为"三宽先生"，即"治学宽广，待人宽厚，脾气宽和"。

凡是黄枬森领导下的学会，在他的感召下，成员总是相处和谐，从不会出现"文人相轻"的情况。陈志尚举例说，当年编写《马克思主义哲学史》8卷本时，黄枬森任第一主编，带领全国50多位学者工作。这些学者分属不同学派，观点多有冲突，且都是国内一流专家，让他们默契配合不是容易的事情。黄枬森平等待人，学者们心悦诚服，在他的领导下团结协作，历经3个"五年计划"，终于将《马克思主义哲学史》顺利编写完成，获得了"五个一工程奖"。黄枬森虽是全书第一主编，却坚持与大家平分稿费，绝不多拿一分钱。

黄枬森的治学精神也令人感佩。他坚持从来不讲自己不懂的，讲出来的一定都是自己想清楚的问题。有些问题谈不了就不谈，绝对不会乱谈。他认为："现在的年轻人一定要学会独立思考，不追风，不赶时髦，特别不要抱着功利主义的心态去学习、生活和工作。做研究时要讲求'理论良心'，实事求是，不要花腔，不搞花架子，不哗众取宠，更不能作假，不能剽窃。"黄先生自豪地说，他这一生在学术上从未作假，并一直这样要求着自己的学生。

黄枬森的为师之道也是有目共睹、有口皆碑。"听黄教授讲课是一种享受"是北大学生对黄枬森讲课的评价。他讲课的最大特点，就是能把玄秘深奥、枯燥乏味的哲学讲得通俗、生动、朴实，有如阅读一本常识书，总能吸引各色各样的学生与听众。他认为，最应该向学生传授的不是具体的知识，而是科学的思维方法、严谨的治学态度、大胆的创新精神、正确的人生追求。所以，黄枬森对他的学生虽不严厉，却要求很高。他告诉学生，要出高水平的东西，就一定要敢于从根本上突破和超越。

黄枬森不仅对他自己的学生照顾有加，有不相识的年轻学子向他求教，他也都耐心解答。一次，两个学生到黄枬森家里请教问题，尽管他们并不是哲学系的学生，黄枬森还是和他们热情地聊了近两个小时。社会上一些爱好哲学的退休老人也常找上门来与黄枬森"争辩"问题，黄枬森总是耐心地听他们讲完，再阐述自己的观点。女儿黄萱担心黄枬森的身体受不了，说"上门讨论的人你要是不能拒绝，我来帮你拒绝"，可黄枬森坚决不同意。

"学而不厌，诲人不倦，教师精神，学人典范"，黄枬森80岁生日那天，中央编译局副秘书长杨金海代表黄枬森所有已毕业的博士生送上了这个条幅，表达了学生们对黄枬森崇高师德的感怀和敬仰。

原北大党委副书记杨河评价黄先生是北大的师德楷模。杨河说:"在他的身上,体现着一种特殊的人格魅力。这种人格魅力既有中国传统关于为师者传道、授业、解惑理念的历史积淀,也有今天我们所提倡的教书育人、求真务实、淡泊名利、宽厚谦让、甘为人梯的师德精神风范。"

2011年11月29日,黄枬森刚刚过了90岁生日,虽然年岁已高,但哲学仍是他的生活重心,他仍然坚持写作、研究、发表文章、参加会议。

这不禁让人想起黄先生曾于2000年应邀为《二十世纪北京大学著名学者手迹》题词:

  天下为公,世界大同,干戈止息,四海弟兄。
  安居敬业,其乐融融,绿色大地,郁郁葱葱。
  科技发达,人寿年丰,精神高尚,礼让成风。

言为心声。这是人类的千年憧憬,也是黄枬森的理想与追求。

(注:原稿最后是"黄枬森简介",纳入本书时删节。此文还被新华网、人民网、光明网、新浪网、腾讯网、凤凰网、中国教育报、中国教育新闻网、北大新闻网等媒体刊登)

关于哲学的十个问题

2013—01—30来源：中央编译局网

[编者按] 2013年1月24日晚，当代著名哲学家、北京大学哲学系教授黄枬森先生不幸逝世，享年92岁。这是中国马克思主义哲学界的重大损失。黄枬森教授生前高度重视、密切关注并大力支持马克思主义经典著作编译和研究工作，与中央编译局的专家学者结下了深厚友谊。2012年初春，中央编译局韦建桦同志两次登门拜访黄枬森教授，并就哲学研究的一系列重要问题当面求教，相互切磋。

本文是韦建桦同志与黄枬森教授这两次学术对话的完整记录。韦建桦同志长期从事马克思主义经典文本研究与编译工作，是中央马克思主义理论工程经典著作译文审订首席专家和理论工程咨询委员会委员，近年来先后主编《马克思恩格斯文集》、《列宁专题文集》、新版《马克思恩格斯选集》等一系列经典著作和经典作家传记，曾任中央编译局局长(1996—2010年)；黄枬森教授是带头倡导马克思主义哲学创新的领军人物，在长达70余年的马克思主义哲学教学与研究历程中，对马克思主义哲学史研究、马克思主义哲学体系建设、马克思主义人学研究以及马克思主义文化理论研究作出了卓越贡献。两位学者的问答和交谈以黄枬森教授的求学经历和治学生涯为切入点，围绕哲学学习和研究这一主线，对哲学与自然科学的关系、哲学与政治的关系、马克思主义哲学与西方哲学的关系、马克思主义哲学的学科建设、哲学研究的学风建设、哲学工作者的思想文化修养和社会责任以及经典著作的编译事业与马克思主义哲学中国化的关系等重要问题进行了讨论，并根据切身体会坦诚地表述了各自的见解。

这是黄枬森教授在他一生中接受的最后一次学术访谈。为了进行对话和讨论，他抱病进行了认真周详的准备，事后又对记录全文作了仔细审核和修订。读者可以从文中真切地了解黄枬森教授的奋斗历程、学术追求和真诚品格。本文曾以《关于哲学的十个问题》为题，刊载于中央编译局主办的《马克思主义与现实》杂志 2012 年第 6 期。哲人已逝，风范长存。现将此文重新刊出，以表达我们对黄枬森教授的缅怀与景仰之情。

（文略，详见：《马克思主义与现实》2012 年第 6 期）

当代著名哲学家黄枬森先生逝世
各界表示沉痛哀悼

2013—02—03来源：中国广播网

中广网北京 2 月 2 日消息（记者刘玉蕾）当代著名哲学家、哲学史家、哲学教育家，北京大学哲学社会科学资深教授，中国共产党的优秀党员，黄枬森先生因病医治无效，于 2013 年 1 月 24 日晚在北京逝世，享年 92 岁。

2 月 1 日，黄枬森先生遗体告别仪式在八宝山革命公墓举行。东礼堂内庄严肃穆，哀乐低回，各界人士来到遗体告别仪式现场送别黄先生。灵堂正中，摆放着黄枬森先生生前谦和微笑的照片。黄老安卧在鲜花翠柏丛中，身上覆盖着一面鲜红的中国共产党党旗。

黄枬森先生逝世后，胡锦涛、温家宝、李克强、张德江、俞正声、刘云山、张高丽、朱镕基、李长春、周永康、吴官正、刘延东、刘奇葆、赵乐际、罗豪才等中央领导对黄先生逝世表示沉痛哀悼，向家属表示慰问。近 300 人来校吊唁，近 200 单位、个人敬送花圈、挽联。

北京大学广大师生也通过 BBS、现场吊唁等多种方式深切缅怀黄先生。

1 月 25 日，《关于黄枬森先生逝世的讣告》在网上发布后，引起许多网友的关注。与黄先生有过接触的同学都回忆起与先生交往的点点滴滴，表达哀悼之情——有同学回忆说，"第一次见到黄先生是某次'中西马克思主义高端对话'上面……黄先生掏出一个小本，略带口音却念得抑扬顿挫"，"后来偶尔在各类媒体上看到黄先生，觉得黄先生年事虽高，但精神很好，也很活跃"；还有同学跟帖道，"最后一次见到先生是在系庆上，当时还和同学说黄先生精神还是这么好，没想到先生突然就过世了"。1 月 26 日，有北大学子在未名 BBS 上发表了题为《北大哲学门枻森先生千古》的悼词,表达对先生的深切缅怀:"黄公枻森,著作等身;传承马列,朴守其贞。为学日进,为道日损;至死不渝,务实求真。先生仙逝,痛断我心;虽非亲炙,实有师恩。哲学遗嘱,入木三分;立言立德,英名永存。"

许多网友通过微博等社交平台得知了黄老逝世的消息,表示"先生音容宛在",并称赞先生为"北大精神的绝佳体现"、"百年燕园里最当得'伟大'二字的大师之一"。部分网友将话题延伸到了黄先生的学术领域。有网友表示,"黄先生是一个极具标志性意义的人物。于马克思主义而言,先生融会贯通,终始马氏学说在中国的大地上更好地本土化、一体化;于北大而言,先生通过对马氏学说的精深研究和不断创新,成为了北大爱国进步传统精神的最好范例。先生正是通过自己扎实的学术努力,践行了北大人家国天下的诺言。向先生致敬!向先生学习!"

"夕阳日,心力竭,未敢忘忧国。朗润池旁林深处,耘马哲,育人杰。"如今夕阳斜照,朗润依旧,林深处,已不见枻森先生。

先人已逝,但黄枻森先生之气象风范将永远铭刻在我们心中!

当代著名哲学家黄枬森病逝
刘延东出席追悼会

2013—02—01来源：千龙网

千龙网北京2月1日讯（记者曹鸟娥）2月1日上午，当代著名哲学家、哲学史家、哲学教育家，北京大学哲学社会科学资深教授，中国共产党的优秀党员，黄枬森先生追悼会在八宝山举行，中共中央政治局委员、国务委员刘延东，中共中央政治局委员、中央书记处书记、中央组织部部长赵乐际等领导出席追悼会。

2013年1月24日晚20时35分，黄枬森先生因病医治无效，在北京病逝，享年92岁。

"黄枬森先生的一生做了这几样特殊的工作，一个是他对列宁哲学笔记经典文本的研究；第二件事是，黄老师在全国开创了马哲史学科；第三个是他推进了哲学的理论创新；第四个是黄老师是人学的开创者；第五个是，他对中国特色文化创新研究。黄老师是北大和全国的领军人物。"黄枬森先生的学生，也是中国第一届博士生，现任北京大学哲学系教授、博士生导师王东告诉记者。

黄枬森先生继承了北京大学李大钊、冯定等开创的马克思主义哲学中国化的优良传统，在马克思主义哲学史、马克思主义哲学原理、人学研究等领域，都作出了开创性贡献。他是我国改革开放新时期马克思主义哲学研究的领军人物，是当代学术思想界坚持与发展马克思主义哲学的一面旗帜。

黄枬森先生是我国马克思主义哲学史学科的开创者。改革开放新时期，他与同仁一起创建了中国马克思主义哲学史学会并长期担任会长。他先后主编了《马克思主义哲学史》三卷本、八卷本、一卷本，特别是八卷本，是马克思主义哲学史研究领域的标志性成果,在国际上处于领先水平,荣获"五个一工程"奖、吴玉章奖、北京市哲学社会科学优秀成果特等奖等重要奖项。

改革开放后,黄枬森又组织编写了《马克思主义哲学原理》、《邓小平理论的哲学基础》、《中国特色社会主义文化研究》等论著,发表了大量文章,有力地推进了新时期马克思主义哲学原理的创新和发展。2001年起,他更致力于把马克思主义哲学原理作为一门科学体系来进行探索。2011年,黄枬森先生主编的四卷本《马克思主义哲学创新研究》丛书出版,是这一领域探索的最新成就。

黄枬森先生还与同仁一起在中国创立了人学研究这门新的哲学分支学科,创建了中国人学学会。他先后主编了《人学词典》、《人学原理》。由他任编委会主任的《人学理论与历史》,包括《人学原理卷》、《西方人学观念史卷》、《中国人学思想史卷》三卷,受到了国内外学术界的广泛关注。此外,他还就马克思主义与人道主义、社会主义与市场经济等问题,发表了大量具有独到见解的研究论文。

病重期间,黄枬森先生仍撰写文章,修订由中央编译出版社正在陆续出版的《黄枬森文集》(八卷本)。黄枬森先生为中国马克思主义哲学的发展贡献了毕生的精力。他的病逝是北京大学的巨大损失,是当代马克思主义理论界的重大损失。

据悉,黄枬森先生逝世后,胡锦涛、温家宝、李克强、张德江、俞正声、刘云山、张高丽、朱镕基、李长春、周永康、吴官正、刘延东、刘奇葆、赵乐际、罗豪才等中央领导对黄先生逝世表示沉痛哀悼,向家属表示亲切慰问。

北京大学广大师生通过BBS、吊唁等多种方式深切缅怀黄枬森先生。截至今日,已有近300人赶到北大吊唁,近200个单位、个人敬送花圈、挽联。

当代著名哲学家黄枬森先生逝世

2013—02—01来源：北京新闻广播

　　当代著名哲学家、哲学史家、哲学教育家，中国马克思主义哲学史学科和人学学科开创者，北京大学哲学社会科学资深教授，北京大学哲学系哲学教育终身成就奖获得者黄枬森先生，1月24日晚上因病医治无效，在北京逝世，享年92岁。今天上午，黄枬森先生遗体告别仪式在北京八宝山殡仪馆举行。

　　上个世纪50年代以来，黄枬森先生在马克思主义哲学史和马克思主义哲学体系创新、人学、文化等领域，作出了开创性贡献。黄枬森把马克思主义哲学原理作为科学体系进行探索，在91岁高龄之际还出版了由他主编的四卷本《马克思主义哲学创新研究》丛书。

代结语*
马克思主义哲学创新的一面旗帜
——黄枬森六大学术创新及其历史地位

王东

北京大学黄枬森教授,是当代中国有重大影响的马克思主义著名哲学家、哲学史家和哲学教育家。

"李大钊——冯定——黄枬森",代表了马克思主义哲学中国化90年的北大传统,北大学派发展的三个时期、三个阶段。在改革开放新时期的30年中,黄枬森继承发展了李大钊、冯定开创的北京大学马克思主义优秀传统,成为在学术界倡导马克思主义哲学创新的领军人物和一面旗帜。

黄枬森教授的治学之道、学术创新和高尚师德,在当代中国学术界是得到广泛称道的,用"学识渊博,德高望重"这两个成语来形容,是毫不夸大的。

今天,在十八大前后,当我们共同探讨21世纪哲学创新问题时,先后迎来黄枬森教授90华诞、从事马克思主义哲学70年。他不仅被评为北大哲学系资深教授,而且在2012年11月举行的纪念北京大学哲学系建系100周年的学术庆典中,实至名归地获得了哲学教育终身成就奖。

令人痛惜的是,黄先生因在积劳成疾的情况下,又加上过度疲劳,终因肺部感染,于2013年12月24日,遽归道山。这是我国哲学界、思想界的一个重大损失,一个让人痛心不止的巨大损失。

作为黄枬森教授的第一位博士生,我有幸直接师从黄先生30年。在这里,我分三个问题向大家作一简要追思,聊表我们心中的深切怀念之情。

---

* 本文在收入本书时,个别地方有删改。

一、融汇中、西、马的综合创新治学之道

黄枬森教授的治学之路，迄今为止上下 90 年，可分为两大阶段：

头 30 年，经历了"中——西——马"三部曲，最终在"三十而立"之年，选择了马克思主义哲学，作为终身学术追求，也作为安心立命之本；

后 60 年，则一以贯之地以马克思主义哲学为主要研究对象，60 年如一日，献身于这一事业，不过也依形势发展，可以说走过"高——低——更高"的"之"字型道路。

人生路上头 30 年，即 1921—1950 年，黄先生经历了曲折复杂的求学之路，终于选择了马克思主义哲学，并形成了"融汇中西马"的综合创新治学之道。

这 30 年间，黄先生求学之路，大体上先后迈出三大步：

第一步，从六七岁到十五岁前，中学打底——从出生到十三四岁，主要是中华民族传统文化打下根基，这使他在接受西方新学与马克思主义之前有民族文化作为铺垫。

1921 年 11 月 29 日，黄枬森出生于人杰地灵的天府之国，家乡是四川西南、自贡市东南、绵阳地区的富顺县城。沱江从这里流过，自北向南注入长江。

说到黄先生的国学底子，还有一点家学渊源。他的父亲黄文杰是一位清代秀才，邑人称之为文豪，因而很注意从小向他传授中国传统文化。从六七岁直到十三四岁，除了上过两年小学之外，他大部分时间是在私塾里学习中国古代典籍。除了中国古代蒙学最基本的教材，如《三字经》、《百家姓》、《千字文》之外，他还从小熟读《论语》、《孟子》、《老子》、《庄子》等中国古代元典。他对中国古代典籍，特别是系统讲授中国通史的《资治通鉴》，产生了极大兴趣，小小年纪竟能成段成卷地诵读司马光《资治通鉴》，几乎读了这部 150 万字巨著的三分之一。

这个扎实的国学底子，对于黄枬森后来的治学之道，产生了重要的铺垫作用，也对他的做人之道产生了潜移默化的奠基作用。

第二步，15 岁到"三十而立"之年，西学扩容——这段时间，青年黄枬森

逐步系统深入地接受西方近代新学,开阔眼界,也扩大了理论空间。

他 16 岁上初中,18 岁上高中,在自贡市蜀光中学,开始接受西方近代科学文化。这个中学名为"蜀光",确实比较开明,有民主、科学氛围,给大西南带来一片文明之光,也给青年黄枬森带来一片科学、民主思想曙光。

1942 年,20 出头的黄枬森以优异成绩考取西南联大物理系。所谓"西南联大",实际上是抗日战争时代,由疏散到大后方的北京大学、清华大学、南开大学联合起来,在云南昆明市郊创办的一所综合大学,集中了一批学贯中西的学术大师。他在物理系学了一年,后来虽转入哲学系,但仍选学了一些自然科学基础课程,并且系统学习了高等数学的微积分。从初中、高中,到大学本科一年级,这 6 年时间里,青年黄枬森又初步打下西方近代科学文化基础,打开了眼界。在这阶段,他不仅学习了西方近代科学知识,而且接受了西方近代科学方法、科学精神、科学思维方式的初步训练,这对后来他的治学之道,也产生了不可磨灭的影响。他终生强调"哲学是科学"、"马克思主义哲学首先是科学",或多或少可以看到这段时间求学时的浸润。

40 年代中期,在国共合作的抗日战争期间,黄枬森一度投笔从戎,学会了军用汽车的驾驶技术,参加中国到缅甸、印度的远征军,投身到抗日战争的连天烽火之中。

抗日战争胜利后各个大学纷纷复校,1947 年他重新进入北京大学哲学系,1948 年毕业后又考取北大哲学系研究生,师从郑昕先生,专攻康德哲学及德国古典哲学,由此开始攀登西方近代新学的宝塔尖儿。

郑昕先生是中国第一位远渡重洋、到康德祖国去专攻康德哲学而深入堂奥的学者,先后在柏林大学、耶拿大学专门研读康德哲学;从 1933 年起,他在北大专门讲授康德哲学,长达 30 多年,可谓当时中国头号康德专家;1946 年,他在商务印书馆发表的《康德学述》,是中国深入研究康德哲学的第一部学术专著。郑昕先生的治学之道,首先是原原本本、认认真真、扎扎实实地研读康德原著,而且是主要依据康德"三大批判"的德文原文,刻苦攻读,毫不走板。郑昕先生的治学精神,是以学术为第一生命,讲起康德哲学来,满腔热情,近乎虔诚,令人萦怀难忘。郑昕先生治学主旨,是深入研究康德、探寻新哲学途径,他的格言是:"超过康德,可能有新哲学;掠过康德,只能有坏哲学。"

看来,郑昕先生的这种治学精神、治学方法、治学格言,都对黄枬森产生了潜移默化的深刻影响。也正是借助于这种学习路径,黄枬森深入到西方哲学堂奥之中,走到西学研究的前沿,在中国国学基础上,又打上了西方哲学的底子。

第三步,从高中时代到"三十而立"之年,皈依马列——在研习国学、西学的基础上,最终归宗马克思列宁主义哲学,是青年黄枬森求学之路的思想归宿。

早在20世纪30年代末、40年代初,抗日战争时期,正当20来岁,世界观形成关键期的青年黄枬森,在蜀光中学上高中时,由于学校氛围比较民主宽松,他便有机会如饥似渴地读到艾思奇《大众哲学》、潘梓年《逻辑学与逻辑术》等中国马克思主义哲学进步书籍,还有一些翻译过来的20、30年代苏联马克思主义哲学著作,在他心中燃起一种新时代、新哲学的智慧火光,也使他从青年时代立志献身哲学研究。后来他一度报考西南联大物理系,其实是想为哲学研究作准备。

1947年北京大学复校后,立即成为中国共产党地下党组织有重大影响的民主堡垒,民主运动如火如荼,轰轰烈烈。当时北大的地下党组织注意通过读书会等灵活形式,宣传马克思主义,组织进步学生。他热心地参加了"腊月读书会"等进步组织,在北大"民主、科学"的学术氛围下,开始重新学习马克思主义哲学。正是在这一时期,他学习了马克思主义创始人的《反杜林论》、列宁的《唯物主义和经验批判主义》等经典著作。正是在这一时期,他深深地体会到马克思哲学革命的伟大划时代意义,马克思主义哲学从此成为他终生不变的哲学信念。也正是在这一时期,1948年他光荣地加入了中国共产党的北平地下党组织。

1949年中华人民共和国建立,1950年当时正做西方哲学研究生的黄枬森,接受组织安排,开始在北京大学任教,作为首开马克思主义政治理论课的骨干力量。1951年至1952年,他还到中国人民大学系统进修马克思主义哲学,后来还曾做过北大的苏联哲学专家格奥尔基耶夫的学术助手,使他较早地接触了苏联哲学界研究马克思主义哲学史和列宁《哲学笔记》的最新成果。从此,马克思主义哲学研究与教学,不仅成了黄枬森的终生职业,而且成了他的终身事业。

经过国学、西学的浸润，最终走向马克思主义哲学——这是时代的选择，组织的选择，也是青年黄枬森自身思想发展的选择。也正是由于他走过了这样一条求学之路，因而他对马克思主义哲学的信念，格外坚定，格外执著，屡历磨难，终生不改。

中华人民共和国建国后的60年，黄枬森的治学之道，又和新生共和国的历史命运一样，经历了一个"两头高、中间低"的三部曲：高——低——更高。

建国初期头八年，新中国如壮丽日出，黄枬森也作为中国哲学界的后起之秀脱颖而出。在北大，他首先开出了马列主义基础理论课。当时，中国还没有一家哲学专业刊物，他协助老一辈著名哲学家金岳霖、郑昕先生，创办了《光明日报》哲学副刊。这一时期，他发表了10来篇论文，锋芒初露。可惜的是，好景不长……

1957至1978年间，他也走过了曲折磨难的20年。1957年和1958年，他以一个知识分子、共产党员的社会责任感，在党的会议上，开诚布公地提了几点意见，对于阶级斗争扩大化表示怀疑，对于"左"的倾向抬头表示异议。万没想到，厄运从天而降：留党察看，开除出党，取消讲课资格。"文化大革命"十年动乱期间，又遭抄家，大批判，住牛棚。难能可贵的是，政治上的打击，精神上的压抑，学术发展的中断，这种种磨难都丝毫未能动摇他对马克思主义哲学的坚定信念，倒促成了他治学之道的独立思考，深刻反思，大器晚成，蓄势待发。

1978年，党的十一届三中全会开启了改革开放、解放思想的时代大潮，黄枬森在治学之路上，虽已年近花甲，却是厚积薄发，一下子冲向高峰，迎来了学术研究的黄金时代。30年间，硕果累累，晚年已逾九十，却思想活跃，笔耕不辍。

他常常满怀深情地对人说："我的学术研究、学术生命，是从改革开放真正开始的！"

应当说，马克思主义哲学给了他学术灵魂，改革开放给了他学术新生，解放思想、实事求是给了他哲学创新的理论勇气。

二、上下求索70年的六大学术创新

有的人认为,黄枬森学术思想,代表了"左"的僵化、保守倾向。其实,这是一种误解,甚至是一种十分浅薄的皮相之见、似是而非的错误判断。

实质上,黄枬森学术思想主旨是创新,是马克思主义与时俱进的创新精神,是马克思主义哲学中国化、现代化、系统化的理论创新。

在他上下70年的学术求索中,先后作出了六个在海内外有重大影响的学术创新:

第一个创新,是列宁《哲学笔记》与辩证法研究。

从20世纪50年代前期开始,他借助于苏联专家,率先接触到苏联对列宁《哲学笔记》的研究成果。同时,他也开始看到,由于教条主义的简单化学风,使苏联在《哲学笔记》问世三四十年间,竟既没有一部完整详实的注释性著作,更没有一部深入系统的研究性专著。

也就是从这时起,刚过"三十而立"的黄枬森立下哲学宏愿,应当由我们中国人,写出这样两部著作来。

而这里的思想主旨,则是通过深入发掘列宁哲学遗产,突破苏联模式哲学体系的历史局限,丰富和发展唯物辩证法现代科学体系。

从1960年到1962年,当时被取消了讲课资格、担任北大哲学系资料室主任的黄枬森,组织张翼星等五六个人,从列宁《哲学笔记》的核心篇章——《黑格尔<逻辑学>一书摘要》入手,开始了系统注释《哲学笔记》的繁难工作,并当年将这部分注释作为上册,内部铅印出版。

1974年,他又和彭燕韩一道,做了《辩证法要素》十六条和《谈谈辩证法问题》的注释与研究。早在60年代初,他率先开始从《辩证法要素》十六条入手,探索辩证法体系问题,迈出试图突破苏联模式哲学教科书体系的第一步。

1978、1979年,他们又对上述研究做了修订补充。从1960年到1981年,经过长达20年坚持不懈的长期努力,终于推出了50万字的《<哲学笔记>注释》,为列宁《哲学笔记》的教学与研究奠定了重要基础,解决了苏联哲学界长期未能解决的"老大难"问题。该书获得北京市哲学社会科学优秀成果一等奖。

1984年，他又从理论思维高度，总结概括自己系统研究《哲学笔记》20多年的思想成果，发表了学术专著《<哲学笔记>与辩证法》，该书是这个重大研究领域中中国学者写出的第一部研究性专著。

黄枬森不仅自己带头进行理论创新，而且注重支持他人乃至带动整个学术集体进行理论创新，这是他的一个显著特点。

1982—1985年，他指导我完成研究《哲学笔记》的博士论文《辩证法科学体系的"列宁构想"》，1990年出版，1992年获第二届吴玉章奖金；1988—1992年，他又支持张翼星等完成国家"八五"重点课题《列宁哲学思想的历史命运》，1995年获首届全国高等学校人文社会科学研究优秀成果奖，1999年获首届国家社会科学基金项目优秀成果奖。

如果说凯德洛夫院士代表了苏联学者深入列宁思想实验室内部、发掘列宁辩证法思想内涵最高成就的话，那么黄枬森则基于自己独特的治学之道，另辟新径：借鉴中国古典文献解释学方法，借助于从康德到黑格尔的德国古典哲学内涵的发掘，来深入开掘列宁《哲学笔记》的思想底蕴。

苏联凯德洛夫——中国黄枬森，代表了当代世界列宁《哲学笔记》与辩证法研究的两大学派、两大高峰。黄枬森的新成果、新路径，不仅在中国学术界产生重大影响，而且在国际上产生一定影响。20世纪80、90年代之交，苏联《哲学问题》杂志发表的一篇长篇论文称：在中国出现了一个以黄枬森为代表的、以完整研究列宁《哲学笔记》与辩证法为主旨的独特学派。

深入开掘《哲学笔记》，是黄枬森为突破苏联模式哲学教科书体系、走向马克思主义哲学创新，迈出的第一步。

第二个创新，是在中国开创马克思主义哲学史新学科。

早在20世纪70年代初，"文化大革命"十年动乱中间，借助于周恩来总理反对极"左"思潮、恢复学科建设的倡导，黄枬森、张世英、朱德生、齐良骥等北大学者，在中国最先着手开始马克思主义哲学史学科的建设。1972年，他们写出了中国第一部《马克思主义哲学史》书稿，已有50万字之多。可惜这本书生不逢时，由于形势发生曲折，未能公开出版。但他们并未气馁，继续找机会研究。

1978 年十一届三中全会，邓小平带头举起了"解放思想，实事求是"的思想旗帜，正本清源，拨乱反正，要求人们重新认识马克思主义。

正是在这种时代大潮中，黄枬森不仅积极参加了真理标准的大讨论，而且提出了一个在今天看来理所当然，当时却是振聋发聩的新思想：章学诚所说的"六经皆史"，不仅适用于中国古典文献，而且适用于马克思主义经典著作；马克思主义经典著作，也要作为历史文献，放到一定的历史条件下，科学评价其历史上的功过得失；既要充分估价历史贡献，也要实事求是地看到其历史局限；过去把马克思主义史，看成是"句句是真理"的真理汇总，今天我们需要创造出马克思主义哲学史的新学科。

正是在这种形势下，北京大学黄枬森、施德福等人，中国人民大学庄福龄等人，中国社会科学院林利等人，中山大学高齐云等人，共同为中国马克思主义哲学史这门新学科奠基。其中北大黄枬森教授，大家公认起了第一位的作用。

中国人自己编的 4 部《马克思主义哲学史》，留下了黄枬森和这门学科的创新足迹：

1981 年，中国第一部 30 万字的《马克思主义哲学史稿》正式出版，黄枬森是主要统稿人之一；

1987 年，黄枬森、施德福、宋一秀主编，北大学者共同写作的《马克思主义哲学史》3 卷本，共 120 万字，获得国家教委优秀教材奖；

1983—1996 年，由黄枬森、庄福龄、林利主编，全国 10 多个单位、50 多位学者共同编写，历时 13 年，先后列为"六五"和"七五"国家重点课题的《马克思主义哲学史》8 卷本，终于问世，这是一部长达 400 万言的学术巨著，先后获得"五个一工程"奖、吴玉章奖、首届国家社会科学基金项目优秀成果一等奖三项国家级大奖；

1998 年，黄枬森受国家教委委托，又主持制定了马克思主义哲学史教学大纲，并主编了《马克思主义哲学史》一卷本新教材，已被确定为国家级重点教材，2000 年这本教材与这门课程，获北大、北京市与国家级优秀教学成果奖。

经过整整 30 年的持续努力，马克思主义哲学史终于在中国成为一门相对独立的新型分支学科。在这里，倾注了黄枬森教授的诸多心血，是他从 50 岁到 80 岁的学术生命结晶。

今天，这门新学科尽管还存在专题研究基础不深、总体结构创新不足的问题，但从总体上来看已经走在世界前沿，既超越了苏联东欧的研究水平，也超越了西方在这一领域中的研究水平。

第三个创新，探索马克思主义哲学现代新形态、新体系的新哲学观。

有的人认为黄枬森是维护苏联模式哲学教科书体系的僵化保守代表，殊不知从 1964 年他在《北京大学学报》上发表《读列宁论辩证法十六要素》一文开始，他就开始着手探讨如何突破苏联模式，创造马克思主义哲学新形态、新体系问题，堪称是这方面最早的探索者、创新者之一。从 1982 年起，他指导我做博士论文《辩证法科学体系的"列宁构想"》，思想主旨正是这种哲学创新。1993 年 4 月，当代中国有杰出贡献的科学家钱学森院士，请黄枬森教授和我们几位到他那里作学术交谈，主旨正是吸收现代科技革命最新成果，创造中国化、现代化、系统化的马克思主义哲学新形态。

黄枬森教授带领我们进行这项哲学创新，已经近 50 年之久，但问题还远未解决。他在这方面的最大贡献，不是解决了哪个具体问题，提出了哪个个别思想，或提出了哪个体系框架，而是提出了对于创造马克思主义哲学现代新形态、新体系，富有启迪意义、奠基意义、长远意义的新哲学观。

这种见解独到的新哲学观包含以下 11 个要点，可以简称"新哲学观论纲"十一条：

（1）创造马克思主义哲学现代新形态，必须解决的一个带根本性的理论前提，是哲学观问题，首当其冲的问题，即什么是哲学，什么是马克思主义哲学，什么是马克思主义哲学研究对象，什么是马克思主义哲学精神实质；

（2）必须毫不动摇地坚持：哲学是科学，马克思主义哲学是现代哲学科学、现代科学世界观，科学存在的基础首先是研究客观世界、客观规律，对于新康德主义、实证主义主张的脱离客观世界的纯粹逻辑、纯粹认识论，我们决不能苟同，放弃这一条，势必导致动摇马克思主义哲学根基；

（3）马克思主义哲学最根本的部分，首先应当是从理论思维的整体高度提出的世界观、本体论、存在观，这是唯物史观、认识论、价值观最根本的理论前提，西方实证主义思潮否定马克思主义哲学是科学世界观，这是我们不能苟同的；

（4）马克思主义哲学的思想主线，首先是辩证唯物主义，还有历史唯物主义，构成双线一体式的发展；

（5）必须坚持辩证唯物主义—唯物辩证法，这是马克思主义活的灵魂，马克思主义哲学的主流形态，有些人企图把马克思哲学抽象人本主义化，而把辩证唯物主义说成是恩格斯、狄慈根、普列汉诺夫、列宁、毛泽东背离马克思哲学的思想歧途，把一部马克思主义哲学发展史说成是蜕化史，是根本站不住脚的；

（6）为了坚持与发展马克思主义哲学，创造马克思主义哲学现代新形态，必须对苏联模式哲学教科书体系作出实事求是的具体分析，不赞成用大批判的方式，采取简单否定态度，应当一分为二地历史主义地分析其是非曲直，注意保留其合理因素，这种理论体系今天已暴露出一系列带根本性的历史局限与理论局限，我们也不能固守，必须作出富于时代精神的理论创新，今天哲学创新最重要；

（7）实践观是马克思哲学革命的思想起点，也是唯物史观和认识论的基本范畴，但不能作为本体论、存在论的第一范畴，马克思实践观理论上包含着承认"外部自然界的优先地位"这个唯物主义的本体论前提，内容上包含着辩证唯物主义物质观前提，"实践唯物主义"在一定范围内是成立的，但不赞成主观唯心主义地夸大实践，把马克思哲学简单归结为"实践哲学"、"实践本体论"、"实践一元论"，那就把"实践唯物主义"变成了"实践唯心主义"；

（8）主体性是西方近现代哲学的核心范畴，马克思哲学革命用辩证唯物主义实践观根本改造近代唯心主义辩证法的主体性灵魂，也扬弃了旧唯物主义只讲客观性、不讲主体性的历史局限，把主体性与客观性统一在实践观奠基的哲学革命中，我们今天应加强研究，有所创新，深入研究人的三种主体活动——实践活动、认识活动、评价活动中贯穿的主体性，区分正确的主体性与错误的主体性，不赞成搞过分夸大的主体性崇拜，不赞成把唯物主义反映论简单归结为否定主体性的白板说、机械反映论；

（9）存在观应是辩证唯物主义的思想起点，对存在的崭新理解是马克思哲学革命的题中应有之义，存在是最抽象、最一般的哲学范畴，从黑格尔《逻辑学》到马克思《资本论》逻辑、列宁《哲学笔记》，都把存在作为哲学体系起点，按照从抽象上升到具体的辩证逻辑体系建构原则，遵循对立统一的矛盾运动方式，构成流动、统一、完整的范畴群、范畴系列、范畴体系；

（10）体系与方法统一论，有些人把马克思主义哲学的方法与体系割裂开来，对立起来，以为马克思讲的是方法哲学，不是体系哲学，实际上，方法是内容灵魂，体系是叙述形式，二者岂能割裂？我们固然不赞成离开实质问题的解决去拼凑体系，同时也不赞成在科学认识走向高度分化又高度综合，整体化、系统化是其主流方向的现代科技革命时代，忽视马克思主义哲学系统化的时代课题；

（11）现代形态论，马克思主义哲学史"第一个五十年"有其原生形态，"第二个五十年"有其列宁主义哲学次生形态，"第三个五十年"又有马克思主义哲学民族化的再生形态，今天我们面对的是21世纪马克思主义哲学史上的"第四个五十年"，我们必须认真汲取现代科技革命新成果，注意研究经济全球化中的新问题，适应中国特色社会主义市场经济新体制，作出与时俱进的重大理论创新，创造出具有现代形态、回答时代课题的马克思主义哲学新体系。

马克思《关于费尔巴哈的提纲》十一条，包含三大层次的理论内容：世界观(存在观)——历史观——哲学观。前人研究多半集中于头两方面，鲜见对马克思哲学观的专门阐发。

黄枬森倡导的上述新哲学观，许多具体内容、具体观点、具体提法是可以商榷、可以推敲的，但其基本思想、核心理念，应当说是马克思哲学观的继承发展，包含着重要的理论创新，为创造21世纪马克思主义哲学现代新形态，提供了重要的理论基础。

第四个创新，探索中国特色社会主义理论来源与哲学基础。

黄枬森不仅是学风严谨的大学教授、书斋学者，而且还以共产党员的高度社会责任感，注意理论联系实际，从理论思维的哲学高度，回答中华民族面对的时代课题。

当代社会主义改革与中国改革开放的理论来源、哲学基础是什么？在这个问题上，当时海内外主要有4种流行观点、流行表象：西方资本主义源头论；苏共二十大赫鲁晓夫改革源头论；南斯拉夫自治社会主义源头论；布哈林后期思想源头论。

这个看似抽象的理论问题，实际上却有命运攸关的全局意义、现实意义，实质上决定着一个重大的历史抉择：我们有没有可能把"坚持改革开放——坚持四项原则"这两个基本点统一起来？换句话说，中国是否可能在实践上经济上坚持改革开放、富国富民，在政治上思想上坚持马克思主义指导的国家意识形态？

从1983年、1984年起，黄先生一直带领我们、鼓励我们，探索这个前沿问题。

1983年4月，黄枬森作为中国学术界代表，到法国巴黎参加了联合国教科文组织举办的纪念马克思逝世100周年学术研讨会。他发言的题目是《在马克思主义指导下建设有中国特色社会主义》。这是自1982年9月邓小平在十二大开幕辞中提出"中国特色社会主义"这个新观念以来，中国学者第一次在重要的国际论坛上，从哲学与世界历史高度，科学地阐明邓小平倡导的中国特色社会主义与马克思主义的关系问题。

1984年2月，在全国首届列宁哲学思想研讨会上，他和我合作发表了论文《列宁对社会主义革命和建设的道路的创造性探索》，首次明确提出并且初步回答了中国特色社会主义改革开放道路的理论渊源与历史渊源问题：这个思想源头不在马克思主义思想主流之外，而正在马克思主义思想史长河主流之中，特别是在列宁后期新经济政策道路探索之中；在列宁后期新经济政策道路探索中，我们可以找到中国特色社会主义改革开放道路的历史渊源与理论源头；而在中国改革开放新鲜实践中，我们可以看到列宁后期新经济政策思想与实践的创造性发展。

1992年邓小平南方谈话和十四大，确定社会主义市场经济为中国改革目标模式后，黄先生认为对中国特色社会主义来说，这是一个决定命运的重大历史抉择，兴衰成败，在此一举。因而，他主动放弃了一些纯学术问题研究，"自找苦吃"地探讨社会主义市场经济的哲学基础问题。在1993年第7期《哲学研究》上，他发表了论文《关于建立社会主义市场经济的几个哲学问题》。在1994

年第 4 期《北京大学学报》上,他又发表了论文《再论建立社会主义市场经济的哲学问题》。他提出了几个新的学术观点:社会主义市场经济理论在邓小平中国特色社会主义理论体系中,占据十分突出的核心地位;社会主义市场经济的本质,在于生产的社会化,是在坚持社会主义基本制度条件下,通过发展社会分工与市场体系,提高生产社会化程度,实现中国社会生产的现代化;中国社会主义市场经济要健康发展,真正确立,必须正确处理一系列基本矛盾,如市场与计划、公有与私有、资本主义与社会主义、个人主义与集体主义价值观的关系问题等。

黄先生主编三卷本、八卷本、一卷本《马克思主义哲学史》,贯穿始终的一个思想主旨,都是到 150 年的马克思主义思想史长河中,去探寻中国特色社会主义与邓小平理论的源头活水和哲学基础。

《马克思主义哲学史》八卷本这部巨著中作为压轴戏的最后两卷,是专讲马克思主义哲学中国化的,其中一卷的主题就是中国特色社会主义的理论来源、实践基础、哲学探讨。

1998 年重编《马克思主义哲学史》一卷本,特别突出了马克思主义哲学中国化问题。最后两章,专讲马克思主义哲学中国化的两次飞跃。其中最后一章专讲中国特色社会主义形成过程、理论来源与哲学基础,在 150 年的整个马哲史中,起了画龙点睛的作用。

2005 年黄先生又带领我们发表一部专著,《邓小平理论与当代中国哲学》。

第五个创新,中国特色社会主义新型文化观。

中国特色社会主义市场经济,不仅需要中国特色社会主义民主法治作为政治保证,而且需要中国特色社会主义文化建设作为精神支柱。

正是这个中华民族的时代课题促使黄枬森教授在 75 高龄之后,从 1996 年开始,又开拓了一个新的研究领域,这就是文化问题,特别是中国特色社会主义新型文化问题。他发表了《文化的基本问题与中国文化现代化》等一组论文。

从 1996 年起,他主持"九五"国家规划重点项目"有中国特色社会主义文化建设研究",组织北京大学、中国人民大学、北京师范大学等单位,老中青学者几十人的学术群体,开展比较系统深入的中国文化现代化研究。

1999年11月,出版了由黄枬森、龚书铎、陈先达主编,上述学术群体集体完成44万字的学术专著《有中国特色社会主义文化研究》。这是专门系统研究中国特色社会主义新文化的第一部专著,2000年获北京市哲学社会科学优秀成果一等奖。

2001年11月2日,黄枬森教授在《北京大学文科论坛》发表重要学术讲演,进一步阐明了中国特色社会主义新型文化观。

他所倡导的中国特色社会主义新型文化观,主旨是马克思主义中国化与中国文化现代化。这种新型文化观,是沿着两条基本线索展开的:一是在社会有机体中,"经济——政治——文化"的三者辩证关系;二是在中国文化现代化过程中,"中——西——马"三种文化的辩证关系。

具体分析起来,以下七个关系问题,是这种新型文化观的生长点与闪光点:

一是如何对待中国特色社会主义精神文明与社会主义市场经济的关系问题:要反对脱离中国经济现代化实践,就文化谈文化的空谈倾向,反对文化决定论、文化自定论的文化史观、唯心史观,要倡导实践决定论、经济基础论的唯物史观的文化观;中国特色社会主义新型文化建设既必须面向市场经济、适应市场经济,又要超越市场经济、引导市场经济。

二是如何正确对待中国特色社会主义文化建设与民主政治关系问题:社会主义精神文明建设需要民主法治作为政治制度保证,而新型民主法治建设则需要新型精神文明建设作为思想道德文化基础;中国特色社会主义民主政治的政治制度、上层建筑,要求中国新文化建设指导思想必须坚持社会主义现代化方向,既反对自由主义全盘西化论,又反对保守主义儒学复归论。

三是如何对待中国特色社会主义文化建设与党的建设关系问题:按照江泽民第三代领导集体提出的"三个代表"重要思想,加强与改善党对文化建设的领导,使党能更好地始终代表先进文化发展方向,这是中国共产党在新世纪加强建设的重要发展方向;也只有加强与改善党对文化建设的领导,才能在经济全球化、政治多极化、文化多元化的世界大潮中,保证中国特色社会主义文化发展的正确方向,促进科技第一生产力的发展,在全球文化融合与冲突中立于不败之地。

四是在中国特色社会主义文化建设中如何处理中、西、马三大文化流的关系问题：必须坚持以马克思主义为指导思想，以社会主义文化为主流文化，走融汇中西、综合创新的大道；动摇马克思主义指导地位、社会主义文化主流地位，必然会造成方向迷误、思想混乱；过分偏执、固守、照搬西方文化或传统文化一隅，都会使中国文化偏离现代化与民族化统一的大道。

五是如何对待中国特色社会主义文化建设与马克思主义指导思想、国家主流意识形态的关系问题：在指导思想问题上，我们不能搞右的自由化，不能搞指导思想、国家主流意识形态的多元化，不能搞非意识形态化，必须坚持马克思主义在意识形态中的指导地位，社会主义现代新型文化在整个文化建设中的主导地位；在文化基础建设层面上，我们也不能搞"左"的意识形态化，搞清一色的文化，单打一的文化，只要不是敌对意识形态，就要保持多元文化，兼容并包，"突出主旋律，保持多样化"，是一个正确的文化方针。

六是如何对待中国特色社会主义新文化与西方文化关系问题：对外开放不仅包括经济交往，而且包括文化交往，不仅包括自然科学技术交往，而且包括人文社会科学交往；我们必须把对外交流的文化大门开得更大一些，特别注意吸收当代科技革命、西方近现代化的最新文明成果，这是中国文化现代化的历史必由之路；在扩大开放、文化交往过程中，我们应当善于运用马克思劳动二重性理论，分析西方近现代文化二重性，注意教育干部、青年，增强对西方流行思潮的分辨力与免疫力。

七是如何正确对待中国特色社会主义新型文化与中华民族传统文化关系问题：今天我们讲中国传统文化，不应离开中国文化现代化的大目标，建设中国特色社会主义新文化的大方向，近代以前的中国传统文化，多半是农业封建主义文化，当今时代不可能不加分析地全盘复原封建文化、儒家文化、传统文化；讲中国特色社会主义新型文化建设，不能离开中华民族传统文化的源头活水、民族根基，中国传统文化领域非常广泛，内容博大精深，源远流长，流派纷呈，失去了民族文化传统，中国特色新型文化也就成了无源之水，无本之木。

应当肯定，黄先生的文化研究，特点是以马克思主义唯物史观的文化观为指导，重点研究中国文化现代化，中国特色社会主义新文化，当代全球化背景下的中国文化创新问题。

不过,也可以依稀可辨地看到一种新迹象,就是在国学、西学基础上走向马克思主义哲学的黄先生,在古稀之年以后,有以马克思主义为指导,参照现代西方文明为全球背景,重新深入研究中华民族传统文化的意向。典型实例有两个:

一是 1991 年,黄先生为《亚洲哲学百科全书》写了一篇专论中国哲学史的长篇论文《孔子与儒学》,16000 多字,概述了孔子儒家源流,也反思了孔子研究历程;

二是 1999 年,黄先生主编《有中国特色社会主义文化研究》一书时,专门执笔写了《中国传统文化与中国现代文化建设》这一章,特地分析了"天人合一"、"知行合一"、"以和为贵"等传统文化中的重要命题,并表示有朝一日要对中华民族传统文化作出更加深入的研究。

文化研究,是黄先生 75 岁高龄之后,新开拓的一个新领域。我们一方面充分肯定他倡导的中国特色社会主义新型文化观的重大学术价值与现实意义,同时也指出这里的许多复杂问题尚有待深入研究,用马克思主义文化观重新深入研究中华民族传统文化,更是一个亟待进一步解决的重大课题。

第六个创新,为创建人学奠基。

黄枬森教授不仅专攻马克思主义哲学,而且以马克思主义哲学为指导,广泛进行跨学科综合研究。其中最为显著的创新成果,就是在当代中国首倡人学的创立。

人学——这是一门至今初步奠基的新兴学科,黄枬森是其在中国初创的主要奠基人与开拓者之一,近 20 年间先后迈出了四步:

第一步,20 世纪 80 年代初,在改革开放新时期起点上,在解放思想、实事求是、拨乱反正、正本清源过程中,他一方面反对把马克思主义哲学抽象人道主义化,另一方面更力主深入发掘马克思关于人的思想底蕴,驳斥把马克思主义说成是"人学空场"的错误观点;1983 年初,在纪念马克思逝世 100 周年的全国学术研讨会上,黄枬森在大会最后一天,作了影响重大的学术讲演《关于人的理论的若干问题》。有一种误解,说这篇讲话是为了批判周扬而遵命写成的仓促之作。实际上绝非如此,这是自1980年以来,他与北大学者对人的问题研究的初步总结之作,严肃认真的学术探讨之作。1983年,在时任北大哲学系主任的黄枬森倡导下,北京大学还以"马克思主义与人"为主题,举行了为期3天、颇有影响的全国学术研讨会,会后连续出版了两部论文集:《马克思主义与人》(1983);《人道主义和异化问题研究》(1984)。

第二步,1990年,主编国内外第一部《人学辞典》。黄枬森在这个问题上,提出一个独特的学术观点:不赞成把马克思主义及其哲学简单化地归结为人学或抽象人道主义;而同时主张在马克思主义指导下,为适应新时代、新体制的需要,独立开创一门新的人学,其特点是对人作综合性、整体性的跨学科研究。从1988年到1990年,经过三年的持续努力,由黄枬森、夏甄陶、陈志尚主编的《人学辞典》终于问世,表明人学创立的最初尝试。在黄先生带领下,参加编写工作的有北京大学、中国人民大学、中国社会科学院等重要学术单位的几十位人学研究者,汇聚了20世纪80年代最初10年的中国人学研究成果,也尽可能吸收了当代国际上人学研究的一些最新成果。辞典共分"人学总论——人的起源、发展、未来——人体结构与机能——人与自然——人学历史"等11个方面,近1500个词条,篇幅近100万字。作为初创之作,尽管在许多方面还有不成熟之处,毕竟这是古今中外第一部人学辞典。

第三步,1999年黄枬森发表专题论文集《人学足迹》。该书以创立人学为思想主旨,共分七个专题:人学研究的对象和人学的科学体系——人性、人的本质和人的发展规律——人的活动的主体性——人权——人的价值观——社会主义人道主义——西方马克思主义与人道主义。全书汇聚了26篇论文,共22万字,平均每个专题有三四篇论文,3万多字。正如黄枬森教授在"后记"中写的:"在阅读了这本书的清样之后,我惊奇地发现,这些文章经过责任编辑白竹林同志的辛勤编辑工作之后,其间的逻辑联系更清楚了,使它俨然成了一本系统阐述当代人学问题的专著,这是我原本没有想到的。"

第四步,在21世纪起点上,人学创立有两个显著标志,一是人学体系的初步建构,二是人学学会正式成立,而这两件事的主要推动者、倡导者都是黄枬森教授。

人学理论体系初创的重要标志是，2005 年出版黄枬森主编的人学研究的系列性专著三部曲：第一部是由陈志尚为主完成的《人学原理概论》——第二部是由赵敦华为主完成的《西方人学观念史》——第三部是由李中华等人为主完成的《中国人学思想史》。该书从逻辑与历史的统一之中，为建立人学理论体系，勾画出一幅粗线条的草图。当然，创立真正富有内容与新意的人学体系，可能还要走相当长的路。

人学初创的另一个标志是，中国人学学会的筹建得到批准，正式成立。走到这一步，也经过黄枬森等诸多同志的共同努力。在20世纪80年代人学研究的基础上，1991年率先成立了北京大学人学研究中心，年届古稀的黄枬森首任主任。90年代中期，已经初步草创中国人学学会，黄枬森教授又首任会长。经过10来年艰苦努力，中国人学学会正式成立，黄先生由于已是70高龄，不再担任任何主要领导职务，但大家公认，他是中国人学研究与人学学会的主要创始人与主要奠基者。

上述六个学术创新不是孤立并列的，自始至终贯穿了一个思想主旨，就是马克思主义哲学中国化与中国现代化。正是这样一条思想红线，使上述六点创新，构成一个内在联系的有机整体。

三、学而不厌、诲人不倦、甘为人梯、无私奉献的高尚师德

黄枬森教授不仅是马克思主义哲学家、哲学史家、而且是一个有独特建树、桃李遍天下的马克思主义哲学教育家。他在这方面的最大建树，是身体力行的高尚师德，这乃是支撑他学术创新生命常青的主要根基。

其实说起来，对黄枬森教授的学术观点，有许多人是有不同观点的，包括他的一些学生，有时也有所保留；然而，说到黄先生的师德，却几乎是众口一词、普遍认同、高度评价的。黄枬森教授的高尚师德，最为突出的特点是四条：

第一，严谨治学，宽厚待人。

黄先生讲究做学问，很严谨。他以学术为第一生命，几十年如一日，扎扎实实做学问，一丝一毫不马虎。他不仅要求自己这样做，也要求学生有严谨学

风。他支持基础扎实的理论创新,但反对哗众取宠,标新立异。他不仅关心学生的学术发展,也关心学生的生活,关心学生的政治思想,可谓教书育人,严格要求。

他以教师的一片爱心,一视同仁地对待每一个学生,常常表现出慈父般的宽厚仁慈:有的学生研究领域超出他的范围,他能宽容;有的学生出现了过失,他能宽容;有的学生发表了不同于他的学术观点,他能宽容;有的学生甚至言辞激烈,有些失礼,他也能宽容。

因而,和黄先生在一起的学生,从未感到压抑不快,真是如得春雨,如沐春风,师生和谐,其乐融融。

第二,学而不厌,诲人不倦。

他对自己,是"学而不厌"。他做起学问来,永不自满,可谓终身学习的楷模。50岁的时候,他开拓马克思主义哲学史新学科;60岁的时候,他开拓中国特色社会主义理沦来源与哲学基础研究新领域;70岁的时候,他开创人学研究;80岁的时候,他又开始了中国特色社会主义文化研究的新探索。黄先生虽年已90高龄,但不仅相貌看起来年轻得多,而且学术思想之树常青。

他对他人,是"诲人不倦"。无论博士生、硕士生、大学生,他都采取平等待人的态度,和大家一起共同探讨问题,作为一名教师,他也常常指出学生的缺点不足,但他采取的方式,却使人感到毫无居高临下的批评之意,仿佛是亲朋好友的规劝之言。

90高龄的黄先生,有时候就像一个返老还童的小学生:在他自己发言的时候,往往事先在笔记本上,一笔一画、一字一句地写好发言稿,一五一十,郑重其事地读出自己的学术观点、真实想法;在听别人发言的时候,不管是老学者还是年轻人,他都认真倾听,还不时地在笔记本上做记录。

第三,治学做人,一以贯之。

黄先生教人以成人之道,做一个完整的人,全面发展的人。他不仅教学生以治学之道,而且更重要的是,教学生以做人之道。做人—做事—做学问,在他这里,是三位一体,不可割裂的。

"朴实无华,文如其人",用这两句话来形容黄枬森风格与精神,或许是再恰当不过了。无论做人、做事、做学问，黄先生一以贯之的一个特点，就是一个"实"字。他以自己的言行，教给学生：要老老实实做人，扎扎实实做学问，实事求是做事情。

第四，学为人师，行为世范。

黄先生自强不息，勤勉治学，不求出人头地，不求虚名盖世。淡泊名利，虚心治学，这是他的显著风格。也正是由于这一条，使他不仅自己不断取得学术创新成果，而且带领别人、支持别人不断取得学术创新成果，他是名副其实的"学术带头人"，是一位真正杰出的好老师。黄先生严以责己，宽以待人，甘为人梯，无私奉献的精神，不仅受到众多学生的衷心爱戴，而且产生了广泛的社会影响，为党风、社会风气的改善，树起了一面镜子，在他身边的许多人心中燃起了希望之光：

1983年，他被评为北京市教育系统先进工作者；

1996年，他被评为北京大学优秀党员标兵；

2001年4月，他被评为北京大学师德标兵；

2001年，他主持的《马克思主义哲学史》课程改革创新，还获得了北京市与国家级优秀教学成果奖。

北京大学哲学系张岱年先生，曾把据称是孔子晚年所做的《易传》中的两句话——"自强不息，厚德载物"，作为中华民族精神的集中表现。而90高龄的黄先生自身，不正是这种民族精神的人格化生动体现吗？

身在北大哲学系，能够和这两位哲人在一起，我们真是三生有幸，受益无穷！

黄枬森先生有一个幸福美满的家庭，他与夫人刘苏感情甚笃，相敬如宾，相濡以沫。他们夫妇生有三女——黄丹、黄频频、黄萱，其小女黄萱不仅帮助二老打理生活，还是黄老的业余学术助手。他们一家关系和谐，其乐融融。

黄老先生在将近90之际，没有仔细算计个人名利、安享晚年，而是为了在十八大前后，迎接中国解放思想、改革开放的新阶段、新起点、新目标，先后做了四件大事：

第一，2011年4月，由人民出版社出版了由黄枬森教授领衔、"十年磨一剑"的系列性专著《马克思主义哲学创新研究》四部全书；

第二，2011 年 9 月，他自动请缨，带头创办北京大学马克思主义哲学研究中心，力争成为教育部人文社会科学的重点研究基地；

第三，2011、2012 年，他在中央编译出版社出版了《黄枬森文集》六卷，最后两卷也已初校完毕；

第四，他带头承担了教育部重大项目"马克思主义哲学基本理论与现实问题研究"，并且努力带着我们开展研究工作。

黄枬森教授不愧是坚持与发展马克思主义哲学的典范，理论联系实际的典范，与时俱进、理论创新的典范，用马克思主义哲学教书育人、具有高尚师德的典范，保持发扬马克思主义优良党风学风的典范。

哲人已逝，风范长存。

让我们这些后来人，继承黄枬森先生的遗志，发扬黄先生的无私奉献精神，为完成黄先生哲学创新遗愿，而努力奋斗！为实现中华复兴的"中国梦"，做哲学奠基的铺路石子！

（王东，北京大学哲学系教授，中国马克思恩格斯研究会副会长，辩证唯物主义研究会副会长）

附录一：一个哲人的足迹——黄枬森小传

黄萱

> 世界是一个总的系统。研究自然界的各门科学，研究人类社会的各门科学，综合起来成了一个完整的科学体系。如果说这个科学体系是一座金字塔，那么哲学，正确反映客观规律的马克思主义哲学，就是这座金字塔的巅峰。因为，它是一门抽象程度最高、涉及范围最广的科学。
>
> ——黄枬森

北京大学哲学系教授黄枬森，在哲学的殿堂里浸润了将近半个世纪，却并不像他所从事的专业那样莫测高深。他面孔清瘦，衣着朴素，谈吐和缓，待人接物不是不露锋芒，而是淡泊随和坦诚泰然得无所谓锋芒；不是"老好人"，却被亲友邻里同事学生认为是大好人。

黄枬森的名字后面一如知名的专家学者，有着长长的一串头衔——国务院学位委员会学科评议组成员，国家社会科学规划领导小组哲学学科评议组成员，中国马克思主义哲学史学会会长，北京市哲学会副会长，北京市社会科学联合会副主席等。诸如大百科全书哲学卷编委会副主任，国家自学考试委员会哲学学科副主任，以及聘为某某、某某大学兼职教授，收入某某、某某名人录，他自己就都不提了。

在人们的一般认识中，古的洋的文的理的都截然地分得很开，四项中只要长于一项就可以有所成就了。然而，黄枬森在私塾苦读过七年"之乎者也"，又在十余年的洋学堂期间攻读了英法德俄四门外语，他既是旧北大哲学系的研究生，又曾是享有"东亚第一"美誉的西南联大物理系的学生。有这种经历的人毕竟不多。

金字塔要堆得高地基就必须深厚。同样，基础深厚的人也才能在科学的山峰上攀登得更高。

黄枬森教授恰好就是这样的人。

一

1921年11月29日，黄枬森出生在四川省富顺县沱江边上的一个小镇。父亲给他取名为黄述烈，小名南生。

他的家庭可以说是书香门第。父亲黄文杰是前清秀才，会诗文通书画，且是儒医，以教书行医兼作县政府的小吏为业供养全家。黄枬森有兄弟姊妹五人，一兄一姊是父亲已故前妻所生，所以大他许多，在同母手足中，他就是长子了。

在旧中国，除了沿海开发较早的大城市，小地方的人手里攒几个钱最重要的是置房子买地。整个20世纪20年代，黄枬森的家庭家道比较兴旺，父亲用教书行医和公干的收入买了些房子土地，所以生活比较宽裕。

幼年时期的黄枬森体质弱却天资聪颖，很得父母宠爱。他父亲在家教子侄读古诗时，把两三岁的小南生放在书案上，三几天下来，大他四五岁的堂兄还没有背下来，小南生却早已背熟了。六岁时，小南生成了父亲私塾里的正式学生。

宁静富足的日子很快就过去了。黄枬森七八岁的时候，驻扎在富顺的军阀队伍24军的一个张姓旅长，为搜刮民脂民膏同县政府发生了矛盾。张某派人暗杀了县财政局长，又把担任收支所长的父亲黄文杰投进大狱。经过卖房卖地上下打点，加上会医道，黄文杰在狱中的三年倒没受什么大罪，但失却了房屋土地和收入，一家人的生活一落千丈。黄枬森从此过上了动荡不定的日子。

黄枬森12岁的时候古诗文已读了不少，120卷的《资治通鉴》已通读了一遍，然而现代知识包括数学在他头脑中仍是一片空白。1933年秋，第一次迈进洋学堂大门的黄枬森直接跳读高小，在班里称得上是"大学生"了。最初的时候除了国文和历史课，他的成绩都不好，特别是算术，第一学期结束的时候考试不及格。

30年代的中国，烽烟四起政局动荡。军阀的争夺，红军的转战，直接影响到平民的生活。在两个学年中，黄枬森跟随父亲从富顺转到广安，又从广安转到重庆，生活虽然不稳定，学习成绩却直线上升，算术从及格到良好，学到第四个学期已经是优秀了。在富顺县小学毕业时，他的考试成绩获得了毕业班第一名。1935年夏全县各小学统考，他由于成绩优异而获得了县里颁发的"后起之秀"光荣匾。

本来县小学的高材生不必考试就可升入县中学，他却在这关键时候染上严重的疟疾，一病就是半年。待他重又考上中学就读时，已经16岁了。当然，在辍学期间他并没有停止学习，而是又跟着父亲啃了一年半的古籍。此外，还练书法作诗文，特别是每周一篇的文言论说文写作，对他后来形成抽象思维习惯产生了很大影响。

1939年初，黄枬森初中刚上一年半就跳班考上了高中。为了在年龄上更接近同班同学，追回耽误的时间，他没少下工夫。家里为此还前后请过三个教师为他补习英语。这不仅给他掌握英语打下了比较坚实的基础，更为他后来学习法、德、俄等西方语言打开了通路。抗日战争爆发后，沿海地区相继沦陷。原属于富顺县管辖的自贡，因为岩盐矿和天然气储量丰富而一下子兴旺起来。主宰这座新兴城市经济命脉的盐业大亨们深知培养人才的重要性，他们从运出自贡的盐中加抽一定的税金作为经费，兴建校舍，购买现代化教学设备，重金礼聘从外省沦陷区入川的优秀教师，把一所旧校改造成为一所新校，这就是后来名满西南甚至全国的蜀光中学。

这样一所新型的中学，对当时的有志青年来说无疑是具有强烈吸引力的。1939年夏天，黄枬森和几个同班好友一起毅然放弃了一个学期的高中成绩，投考了蜀光高中班，并且在那里度过了三年难忘的校园生活。

二

岁月如梭。

如今已两鬓斑白的黄枬森，一年中感到最愉快的日子不是自己的生日，而是和蜀光中学100多位老校友们聚会的那天。曾担任过蜀光中学北京校友会首届会长的黄枬森，每谈到蜀光中学，都带着一丝温馨双倍怀恋和三分自豪。

也难怪，不光在蜀光的教师中，而且在历届培养出来的学生中，有许许多多人后来成为了著名的教授、专家和学者。他们中间包括最高人民法院副院长，中国社会科学院副院长，清华大学、中国人民大学副校长，以及全国知名的一流的文物专家、水利专家、原子能专家、生物遗传学家、航空学家、历史学家、名医、名记者、著名作曲家、歌唱家、诗人……不胜枚举。真可谓人才济济，桃李遍天下。当然，这里面也包括了著名哲学家黄枬森。

在一张发黄的照片上，四名风华正茂的年轻人向人们微笑着。三个男学生的装束正好代表着当年青年学生的三种类型：西装领带的是文质彬彬的绅士型，皮夹克敞领的是充满朝气的青春型，穿长衫戴圆眼镜的是学究风度的老夫子型。那个"老夫子"就是黄枬森，而后排右侧那位风采照人的女学生，以后成了黄枬森祸福与共的夫人。

黄枬森的老夫子气若不是与生俱来就是"家学渊源"，反正在蜀光中学时期就表现得淋漓尽致了。那时蜀光中学的学习是严格的，生活是多彩的。正规课程里，物理、化学、生物每个学生都要自己动手做实验，德育美育体育不及格也要退学，另外还要学习生活技能，学讲演学演剧……在三年里，黄枬森的学习成绩一直保持着领先状态。在第三学年，他获得了学校物理学比赛奖金。高中毕业时，学校照例把每个学生三年来所有成绩相加评出总分，他又获得了第一名。但是在同学们中，黄枬森不善歌舞，不敏于言辞，亦不会演剧，体育各项目均不突出。所以，他在多才多艺风流倜傥的众多男生中间沉沉稳稳，不显山不露水不引活泼烂漫的女学生注意。就是当他作为值班班长站在操场中间向全校学生组成的队列发出升降旗口令时，也是庄重多于威风。

事实上，黄枬森大量的课余时间是放在读书上了。当时，鲁迅的文章像清新凛冽锐利的风，横扫着一切封建的雾瘴。在私塾里熏染过七年的黄枬森，如饥似渴地阅读着手边能得到的每一篇鲁迅文章，感到从未有过的痛快淋漓和精神解放。直到有一天他忽然发觉，他对中国那些老掉牙的东西已经有着一种本能的厌恶感了。或许，这就是黄枬森始终没有利用自己雄厚的古文底子去研究中国哲学史的本因吧？

在那时，黄枬森最爱读的另一种书，就是传播马克思主义哲学的著作了。

30年代的蜀光中学，已经有了地下共产党的活动，但共产党的宣传并未深入到教学中。学校校长在政治上持中立态度，强调知识救国，要求学生以学为本不问政治，却也不禁止学生广泛地阅读。这就使学生们有了从书籍中对共产主义发生点滴接触的机会。艾思奇的《大众哲学》，潘梓年的《逻辑学和逻辑术》，都对黄枬森产生过重大影响。前一部是介绍马克思辩证唯物主义和历史唯物主义思想的著作，后一部讲的是马克思主义的辩证法。也就是在这时候，黄枬森的心中萌发了终身从事哲学研究的志向。

三

1942年，黄枬森考上了由北京大学、清华大学、南开大学组成的西南联合大学物理系。

看到自己的得意门生考上了要分最高的大学里要分最高的系，蜀光中学的物理教师感到由衷的欣慰，因为这说明他帮助学生做的选择完全正确。但他万万想不到这个给他增光不少的学生却另有一番心思。从艾思奇、潘梓年等先生的著述里，黄枬森参悟出这样一个道理：哲学与自然科学虽然分属文、理两个天地，二者的关系却非常密切，不懂自然科学就不可能真正懂得哲学。然而，哲学可以自修，自然科学特别是有基础地位的物理学，靠自己啃书本就根本不行了。"为将来进一步研究哲学打下自然科学的基础"，这才是黄枬森报考物理专业的真正目的。

第二年，黄枬森正式转到了哲学系。到哲学系后，他仍然选读了一些自然科学的基础课程，并坚持学完了高等微积分。

在战乱年代读大学，可没有现在那份专一、安宁和优越。没有读书的场所，黄枬森就跑到街上的小茶馆里，花一杯茶钱换半天的座位。茶馆里的谈笑声杯碟声啜吸声加上茶馆外的车马声叫卖声喊骂声混杂一片。身临闹市，黄枬森却能充耳不闻，闹中取静，一心读书。他在当年练就的这一手功夫，在后来漫长的岁月里使他获益匪浅。

然而，战争带给黄枬森的不光是读书的艰苦，还有半年的投笔从戎的经历。

如今在春城昆明和北大勺园，一南一北矗立着两块一模一样的花岗岩石碑。碑额用大篆端端正正地题写着"国立西南联合大学纪念碑"，碑体上密密麻麻地镌刻着834名热血青年的名字。排在第483名的，就是黄枬森。

那是1944年末。抗战到了最后时刻，日军回光返照地向贵州发起了大举进攻，独山失守，西南震动。国民党政府抓住这个机会，以挽救中国危亡为名向学生们发出"十万知识青年从军"的号召。然而，西南联大的学生们却怀疑国民党醉翁之意不在酒，报名者寥寥无几。学校当局无奈，于是把名教授搬了出来。其他教授的发言倒还罢了，民主教授闻一多先生的威望更兼一番慷慨陈词，立时把学生们的历史责任感调动了起来。黄枬森在抱定"只抗战不内战"的主意后，也在报名册上填上了自己的名字。

1945年穿上军装刚刚一个星期，黄枬森就和200名联大学生一起编进了国民党军事委员会直属汽车兵第一团，飞越喜马拉雅山来到印度的蓝姆迦。在印度，他们先后接受了两个月的汽车驾驶训练，学习驾驶小吉普、中型指挥车和十轮运输大卡车。不训练时，每天只需拿着空枪杆比划几下，任务就算完成了，大部分时间无所事事，过着懒懒散散枯燥平淡的日子。直到有一天，一份寄自昆明的联大学生反对内战的宣言，像天外来石奇迹般地通过信检关卡，落到这潭死水里。联大学生兵们争相传看，最后干脆高高张贴起来由大家共睹。谁知这竟触犯了国民党的"军纪"。收到信的学生兵被关押，其余两个连的联大学生兵被拆散与其他连队混编。虽然美国西点军校出身的团长设法救出并送走了那个学生兵，但联大学生兵的心情却越来越感到压抑了。

德国投降后，国民党关闭了蓝姆迦训练基地。满怀上当感与失望感的联大学生兵与部队一起，沿着新打通的滇缅公路返回昆明。半路上，黄枬森驾驶的吉普车差点翻下山谷，一只轮子悬在绝壁外竟然没有掉下去。他只记得当时骇出了一身冷汗，如今想起来反倒觉得惊险有趣。

日本投降后，大多数学生兵都急于摆脱压抑沉闷的国民党军队，纷纷要求退伍回校，却不获批准。为了改换一下环境，黄枬森投考了译员训练班。一个月后结业时，英语翻译不再需要了，他居然意外地轻易地回到了西南联大。后来，那些滞留在汽车部队的联大学生兵除极少数人外，也都陆续回到了学校。

抗战胜利了，内战还没有打起来，满目疮痍的中华大地出现了短暂的平静。趁西南联大解散北迁的机会，1946年5月，黄枬森探亲回到了富顺老家。

此时的富顺，在经过学校民主空气熏陶受过国民党军队灰色生活磨炼的黄枬森眼里，已经不再单纯是充满童年回忆拥有家庭温馨的地方了，这里也有着国民党政权所共有的种种腐败丑恶愚昧黑暗。黄枬森闲暇和一批回乡度暑假的其他大学学生聚在一起，越聊越气愤不平，有个学生忽然提出来："何不办个报纸？"立刻得到热烈响应。很快，一份名叫《民主生活三日刊》的石印小报出现在富顺县城的街头巷尾。黄枬森便是这份刊物的主编。

这张几千字一期的小报，有通讯有论文，或嬉笑怒骂或义正辞严，矛头所指全部是本县的豪绅地主达官贵人，揭露他们横行霸道欺压民众的丑行，提倡民主和自由。这张犀利的小报立刻在富顺这个偏僻的小县城引起震动，受到欢迎，印发量越来越大。这自然引起了地方权贵的恐慌与仇视。小报出到12期，在来自各方面的威胁与压力下，眼看办不下去了。在宣布停刊的第13期，他们集中火力对当地最大的一个恶霸、县议会副议长进行了无情的揭露和猛烈的抨击，黄枬森为此还专门作了一番采访。虽说是最后一期，却也出了一口恶气。

由于身体不好，暑期过后，黄枬森独自一人又滞留了半年。这期间，他受聘回母校富顺中学以及富顺女中教英语，受到学生的欢迎。县当局认定他是"共党嫌疑"，暑期中煽动过民众，现在又要来煽动学生了。仅一个多月，他就被迫停教离开了学校。不久他离家北上，此一去就是漫漫的40多年。

1947年春，黄枬森来到重返旧址的北大继续他的学业。这时"反内战"、"反饥饿"的斗争正如波涛汹涌，黄枬森立刻就投入到轰轰烈烈的学生运动当中去了。在地下党的外围组织"腊月读书会"里，他更多地接触到马列经典著作和毛泽东的著作，其中包括《反杜林论》、《费尔巴哈论》、《新民主主义论》等。一年以后，即1948年上半年，这个被富顺劣绅视为"共党分子"的青年，真正成为了中国共产党的一名地下党员。

四

1949年2月1日，在北京是一个值得永远纪念的日子。解放军的坦克从东交民巷隆隆地驶过，无情地碾碎了帝国主义列强瓜分中国的美梦。

站在欢呼人群中的黄枬森，怀着激动的心情，目睹了这一伟大的时刻。几天以后，他出席了在原北洋政府国会大厦召开的北平地下党员誓师大会，才惊讶地发现，留在北平坚持斗争迎接解放的地下党员竟有2000多人。他为自己是他们中的一员感到自豪。

炎热的夏天到了。黄枬森在同仁医院门诊大厅的长椅上，见到了从解放区送回来治病的蜀光校友刘苏。当初照片上的四位好友在解放战争时期全都投身了革命，所不同的是，原来那位聪明活泼的女学生由于解放区艰苦的斗争生活而百病缠身了。半年后，黄枬森和刘苏共同建立起简朴而幸福的家庭。

解放初期的工作，是紧张而繁重的。尤其是如何在学生中间开展马列主义政治课教育完全属于创新。在北平解放前，黄枬森大学毕业后又考上北大研究生，跟随郑昕教授专攻康德哲学，由于同时兼搞地下工作，实际上没有多少时间搞研究。此时在新的需要面前，他正式开始从事教学工作。他曾担任北大新成立的大课委员会及后来的马列主义基础教研室的秘书，同时又先后作为杨晦和郑昕教授的助教，开始讲授中国现代革命史、社会发展史和马列主义基础。苏联专家来到北大后，他又提前结束了在人民大学马列基础研究室已进行了近两年的进修，先后成为三名苏联专家的助手，并担任了辩证唯物主义和历史唯物主义教研室的副主任。

刚获得全国解放的新中国，百业待兴，文化建设还很落后，全国上下没有一个以哲学理论为专业的刊物。1954年《光明日报》创办"哲学副刊"，对新中国哲学事业的发展起到了重大的推动作用。在众多的编委中间，黄枬森先后作为主编金岳霖先生和郑昕先生的副手，承担起实际上的常务副主编的重担。两年后他又被借调到中共中央政治研究室，参加马克思主义哲学原理教材的编写工作。

50年代早中期是新中国的春天,也是黄枬森哲学生涯中生机盎然的春天。组稿编稿讲课备课……熬夜成了黄枬森的生活规律,每周里还要有两到三次是通宵达旦。那时候,他觉得似乎有用不完的精力。

　　黄枬森常说:讲文科的课是永远也备不完的。直到他的老年,无论是应聘外出讲大课,还是给自己的几名博士生讲辅导课,他都是不停地备课,直到动身去教室前的最后一分钟仍有准备不足之感。黄枬森讲课的最大特点,就是把玄秘深奥枯燥乏味的哲学讲得通俗清晰生动朴实,有如阅读一本常识书,因此总能吸引住各色各样的学生与听众。有同事不无羡慕地说:"黄老师讲课是轻车熟路,不用费劲。"他哪里知道,黄枬森的成功靠的是在50年代就养成的艰苦的永无止境的备课习惯。

　　让黄枬森消耗大量精力的另一项工作,就是不厌其烦地一遍又一遍修改甚至部分重写为光明日报"哲学副刊"组织来的稿子。有的时候,这比自己新写一篇文章还难。可修改后的稿件仍然属于他人的作品。虽然是为他人做嫁衣裳,黄枬森依然乐此不疲。通过他的手,一期又一期高质量的"哲学副刊"源源不断地出现在《光明日报》上,一个又一个哲学新秀在这里被发现被培养,其中不少人成了今天的知名哲学家。

　　这些年,也是黄枬森的多产季节。他虽没有时间结构大部头的著作,也还是在报纸杂志上发表了几十篇哲学文章,出版了两本小册子,其中部分论文颇有独到的建树。

　　为工作如此奔波忙碌的黄枬森,并没有忽视自己的家庭责任和家庭生活。自1953年妻子把母亲和未成年的小弟接到北京来以后,黄枬森几十年来就一直担任着女婿兼丈夫兼父亲的三重角色。在老岳母面前他谦恭宽厚,在体弱多病的妻子面前他体贴能干,在三个幼小的女儿面前他慈爱精心。他学会了炒菜做饭,不光炒得一手好川菜令客人赞不绝口,而且还会做北方的包子饺子丝糕烙饼。每天晚上,他必然怀里抱着最小的女儿,膝前坐着两个大点的女儿,给她们讲天上地下古今中外各种有趣的故事。每年总有好几个星期天,他都要抽时间带着衣着鲜亮笑容满面的一家老小或近或远出门游玩……那时,轻松幽默的黄枬森,总能使家庭充满笑声。

这几年，是他一生中最富活力最有干劲最具情趣最舒心最幸福也最令人留恋的时光。

五

就像有浪峰必会有波谷一样。到 50 年代末，黄枬森开始了漫长而坎坷的 20 年。

老夫子气十足的黄枬森，在学术研究领域是如鱼得水，在政治斗争中就显得处处不合时宜了。1957 年上半年在中央政治研究室工作期间，他怀着一颗真实坦诚得没一点杂念的心，在党内的讨论会上老老实实地发表了几条"高论"——

一曰：说当时出现的现象是右派利用党整风的机会向党进攻，不确切。因为除少数人外，许多向党提意见的人都是善意的，所以不能说这是阶级斗争，只能说是有阶级斗争因素。

二曰：说肃反扩大化不确切。因为对没有真凭实据就被乱斗争一通的人并没有当作反革命处理，只是伤了这些人的感情，所以肃反没有扩大化，只是肃反斗争扩大化了。

三曰：以前北大是由上级派出的党组来领导，1956 年改为由本校尚年轻的党委自己领导，不够成熟，为时过早。

不久，由于反右斗争全面开始，编写教材的任务停止，黄枬森返回北大继续任教并参加反右斗争。然而，一份记录着黄枬森全部"右派言论"至少是"严重右倾的错误言论"的材料，随着他一起转到了北大党委。1958 年 8 月，黄枬森在随全系下放到远郊大兴县之前，系党总支决定给予他留党察看两年的处分。

在农村，面对人民公社化的轰轰烈烈的浪潮，黄枬森的老夫子气又犯了。他在学习会上发言说：根据马克思主义"生产力决定生产关系"的原理，在目前农村生产力水平不够的情况下搞一大二公的人民公社制度，不合适。再加上他曾在文章中说过："根据事物都是具有两面性的辩证唯物主义观点，工人阶级也具有两面性"，于是"二罪"同罚，受到批判。1959 年 3 月，系党总支通知他：经过各地区各单位平衡，对他的处分太轻了，现加重为开除党籍。

一个被开除党籍的人当然不能再给学生讲授马克思主义了。从此，黄枬森离开了讲台，调到了系里的资料编译室。

黄枬森无论如何也不明白，自己在党组织内部发表自己的看法，完全没有违犯党的纪律，怎么能仅仅凭着几条看法就彻底否定了自己十年来甚至是冒着生命危险为党工作的真诚呢？当中央开始对"右倾机会主义分子"进行甄别时，他向党组织提出了重新甄别自己问题的报告，回答却是"反右斗争中的问题概不甄别"。从此，黄枬森对恢复党籍之事三缄其口，再不敢提了。

伴随着政治上的打击、精神上的压抑，黄枬森的家庭生活也陷入了困境。

由于受牵连，解放前就已是党的正式干部的妻子竟被单位找借口莫名其妙地退了职。家庭经济拮据加上国家三年经济困难，真是雪上加霜。本来就体弱多病的妻子和女儿们，相继染上了重病。他忍痛把一整部花了多年心血才陆续买齐的崭新的《列宁全集》卖掉，刚够给妻子买下两小瓶治疗肝炎的西药。小女儿得了麻疹合并病毒性肺炎，十几个昼夜昏迷不醒，他整夜整夜地在医院守护着她。最后是他用自己的血救活了她弱小的生命。每当饭菜端上桌，他总是舍不得把筷子伸进菜碗里，从自己嘴里尽可能地多省下一点让给岳母让给孩子让给病妻。直到他自己已经步入了老年，几十年困难生活养成的习惯，仍然使他不自觉地时常如此。

黄枬森身处逆境，在事业上却没有颓唐没有倒下。离开了讲台，他搞起了资料工作，在担任系资料编译室副主任期间，他把集中在资料室的那些"犯了政治错误"的同志和暂时没有分配出去的同志组织起来，编纂了一部《毛泽东哲学思想摘录》，第一稿几十万字，第二稿100多万字。同时，他把眼光瞄准了教师最难讲、学生最难读的列宁的《哲学笔记》。

当年苏联专家——莫斯科大学教授、一位职业哲学家来北大讲学，曾应邀开设过《哲学笔记》课，还专门辅导过黄枬森和另一名教师学习此书，但讲授的内容与《哲学笔记》的联系并不密切，对提出的问题也不能作出令人满意的回答。在苏联国内直到60年代，还没有出版过一本对《哲学笔记》进行注释的书。中国倒有过一本注释，但缺乏对列宁摘录的注释。黄枬森认为研究列宁的哲学思想必须研究《哲学笔记》，而研究《哲学笔记》必须首先读懂它。他决心把《哲学笔记》注释这项打基础的工作开展起来，填补中外列宁哲学思想研究中的空白。

黄枬森带领资料编译室的全体同志钻图书馆，查故纸堆。他们把《哲学笔记》中弄不懂的每个地方都列出来，对列宁提到的人提到的书，逐条核查原文逐条进行讲解。经过近三年扎扎实实的工作，这部五六十万字的著作终于完成了。它作为内部交流材料印发，对后来高等院校学习《哲学笔记》起到了很大的作用。待到这部重要的著作——《〈哲学笔记〉注释》正式公开出版发行时，已经过去了20多年。

1962年，由于《哲学笔记》这门课始终没有人讲，黄枬森作为"替身演员"被匆匆忙忙推上讲台。

重新面对几十名学生期待的眼光，黄枬森百感交集。三年呕心沥血的工作终于得到了公开的机会。可是，背着党籍处分的沉重包袱讲这门课，如同走钢丝般不能出一点差错。凭着仅有的可怜的一点备课时间，面对全新的开创性的高难课程，黄枬森硬是废寝忘食、兢兢业业地讲下来了！

六

穿着补丁衣服，带着满身尘土，1966年6月，黄枬森在撼人心魄的一片"打倒"声中返回了北大。

1965年以来，他跟着四清工作队在乡下跑了一年半，如今面对着满校园夹道而起铺天盖地的大字报海洋惊呆了。这哪里是一所大学，分明是一个癫狂的世界。尤其哲学系，由于是"第一张马列主义大字报"的诞生地，由于出了"文革"中第一个"造反派领袖"，更成了漩涡的中心。

没几天，黄枬森就弄清了自己在这场运动中的处境。一天吃中饭的时候，他神情沉重地对围坐在饭桌前的女儿们说："有件事情必须告诉你们……"

这是一次痛苦的谈话。三个女儿性格各异，老大沉静，老二跳脱，老三憨直。他不希望自己的女儿面对小朋友的辱骂毫无思想准备，更不希望女儿们由于一语不慎给全家带来灾难。

父亲的话使女儿们震惊了。她们想不通,亲爱的爸爸、令她们尊敬仰慕的爸爸,怎么会忽然之间变成了"牛鬼蛇神"?"漏网大右派"这个"文革"特有的政治概念在这些 10 到 15 岁的孩子的脑海里实在太费解了。

在这场野蛮的政治斗争中,造反派们打击黄枬森的更大目的,是打击前系党总支书记王庆淑。大字报像连珠炮似地提出一连串的"斥责":为什么黄枬森 1957 年的错误到 1958 年才处理?为什么没戴右派帽子?为什么把他调到资料室却还让他当副主任?为什么 1962 年让他恢复讲课并且还是讲党性那么强的列宁的《哲学笔记》……结论只有一个:全是因为"走资派"——北京大学哲学系党委书记王庆淑的包庇。所以,在批斗王庆淑的大会上,黄枬森作为"走资派的社会基础"之一和一些老教授一起站到了陪斗席上。

那时候,去抄家就像现在上舞厅,是年轻的红卫兵们最时髦的一项乐事。被抄家有如遭逢一场洗劫,许多家庭由此变得家徒四壁一贫如洗。在北大各家属宿舍区,被查抄的人家多了,以至于人们已经见惯不惊。

黄楠森在默默地等待着。

这天终于到了。半夜里,十几个红卫兵闯了进来,把三个女孩塞在一间小储藏室里,翻箱倒柜,拆壁炉上房顶……待一切趋于平静后,三个孩子发现,父亲不见了,整个家乱成了一团,横七竖八数不清的封条把往日熟悉的日子都封了起来。

第二天早上,黄枬森被放了回来。一进家门,他就安慰大家说:"还好还好,东西不是大都还在吗?他们对我真算是客气的。"

大概是因为在反右时期就"倒"了的人,再"打"也没太大意思,红卫兵们很快就忘记了黄枬森。不挨人"打"已很不错,自然也没有资格去"打"别人。他乐得当个逍遥派,每天去学校看看大字报,开开会。

1968 年,他那两个未成年的大女儿,插队到了山西,并且认认真真地在黄土地里一刨就是八年!

不久,"工宣队"、"军宣队"进驻学校。经过清理阶级队伍,黄枬森意外地被划到了"革命群众"队伍里,参加了一般教师的活动。这在他来说,是自 1958 年以后第一次正式恢复了教师的身份。具有讽刺意味的是,"文革"前他能讲课却不能当教员，现在他当了教员却已经无课可讲了。

这以后，黄枬森一生中的波谷阶段渐渐走完了。

——1970年春，黄枬森下放到江西鲤鱼洲后不久，参加了为招生作准备的"教育革命小分队"，秋天就实际参加了对工农兵学员的教学工作，减少了水田的劳作，也因此减少了染上血吸虫病的危险。

——1971年夏天，黄枬森同第一期工农兵学员一起，先期迁回了北京。从此再也没有下农村劳动了。

——1972年，在停顿了八年之后，黄枬森终于重又开始了研究工作，成为编写马克思主义哲学史教材的实际负责人。此后，他承担了对列宁著作《唯物主义与经验批判主义》编写解说的大部分工作；以工农兵学员名义编写的《论语批注》在组织教员做最后加工和大修改时，他又成了实际上的负责人。

虽然表面上看黄枬森的日子一天天慢慢地好过起来，但"漏网大右派"的材料还稳稳地睡在他及他女儿们的档案袋里。这就像一柄悬在他一家人头上的利剑，令他们不能抬起头来走和其他人一样的路。然而，黄枬森不仅没有丝毫改变他青年时代确立的信仰，而且还把这信仰一点一滴地都传给了他的女儿们。后来，他的女儿们都未辜负他的期望，先后加入了中国共产党。

直到"四人帮"倒台后，"文革"画上了句号，黄枬森才同灾难深重的祖国一起，获得新的生命。

七

在京西宾馆一间间豪华舒适的会议厅里，国务院学位委员会学科评议组的第一届成员，正对全国各院校、研究机构递交的博士、硕士授予权申请书进行评议。在哲学学科评议组，北京大学副教授黄枬森正严肃地坐在那里，也许是出于谦虚，也许是多年的压抑生活剥夺了他的自信，会前，他没有向评议组提出担任博士导师的申请。

这是80年代的第一年，也是我国为建立学位制度举行的第一次大规模会议。自从1978年党中央作出改正反右扩大化错误的决定，黄枬森作为北大第一批改正错误处分的人员,恢复了党籍。在经历了整整20年的坎坷20年的苦痛,对恢复党籍早已绝望的他,忽然之间又成为了一名有着30年党龄的老党员,他几十年的追求得到了党的承认,还有什么比这更使人鼓舞、更令人振奋的呢?黄枬森终于迎来了他哲学生涯中硕果累累的金色的秋天。

黄枬森获得的解放不仅仅是政治上的,更重要的是精神上的。从1978年起,十几年来他一直站在思想理论战线的最前沿,再无包袱再无顾忌再无保留。

关于真理的实践标准问题的大讨论,是"文革"结束后爆发的第一次思想理论大交锋。这场讨论最直接的政治意义,就是通过对"两个凡是"的否定解除了人们思想上的桎梏,为拨乱反正改革开放在思想上扫清了道路。这场讨论的理论意义也一样深远,它打碎了罩在伟人著作上的那个神圣的光环,为探讨和发展马克思主义理论开辟了道路。

在这场大讨论中,黄枬森没有再沉默。他在刊登于《北京大学学报》上的《实践是检验认识的真理性的唯一标准》一文里,从理论角度对这一命题作了两点补充。

第一点,他认为在强调实践是检验真理的唯一标准的同时,不能否认和忽视间接知识在检验中的作用。但具有真理性的间接认识追本溯源最终还是通过实践检验得到的,最终的标准只能是实践。

第二点,他认为实践是检验认识是否真理的方法和途径,不能简单地根据一次实践效果的好坏就对该认识作出是否真理的结论,因为真理和谬误常常是并存在一个具体的实践当中的,必须通过实践的反复检验才能发现真理剔除谬误。

在走过20年的弯路之后,国家再次恢复了正常的学术空气,这使黄枬森感到由衷的快慰。然而给他意外之喜的则是学位委员会哲学学科的成员们对他的学术水平的一致肯定——他们在会上主动提议:黄楠森理当成为我国第一批博士导师中的一个。在同事们的催促下,他临时补办了申请手续,北大和教委也一路大开绿灯。这无疑是对他几十年来不骄不馁的顽强精神的最终肯定。

1983年,黄枬森以正教授的身份挑起了北大哲学系主任这根大梁。这一年是马克思逝世100周年,当时我国关于人道主义和异化问题的大讨论正进行得如火如荼。于是，北大哲学系决定举行一个全国性的理论讨论会纪念马克思。黄枬森为这个会准备了自己的文章《关于人的理论的若干问题》，在提前出版的《马克思主义与人》论文集中刊载出来。

黄枬森认为过去理论上对人道主义的否定和批判失之片面。人道主义的盛行有着其深刻的历史根源，在国际它同第二次世界大战法西斯惨无人道的暴行直接相关；在我国则同"文革"中出现的种种反人道的行为直接相关。西方国家把人道主义作为攻击社会主义的武器；赫鲁晓夫把斯大林的肃反扩大化错误归结为不人道，并抽象地提出"一切为了人"的口号，导致苏联理论界把马克思主义归结为人道主义。这些都对我国思想理论界产生了不小的影响。过去对人道主义笼统否定是错误的，因为马克思主义只是否定人道主义历史观，并没有否定处理人际关系的人道原则。但是反过来全面笼统地肯定人道主义，用"人—人的异化—异化的扬弃"的公式来解释人类社会发展史，无疑也是错误的。因为马克思正是用生产力与生产关系的矛盾运动推动人类社会发展的观点取代了这种人道主义历史观，才创立了马克思主义的。异化理论绝不是马克思主义。

由于党中央还要召开一次纪念马克思逝世 100 周年的全国性的大规模的理论讨论会，黄枬森就把这篇文章修改补充后由北大交给了大会筹备处。他本人虽接到了出席大会的邀请，但由于他身为大百科全书哲学卷编委会副主任，必须参加哲学卷撰写人员会议，就没能去参加理论讨论会。

理论讨论会刚开了一天，就在参加者中间以及首都新闻界引起了强烈的反响。聆听了周扬同志重点报告的人们提出了一个疑问：周扬同志的报告是否意味着党中央根本改变了过去关于人道主义的一贯观点？既然是理论讨论会，为什么只有一种声音？

为了向社会表明这次会议是一次学术会议，任何人的发言只能代表他自己的观点，会议在开了两天之后不得不暂时休会，重新组织发言。大会认为黄枬森交给大会的文章属于不同观点，便邀请他在闭幕那天的大会上宣读了那篇文章。

会后，《人民日报》发表了黄枬森文章的详细摘要，后又发表了后半部分，《哲学研究》杂志发表了全文。

不久，北大哲学系主办的讨论会也按计划召开了。会上各种观点进行了交流。由于做到了各抒己见畅所欲言，与会者都感到比较满意。

后来胡乔木同志的署名文章《关于人道主义和异化问题》在总结这场大讨论的观点的基础上，提出了区分人道主义历史观和人道主义伦理原则的观点，主张对人道主义思潮进行具体分析，反对笼统否定和笼统肯定的做法，在人道主义思想史上作出了具有历史意义的重大突破。

这年夏天，黄枬森作为我国派出的唯一的学术代表，出席了联合国教科文组织在巴黎召开的纪念马克思逝世100周年学术会议。在大会上他宣读了题为《在马克思主义指导下建设有中国特色的社会主义》的学术论文，对我国理论界的现状和主要的理论研究成果以及他本人的观点作了简明的阐述。当他在掌声中步下讲台时，一些国家的代表离开座位快步迎上前来热情地同他握手表示祝贺。

八

广泛的探讨率直的交锋固然能激发思想的火花，但一种论断的成熟还得依靠教学中的反复探索和深入扎实的基础性研究。在这方面，黄枬森有着深刻的体会。他曾感慨地说：有的同事不愿把时间花在教学上，喜欢一心一意闭门研究。其实，我的许许多多思想是在讲课中提出的问题的启发和推动下经过思考逐渐形成的。教学是我理论研究的源头之一。

黄枬森十分珍惜教学工作。对所要讲的不论多么简单明了的哲学问题，他都要从历史到现实、从事实到理论进行充分的准备。正是这种细致认真的备课，使他的思想更加系统，看问题更加透彻。他还知道，一些似乎显而易见得到公认的问题经学生一通刨根问底的提问，往往会引出一种全新的思路，使他获得重要启迪。因此，他对教学工作从来都是不辞辛劳，竭尽全力。

这十多年中，黄枬森给本科生、硕士生、博士生开过《哲学笔记》、《唯物主义与经验批判主义》、马克思主义哲学史、中国当代马克思哲学问题等多种课程。此外，应邀到其他院校、单位、部队和各类培训班讲课，更是频繁，即使是外出开会也总免不了讲上一两堂。在他来说,只要时间安排得开就几乎是有求必应。这使得他越来越经常地往来奔波于各地,加上会议最多的时候一年当中出外十多次,这对一个年近七旬的老人来说确实不容易。

由于他对教学工作的敬业精神,1983 年他获得了"北京市教育工作先进工作者"称号。黄枏森是在马克思主义哲学史特别是列宁的哲学思想研究方面有独到见解的哲学家。而这些研究成果的取得,正是与他的教学实践分不开的。

列宁的《哲学笔记》是黄枏森付出几十年精力所研究的专题。在青年时代,他曾特意向苏联专家请教过。进入中年,他又在逆境中为注释它而奋斗过。他对《哲学笔记》中辩证法要素 16 条的内容结构的研究成果,就是在 1962 年一遍又一遍讲授《哲学笔记》课时初步形成,在"文革"后再次讲授这门课时最后完成的。

黄枏森经过仔细的分析,发现辩证法要素 16 条决不是彼此孤立的简单排列,在内容上有着内在的联系,即前 7 条是辩证法的雏形,后 9 条分别从属于前 7 条。同时,他还根据列宁的手稿对这 16 条的思维过程进行了科学的推测。

对这一研究成果他早在 1963 年就发表论文涉及过。1980 年他以《列宁〈哲学笔记〉对马克思主义哲学的重大发展》为题,在当年《中国社会科学》杂志第六期上对这一成果作了系统明确的论证,得到了理论界较高的评价。在 1984 年出版的《〈哲学笔记〉与辩证法》一书中,他对此又作了更为详尽的阐述。

后来,《马克思主义研究资料》杂志翻译刊登了苏联研究《哲学笔记》权威、著名哲学家凯德罗夫的一篇文章,黄枏森发现凯德罗夫对此的观点与自己不谋而合。这无疑从另一个角度印证了黄枏森的研究成果。对于列宁的另一部重要的哲学著作《唯物主义与经验批判主义》,黄枏森也进行过类似《哲学笔记》注释那样的基础性工作,并对这部经典著作如何发展了马克思主义哲学提出了自己的看法。他虽然对这部书给予了很高的评价,当它受到攻击时坚定地捍卫它的基本思想,但也认为它并不像苏联理论界所推崇的那样完美无缺:在对阿芬纳留斯的原则同格说的批评上就有缺点;对感性认识如何上升为理性认识上阐述得不够充分;对康德的先验主义进行批判的同时忽视了其中的合理成分,即认识的主体性思想;……

黄枬森认为，列宁在《哲学笔记》和《唯物主义与经验批判主义》中有重大的理论成就，开辟了马克思主义哲学新阶段，因为他在20世纪科学革命刚一出现就对它作了哲学上的总结；提出了马克思主义认识论的基本框架，使它具有比较成熟的思想体系，从而可以与世界观和历史观区别开来；对黑格尔关于哲学体系的思想进行了唯物主义的改造，从辩证法的高度总结了反对社会沙文主义的经验，力图构造出马克思主义哲学的新体系。但是，就此说列宁的哲学思想已经完成了马克思主义哲学的新阶段，却不是实事求是的。可以说列宁主义是马克思主义的新阶段，因为列宁的革命思想即社会主义革命和建设的理论的确是把马克思主义这方面的理论发展到了一个新的阶段，并得到了大量的社会实践的检验。但，列宁主义并不等于列宁的哲学思想。

在深入研究列宁的基础上，黄枬森与曾盛林同志合作，于1989年出版了60万字的著作《列宁传》。

九

改革开放以来，马克思主义哲学研究终于打破了僵化的局面。各种问题各种观点破土而出，理论的百花园欣欣向荣。

身为马克思主义哲学史学会的会长，黄枬森在这十几年里对马克思主义哲学和马克思主义哲学史倾注了大量的精力。特别是在关于马克思主义哲学是否是一门科学、它能否现代化、实践唯物主义是什么、本体论能否成为一门相对独立的科学、何为主体性等一系列有着内在联系的大规模论争当中，他都站在了最前列。他的哲学思想就在这种千锤百炼之中前进着。

黄枬森非常强调马克思主义哲学是一门科学。他反对那种以标新立异为目的把马克思主义哲学当橡皮泥捏的做法，崇尚扎扎实实的科学精神，哪怕被人误解为"保守派。"

在西方，流行的观点说哲学只是一种信念；我国理论界一些观点说哲学只是一种思维方法。他们的出发点虽然不同，归宿却一样，就是都否认哲学是一门科学。如果这种说法只限于唯心主义的、形而上学的哲学派别，也不失为一种正确的论断,可惜的是,不少人从这里又做出一个简单的推论:因为马克思主义哲学属于哲学,所以马克思主义哲学也不是一门科学,而只是一种信念或思维方法。黄枬森认为,马克思主义哲学诚然是一种信念,一种思维方法,但由于它是对客观规律的正确反映,所以它与其他哲学有着本质的不同,是一门科学。也正因此,它才成其为科学的信念和科学的方法。

黄枬森坚持马克思主义哲学是一门科学的观点,是有理论与实践依据的。马克思主义哲学有着每一门科学都必须具备的三个基本条件:

第一,作为一门科学,它具有明确的研究对象。就像天文学研究宇宙天体,地理学研究地质地貌一样,马克思主义哲学也有自己的研究对象。世界观的对象是作为整体的世界及其一般规律,历史观的对象是社会历史及其一般规律,认识论的对象是人类认识现象及其一般规律。连接在一起就是辩证唯物主义与历史唯物主义。

第二,作为一门科学,它所包含的原理是以自然科学和社会科学为根据的,经过实践最终检验证明是与客观实际及其规律相一致的。

第三,作为一门科学,它是一个相对独立的思想体系。物理学、生物学、数学、医学等是科学,马克思主义哲学也是一门科学。它们从不同的侧面反映着世界这个完整的大系统。把各门科学统一起来,就形成了一个完整的科学体系。马克思主义哲学与其科学之间所不同的,只是由于它研究的对象的区别,使得它成为了一门抽象程度最高涉及范围最广的科学,从而高高地占据了科学总体系这座金字塔的顶峰。马克思主义哲学同其他科学之间的关系,反映了它的对与其他科学对象的关系,这使得它成为建立在其他一切科学基础之上的科学,成为其他一切科学的指导思想。因此,各门科学只有在遵循马克思主义哲学所揭示的客观规律并在其指导之下,才能取得事半功倍的效果;而各门科学进步了变化了,马克思主义哲学也会在总结这些成果的基础上随之进步和变化。承认马克思主义哲学是一门科学这个前提,也就不难解决马克思主义哲学能否现代化的问题了。中国改革开放的目的,是要实现四个现代化,"四化"中就包括了科学技术的现代化。说马克思主义哲学现代化,并不等于说它已经过时了,而是说它应同时代相适应,具有反映时代和科学发展的现代形态。

黄枬森认为，马克思主义哲学既然是一门科学，其原有的科学体系就不能从根本上否定，它的现代化应是在原有基础上的一种继承和发展。但在理论界另有一种观点，认为辩证唯物主义与历史唯物主义体系是后来恩格斯、列宁、甚至是斯大林建立的，不是马克思的本意，真正马克思主义的而又现代化的哲学体系应是实践唯物主义。

这种观点所强调的实践唯物主义实际上是实践本体论（本体论即存在论）或实践一元论，在理论上更彻底一些的连"唯物"二字也去掉了，直接称为实践主义或实践人本主义。这种观点把实践唯物主义与辩证唯物主义和历史唯物主义对立起来，认为实践才是全部宇宙的基础。脱离了实践的宇宙是无法想象的，所以也是不存在的。黄枬森在《评对实践唯物主义的一种理解》一文中，反驳了这种观点。他认为马克思所说的实践唯物主义的含义与辩证唯物主义和历史唯物主义在基本结构、基本内容、基本观点上没有多大差别。它不过是指明了唯物史观的性质或功能。那种把实践唯物主义理解为实践本体论的观点是对马克思论述的曲解。实际上，实践本体论是根本不能成立的，因为人类实践的范围在茫茫宇宙中实在小得可怜，即使在地球上也有许多实践没有达到的领域，即使在达到的领域人类也不能摆脱客观规律而随心所欲地左右客观世界。说到本体论，辩证唯物主义本身就是一种本体论，它以客观世界及其一般规律为研究对象，它是马克思主义哲学的根本之点。在讨论中出现的一种新观点却否定了这一切，说马克思主义哲学的研究对象只能是人与自然的关系、主体与客体的关系，马克思主义哲学就是实践论与认识论。黄枬森对此发表了《本体论能否成为一门相对独立的科学》和《再论本体论》，指出否定辩证唯物主义本体论对于马克思主义哲学来说无异于挖掉它的基础，因为没有前者也就没有后者了。无论是实践唯物主义的讨论，还是本体论的讨论，都不可避免地牵扯出一个关键性问题，这就是如何看待人类实践和认识的主体性，也就是通常所说的人的活动的主观性。于是，关于主体性的争论一时成了门论题。

这里所说的主体性与主体是两个概念。主体是指人，而主体性或曰主观性则是指作为自觉的人进行活动时所具有的一些特性，即人的独立性、人的自立性、人的自为性、人的能动性等。马克思、恩格斯、列宁在其著作里面曾一再谈到过这个问题。可是过去我们常常简单、片面地把主观性等同于"主观不符合客观",缺乏对主体性问题实事求是的深入研究。人类的实践活动、认识活动和评价活动都离不开主体性。人们从事这三种活动都有目的和指导思想,并对获取的材料以及外部对象进行加工和改造。但并不能因此就否定了人类活动,否定反映论;更不能把主体性原则作为根本原则或最高原则来改造马克思主义哲学体系。

因为就以马克思主义哲学来说,它的基本原理虽然是人规定的,包含主体性,但它同时是如实地反映了外部世界的客观规律,无疑也具有客体性。实际上人的活动、人的认识都是在主体性与客体性或主观性与客观性的相互作用当中进行和完成的,既不能把二者割裂开来,更不能把二者对立起来。任何否定主体性和不适当地夸大主体性的做法都是错误的。

……

理论界的这些讨论既是学术之争,更是真理之争。在环环相扣丝丝缠绕的各种理论问题上,黄枬森无倦无悔地在探索中付出着自己的心血和汗水。

鉴于他取得的这些研究成果所具有的学术水平和社会影响,中国社会科学出版社收集了他自1978年至1985年期间发表的30多篇重要论文,于1987年出版了专辑《哲学的足迹》。

的确,寻找真理的道路是无止境的。黄枬森脚下的路也是无止境的。

十

"人到七十古来稀"这句话在今天早已不适用了。见到黄枬森的人谁也不相信他已年满70,与他合影的不少的学生看上去还不如他显得年轻。他也从不认为自己已经老了。自进入20世纪80年代起,他一年比一年忙。狭小的居住面积,几十年的三代同堂,令他的工作和写作环境至今仍非常之差。幸而他不光在青年时代练就了闹中取静不受干扰的能力,更练就了手脑并用一心二顾的本事。他的文章著作,大部分是在做家务活、出差旅途、游览应酬的同时打出腹稿酝酿成熟的。随着工作量逐年递增,他夜间休息也越来越迟,近两年已绝少在凌晨一点以前上床了。长期的睡眠不足使他眼皮浮肿，他却时常爱说："我身体好着呢。"

繁忙的工作不光蚕食了他的休息时间，更蚕食了他的娱乐时间。不知从哪年起，他就很少同家人一起出游了。娱乐活动除保留了一项占时不多的给外孙们照相的爱好外，只剩下看看电视和偶尔听几首乐曲。无穷无尽的工作造成的精神压力，使家里人难得再听到他独有的幽默语言。如果哪天他神情轻松地和家人开起玩笑，那一定是他刚完成一项难度较大的"工程"。遗憾的是，这种间隙通常只有一天。

无论是教学、科研还是著述，无论是担任系主任、学会会长还是主编，与同事们合作是必不可少的。在这种合作中，黄枬森从不以权威或领导者自居。他把自己当作一名普通的合作者，倾听他人见解，付出自己的劳动，在署名与稿酬问题上更是谨慎律已，决不多占多取。由于他的鼓励，一些中青年学者脱颖而出，成为理论界的骨干或新星。

1991年是他70岁之年，按规定该离休了。可北大通知他"暂不离休"，把已办理了一半的离休手续又追回了。黄枬森对此倒不在意，因为不论离休与否，他的工作内容和工作量都不会有什么变动。

就在这一年，黄枬森任主编的《马克思主义哲学史》八卷本中的第六、七卷，继获得第四届中国图书一等奖之后又荣获了"光明杯"优秀哲学社会科学学术著作一等奖和北京市哲学社会科学优秀成果特等奖。国家首批为1000多名有突出贡献的专家学者颁发政府特殊津贴时，他荣幸地成为了其中一员。

同年，他受聘担任全国哲学社会科学"八五"哲学规划小组第三届成员；受教委委托开始主编列入国家教委"八五"重点项目的全国高等院校《马克思主义哲学史》教材；继续招收了两名博士研究生，加上已毕业的四名，他总共培养了十名博士生。

另外，尽管他已经多年没有研究儒家问题，尽管"文革"时编写的《〈论语〉批注》里那些"左"的错误不要他个人负责，他还是为了弥补这次失误在百忙中接受了英国《亚洲哲学全书》中"孔子与儒家"一章的稿约，于这一年寄出了用英文撰写的10000余字的稿件，对孔子、历代儒家和现代新儒家作了系统介绍和实事求是的评价。

在他手里,还有不少正在进行的工作。如他主编的《马克思主义哲学史》八卷本还有三卷未完成。1992年新年一过,他又受命担任了著名的哲学社会科学杂志《北京大学学报》的主编。

黄枬森想要做的事还有很多。面对未来,他最大的愿望有两个,一个是建立起马克思主义的人学,一个是建立起马克思主义哲学体系,完成列宁开创的马克思主义哲学新阶段。他深知这两个愿望的实现必须是理论界乃至整个科学界共同的努力。

人学的研究可以说开始于80年代初关于人道主义和异化的那场大讨论。曾积极参与讨论的黄枬森,在讨论冷却之后即开始了更深入的研究。经过三年里几十人的努力,黄枬森等主编的《人学辞典》问世,不久,由他任主任的北京大学人学研究中心成立了,人学研究有了良好的开端。

在马克思主义哲学史上,对人的研究是包含在对社会阶级群众的论述当中、包含在历史唯物主义当中的,没有以人作为对象进行过专门的系统研究。黄枬森认为,人学对于历史唯物主义如同细胞学对于生物学一样,是它的分支学科。人学是以人作为一个整体,研究其发展规律的一门科学,在它的研究范围内有一些属于过去的空白或禁区。空白之一是人性问题。过去只强调阶级性,甚至认为人性就是阶级性。其实阶级性只是人的特殊性,而人性则是指人所具有的共性,即区别于动物性的人的社会属性。空白之二是人权问题。过去认为人权概念是资产阶级概念,其实尊重人权只是人道主义的社会原则之一,它是一个中性概念,对它可以有资产阶级的理解,也可以有无产阶级的、马克思主义的理解。明确马克思主义的人权概念,建立无产阶级的人权理论,可以对我国人民进行尊重他人权利的人权教育,提高我国精神文明水平,可以有力地驳斥西方对我们的攻击,为改善世界各国也包括我国在内的人权状况作出我们的贡献。

关于建立现代马克思主义哲学体系、完成列宁开创的马克思主义新阶段的工作,是黄枬森在系统研究了列宁的哲学思想特别是《哲学笔记》后,为自己提出的艰巨而富有挑战性的任务。过去有一种误解,似乎马克思主义哲学的发展只是革命领袖的任务，只有革命领袖才有资格完成。诚然，建立和发展马克思主义哲学的马克思、恩格斯、列宁、斯大林、毛泽东以及其他革命领袖，都既是革命家又是理论家，但列宁之后的无产阶级革命领袖虽然由于斗争的需要进行了许多理论工作，却把自己毕生精力的大部分投身于重大的实际斗争中，不可能也不能要求他们用大量的时间精力去从事这种细致的严密的学术工作。既然马克思主义哲学是一门科学，那么从事这项科学研究的专业哲学工作者就应像其他各门科学的专业工作者一样，有责任也有能力去建设和发展它。当然，吸收和总结大量的现代科学技术成果，继承和发展马克思主义哲学最基本最核心的科学思想，构造和建立起一个完整的具有现代形态的马克思主义哲学体系，不是某一个哲学家就能完成的工作，它需要哲学家们甚至有自然科学家和社会科学家参加的群体的共同努力。

黄枬森愿在这项具有重大历史意义的工作中贡献他晚年的全部才智和精力。

往往是灿烂的夕阳更能创造出满天的霞彩。

让我们祝愿他和他的同事们！

1993年完稿于中关园

（黄萱，黄枬森先生的三女儿）

附录二：西南联大学生抗日从军亲历记
——黄枬森忆1944至1945年参加青年军往事

黄丹

在北京大学校园内西荷塘北侧的绿荫丛中，静静地矗立着一通黝黑的石碑——"国立西南联合大学纪念碑"。这通石碑是比照云南昆明西南联大旧址上的原碑以同石质1∶1复制的。石碑正面碑文的第一行注明："文学院院长冯友兰撰文，中国文学系教授闻一多篆刻，中国文学系主任罗庸书丹"，接下来是冯友兰教授洋洋洒洒长达千余字的著名碑文。石碑背面是"国立西南联合大学抗战以来从军学生题名"，上面镌刻着抗日战争期间从军的834名学生的姓名，其中就有我父亲黄枬森的名字。

自从这通石碑1989年安放于此后，父亲就曾多次和亲友们一起来瞻仰过这通石碑。近日，我陪着年逾九旬的老父亲在北大校园散步，路过这通石碑时，他再次驻足细细观看，并且抚摸着石碑上斑驳的字迹，给我讲述了那一段陈年往事。

书生意气　挥斥方遒

1944年，"二战"到了最后的关键时期。苏军向德国步步进逼，英美军队在诺曼底登陆，法西斯德国已经是日薄西山，苟延残喘。在东亚战场，日本军队为了从太平洋顺利撤退，收缩兵力，力图打通京广线，在铁路沿线发动了清剿。日寇拿出垂死前的疯狂，一直打到了贵阳附近的独山，大西南为之震动。大后方的国民党政府在此时向学生们发出"十万知识青年从军"的号召。一时，"一寸河山一寸血，十万学生十万兵"的口号响彻校园。这时西南大后方的广大青年学生思想都动荡起来，无法再安心读书了。

父亲说，他那时是国立西南联合大学哲学系三年级学生。联大学生的思想比较活跃，接受了许多进步思想。共产党地下组织及其外围组织针对国民党的号召指出，国民党征兵的真正目的是为抗战胜利以后打内战作准备，提醒学生日本就快完了，不要上当。

所以，昆明市内共产党力量比较弱的一些学校报名人数比较多，唯独西南联大学生不太踊跃，一个月的报名期限快到了，报名的只有二三十人。学校交代不了，就在报名截止的前一天召开了全校动员大会，请一些著名教授来动员。那天参加动员演说的教授有冯友兰、闻一多、潘光旦及其他教授。他们每人都讲了一二十分钟。这些教授威信很高，一下子全校就有三百多人报名。

在这些教授中闻一多起的作用最大。他是最有名的民主教授，人品好，学问大，平时同学们就最爱听他的课和专题报告，同学们认为他是不会为蒋介石说话的。他说，士大夫阶级（指知识分子）平时不流汗，战时不流血，只有工农大众平时流汗，战时流血，他特别指出现在国民党士兵不但在战场上拼命，与敌人血战，他们的生活也十分悲惨，吃不饱，穿不暖，备受军官的剥削与打骂。他认为知识分子参加到军队中能改变战士素质，改善工农士兵的待遇。何况大敌当前，男儿当挺身报国。许多人都被他说得动了心。

父亲和许多学生一样，对国民党还存在一定信任，又觉得共产党讲的很有可能，但他想，抗战胜利后虽然有打内战的可能性，但面临当时情况，哪能再在学校安心读书？孰轻孰重，实难抉择。但他又想，即使国民党要打内战，腿长在自己身上，到时候开溜就是了。打定这个主意，他毅然报名参军了。一起报名参军的联大同学同时也是父亲的四川自贡蜀光中学同学还有刘克果（后更名刘放）、缪灼华（后更名黄自强）、刘镇身（未走成），以及哲学系殷福生（研究生后更名殷海光）、邵明镛、物理系鄢粲然等人。

投笔从戎　印度受训

据有关资料载：1944年中国正面战场在日本侵华部队为打通南北交通线的

"一号作战"中遭到巨大挫折，引起社会各界强烈责难。政府当局把军事失败的原因说成是兵员身体素质和文化素质太差，于是发起知识青年从军运动。规定凡年满18—35岁、受过中等程度以上文化教育、身体健康的青年都可作为应征对象，服役期两年。

父亲于1945年初入伍后，与200多名联大同学全部被编入了炮兵第207师，先暂时编入一营补给连，军衔为二等兵。不久，他们又编入汽车兵第一团，准备前往印度受训。1945年2月，滇缅公路因战事而不能通车，所以只能乘飞机飞往目的地印度蓝姆迦（印地语Ramgarh，位于印度中部平原的哈尔邦兰溪县）。父亲说那是他第一次乘飞机，而且乘坐的是运输机。机舱里没有座位，人们都尽量站到窗边向外俯瞰。运输机发出巨大的轰鸣，伴随着清晨初生的朝阳，腾空而起进入云海。67年后的今天，父亲说当时的情景依然历历在目，不能忘怀。

飞机一直向西飞去，越过茂密的森林，飞过银白色的雪山，经过澜沧江和怒江时，机舱内的温度骤然降低，再向前，越过白雪皑皑的"驼峰"，又飞行了3个小时，中午时分终于在印度汀江机场安全着陆。当他们走下飞机时，全身已冻得像冰块，两耳又痛又聋，互相讲话要大声喊才听得清楚。在汀江，他们重新进行了编队，父亲和联大同学被编入军事委员会汽车暂编第一团服务营第二连，还有部分联大同学编入第三连。

十天的露营生活后，他们乘火车经过四昼夜的旅程，过平原，穿林莽，来到集训地蓝姆迦。蓝姆迦是"一战"时英国建造的临时性营房，用以关押意大利战俘，1942年后成为中国驻印军队的大本营和训练基地。

抵达基地后，稍事休整，父亲所在的服务营第二连就开始学习驾驶技术，以便使用美军援华的军用汽车，以备参加滇缅公路的军备运输。他们在基地接受初级驾驶训练一个月，然后进行军事训练，也大致有一个多月，后来迁移到雷多附近，又接受了一个多月的高级驾驶训练。

初级驾驶训练中，他们主要学习驾驶十轮大卡车（six-by-six），附带也学习了驾驶指挥车(commanding car,大小与今天的小面包车相当)和吉普车(jeep)。教官是一个美国人，通过翻译讲授汽车结构和驾驶的理论，特别强调避免发生驾驶事故。训练开始的第一课就是参观交通事故展览，观看了各种类型事故的图片和说明。父亲说，美国教官关于错车的一句话至今他都还记得。教官说，在错车时，你的车速不仅是相对于地面的车速，还要加上来车的车速，错车时要特别当心。除教官外，每 4 人还有一个中国驾驶兵手把手教学员驾驶汽车，学员们称他为助教。讲课时间不多，绝大多数时间是 4 个人一辆车和一个助教学习驾驶技术，不久就能在大路上开车了。一个月下来，大学生们都能在大路上熟练地驾驶了。

蓝姆迦基地所在的印度中部平原，周围是起伏不平的丘陵荒漠地带，地多沙砾，不宜种植，却是野战演习和实际操练的理想场所。他们每天清晨 5 时就起床，常规军事训练后就是驾驶训练，晚 8:30 就寝，中间很少休息。军队的生活枯燥而单调，但很有规律。天气炎热，夜间蚊虫叮咬，休息不好，伙食也不好。但严格的管理、严明的军纪确实使学生们受到了锻炼，使得大家的意志力更加坚强，体魄也更加强壮了。大家只有一个信念，早些掌握驾驶技术，早日奔赴抗日的战场。经过艰苦的训练，服二连全体学员同时毕业，都拿到了驾驶证，破了这个汽车学校的纪录。

军事训练的情况却大不一样。初级驾驶训练结束后，第三连曾执行了到加尔各答运送物资的任务，父亲在第二连，无事可做，团部只好命令二连进行军事训练。军事训练无明确目标，每天都是练习那些队列动作，连射击也没有学习过，更不用说实弹射击了。印度天气十分炎热，学生们在大太阳底下操练都提不起劲儿来，动作迟缓，队列零乱。连长经常要允诺提前收操，大家才能振作精神，操练得整齐一点。每天操练时间实际上不多，空闲时间不少，远不如学汽车驾驶时紧张。英国当局和团部禁止中国士兵与印度居民来往，中国士兵只能在营地以内活动。这是一段悠闲和无聊的日子，大家只好在营房中看小说、打扑克、聊大天打发空闲时间。

一分民主　九分高压

汽车暂编第一团的团长名叫简立，早年就读于金陵大学，之后毕业于黄甫军校第六期和美国西点军校,当时的军衔是少将。父亲形容团长是戴眼镜能讲一口流利英语的儒将。同一般国民党军官比较起来,他表现得思想开明,爱护士兵,一改国民党军队中士兵备受欺压的状况,不允许那些乌七八糟的东西在他的部队中存在。他禁止体罚士兵,要求官兵一体,严格纪律。他要求经济民主公开,选出士兵委员会监督军饷的配给。上面发的粮食、罐头、蔬菜等食品都直接发给士兵代表组成的伙食委员会,发给每个士兵的 9 个卢比现金和香烟等都直接分到士兵手中,不经过军官之手,使军官无法克扣。这使得一些军官大为光火,因为他们中的一些人是出钱买的官,只想在士兵军饷中捞回来。

　　队伍到达蓝姆迦之初,团长对全团士兵讲话时就明确警告大家:你们怎么想都可以,我不管,但军队是政府的军队,不允许有反政府的议论和行为,希望大家注意自己的言行。因此大家都比较谨慎小心,不敢像在校时那样高谈阔论,议论国事。加以团长作风比较开明,大家对团部的许多措施比较满意。最初三四个月,全团便也相安无事。没想到,一个无心的动作,却引发了一次轩然大波。

　　1945 年"五四"纪念活动中西南联大学生会发表了《国是宣言》,呼吁国共两党团结抗日,避免内战,希望政府发扬民主,改善人民生活。据联大同学后来说,他们寄了许多份宣言给联大士兵,看来都被检查部门扣下了,只有一封"漏网之鱼"被服二连的一位士兵收到了。大家没有感到其中有什么反政府言论,便漫不经心地传看起来。在这时,有个士兵说,传看太麻烦了,贴到墙上看吧。这份宣言贴到墙上后,大家便围观起来。这一下惊动了排长,他立刻将它撕下来交了上去,团长很快报告了上级部门,当天夜里,一队宪兵前来把收到宣言的那个士兵抓走了。士兵们感到"闯祸了"。他们派出代表找团长,说明没有人发表反政府言论,这个同学收到宣言,贴到墙上,不是故意的。团长态度还好,答应全力营救。可能经过审查,没有发现那个同学同共产党有什么联系,团长也起了一定作用,那个同学被关了十多天就放了出来,但不许他回本部队,据说调到其他部队当英语翻译去了。服二连原来全是联大学生,经过这件事后,部分联大学生被调到其他营或连,一些陕西院校的学生补充了进来,父亲仍然在二连。

这次事件后全团迁到雷多附近，接受高级汽车驾驶训练一个月。所谓高级训练主要训练如何在战争状态下克服所遇到的地形、天气等困难条件而胜利完成运输任务，也训练一些初步修理技术。营地所在地十分偏僻，没有居民，不远处就是原始森林，道路状况本来十分复杂，又加以人工改造，形成了行车中各种典型困难地段。父亲至今印象深刻的有特别陡的坡、特别凹凸不平的路、沙地、水中道路、泥泞很深的土路，尤其令人提心吊胆的是在漆黑的夜里无灯行车，有时甚至要有一个人晃动着白布在前引路。不过，这些困难被学生兵一一克服，胜利毕业。

在雷多，除驾驶训练外，也照样进行无聊的军事操练。整个说来，在雷多期间，学生兵们感到更加被孤立，更加与世隔绝，空气压抑，难以忍受。空闲时候，他们就跑到营地附近野游，或者在小河中游泳，或者用斧头砍树，借以发泄胸中郁闷之气。由于日本侵略军在太平洋战争中节节败退，由于中国军队滇西反攻取得大胜，学生兵们也终于等到了回国之旅。

历尽艰辛　千里返国

1945年7月，训练结束，汽车暂编第一团在团长简立少将和美军第四十七运输营营长克拉克中校共同率领下返国。他们分成4批驾军车沿着史迪威公路从印度经缅甸分批回国参战。父亲这一批有近百辆车，70辆吉普车，10余辆大卡车。中国新手均开吉普车，大卡车主要由美国黑人士兵驾驶。

时值酷暑。有时烈日当空，一天找不到饮用水源，路边只有积了雨水的死水塘，不能饮用，常令人口唇开裂，头晕目眩；有时天降大雨，衣被全部打湿，夜间无法宿营；待到天晴时，一天暴晒就能将泥泞的道路变得尘土飞扬，跟在后面的车几乎看不清前方道路；有时行进在崎岖不平的丘陵山地，再加上战争使道路变得面目全非，大部分桥梁也在日军撤退时被破坏，临时修路或绕路而行也是常事；夜间睡觉在帐篷里，没有蚊帐，整夜被蚊虫骚扰（有的人甚至感染上了疟疾），第二天清早又得驾车开拔。在这条中国战区唯一的后方补给线上，半个月的行程中，经普鲁里、杰沙、畹町腊勐……过恒河、伊洛瓦底江、怒江、澜沧江……再到腾冲、保山、大理、楚雄,终于抵达昆明。1700 公里的长途跋涉,山高水险,艰苦备尝,几次与死神擦身而过。父亲说,最险峻的是翻越怒山那一段,坡陡、弯多、路窄,还要保持车队队形,几米外就是几百米高的悬崖,一旦坠落下去,就得粉身碎骨。开车时,大家都小心翼翼,幸而沿途没有发生重大行车事故。父亲说,只听说三连有一辆吉普车由于急刹车,车子滚翻360º,好在是平地,车子依然挺立,毫无损伤,车中人员也安然无恙。

回到昆明,从军学生受到联大师生的热烈欢迎。1945 年 7 月 19 日的《云南日报》发表专文称赞学生兵,还引用了美军克拉克中校盛赞学生兵的话:"彼等为前所未见优良驾驶员,暨彼等有佳之守法精神、合作精神。"

部队住在昆明西郊等候分配任务。当时,日本战败已成定局,有人说有可能要去菲律宾,准备到日本本土登陆。但开拔的命令一直没有下来,大家都等得不耐烦了。父亲不愿终日无所事事,浪费青春,要求退伍回校复学,团部不允。那时正值昆明译员训练班招生,部队允许投考,考上了就可转去。父亲心想当翻译可以多学点英文,便去投考,被录取时,日本已经宣布投降了。父亲问训练班还办不办,回答说照样办,父亲便转到了训练班。一个月的学习很快结束,结束后训练班告知全体学员,部队不再需要翻译,全部遣散,或者返校复学,或者另谋职业。这个决定正合父亲心愿,便回到了联大。没有转到译员训练班的同学绝大部分也回到了学校,也可能有极少数人留在了部队。听说这支 10 万人的青年部队在抗日胜利后留下来的组成青年军,加入了孙立人的部队,开赴东北战场,参加内战。

联大从军学生可以说是满怀希望而来,一腔失望而归。父亲一直有上当受骗的感觉。后来在国立西南联大抗日从军纪念碑上列名的 834 人(包括参军当译员或做其他军事工作的人)绝大多数都积极参加了反内战、争民主的学生运动。后来这一批人在新中国的各种政治运动中都受到严格的政治审查,有的还在极"左"年代里受到不公正的对待,甚至遭到迫害。父亲一直在北京大学学习和工作,由于学校对学生参军抗日的情况比较了解,倒没有遇到太大麻烦,但父亲仍然不大愿意提起这段经历。

北京大学在改革开放后把立在昆明西南联大旧址的国立西南联合大学纪念

碑以黑色大理石复制下来，安放在北大校园的绿荫碧水旁，无言地宣告联大学生的参军行为是抗日爱国行动，不仅给予了这段历史一个公正的评价，也还给了我父亲回望青春足迹时的一份荣誉感。

（黄丹，黄枬森先生的大女儿）